国际贸易“单一窗口”：货物申报篇

“国际贸易‘单一窗口’系列”编委会 ◎ 编著

中国海关出版社有限公司
中国 · 北京

图书在版编目（CIP）数据

国际贸易“单一窗口”．货物申报篇/“国际贸易‘单一窗口’系列”编委会编著．—北京：中国海关出版社有限公司，2021.12
ISBN 978-7-5175-0558-7

Ⅰ.①国… Ⅱ.①国… Ⅲ.①进出口商品—海关手续—中国 Ⅳ.①F74 ②F752.65

中国版本图书馆 CIP 数据核字（2021）第 278088 号

国际贸易“单一窗口”：货物申报篇

GUOJI MAOYI “DANYI CHUANGKOU”：HUOWU SHENBAO PIAN

编　　者：“国际贸易‘单一窗口’系列”编委会
策划编辑：史　娜
责任编辑：夏淑婷
出版发行：中国海关出版社有限公司
社　　址：北京市朝阳区东四环南路甲 1 号　　邮政编码：100023
网　　址：www.hgcbs.com.cn
编 辑 部：01065194242-7539（电话）
发 行 部：01065194221/4238/4246/4254/5127（电话）
社办书店：01065195616（电话）　　01065195127（传真）
https：//weidian.com/？userid=319526934（网址）
印　　刷：北京新华印刷有限公司　　经　　销：新华书店
开　　本：710mm×1000mm　1/16
印　　张：22.5　　字　　数：441 千字
版　　次：2021 年 12 月第 1 版
印　　次：2021 年 12 月第 1 次印刷
书　　号：ISBN　978-7-5175-0558-7
定　　价：50.00 元

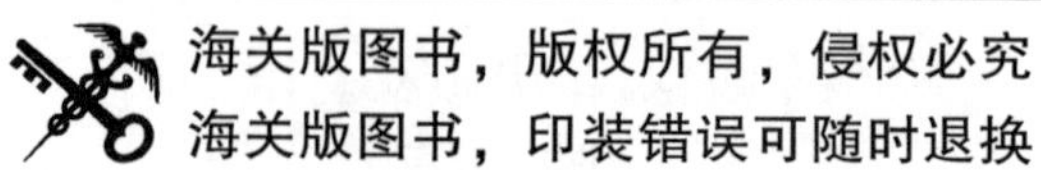

"国际贸易'单一窗口'系列"丛书编委会

黄冠胜　白建军　高正太　党英杰　王　可　赵　静
石云峰

《国际贸易"单一窗口"：货物申报篇》统审组

仲伟玲　甄宝龙　刘　倩　方晓丽　罗晨霞

《国际贸易"单一窗口"：货物申报篇》编写组

胡　伟　马克鹏　张　勇　王新颖　陈　才　陈新南
王　雯　赵京波　岳士伟

前言

目前，国际贸易通关过程中所涉及的大多数部门均开发了业务信息化系统，实现了各部门业务申请、办理、回复的电子化和网络化。但是在各部门系统间缺乏协同互动、未实现充分的数据共享，因此企业在口岸通关过程中需要登录不同的系统填报数据，严重影响了口岸通关效率。

近年来，部分发达地区的口岸管理部门已经尝试在地方层面建立单一窗口，实现企业一次录入数据后向多个管理部门系统进行申报，并取得了良好的应用效果。为贯彻落实党中央、国务院关于中国国际贸易单一窗口（以下简称“单一窗口”）建设的一系列决策部署，统筹推进“单一窗口”建设，在总结发达地区“单一窗口”建设试点成果基础上，结合我国口岸管理实际，并充分借鉴国际上单一窗口的成熟经验，建设“单一窗口”。

“单一窗口”依托中国电子口岸平台，一点接入、一次性提交满足口岸管理和国际贸易相关部门要求的标准化单证和电子信息，实现数据信息共享、实施职能管理，优化通关业务流程。通过“单一窗口”可以提高申报效率，缩短通关时间，降低企业成本，促进贸易便利化，推动国际贸易合作对接。

企业从“单一窗口”进入系统，并根据实际情况进行申报。书中内容如无特殊说明，均以“单一窗口”的相关界面进行讲解。本书讲述了“单一窗口”货物申报系统、集中申报系统、报关代理委托系统、预约通关系统、减免税申报系统、减免税后续申报系统、转关单系统、通关无纸化协议系统、海关事务联系系统的企业端相关功能及操作流程，以便企业更好地使用系统，帮助企业解决在使用系统过程中遇到的实操问题。

由于编写时间有限，书中内容难免存在疏漏、不足之处，望读者不吝指正，以便在后续版本中得以改进和完善。

编者

2021 年 11 月

目　录

第一章　货物申报系统总体概述

一、货物申报的定义

货物申报是指进出口货物的收发货人、受委托的报关企业，依照《中华人民共和国海关法》（以下简称《海关法》），以及有关法律、行政法规和规章的要求，在规定的期限、地点，采用电子数据报关单或者纸质报关单形式，向海关报告实际进出口货物的情况，并接受海关审核的行为。

二、货物申报的基本要求

进出口货物的收发货人、受委托的报关企业应当依法如实向海关申报，对申报内容的真实性、准确性、完整性和规范性承担相应的法律责任。具体主要有以下几方面要求。

（一）货物申报主体及资质

进出口货物的收发货人，可以自行向海关申报，也可以委托报关企业向海关申报。

向海关办理申报手续的进出口货物的收发货人、受委托的报关企业应当预先在海关依法办理登记注册。办理申报手续的人员，应当是在海关备案的报关人员。

（二）货物申报时限

进口货物申报时限：自运输工具申报进境之日起 14 日内向海关申报。

出口货物申报时限：应当在货物运抵海关特殊监管区域后、装货的 24 小时前向海关申报。

转关货物申报时要按照《中华人民共和国海关关于转关货物监管办法》执行。

小提示

超过规定时限未向海关申报的，海关按照《中华人民共和国海关征收进口货物滞报金办法》征收滞报金。

（三）货物申报形式

货物申报可采用电子数据报关单形式或者纸质报关单形式。电子数据报关单和纸质报关单均具有法律效力。

电子数据报关单申报形式，是指企业通过电子系统按照《中华人民共和国海关进出口货物报关单填制规范》的要求向海关传送报关单电子数据并且备齐随附单证的申报方式。

纸质报关单申报形式，是指企业按照海关的规定填制纸质报关单，备齐随附单证，向海关当面递交的申报方式。

企业以电子数据报关单形式向海关申报的内容应当与随附单证一并递交的纸质报关单的内容保持一致；特殊情况下经海关同意，允许先采用纸质报关单形式申报，电子数据报关单事后补报，补报的电子数据报关单应当与纸质报关单内容一致。

（四）货物申报随附单证

货物申报随附单证包括合同、发票、装箱清单、提（运）单、进出口许可证件、载货清单（舱单）、代理报关授权委托协议，以及海关总署规定的其他进出口单证。

（五）货物申报日期

货物申报日期是指申报数据被海关接受的日期。

不论是以电子数据报关单形式申报，还是以纸质报关单形式申报，海关均以接受申报数据的日期为申报日期。

以电子数据报关单形式申报的，申报日期为海关计算机系统接受申报数据时记录的日期；以纸质报关单形式申报的，申报日期为海关接收纸质报关单并对报关单进行登记处理的日期。

三、货物申报的后续处理

（一）海关不接受申报的情形

电子数据报关单经过海关计算机系统检查被退回的，视为海关不接受申报。进出口货物收发货人、受委托的报关企业应当按照要求修改后重新申报。

（二）现场交单

海关审结电子数据报关单后，进出口货物的收发货人、受委托的报关企业应当自接到海关“现场交单”或者“放行交单”通知之日起，持打印的纸质报关单，备齐规定的随附单证，到海关递交书面单证并办理相关海关手续。

按照目前无纸化报关的推广范围和一体化申报模式，如无人工接单和查验的报关单，企业无须去现场提交纸质报关单。

（三）报关单修撤

海关接受进出口货物的申报后，报关单证及其内容不得修改或者撤销；符合规定情形的，应当按照《中华人民共和国海关进出口货物报关单修改和撤销管理办法》的相关规定办理。

（四）报关单证明联问题

自 2018 年 8 月 1 日起，海关全面取消为企业打印纸质报关单证明联，含用于外汇服务的报关单收、付汇证明联，用于加工贸易核销的海关核销联，以及出口退税专用的报关单证明联。

四、其他货物申报类型

（一）提前申报

经海关批准，进出口货物的收发货人、受委托的报关企业可以在取得提（运）单或者载货清单（舱单）数据后，向海关提前申报。

（二）集中申报

经海关批准，进出口货物的收发货人、受委托的报关企业可以自装载货物的运输工具申报进境之日起一个月内向指定海关办理集中申报手续。

（三）特殊运输方式申报

经电缆、管道、输送带或者其他特殊运输方式输送的进出口货物，经海关同意，可以定期向指定海关申报。

（四）知识产权申报

需要向海关申报知识产权状况的进出口货物，收发货人、受委托的报关企业应当按照海关要求如实申报有关知识产权情况，并且提供能够证明申报内容真实的证明文件和相关单证。海关按规定实施保护措施。

五、申报的其他规定

（一）自理报关

进出口货物的收发货人，以自己的名义，向海关申报的，报关单应当由进出口货物收发货人签名盖章，并且随附有关单证。

（二）委托报关

报关企业接受进出口货物的收发货人委托，以自己的名义或者以委托人的名义向海关申报的，应当向海关提交由委托人签署的授权委托书，并且按照授权委托书的授权范围办理有关海关手续。

报关企业接受进出口货物收发货人的委托，办理报关手续时，应当对委托人所提供资料的真实性、完整性进行合理审查，审查内容包括：

1. 证明进出口货物实际情况的资料，包括进出口货物的品名、规格、用途、产地、贸易方式等；
2. 有关进出口货物的合同、发票、运输单据、装箱单等商业单据；
3. 进出口所需的许可证件及随附单证；
4. 海关总署规定的其他进出口单证。

报关企业未对进出口货物的收发货人提供资料的真实性、完整性履行合理审查义务或者违反海关规定申报的，应当承担相应的法律责任。

（三）申报前查看货物

进口货物的收货人，向海关申报前，为确定货物的品名、规格、型号、归类等要素，可以向海关提出查看货物或者提取货样的书面申请。海关审核同意后，派员到场实际监管，并开具取样记录和取样清单。

提取货样后，到场监管的海关关员与进口货物的收货人在取样记录和取样清单上签字确认。

提取货样的货物涉及动植物及其产品以及其他须依法提供检疫证明的，应当在依法取得有关批准证明后提取。

（四）补充材料

海关审核电子数据报关单时，需要进出口货物的收发货人、受委托的报关企业解释、说明情况或者补充材料的，收发货人、受委托的报关企业应当在接到海关通知后及时进行说明或者提供完备材料。

第二章　货物申报

第一节　业务简介

进出口货物报关单是指进出口货物收发货人或其代理人，按照海关规定的格式对进出口货物的实际情况作出书面声明，以此要求海关对其货物按适用的海关制度办理通关手续的法律文书。它在对外经济贸易活动中具有十分重要的法律地位。它既是海关监管、征税、统计及开展稽查和调查的重要依据，又是加工贸易进出口货物核销，以及出口退税和外汇管理的重要凭证，还是海关处理走私、违规案件，以及税务、外汇管理部门查处骗税和套汇犯罪活动的重要证书。

通过货物申报系统，国际贸易企业实现中国国际贸易单一窗口（以下简称“单一窗口”）一点接入、一次性提交满足口岸监管部门（海关总署）要求的报关单数据；各管理部门按照确定的规则进行审核，并将审核结果通过“单一窗口”反馈给申报人。

该系统主要涵盖以下几方面内容。

一、“两步申报”

“两步申报”是落实国务院“放管服”改革的重要内容、持续优化营商环境的重要举措。企业利用“两步申报”可进一步降低通关成本，提高货物通关效率。根据《关于开展“两步申报”改革试点的公告》（海关总署公告 2019 年第 127 号），在“两步申报”通关模式下，企业不需要一次性填报所有申报项目，可分为概要申报和完整申报进行分别申报。

（一）概要申报

概要申报，是指对于不涉及进口禁限管制、检验或检疫的货物，企业只需申报九个项目，确认两个物流项目；对于涉及进口禁限管制或检验检疫的货物，分别增加两个或五个申报项目；应税的须选择符合要求的担保备案编号。如果货物不需查验，即可提离；涉税货物已经提交税款担保的，或需查验货物海关已完成查验的，也可以提离。

（二）完整申报

完整申报，是指企业在规定时间内补充申报其他项目，办理缴纳税款等通关手续。

概要申报与完整申报均须在自运输工具申报进境之日起 14 日内完成。概要申报可以实施“提前申报”。

境内收货人信用等级为注册登记和备案企业及以上的，实际进境的货物可采用“两步申报”。

目前“两步申报”只限进口货物。

二、进出口整合申报

按照海关总署统一部署，自 2018 年 8 月 1 日起，海关进出口货物将实行整合申报，原报关单、原报检单合并为一张报关单。此次整合申报项目是关检业务融合标志性的改革举措，将改变企业原有报关流程和作业模式，实现“一张大表”完成货物申报。

（一）整合申报主要内容

整合申报主要是对海关原报关单申报项目和检验检疫原报检单申报项目进行梳理，面向企业端整合形成“四个一”，即“一张报关单、一套随附单证、一组参数代码、一个申报系统”。相关文件有《关于修订〈中华人民共和国海关进出口货物报关单填制规范〉的公告》（海关总署公告 2019 年第 18 号）、《关于修改进出口货物报关单和进出境货物备案清单格式的公告》（海关总署公告 2018 年第 61 号）、《关于进出口货物报关单申报电子报文格式的公告》（海关总署公告 2018 年第 67 号）。

1. 整合原报关、原报检申报数据项

在前期征求各部委、报关协会、部分报关企业意见的基础上，按照“依法依规、去繁就简”原则，对海关原报关单和检验检疫原报检单申报项目进行梳理整合，通过合并共有项、删除极少使用项，将原报关单、原报检单合计 229 个货物申报数据项精简到 105 个，大幅减少了企业申报项目。

2. 原报关单、原报检单整合为一张报关单

整合后的新版报关单以原报关单 48 个项目为基础，增加部分原报检内容形成了具有 56 个项目的新报关单打印格式。此次整合对进口、出口货物报关单和进境、出境货物备案清单布局结构进行优化，版式由竖版改为横版，与国际推荐的报关单样式更加接近；纸质单证全部采用普通打印方式，取消套打，不再印制空白格式单证。修改后的进口、出口货物报关单和进境、出境货物备案清单格式自 2018 年 8 月 1 日起启用，原报关单、备案清单同时废止。

3. 原报关、原报检单据单证整合为一套随附单证

整合简化申报随附单证，对企业原报关、原报检所需随附单证进行梳理，整理随附单证类别代码及申报要求，整合原报关、原报检重复提交的随附单据和相关单证，形成统一的随附单证申报规范。

4. 原报关、原报检参数整合为一组参数代码

对原报关、原报检项目涉及的参数代码进行梳理，参照国际标准，实现现有参数代码的标准化。梳理整合后，统一了八个原报关、原报检共有项的代码，即国别（地区）代码、港口代码、币制代码、运输方式代码、监管方式代码、计量单位代码、包装种类代码、集装箱规格代码等。具体参数代码详见：海关总署门户网站（www. customs. gov. cn）→“互联网+海关”→我要查→通关参数→关检融合部分通关参数查询及下载。

5. 原报关、原报检申报系统整合为一个申报系统

在申报项目整合的基础上，将原报关、原报检的申报系统进行整合，形成一个统一的申报系统。用户从“互联网+海关”全国一体化在线政务服务平台(通常简称“互联网+海关”)、“单一窗口”进入，新系统按照整合申报内容对原报关、原报检的申报数据项、参数、随附单据等都进行了调整。

（二）整合申报的原则

海关总署全面贯彻中央关于深化党和国家机构改革的部署，按照在全国通关一体化框架下实现关检业务全面融合的要求，遵循全面融合与平稳过渡相结合、强化监管与简化手续相结合、维护安全与促进便利相结合、防范风险与提升获得感相结合的原则，在企业申报环节以流程整合优化为主线，以信息系统一体化为支撑，以便利企业为目的进一步精简申报项目，参照国际标准，尊重惯例，实现单证统一、代码规范、申报系统整合。

三、修撤单

（一）修改单

企业用户可登录“单一窗口”，进入货物申报系统，修改报关单填报有误的数据，“单一窗口”将企业录入数据发送至海关。海关对修改单数据进行审核后，货物申报系统将审核结果反馈给企业。通过该功能，企业可以修改已审结的报关单数据，保证报关单数据与实际进出口货物信息相一致。

（二）撤销单

企业用户可登录“单一窗口”，进入货物申报系统，撤销已申报的报关单数据，“单一窗口”将企业录入数据发送至海关。海关对撤销单数据进行审核后，货物申报系统将审核结果反馈给企业。通过该功能，企业可以撤销已审结的报关单数据。

四、低值快速货物申报

（一）报关单申报时的主动补充申报

企业在完成报关单商品表体录入后，继续录入补充申报单，补充申报单需同报关单一起申报。

（二）在通关环节中的被动补充申报

海关接受报关单申报后，如果需要企业进行补充申报，将向“单一窗口”发送补充申报指令，企业查找报关单，进行补充申报单录入。

通过该功能，企业可以补充录入普通报关单中没有的商品信息数据。

五、重传/补传信息

（一）补传随附单据

企业用户可登录“单一窗口”，进入货物申报系统，点击“补传重传”模块，在收到海关补传指令后，补充上传相关随附单据。该功能是企业实现通关无纸化的辅助功能。

（二）重传随附单据

企业用户可登录“单一窗口”，进入货物申报系统，点击“补传重传”模块，在收到海关重传指令后，重新上传相关随附单据。该功能是企业实现通关无纸化的辅助功能。

六、检验检疫无纸化

检验检疫无纸化是基于企业信用评级和货物风险分析的结果，运用信用化手段实现纸质单证的数据化、信息的互联互通、企业信用的背书。除部分特殊货物外，企业在无纸化检验检疫申请时可根据检验检疫申请的类别和单证的性质选择企业自存、单证上传、单证备案核销、数据对接等多种方式。最终实现“八个化”的目标，即申报数据化、审单规则化、派单随机化、流转网络化、操作移动化、记录电子化、放行自动化、档案数字化。

无纸化系统不仅可全面满足全国检验检疫业务一体化数据支持，实现与 e-CIQ 主干系统无缝对接，还可以为企业节约大量的耗材、人工、交通等费用，大幅提高报关效率。

七、预约通关

为营造良好的营商环境，提供更为便捷的通关服务，海关将推行“预约通关”互联网模式。

（一）适用情形

进出口收发货人或其代理人（失信企业除外），有下列情形之一，需在海关正常办公时间以外办理通关手续的，可向海关提出预约通关申请：

1. 国家紧急救灾救援物资、危险货物；
2. 鲜活、冷冻、易变质腐烂的需紧急通关的货物；
3. 其他经海关认可确有需要紧急验放的货物。

海关在正常办公时间内受理预约通关申请，企业需提前 24 小时提出申请，高级认证企业提前 8 小时。

（二）操作方式

申请人通过“单一窗口”→货物申报系统，或者通过“互联网+海关”→“货物通关”→“预约通关”，在线填写并提交预约通关申请。海关将受理结果反馈至平台。

特殊情形下，申请人在现场递交加盖企业印章的纸质《预约通关申请单》，由海关按应急处置方式协调办理。

（三）取消预约

海关同意预约通关申请后，企业因故取消预约的，需及时与海关联系，并于事后5日内提交情况说明。

八、转关作业无纸化

转关作业无纸化是指海关运用信息化技术，对企业向海关申报的转关申报单或者汽车载货清单电子数据进行审核、放行、核销，无须收取纸质单证、签发纸质关封、签注相关监管簿，实现全流程无纸化管理的转关作业方式。

九、其他检验检疫申请

一般货物的检验检疫业务，可在此模块进行数据录入与申报，更多业务适用详情请咨询相关业务主管部门。

十、拟证出证

海关拟证出证系统提出需补传的，企业可通过此模块补充上传相关单据。

十一、报关单自助打印

为进一步优化口岸营商环境、促进跨境贸易便利化，根据海关总署统一部署，自2021年8月9日起，广州海关、满洲里海关、海口海关三个直属海关在全国率先开展企业自助打印报关单改革试点。符合申请自助打印报关单条件的企业可通过登录“单一窗口”进行线上操作。登录后在左侧功能模块找到“报关单自助打印”选项，实现查询、申请、打印等功能。自助打印申请需填写申请原因，申请时默认“无签章”，如需海关签章，需删除“无签章”字样后点击选择“有签章”字样。

第二节　基本操作

一、“两步申报”

根据《关于开展“两步申报”改革试点的公告》（海关总署公告2019年第127号），开展“两步申报”的企业可在此模块进行数据录入与申报。

在图2-1中，点击左侧菜单栏“货物申报”→“两步申报”，展开业务菜单。

图 2-1　“两步申报”主界面

注意

“两步申报”的“分次录入”在系统中的操作包括两个步骤：概要申报（第一步）、完整申报（第二步）。更多详细解释，请参考海关总署发布的相关法规。

（一）进口报关单（分次录入）——概要申报（第一步）

在“两步申报”界面，点击左侧菜单栏“分次录入”→“进口报关单”，进行“两步申报”模式的选择，第一步是概要申报，右侧显示界面如图 2-2 所示。

图 2-2　“两步申报”模式选择界面

根据《关于开展“两步申报”改革试点的公告》，“两步申报”第一步为概要申报，企业向海关申报进口货物是否属于禁限管制（以下简称“涉证”）、是否依法需要检验或检疫（是否属法检目录内商品及法律法规规定需检验或检疫的商品，以下简称“涉检”）、是否需要缴纳税款（以下简称“涉税”）。

请根据实际情况，在“是否涉证”“是否涉检”“是否涉税”中如实勾选。

小提示

请如实勾选，如果与后续完整申报时的涉证、涉检、涉税情况不一致，可能会被海关退单，导致删单重报。

在“两步申报”模式选择界面中，系统默认全部为“否”。如实勾选后，在以下几种情形时，概要申报（第一步）录入界面不同，下文逐一说明：

1. 非证+非检+非税（非证+非检+涉税时的录入界面与其相同）；
2. 涉证+非检+非税；
3. 非证+涉检+非税；
4. 涉证+涉检+非税（涉证+涉检+涉税时的录入界面与其相同）。

注意

“两步申报”模式下，“报关单类型”默认为“通关无纸化”，不可修改。不显示在概要申报界面，在备录界面中显示。代理报关的，需在备录界面录入代理报关委托协议（电子）编号。概要申报时，可在备录界面上传随附单据 PDF[①]。

1. 非证+非检+非税（非证+非检+涉税时的录入界面与其相同）

在“两步申报”模式选择界面中，“是否涉证”“是否涉检”“是否涉税”全部勾选了“否”，右侧录入界面如图 2-3 所示。顶端显示“两步申报模式：非证、非检、非税”。录入部分包括概要申报基本信息、概要申报商品信息、集装箱。

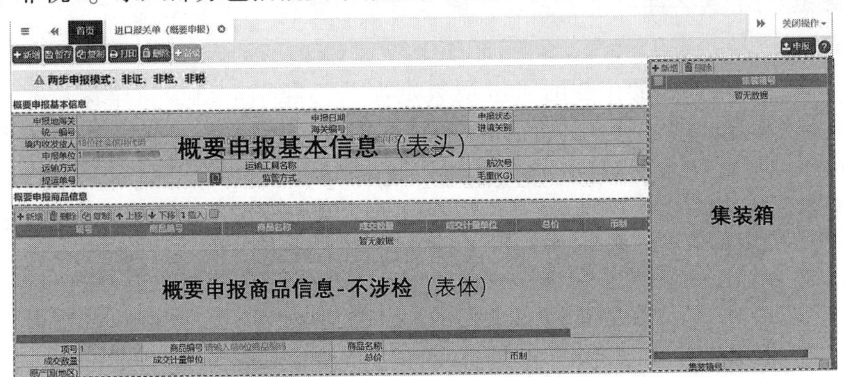

图 2-3　概要申报模式界面（非证+非检+非税）

① 本系统只支持 PDF 文件的上传，除特殊情况外，下文中不再单独做说明。每个附件的大小不超过 4MB，且每页不超过 200K，其中，两步申报、进出口整合申报、低值快速货物申报、减免税申报中，每页不超过 400KB。

（1）录入与暂存。

界面各字段须按照《关于修订〈中华人民共和国海关进出口货物报关单填制规范〉的公告》（海关总署公告 2019 年第 18 号）的要求进行填制。可通过点击界面顶端的“暂存”按钮，保存当前正在录入的基本信息数据，以防数据丢失。

①概要申报基本信息的填写要求如下。

A. 申报地海关（必填）：在参数下拉表中选择，也可录入代码、名称。

B. 申报日期、申报状态、统一编号、海关编号：这四项属于置灰字段，不允许录入，暂存或申报后，由系统自动生成。

C. 进境关别（必填）：建议使用提运单号右侧的“调用舱单”按钮，以便与所录入的运输工具、航次号、提运单号对应舱单的进境关别保持一致，也可在参数下拉表中选择。

D. 境内收发货人（必填）：社会信用代码，可录入 18 位字符或“NO”。无社会信用代码时，可填写“NO”，注意使用大写。填写“NO”时，请务必填写海关编码；海关代码，最多十位字符，可为海关临时编码；企业名称，最多 70 位字符。

E. 申报单位（必填）：社会信用代码，录入 18 位字符或“NO”；海关代码，最多十位字符，可为海关临时编码；企业名称，最多 70 位字符。

新增数据时，自动返填申报单位初始值，即当前登录企业用户的信息。

F. 运输方式（必填）：在参数下拉表中选择，也可录入代码、名称。

G. 运输工具名称：手工录入，最多 200 位字符。

H. 航次号：手工录入，最多 32 位字符。

I. 提运单号：概要申报时，进境关别需要与舱单的进境口岸保持一致。因此录入完提运单号后，建议使用该字段后的“调用舱单”按钮，由系统自动返填舱单数据。支持水路运输、航空运输、公路运输及铁路运输，区分进出口。

水路运输调用舱单：运输工具名称、航次号、提运单号必填。

航空运输调用舱单：运输工具名称、提运单号必填。

公路运输调用舱单：航次号、提运单号必填。

铁路运输调用舱单：运输工具名称、提运单号必填。

调用舱单成功，点击“回填舱单数据”按钮，系统将舱单系统原始的进口口岸、毛重返填至录入界面，若界面相关字段已经有值则将覆盖已录入的数据；点击“回填集装箱”按钮，系统将返填集装箱数据，如图 2-4 所示。

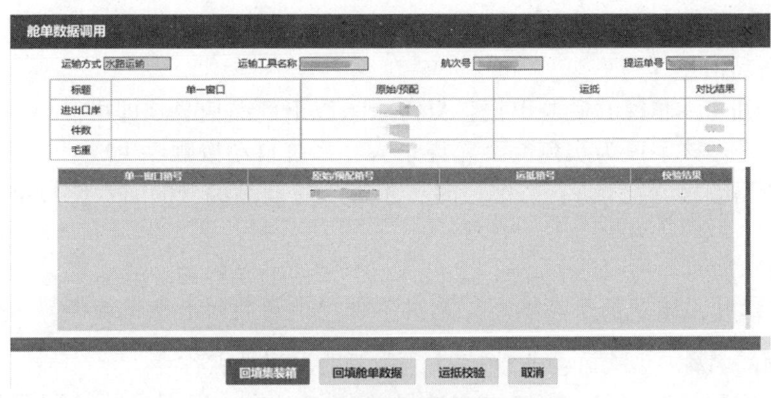

图 2-4　舱单数据调用界面

G. 监管方式（必填）：在参数下拉表中选择，也可录入代码、名称。

K. 毛重（必填）：调用舱单成功，点击“回填舱单数据”按钮，系统将原始舱单的毛重返填至录入界面，若界面相关字段已经有值则将覆盖已录入的数据。

②概要申报商品信息。

在概要申报商品信息部分勾选复选框后，可以同时选择多个表体项。

A. 操作按钮。

表体内的白色“新增”“删除”“复制”“上移”“下移”“插入”按钮，仅对商品信息表体内的数据进行操作。

a. 点击白色“新增”按钮将清空表体录入区域的内容，便于重新录入数据。

b. 勾选表体记录后，点击白色“删除”按钮，将删除所勾选商品信息，须谨慎操作。

c. 勾选任意一条表体记录，点击白色“复制”按钮，将复制勾选中的商品信息内容至新增表体中，可进行修改。

小提示

当商品信息的各项内容比较相似时，使用复制操作，可减少相同内容的重复录入。

d. 勾选表体记录后，点击白色“上移”“下移”按钮，可对选中的商品信息进行相应操作。点击一次“上移”按钮，当前选中的货物表体上移，项号自动减 1；点击一次“下移”按钮，当前选中的货物表体下移，项号自动加 1。

勾选一条表体记录，点击白色“插入”按钮，录入的数据将被插入到选中的货物表体上方，选中的表体项号自动加 1。

B. 商品信息。

非证+非检+非税的概要申报，只需录入以下商品信息项即可。

a. 项号：该字段为灰色，不允许录入，系统自动按顺序生成。

b. 商品编号（必填）：非涉检时，手工填写商品编号的前六位数字。

小提示

非涉检时，该字段手工填写，系统不会弹出商品列表框供选择。

c. 商品名称（必填）：非涉检时，手工填写商品名称。

d. 成交数量（必填）：与成交计量单位相对应，根据实际情况手工填写。整数最多 14 位字符，小数最多五位字符，不可录入负数。

e. 成交计量单位（必填）：在参数下拉表中选择，也可录入代码或名称。

f. 总价（必填）：根据实际情况手工填写。整数最多 15 位字符，小数最多两位字符，不可录入负数。

g. 币制（必填）：在参数下拉表中选择，也可录入代码、名称。

h. 原产国（地区）：在参数下拉表中选择，也可录入代码、名称。

③集装箱。

在集装箱部分，可对集装箱数据进行新增、删除操作。

A. 新增：点击“新增”按钮，将清空录入区域的内容，可以重新录入数据。

B. 删除：勾选记录后，点击“删除”按钮，将删除所勾选的集装箱信息，须谨慎操作。

C. 集装箱号（必填）：录入集装箱号。勾选字段右侧的复选框，系统自动将录入的字母转换为大写。录入后，点击回车键，系统将录入的集装箱号自动保存到上方列表中。

小提示

集装箱信息属于非必填部分，请根据实际业务选择填写或咨询业务主管部门。

集装箱号区分大小写。不符合集装箱录入要求时，字段底色将变为红色，以给予警示。

（2）复制。

在非证+非检+非税概要申报模式界面，点击上方蓝色“复制”按钮，系统将当前的数据（包括“两步申报”模式、境内收发货人、运输方式及商品信息等内容）进行复制，自动新增生成一票概要申报数据。此时可以对复制出来的数据，进行修改、录入、暂存等操作。

（3）打印。

在非证+非检+非税概要申报模式界面，点击上方蓝色“打印”按钮，系统弹出打印报关单界面（如图 2-5 所示）。

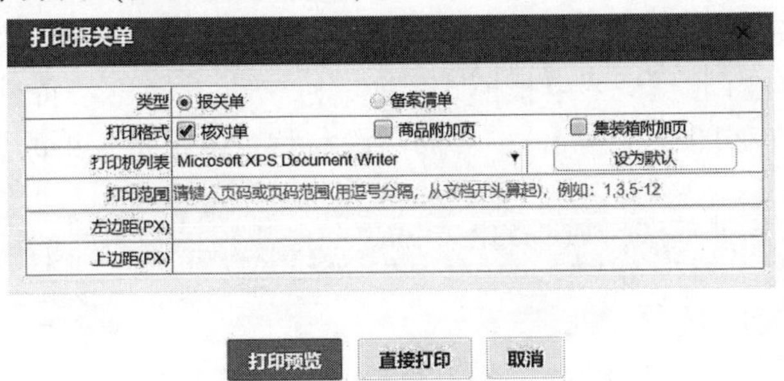

图 2-5　打印报关单界面

①“类型”，根据实际打印需要，进行勾选/复选。

②“打印格式”，在概要申报时可选择核对单、商品附加页、集装箱附加页。

③根据本地打印机设置，在“打印机列表”中选择打印机。如果想将列表中的某个打印机设置为默认，选择后点击“设为默认”按钮即可。

点击“打印预览”按钮，系统展示预览界面（如图 2-6 所示）。点击“直接打印”按钮，可根据本地打印机的连接或设置直接进行打印。

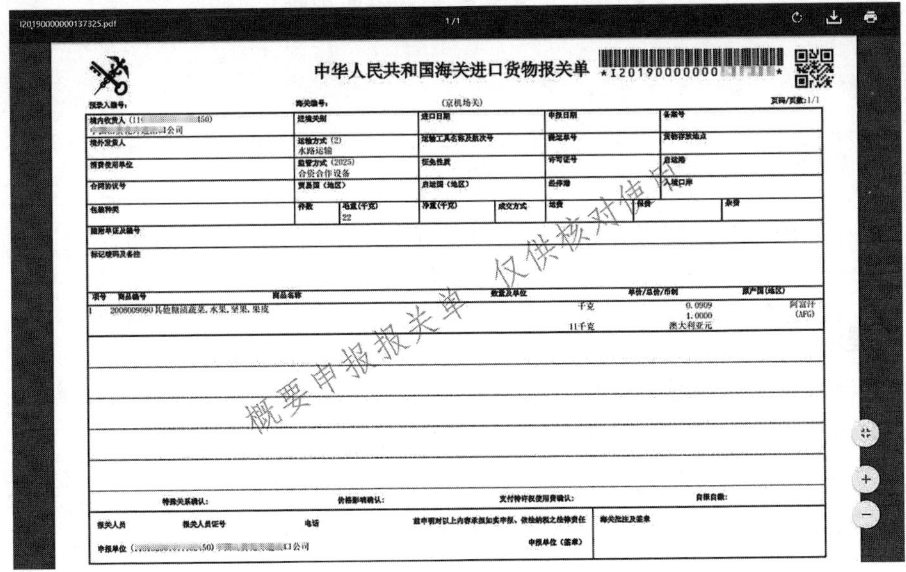

图 2-6　概要申报报关单打印预览界面

（4）删除。①

在非证+非检+非税概要申报模式界面，点击上方蓝色“删除”按钮，系统提示“是否确认删除该数据”。当数据为“已申报”等状态时，表示所申报的数据已被相关业务主管部门接收，此时不允许删除。

（5）备录。

在非证+非检+非税概要申报模式界面，点击上方绿色“备录”按钮，系统弹出备录界面（如图 2–7 所示），界面字段与整合申报报关单的界面相同。

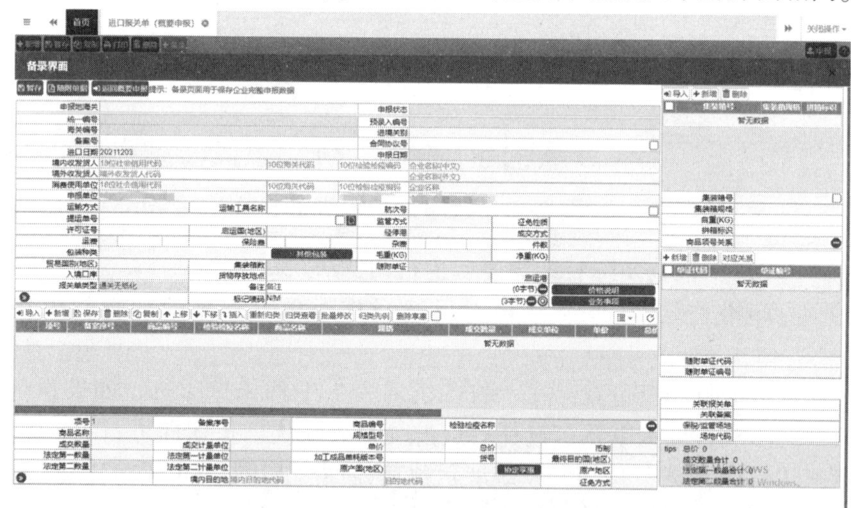

图 2–7 备录界面（概要申报）

注意

代理报关的，必须于概要申报前，在备录界面填写代理报关委托协议（电子）编号。

备录界面主要用于保存完整申报（第二步）的数据。用户在此可以录入该票报关单的其他已知信息，减少完整申报时的录入操作。

小提示

备录内所录入的信息（除下文特别说明的内容外），在概要申报（第一步）时不向海关发送，仅保存，以便减少完整申报（第二步）时的录入操作。

“两步申报”模式下，报关单类型字段由系统默认为“通关无纸化”，不可修改，显示在备录界面内。

① 本系统中，执行删除操作时，删除的数据不可恢复，需重新录入，请谨慎操作。

概要申报所录入的内容，在备录界面也可以修改。修改后的内容系统将自动更新到概要申报界面（关闭备录界面，概要申报界面将显示修改后的内容）。

界面各字段须按照《关于修订〈中华人民共和国海关进出口货物报关单填制规范〉的公告》（海关总署公告2019年第18号）的要求进行填制。随附单据说明如下。

在概要申报备录界面，必须先填写基本信息中“申报地海关”，“随附单据”按钮才进入可点击状态。

点击概要申报备录界面的“随附单据”按钮，弹出录入界面（如图2-8所示）。具体操作方法在下文的“进口报关单整合申报”的随附单据部分进行讲述，接下来仅说明在概要申报时需要进行的操作。

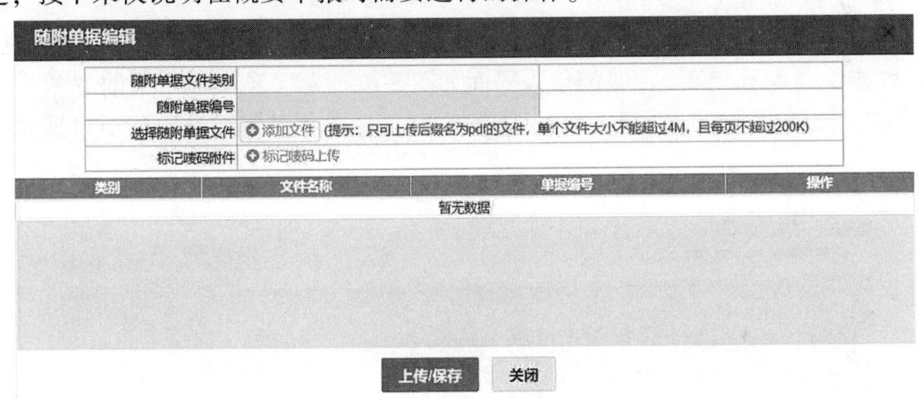

图2-8　随附单据界面

①随附单据文件类别：点击空格键调出下拉菜单，或录入数字代码后回车快捷录入。代理报关时，必须在此处选择“10000001-代理报关委托协议（电子）”类别。

②随附单据编号：选择“电子代理报关委托协议编号”后，手工录入编号，按回车键，系统自动将当前随附单据编号记录保存至列表中。

录入概要申报（第一步）数据时，可在备录界面的“随附单据”内上传各类PDF文件。但概要申报时，所上传的文件暂不向海关发送（因不属于概要申报的要素，仅为用户预先上传PDF提供该功能）。待完整申报（第二步）时可对已上传的文件或随附单据编号进行修改，确认后由系统一并发送。

小提示

随附单据上传，必须使用IC卡或iKey进行操作。

（6）申报。

注意

概要申报（第一步）所申报的数据一旦被海关审批通过，在后续进行完整申报（第二步）时，由系统自动带出。除总价的修改、商品编号后四位的补录以外，其他概要申报的数据不允许修改。

将录入完毕并确认无误的数据，通过点击界面右上方的蓝色“申报”按钮，向海关进行申报①。

“非证+非检+涉税”模式下，相关操作见下文“涉税”部分。

2. 涉证+非检+非税

在“两步申报”模式选择界面中，“是否涉证”勾选“是”，“是否涉检”“是否涉税”勾选“否”，右侧录入界面如图 2-9 所示。顶端显示当前“两步申报模式：涉证、非检、非税”。录入部分包括概要申报基本信息、概要申报商品信息、集装箱、随附单证。

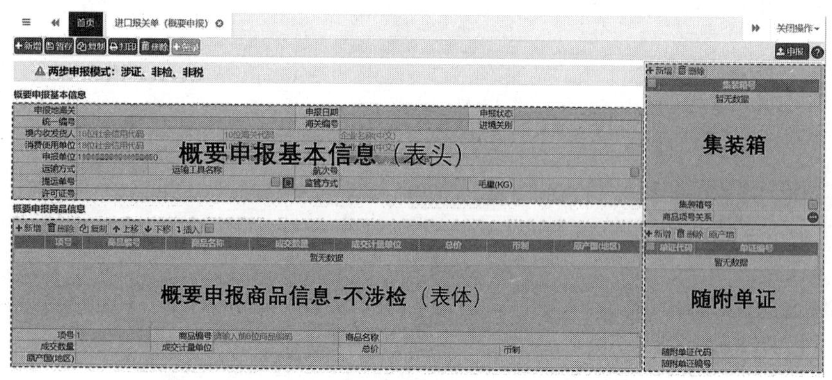

图 2-9　概要申报模式界面（涉证+非检+非税）

（1）录入与暂存。

界面各字段须按照《关于修订〈中华人民共和国海关进出口货物报关单填制规范〉的公告》（海关总署公告 2019 年第 18 号）的要求进行填制。可通过点击界面顶端的蓝色“暂存”按钮，保存当前正在录入的基本信息数据，以防数据丢失。

①概要申报基本信息的填写要求如下。

A. 申报地海关（必填）：在参数下拉表中选择，也可录入代码、名称。

① 在本系统中，申报即意味着数据将向相关主管部门进行发送，并等待其审批。用户进行申报时，除出入境检验检疫申请、其他检验检疫申请外，必须使用 IC 卡或 iKey。

B. 申报日期、申报状态、统一编号、海关编号：这四项字段为灰色，不允许录入，暂存或申报后，由系统自动生成。

C. 进境关别（必填）：建议使用提运单号右侧的“调用舱单”按钮，以便与所录入的运输工具、航次号、提运单号对应舱单的进境关别保持一致，也可在参数下拉表中选择。

D. 境内收发货人（必填）：社会信用代码，可录入 18 位字符或“NO”；无信用代码时，可填写“NO”，注意使用大写。填写“NO”时，请务必填写海关编码；海关代码，最多十位字符，可为海关临时编码；企业名称，最多 70 位字符。

E. 消费使用/生产销售单位（必填）：社会信用代码，录入为 18 位字符或“NO”；无信用代码时，可填写“NO”，注意使用大写。填写“NO”时，请务必填写海关编码；海关代码，最多十位字符，可为海关临时编码；企业名称，最多 70 位字符。

F. 申报单位（必填）：社会信用代码，录入 18 位字符或“NO”；海关代码，最多十位字符，可为海关临时编码；企业名称，最多 70 位字符。

新增数据时，自动返填申报单位初始值，即当前登录企业用户的信息。

G. 运输方式（必填）：在参数下拉选择录入框中录入代码、名称。

H. 运输工具名称：手工录入，最多 200 位字符。

I. 航次号：手工录入，最多 32 位字符。

J. 提运单号：与上文“非证+非检+非税”的调用舱单操作一致，此处不再赘述。

K. 监管方式（必填）：在参数下拉表中选择，也可录入代码、名称。

L. 毛重（必填）：调用舱单成功（点击“回填舱单数据”按钮），系统将原始舱单的毛重返填至录入界面，若界面相关字段已经有值则将覆盖已录入的数据。

M. 许可证号：最多录入 20 位字符，超长自动截取。

小提示

一份报关单内只允许填报一个许可证号。

涉证时，系统将校验“许可证号”字段或“随附单证”部分任意一处，是否填写了海关禁限管制所需的证件编号。如果全部为空，则不允许继续申报。

N. 商品信息：与上文“非证+非检+非税”的操作一致，此处不再赘述。

②集装箱。

集装箱部分的填写操作与上文“非证+非检+非税”的大部分操作一致，相同部分此处不再赘述。不同之处在于，此处多了“商品项号关系”字段。

商品项号关系（必填）：录入集装箱和商品信息之间的关系，按每个集装箱为单元进行填写。可以在“商品项号关系”字段中，直接输入商品信息的项号，也可以点击字段右侧的圆形按钮，在弹出界面（如图 2–10 所示），勾选/复选商品信息，保存即可。

编辑商品项号关系

	序号	商品编号	商品名称
	1	2006001000	蜜枣
	2	1001110000	种用硬粒小麦(配额外)
	3	2005400000	非用醋制作的未冷冻豌豆(青豆罐头)
	4	1002900000	种用黑麦
	5	1001910090	其他种用小麦及混合麦(配额外)
	6	1002100000	种用黑麦
	7	1001910001	其他种用小麦及混合麦(配额内)
	8	1002100000	种用黑麦

保存

图 2–10　编辑商品项号关系界面

③随附单证。

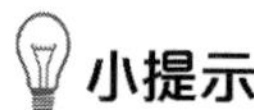

小提示

涉证时，系统将校验“许可证号”字段或“随附单证”部分任意一处，是否填写了海关禁限管制所需的证件编号。如果全部为空，则不允许继续申报。

涉证模式下，录入界面右侧下方会出现随附单证部分。

A. 操作按钮。

随附单证部分的白色“新增”“删除”“原产地”按钮，仅对随附单证的数据进行操作。

a. 新增：点击“新增”按钮，将清空录入区域的内容，便于重新录入数据。

b. 删除：勾选记录后，点击“删除”按钮，将删除所勾选的集装箱信息，须谨慎操作。

c. 原产地：在随附单证代码字段，选择或录入许可证（F-濒危物种允许进口证明书、R-进口兽药通关单、E-濒危物种允许出口证明书、J-黄金及其制品进出口准许证或批件、k-民用爆炸物品进出口审批单）时，点击“原产地”按钮，在弹出的界面（如图 2–11 所示）中，录入报关单商品信息项号与对应随附单证的商品项号。

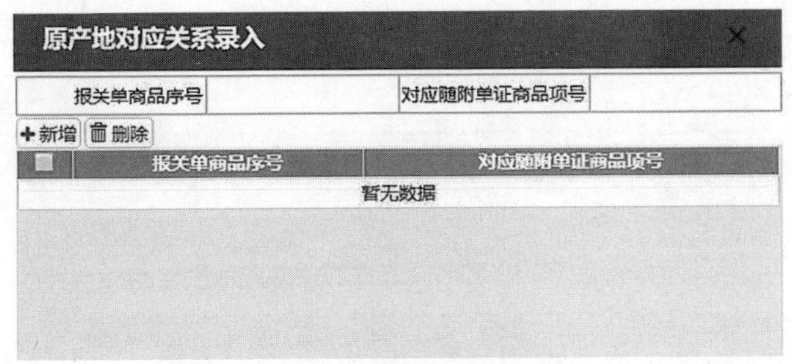

图 2-11　原产地对应关系录入界面

B. 信息填写。

a. 随附单证代码（必填）：在参数下拉表中选择，也可录入代码、名称。

b. 随附单证编号（必填）：根据海关要求或实际业务情况，手工填写。完成录入操作后，点击回车键，系统将录入的内容自动保存到上方列表中。

（2）复制、打印、删除、备录。

“复制”“打印”“删除”“备录”按钮的操作与“非证+非检+非税”部分一致，此处不再赘述。

（3）申报。

注意

概要申报（第一步）所申报的数据一旦被海关审批通过，在后续进行完整申报（第二步）时，将由系统自动带出。除总价的修改、商品编号后四位的补录外，其他概要申报的数据不允许修改。

对于涉证的概要申报数据，申报时系统将校验许可证号或随附单证是否为空。如全部未填写，系统弹出“许可证号和随附单证不能同时为空！”的提示，须填写完整后再申报。

将录入完整并确认无误的数据，通过点击界面右上方的蓝色“申报”按钮，向海关进行申报。

3. 非证+涉检+非税

在“两步申报”模式选择界面中，“是否涉检”勾选“是”，“是否涉证”“是否涉税”勾选“否”，右侧录入界面如图 2-12 所示。顶端显示“两步申报模式：涉证、涉检、非税”。录入部分包括基本信息、商品信息、集装箱。

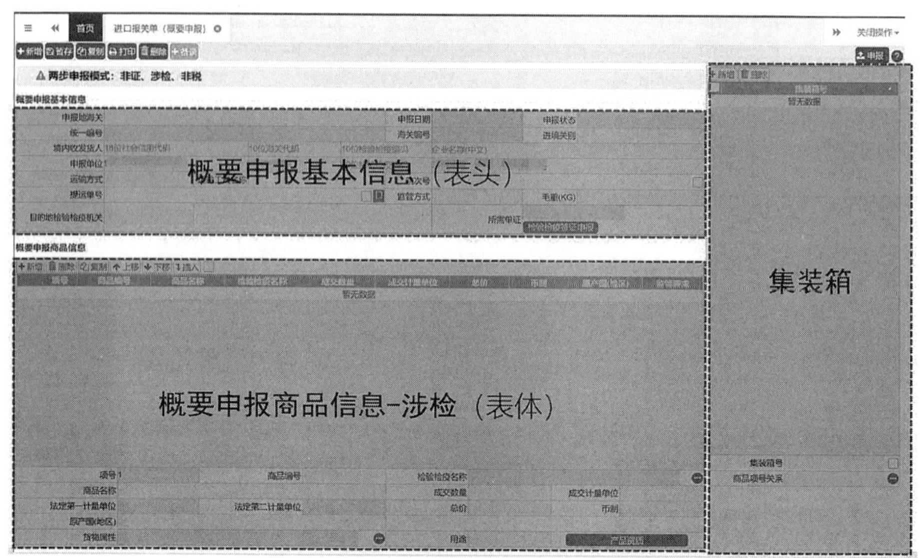

图 2-12　概要申报模式界面（非证+涉检+非税）

（1）录入与暂存。

界面各字段须按照《关于修订〈中华人民共和国海关进出口货物报关单填制规范〉的公告》（海关总署公告 2019 年第 18 号）的要求进行填制。可通过点击界面顶端的蓝色“暂存”按钮，保存当前正在录入的基本信息数据，以防数据丢失。

①概要申报基本信息中，除“目的地检验检疫机关”“所需单证”外，其余基本信息的填写操作与上文“涉证+非检+非税”部分一致，此处不再赘述。

A. 目的地检验检疫机关（必填）：在参数下拉表中选择，也可录入代码、名称。

B. 所需单证（选填）：点击“检验检疫签证要素”按钮，选择所需的证书。

②概要申报商品信息需录入以下商品信息项。

A. 项号：该字段为灰色，不允许录入，由系统自动按顺序生成。

B. 商品编号（必填）：涉检时，必须完整录入商品编码。

至少输入商品编号的前四位数字，或输入十位完整的商品编号，点击回车键，弹出匹配的商品列表框，选择即可。

例如，输入商品编号前四位，点击回车键，弹出模糊匹配前四位商品编码的商品列表（如图 2-13 所示），勾选所需的商品信息。点击“确定”按钮后，自动返填商品名称、成交单位、法定第一计量单位等内容。点击“关闭”按钮，则不返填。

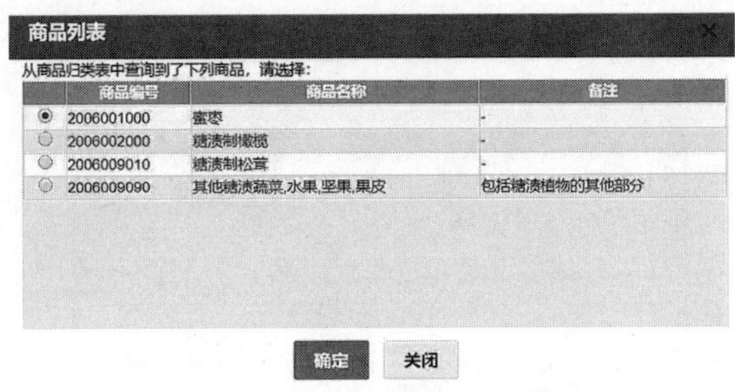

商品列表

从商品归类表中查询到了下列商品，请选择：

商品编号	商品名称	备注
2006001000	蜜枣	-
2006002000	糖渍制橄榄	-
2006009010	糖渍制松茸	-
2006009090	其他糖渍蔬菜,水果,坚果,果皮	包括糖渍植物的其他部分

确定　关闭

图 2-13　商品列表界面

C. 检验检疫名称：录入商品编号后，系统自动显示该商品对应的检验检疫名称（如图 2-14 所示）。如果一个商品编号对应多个检验检疫名称，选择其中一个即可。点击“检验检疫名称”字段右侧的蓝色圆形按钮，也可弹出选择界面。

检验检疫编码列表

名称	类型	HS代码	HS名称
其他糖渍蔬菜，水果，坚果，果皮(包括糖渍植物的其他部分)(红豆馅)	红豆馅	2006009090	其他糖渍蔬菜,水果,坚果,果皮(包括糖渍植物的其他部分)
其他糖渍蔬菜，水果，坚果，果皮(包括糖渍植物的其他部分)(果脯)	果脯	2006009090	其他糖渍蔬菜,水果,坚果,果皮(包括糖渍植物的其他部分)
其他糖渍蔬菜，水果，坚果，果皮(包括糖渍植物的其他部分)(话梅)	话梅	2006009090	其他糖渍蔬菜,水果,坚果,果皮(包括糖渍植物的其他部分)
其他糖渍蔬菜，水果，坚果，果皮(包括糖渍植物的其他部分)(其他蜜饯)	其他蜜饯	2006009090	其他糖渍蔬菜,水果,坚果,果皮(包括糖渍植物的其他部分)

确定　关闭

图 2-14　检验检疫编码列表界面

D. 商品名称（必填）：输入商品编号，点击回车键，由系统自动返填。

E. 成交数量（必填）：与成交计量单位相对应，根据实际情况手工填写。整数最多 14 位字符，小数最多五位字符，不可录入负数。

F. 成交计量单位（必填）：在参数下拉表中选择，也可录入代码或名称。

G. 法定第一计量单位：该字段为灰色，不允许编辑，输入商品编号后点击回车键，由系统自动返填。

H. 法定第二计量单位：该字段为灰色，不允许编辑，输入商品编号后点击回车键，由系统自动返填。如果系统判断不存在第二计量单位，则置空。

I. 总价（必填）：根据实际情况手工填写。整数最多 15 位字符，小数最多两位字符，不可录入负数。

J. 币制（必填）：在参数下拉表中选择，也可录入代码、名称。

K. 原产国（地区）：在参数下拉表中选择，也可录入代码、名称。

L. 货物属性：该字段为灰色，不允许直接输入。点击字段右侧的蓝色圆形按钮，弹出录入界面（如图 2-15 所示）。选择并点击“确定”按钮后，系统将所选内容返填到界面的字段中。

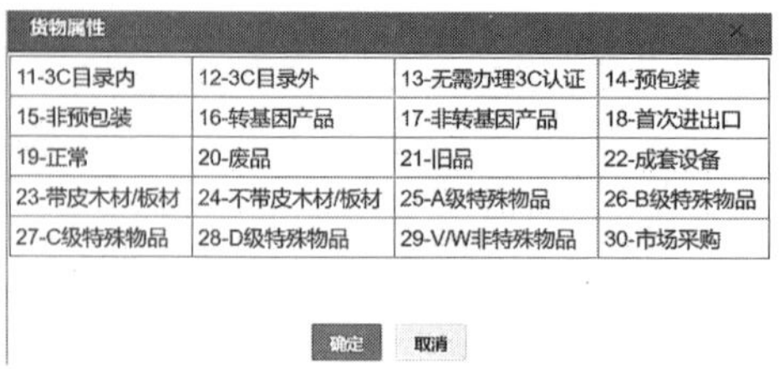

图 2-15　货物属性录入界面

根据实际申报需要，在货物属性中选择。字段呈蓝色，表示选中；再次点击，字段呈白色，表示取消。

M. 用途：在参数下拉表中选择，也可录入代码、名称。

N. 产品资质：选中任意一条已录入商品信息的表体记录，点击蓝色“产品资质”按钮，弹出编辑界面（如图 2-16 所示）。

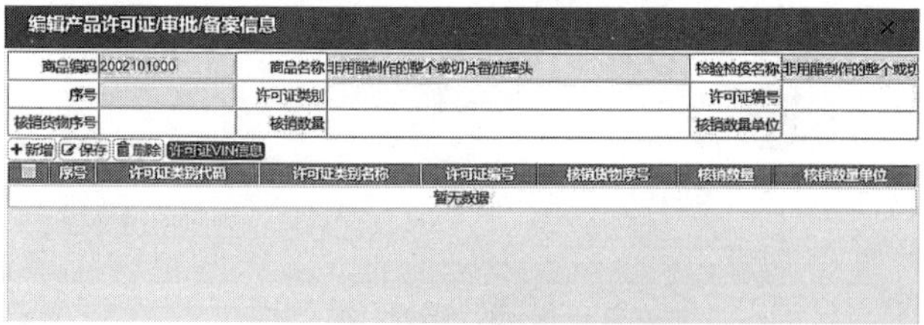

图 2-16　产品资质编辑界面

该界面中灰色字段由系统自动从商品信息中读取，不允许修改。在参数下拉表中选择许可证类别、录入许可证编号等信息后，点击“保存”按钮，将许可证信息保存在下方列表中。点击“新增”按钮，将清空上方所有字段中录入的内容，重新录入。选中下方列表中的记录，可点击“删除”按钮进行删除操作。

根据实际业务情况，对于需要填写 VIN 信息①的许可证，需选择上图列表中已保存的许可证信息，点击“许可证 VIN 信息”按钮，进行操作。

更多操作，请参考“进口报关单整合申报”的产品资质部分。

③集装箱信息的填写操作与上文“涉证+非检+非税”部分一致，此处不再赘述。

（2）复制、打印、删除、备录、申报。

“复制”“打印”“删除”“备录”“申报”按钮的操作与“非证+非检+非税”部分一致，此处不再赘述。

---

① 车辆识别代码（VIN）一般与机动车的底盘（车架号）相同。

4. 涉证+涉检+非税（“涉证+涉检+涉税”时的录入界面与其相同）

在“两步申报”模式选择界面中，“是否涉证”“是否涉检”勾选“是”，“是否涉税”勾选“否”，右侧录入界面如图 2-17 所示。顶端显示“两步申报模式：涉证、涉检、非税”。录入部分包括概要申报基本信息、概要申报商品信息、集装箱、随附单证。

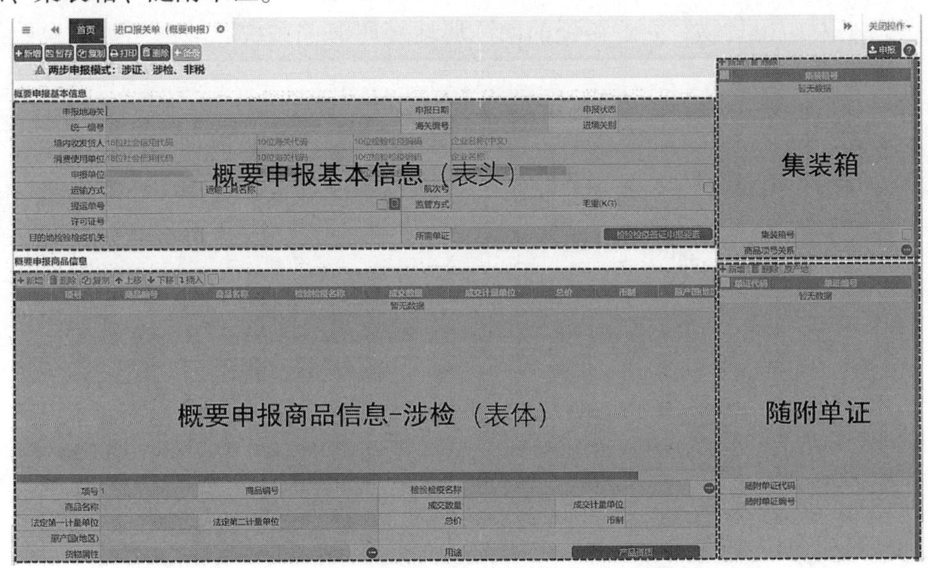

图 2-17　概要申报模式界面（涉证+涉检+非税）

（1）录入与暂存。

界面各字段须按照《关于修订〈中华人民共和国海关进出口货物报关单填制规范〉的公告》（海关总署公告 2019 年第 18 号）的要求进行填制。通过点击界面顶端的蓝色“暂存”按钮，保存当前正在录入的基本信息数据，以防数据丢失。

①概要申报基本信息中除“目的地检验检疫机关”“所需单证”外，其余基本信息的填写操作与上文“涉证+非检+非税”部分一致，此处不再赘述。

A. 目的地检验检疫机关（必填）：在参数下拉表中选择，也可录入代码、名称。

B. 所需单证（选填）：企业可点击“检验检疫签证要素”按钮，选择所需申报的单证。

②概要申报商品信息字段的填写操作与上文“非证+涉检+非税”部分一致，此处不再赘述。

③集装箱、随附单证信息的填写操作与上文“涉证+非检+非税”部分一致，此处不再赘述。

（2）复制、打印、删除、备录、申报。

“复制”“打印”“删除”“+备录”“申报”等按钮的操作与“非证+非检+非税”及“涉证+非检+非税”一致，此处不再赘述。

5. 涉税

根据《关于开展“两步申报”改革试点的公告》（海关总署公告2019年第127号），对应税货物，企业需提前向注册地直属海关关税职能部门提交税收担保备案申请。

“非证+非检+涉税”与“涉证+涉检+涉税”的具体操作与“非证+非检+非税”一致，请参考上文，此处不再赘述。

在“两步申报”模式选择界面中，“是否涉税”勾选“是”，录入完毕点击“申报”按钮时，系统将弹出选择担保、保险单编号的对话框（如图2-18所示）。

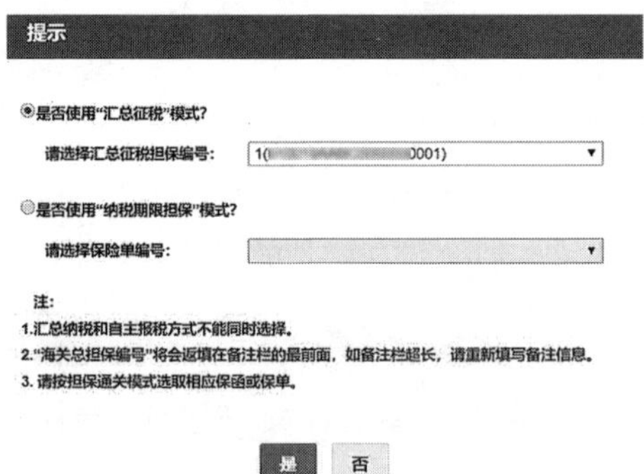

图2-18　选择担保、保险单编号提示界面

根据实际情况选择汇总征税担保编号或纳税期限担保的保险单编号，点击“是”按钮，继续进行申报。

注意

概要申报“涉税”时，所选择的担保编号、保险单编号，显示在备录界面的“备注”字段中。申报后如果要查看，请点击界面顶端“备录”按钮进行查看。

如果在选择担保、保险单编号提示界面点击“否”按钮，或者对话框中担保编号、保险单编号下拉菜单为空（即系统未找到有效的担保、保险单数据），系统将弹出“涉税报关单未提交担保，提交失败！”的提示，不可继续申报。

小提示

请核实境内收发货人是否已提前向海关提交税收担保备案申请，以及汇总纳税资质是否到期等情况。

（二）进口报关单（分次录入）——完整申报（第二步）

在概要申报数据查询界面进行查询（详情请参考“两步申报数据查询”），点击带有底色（浅红色）数据的蓝色统一编号字样，系统自动弹出该票数据完整申报的界面（如图 2-19 所示）。

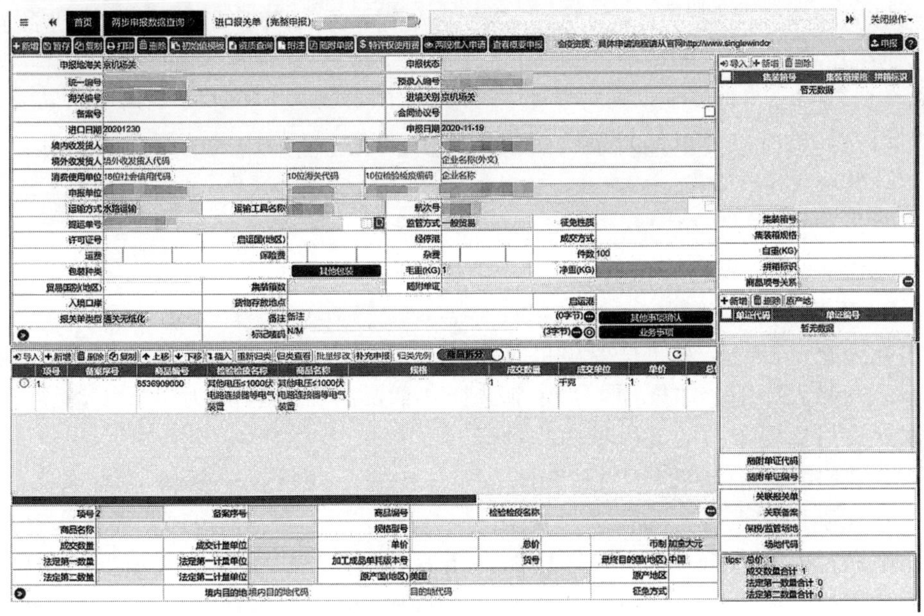

图 2-19　完整申报（第二步）界面

1. 补录/修改

注意

概要申报（第一步）所申报的数据一旦被海关审批通过，进行完整申报（第二步）时，由系统自动带出。除总价的修改、商品编号后四位的补录外，其他概要申报的数据（字段）置灰、不允许修改。

界面各字段须按照《关于修订〈中华人民共和国海关进出口货物报关单填制规范〉的公告》（海关总署公告 2019 年第 18 号）的要求进行填制，部分功能，特别作如下说明。

（1）进境关别。

概要申报时如果调用了舱单数据（“两步申报”的进境关别需要与舱单的进境口岸保持一致），建议此处不要手工修改。

在完整申报界面，选中表体列表中的任意一条记录，可在下方补充录入商品信息。因概要申报的商品信息已审批通过，所以在完整申报（第二步）时，表体的白色“导入”“新增”“删除”“复制”“上移”“下移”“插入”“批量修改”“归类先例”按钮不可使用。

（2）商品编号。

补充输入商品编号的后四位，点击回车键，系统弹出匹配的商品列表框，勾选所需的商品信息即可。

（3）总价。

可在此修改概要申报时录入的预估总价，系统根据输入的字段进行联动计算，计算公式如下：

总价=单价×成交数量；

单价=总价÷成交数量。

2. 商品拆分

在完整申报时，对于概要申报时选择“分次录入”的报关单，系统允许用户修改商品表体部分数据项：当企业选择“商品拆分”按钮为“开”时，完整申报允许对概要申报的某一项商品进行拆分申报。

企业打开“商品拆分”按钮开关后，“新增”“删除”“复制”“上移”“插入”按钮随即被点亮，为可选择状态。

在完整申报界面，点击表体中的一条商品信息，即可修改在概要申报中已申报的成交数量、总价信息，其余商品表体中的概要申报数据项不允许修改。

可以通过点击白色“新增”“复制”按钮，新增一条商品信息，以此来进行商品拆分，具体商品拆分规则如下：

（1）非检商品。

不涉检报关单，以商品编码前六位、商品名称、成交计量单位、原产国（地区）为分组条件，对概要申报商品项与完整申报商品项分组。分组相同的拆分后的成交数量总和等于概要申报时申报的成交数量，校验通过，予以申报；成交数量不同，校验不通过，不予提交申报，系统会提示：“当前不满足拆分申报条件”。

如果企业新增的商品项不符合分组规则，导致完整申报分组数增多，系统则校验不通过，不予提交申报。系统会提示：“当前第×项商品不在概要申报范围内”。

（2）涉检商品。

涉检报关单，以商品编码前十位、检验检疫名称代码、商品名称、成交计量单位、原产国（地区）、货物属性、用途为分组条件，对概要申报商品项与完整申报商品项分组。分组相同的拆分后的成交数量总和等于概要申报时申报的成交数量，校验通过，予以申报；成交数量不同，校验不通过，不予提交申报，系统会提示："当前不满足拆分申报条件"。

如果企业新增的商品项不符合分组规则，导致完整申报分组数增多，系统校验不通过，不予提交申报。系统会提示："当前第×项商品不在概要申报范围内"。

注意

涉检申报中，概要申报的某一商品项（已申报产品资质），如完整申报时被拆分为若干项，拆分后的若干项商品项皆需对应产品资质，且与概要申报时该商品项对应的产品资质相同。

若概要申报时，曾收到海关发送的补充完整申报通知，则补充完整申报时不允许拆分。

3. 复制

在完整申报界面，点击上方蓝色"复制"按钮，系统将当前的完整申报数据进行复制，自动新增生成一票进口整合申报的报关单数据。此时可以对复制出来的数据，进行修改、录入、暂存等操作。

4. 打印

更多操作请参考"进口报关单（分次录入）——概要申报（第一步）"中的打印操作，此处不再赘述。

注意

对于完整申报（第二步）的数据，点击界面顶端蓝色"暂存"按钮后，即可进行打印操作。

5. 删除

更多操作请参考"进口报关单（分次录入）——概要申报（第一步）"中的删除部分，此处不再赘述。

6. 随附单据

在完整申报界面，点击顶端蓝色"随附单据"按钮，系统弹出界面如图 2-20 所示。

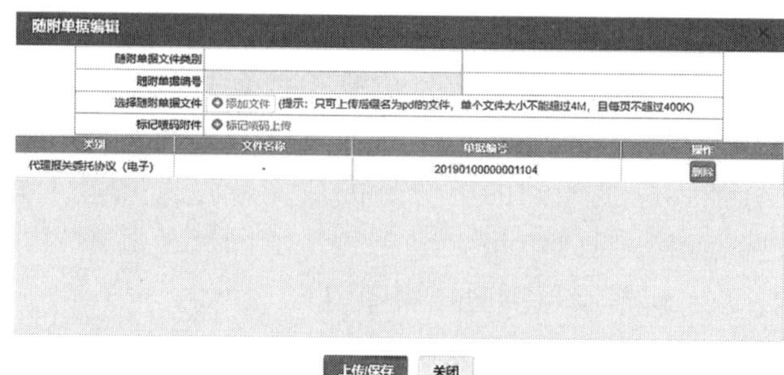

图 2-20　随附单据编辑界面

属于代理委托报关情形的，此处将概要申报（第一步）时录入并申报过的"电子代理报关委托协议编号"自动展示在列表中。

因概要申报（第一步）时所上传 PDF 的文件暂不向海关发送（不属于概要申报的要素，仅供用户预先上传文件），所以随附单据编辑界面中还可能出现概要申报（第一步）时上传过的 PDF 文件，在此处完整申报（第二步）时可以进行修改（重新上传）、删除等操作。

更多使用详情请参考"进口报关单（分次录入）——概要申报（第一步）"中的随附单据部分，此处不再赘述。

7. 查看概要申报

在完整申报界面，点击顶端蓝色"查看概要申报"按钮，系统展示当前完整申报（第二步）对应的概要申报（第一步）数据，如图 2-21 所示。

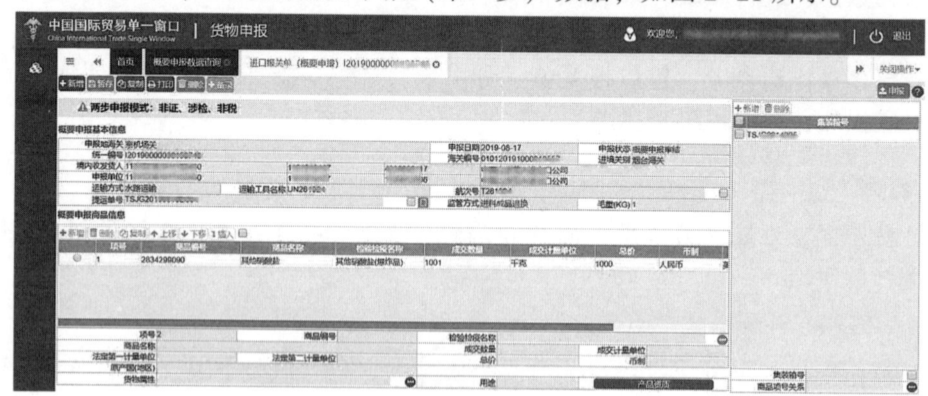

图 2-21　查看概要申报数据界面

（1）新增。

在查看概要申报数据界面中点击蓝色"新增"按钮，系统自动清空界面中正在查看的内容，用户可以重新录入一票与当前"两步申报"模式一致的数据（如图 2-22 所示）。

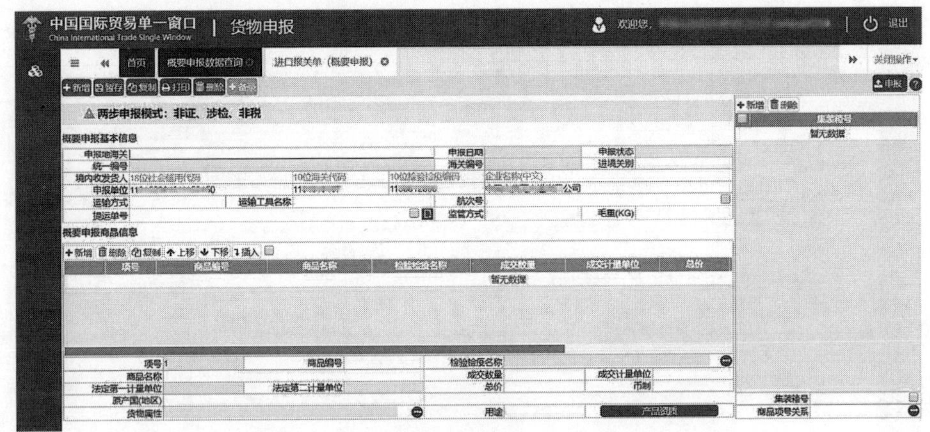

图 2-22　查看概要申报——新增界面

（2）复制。

在查看概要申报数据界面中点击蓝色“复制”按钮，可减少重复录入操作，由系统对当前查看的数据进行复制，并生成一票与当前“两步申报”模式一致的数据。

（3）打印。

在查看概要申报数据界面中点击蓝色“打印”按钮，可打印概要申报核对单。

8. 申报

注意

“两步申报”暂不支持非金关二期加工贸易的手册、账册，即完整申报时“备案号”字段不可填写非金关二期（原加工贸易）手册、账册编号。

此处的申报，与进口报关单整合申报意义相同。

将录入完毕并确认无误的数据，点击界面右上方蓝色“申报”按钮，向海关进行申报。

（三）进境备案清单（分次录入）

进境备案清单两步申报（概要申报、完整申报）的录入界面与各类操作，与上文“进口报关单（分次录入）”一致，以下除特别说明外，请参考上文，此处不再赘述。

登录货物申报系统，点击左侧菜单栏“两步申报”→“分次录入”→“进境备案清单”，进入进境备案清单界面，点击上方绿色“备录”按钮后，系统弹出备录界面（如图 2-23 所示）。

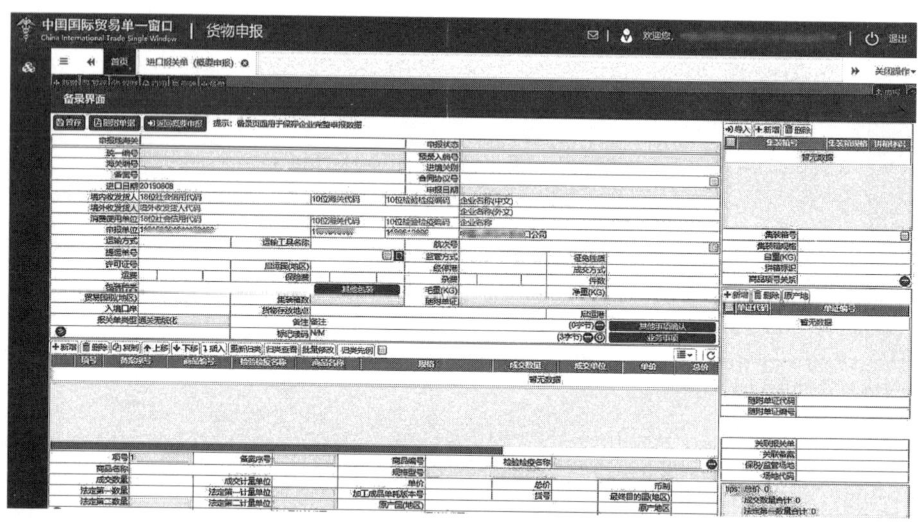

图 2-23　进境备案清单备录界面

根据海关总署公告与相关要求，进境备案清单两步申报时，“报关单类型”为“通关无纸化”，“清单类型”为“一般备案清单”，由系统自动返填，不允许修改。

（四）进口报关单（一次录入）

在两步申报界面中，点击左侧菜单栏“一次录入”→“进口报关单”后需进行两步申报模式的选择，右侧显示界面如图 2-24 所示。

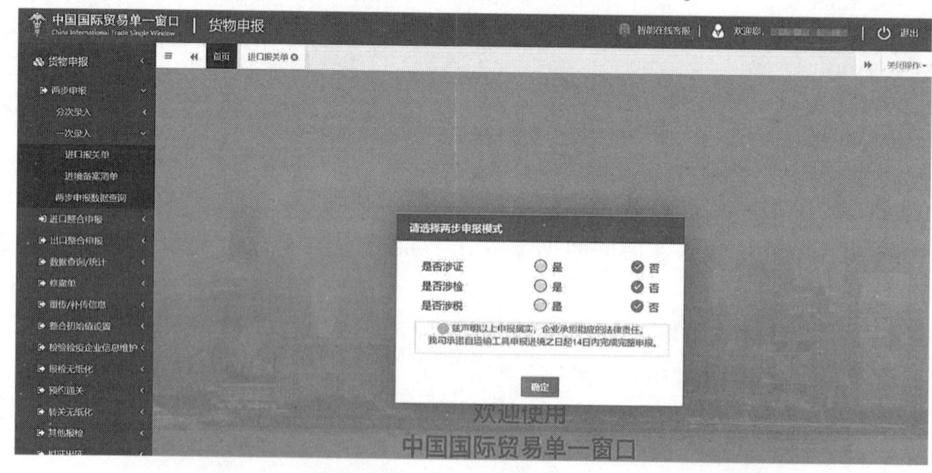

图 2-24　“两步申报”模式选择（一次录入）界面

在“两步申报”模式选择（一次录入）界面，可以完成进口报关单全量数据的录入、暂存、修改等操作。蓝底色字段，代表概要申报所需填写的数据。

根据用户所选申报模式高亮显示不同的概要申报字段，如图 2-25 所示。

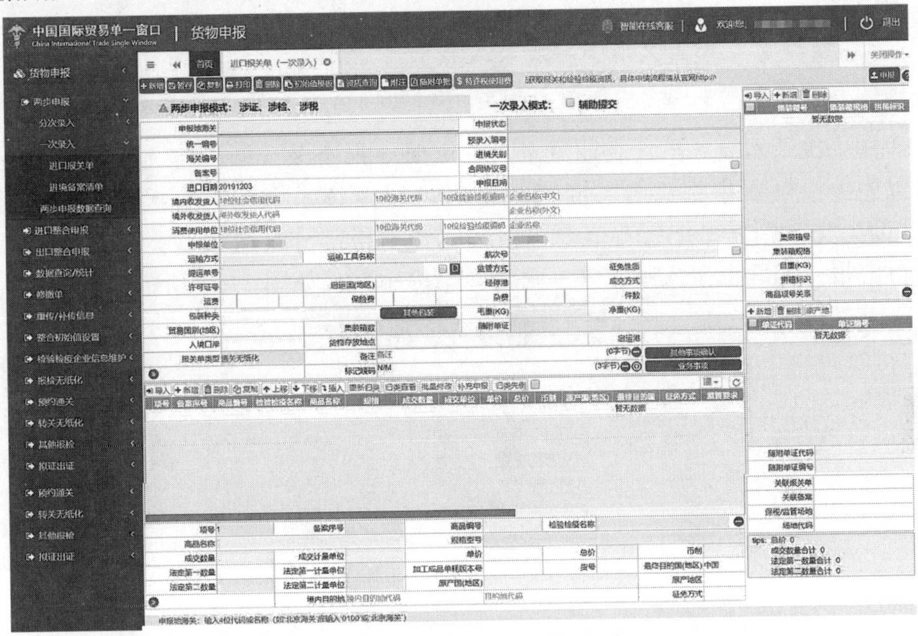

图 2-25　进口报关单（一次录入）界面

进口报关单（一次申报）中，报关单数据的录入、概要申报部分的操作，以及相关功能按钮的操作与“进口报关单（分次录入）——概要申报”部分一致，此处不再赘述。

注意

一次录入模式下，蓝底色字段代表概要申报所需填写的数据。系统自动根据用户所选择的“是否涉证”“是否涉税”“是否涉检”，在界面中展示相应的蓝底色。

一次录入模式：辅助提交

进口报关单（一次录入）界面提供一次录入模式：辅助提交，如不勾选“辅助提交”，则默认为“人工提交”，即概要申报阶段提货放行后需要用户手动点击“申报”按钮，完成“完整申报”。若企业选择“辅助提交”，概要申报阶段提货放行后，系统自动完成“完整申报”。

若选择“辅助提交”，系统将弹出“我公司自愿以‘辅助提交’方式完成完整申报，自行承担完全的法律责任。”的提示，提示框下方提供“同意”和“不同意”按钮。企业点击“同意”按钮后返回申请界面，显示选中“辅助提交”；点击“不同意”按钮则取消辅助提交，更改为人工提交。

小提示

“辅助提交”模式只用于一次录入模式下。取消“辅助提交”后，不允许再次选取，系统将提示：“该数据曾取消辅助提交，不可再次设置辅助提交！”

在一次录入模式下，企业只录入了概要申报字段，如不勾选“辅助提交”，可以先申报概要申报部分，提货放行后可以继续录入完整申报部分。如勾选“辅助提交”则需要把所有概要申报和完整申报部分（必填项）数据全部录入后再申报。如数据录入不完整，则会弹出提示框，如图 2-26 所示。

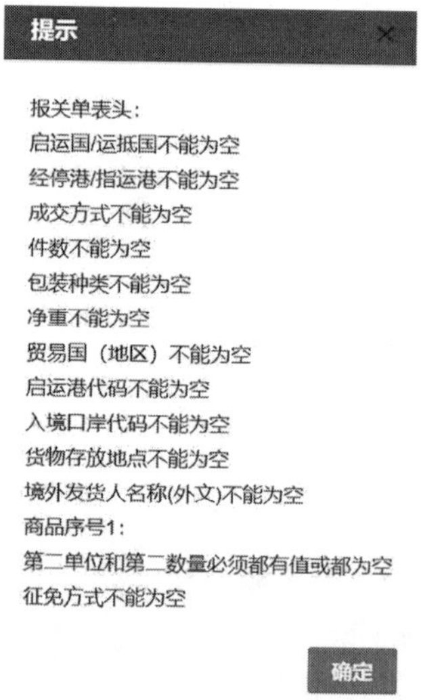

提示

报关单表头：
启运国/运抵国不能为空
经停港/指运港不能为空
成交方式不能为空
件数不能为空
包装种类不能为空
净重不能为空
贸易国（地区）不能为空
启运港代码不能为空
入境口岸代码不能为空
货物存放地点不能为空
境外发货人名称(外文)不能为空
商品序号1：
第二单位和第二数量必须都有值或都为空
征免方式不能为空

确定

图 2-26　数据录入不完整提示界面

（五）进境备案清单（一次录入）

进境备案清单两步申报（一次录入）的录入界面与各类操作，和上文“进口报关单（一次录入）”一致，请参考上文，此处不再赘述。

（六）两步申报数据查询

在两步申报数据查询模块可进行概要申报数据的查询、查看、打印等操作。

小提示

此处仅提供概要申报数据的查询。

如果要直接查询完整申报数据，请至“数据查询/统计”菜单进行操作。

登录货物申报系统，点击左侧菜单栏“两步申报”→“两步申报数据查询”，查询界面如图 2-27 所示。

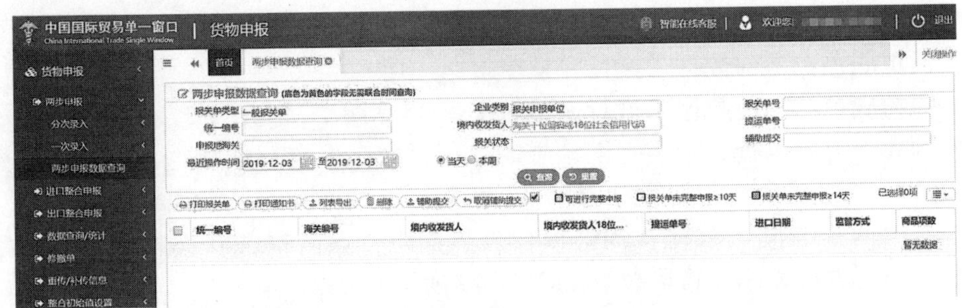

图 2-27 “两步申报”数据查询界面

1. 查询/查看

在“两步申报”数据查询界面中，“报关单类型”“企业类别”“申报地海关”“报关状态”需在参数中进行调取，点击空格键，在下拉菜单中选择。

其中“报关单类型”默认为一般报关单，“企业类别”默认为报关申报单位，可删除默认显示，点击空格键重新选择。

主要查询条件字段，所包含的选项如下：

报关单类型：一般报关单、备案清单；

企业类别：报关申报单位、报关收发货人、报关录入单位。

小提示

查询时输入的时间范围，不能超过七天。

输入条件后，点击“查询”按钮，查询结果显示在下方列表中（如图 2-28 所示）。点击“重置”按钮将清空查询条件，可重新填写查询条件后进行查询。

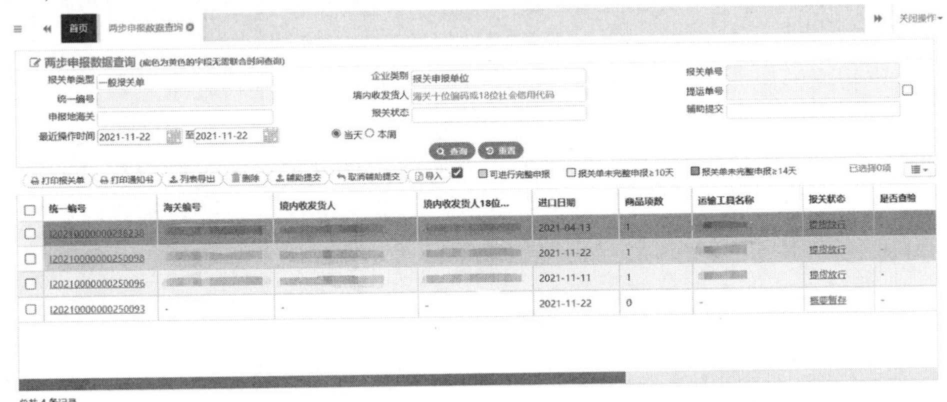

图 2-28 “两步申报”数据查询结果列表界面

在查询结果列表中，不同底色代表的意义如下：

浅粉底色：当前数据可进行完整申报。

浅黄底色：当前数据未进行完整申报≥ 10 天。

深粉底色：当前数据未进行完整申报≥ 14 天。

列表下方可以查看当前查询结果的总记录数，可自行选择每页显示的记录条数。

在“两步申报”数据查询结果列表界面中，点击报关状态栏内的蓝色字样，界面下方可显示相应回执（如图 2-29 所示）。

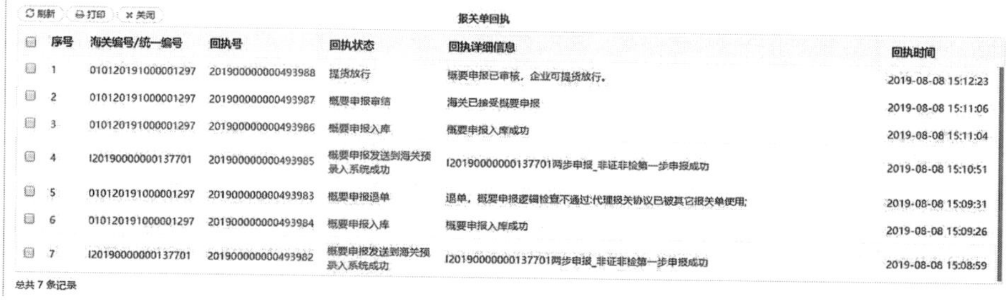

刷新 打印 × 关闭

报关单回执

序号	海关编号/统一编号	回执号	回执状态	回执详细信息	回执时间
1	010120191000001297	2019000000000493988	提货放行	概要申报已审核，企业可提货放行。	2019-08-08 15:12:23
2	010120191000001297	2019000000000493987	概要申报审结	海关已接受概要申报	2019-08-08 15:11:06
3	010120191000001297	2019000000000493986	概要申报入库	概要申报入库成功	2019-08-08 15:11:04
4	I20190000000137701	2019000000000493985	概要申报发送到海关预录入系统成功	I20190000000137701两步申报_非证非检第一步申报成功	2019-08-08 15:10:51
5	010120191000001297	2019000000000493983	概要申报退单	退单，概要申报逻辑检查不通过:代理报关协议已被其它报关单使用;	2019-08-08 15:09:31
6	010120191000001297	2019000000000493984	概要申报入库	概要申报入库成功	2019-08-08 15:09:26
7	I20190000000137701	2019000000000493982	概要申报发送到海关预录入系统成功	I20190000000137701两步申报_非证非检第一步申报成功	2019-08-08 15:08:59

总共 7 条记录

图 2-29　概要申报数据回执界面

在概要申报数据回执界面，点击“刷新”按钮，可刷新回执；点击“关闭”按钮，可关闭查看回执列表；选中回执记录，根据业务状态，点击“打印”按钮，可打印相应的通知书。

在“两步申报”数据查询结果列表界面中点击蓝色的统一编号，系统自动根据当前数据的状态，自动跳转至相应界面（概要申报或完整申报）。

对于报关状态为“概要暂存”“概要申报入库”等属于第一步申报阶段的数据，点击统一编号栏的蓝色字样，系统自动跳转至概要申报的详情界面。此时可根据当前数据状态对概要申报数据进行修改、申报或查看。例如，“概要暂存”“申报失败”“概要申报退单”的，可进行修改、申报；处于“概要申报入库”“概要申报审结”等状态的，只允许进行查看。

在“两步申报”数据查询结果列表界面中，可对带有底色的数据进行完整申报的录入、申报等操作。点击统一编号栏的蓝色字样，系统自动跳转至完整申报界面，操作可参考上文“进口报关单（分次录入）—— 完整申报（第二步）”部分，此处不再赘述。

2. 打印报关单

关于打印的操作请参考上文“进口报关单（分次录入）——概要申报”中的打印部分，此处不再赘述。

小提示

无论报关状态为何种状态，此处仅可打印概要申报时的核对单。

3. 打印通知书

在“两步申报”数据查询结果列表界面中勾选一条或多条记录，点击“打印通知书”按钮，系统弹出回执通知书打印对话框（如图 2-30 所示）。

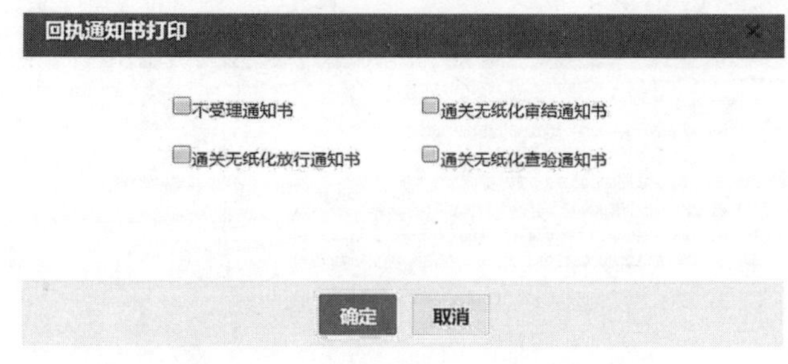

图 2-30　回执通知书打印界面

小提示

通知书是否可以打印，需要依据海关对报关单数据发出的相应回执、状态，详情请咨询业务主管部门。

4. 列表导出①

在“两步申报”数据查询结果列表界面中勾选一条或多条数据，点击“列表导出”按钮，系统自动判断当前登录账号内的信息，与报关单内的境内收发货人是否一致。如果所选的数据中，有任意一条判断为不一致，系统弹出如“当前用户不是报关单收发货人，无法进行导出”的提示信息；如果判断一致，系统根据浏览器的下载设置，将 Excel 表格下载到默认文件夹中（在浏览器中，可使用 Ctrl+J 的方式，快速打开下载内容页进行查看）。

5. 删除

勾选“两步申报”数据查询结果列表界面中白色按钮右侧的复选框，勾选后可在下方列表中同时选中多条记录。点击界面中“删除”按钮，系统将提示是否删除当前报关单数据。当数据为“概要申报入库”“概要申报审结”“补充申报”“提货放行”等状态时，表示所申报的数据已被相关业务主管部门接收或审批，此时不允许在“单一窗口”系统中进行删除操作。

6. 辅助提交

如果在进口报关单（一次录入）界面没有勾选“辅助提交”，可在“两步申报”数据查询界面里点击“辅助提交”按钮。在列表中可同时勾选多条记

① 本系统中，进行导出操作时，须使用 IC 卡或 iKey，且当前登录的账号，必须为报关单中的收发货人，否则不允许进行导出操作。

录，点击界面中“辅助提交”按钮，弹出“我公司自愿以‘辅助提交’方式完成完整申报，自行承担完全的法律责任。”的提示。

点击“同意”按钮，弹出辅助提交结果提示框（如图 2-31 所示）。点击“确定”按钮，关闭提示框。

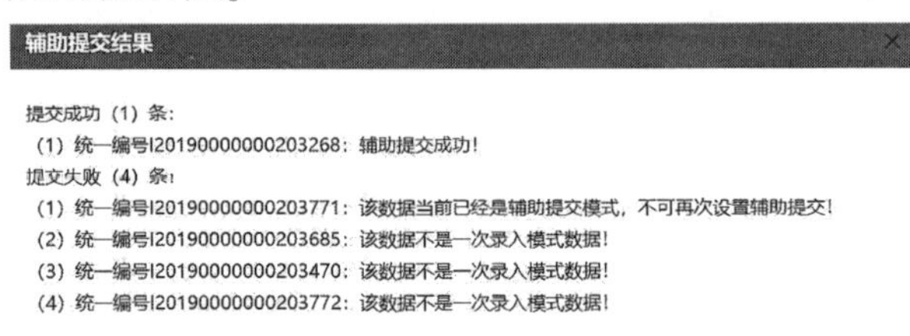

图 2-31　辅助提交结果提示界面

7. 取消辅助提交

如要取消“辅助提交”，可在“两步申报”数据查询界面点击“取消辅助提交”按钮。在列表中可同时勾选多条记录，点击界面中“取消辅助提交”按钮，弹出“取消后无法再次提交，请确认是否取消辅助提交?”的提示。

点击“确定”按钮，界面弹出取消辅助提交结果提示框（如图 2-32 所示）。点击“确定”按钮，关闭提示框。

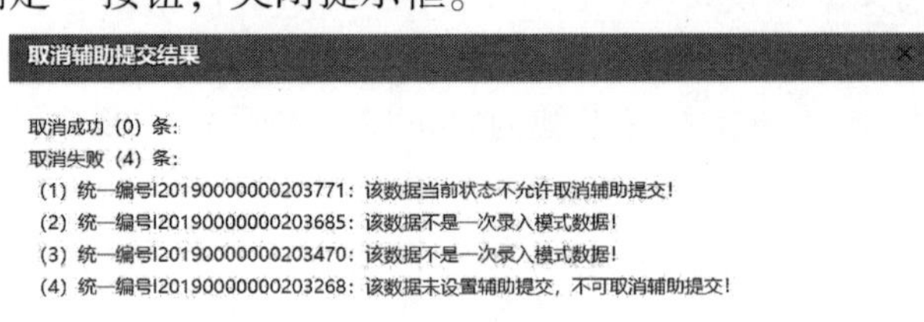

图 2-32　取消辅助提交结果提示界面

如果在进口报关单（一次录入）界面就已经勾选了“辅助提交”，一旦概要申报不是提货放行的状态，系统会自动进行完整申报、取消开始所勾选的“辅助提交”，即变成需要企业手动完成完整申报数据的提交。在“两步申报”

数据查询界面，查询数据时“辅助提交”要选“否”，界面如图 2-33 所示，才能查到相应数据。

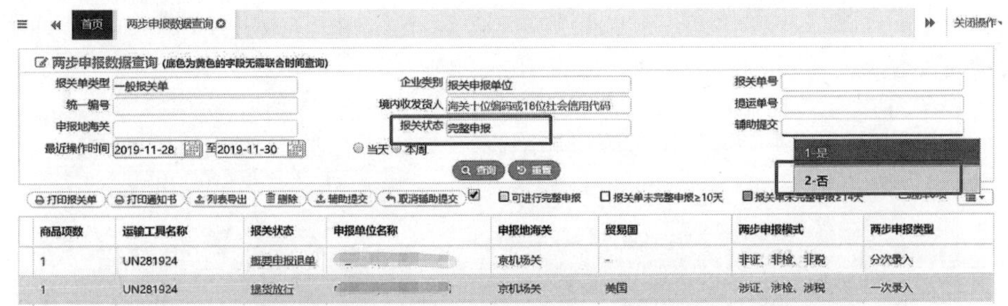

图 2-33　“两步申报”查询数据界面（未勾选“辅助提交”）

小提示

“辅助提交”“取消辅助提交”只适用于一次录入模式。选择“辅助提交”模式，概要申报“提货放行”后系统自动进行完整申报。如选择“取消辅助提交”，概要申报“提货放行”后需要用户手动提交完整申报。

二、进口整合申报

一般货物的进口申报业务，可在此进行数据的录入与申报，更多业务适用详情，请咨询相关业务主管部门。

在图 2-34 中，点击左侧菜单栏“货物申报”→“进口整合申报”，展开业务菜单。

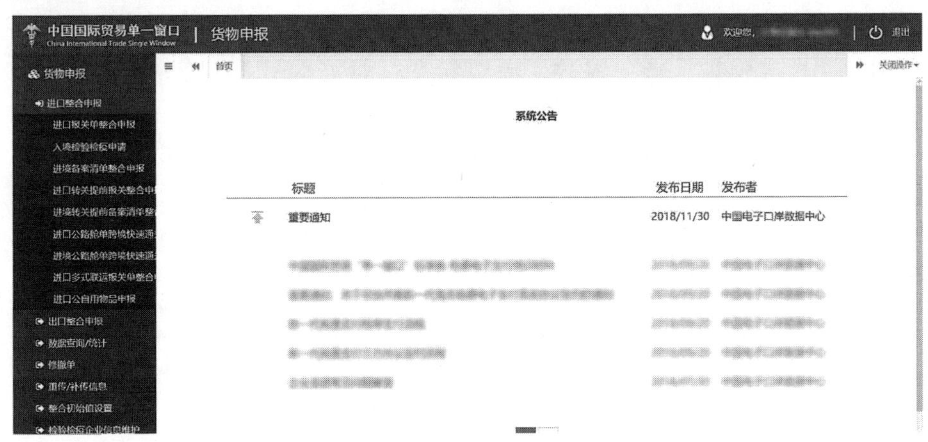

图 2-34　进口整合申报主界面

（一）进口报关单整合申报

对进口货物的报关数据进行一次录入、关联调取与暂存、删除、打印等操作。

1. 录入与暂存

进入货物申报系统，点击左侧菜单栏“进口整合申报”→“进口报关单整合申报”，右侧显示录入界面（如图 2-35 所示），包括基本信息、涉检基本信息、商品信息、涉检商品信息、集装箱、随附单证等部分。

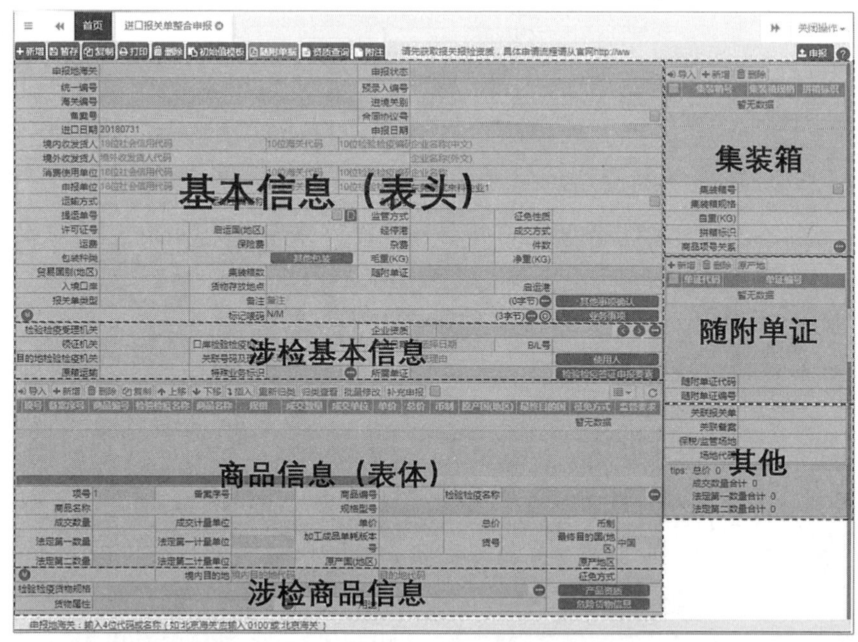

图 2-35 进口报关单整合申报界面

界面中的录入要求，总体说明如下：

灰色字段（例如，统一编号、申报状态、海关编号等）表示不允许录入，系统将根据相应操作或步骤后自动返填。

境外收发货人、运输工具名称、提运单号等字段，需要用户手工录入，部分字段内的灰色字体为录入提示，请如实填写相关内容。

部分字段（例如，运输方式、监管方式等）需要在参数中进行调取，不允许随意录入。点击空格键，可调出下拉菜单并在其中进行选择，也可以输入已知的相应数字、字母或汉字，迅速调出参数，选择后点击回车键确认录入。

日期类字段（例如，进口日期等），可直接输入“YYYY-MM-DD”格式的日期，也可以点击录入框，在系统弹出的日历中进行选择。

勾选类字段（例如，业务选项中的税单无纸化、自报自缴、原箱运输标识等），根据实际业务填写。勾选代表“是”，不勾选代表“否”。

界面上方蓝色“新增”“暂存”“复制”“打印”“删除”“初始值模板”“资质查询”“附注”“随附单据”“申报”按钮的操作，将影响整票进口报关单的数据。具体操作说明参见下文新增、复制、打印、删除、初始值模板、随附单据、申报等内容。

点击界面中的蓝色“暂存”按钮，保存当前正在录入的基本信息数据。

小提示

根据当前的相关业务或操作，蓝色按钮将显示是否可点击操作，将光标悬停在字段上系统可弹出相应提示。

下文提到的白色按钮，所影响的数据仅为当前涉及的页签或字段。

（1）基本信息（表头）。

在进口报关单整合申报基本信息（表头）部分，相关字段的填写要求如下。

①申报地海关（必填）：在参数下拉表中选择，也可录入代码、名称。

②申报状态、统一编号、预录入编号、海关编号、申报日期：这五个字段为灰色，不允许录入，暂存或申报后，由系统自动生成。

③进/出境关别（必填）：在参数下拉表中选择，也可录入代码、名称。

④备案号：长度为12位字符。备案号为空时，参照现行一般贸易方式的报关单，直接录入商品信息（表体）；备案号不为空时，系统根据录入的备案序号，返填备案号对应已备案的信息。

⑤合同协议号：长度为32位字符。录入备案号、运输方式、监管方式三项，系统可返填合同协议号，返填后可以修改。

⑥进出口日期（必填）：进口，暂存后自动返填当前系统时间；出口，申报后系统自动返填海关系统返回的时间。

⑦境内收发货人：

社会信用代码（必填），可录入18位字符或“NO”。无社会信用代码时，可填写“NO”，注意使用大写。填写“NO”时，请务必填写海关编码。

海关代码（必填），最多录入十位字符，可为海关临时编码。

检验检疫编码（选填），最多录入十位字符。

企业名称（必填），最多录入70位字符。

小提示

境内收发货人、境外收发货人、消费使用/生产销售单位、申报单位四项内容，遇到双海关编码并存时，报关单中默认返填第一个。如需修改顺序，请使用管理员账号登录，进入“我的资质”模块操作。

⑧境外收发货人：

代码（选填），最多录入20位字符。

企业名称（外文）（必填），最多录入100位字符。

企业名称，如有检验检疫等特殊需要的，在英文名称后填报该单位或自然人除英文外的其他外文名称，以半角括号分隔。为已互认AEO企业的，同时填报AEO编码。

如果确实无法获取境外收发货人信息，名称可填写“NO”，代码可为空。

⑨消费使用/生产销售单位：

社会信用代码（必填），录入18位字符或“NO”。无社会信用代码时，可填写“NO”，注意使用大写。填写“NO”时，请务必填写海关编码。

海关代码（必填），最多录入十位字符，可为海关临时编码。

检验检疫编码（选填），最多录入十位字符。

企业名称（必填），最多录入70位字符。

⑩申报单位：

社会信用代码（必填），录入18位字符或“NO”。

海关代码（必填），最多录入十位字符，可为海关临时编码。

检验检疫编码（选填）最多录入十位字符。

企业名称（必填），最多录入70位字符。

新增一票报关单时，自动返填申报单位初始值，即当前登录企业用户的信息。

⑪运输方式（必填）：在参数下拉表中选择，也可录入代码、名称。

⑫运输工具：手工录入，最多200位字符。

⑬航次号：手工录入，最多32位字符。

⑭提运单号：

提运单号字段右侧的蓝色按钮，为“调用舱单”按钮。目前仅支持水路运输和航空运输，区分进出口。

水路运输调用舱单，运输工具名称、航次号、提运单号必填。

航空运输调用舱单，运输工具名称、提运单号必填。

调用舱单成功，点击“回填舱单数据”按钮，系统先把舱单系统原始/预配的进出口岸、件数、毛重返填至录入页面，若原来有值就覆盖原来数据；点击“回填集装箱”按钮，系统返填集装箱数据。

⑮监管方式（必填）：在参数下拉表中选择，也可录入代码、名称。

⑯征免性质：在参数下拉表中选择，也可录入代码、名称。

⑰许可证号：最多录入20位字符，超长将自动截取。

小提示

一份报关单只允许填报一个许可证号。许可证号格式：年-××-顺序号，例如，经贸部发：00-AA-000001。

⑱启运国（地区）、经停港（进口必填）：在参数下拉表中选择，也可录入代码、名称。

⑲运抵国（地区）、指运港（出口必填）：在参数下拉表中选择，也可录入代码、名称。

⑳成交方式（必填）：在参数下拉表中选择，也可录入代码、名称。

进口报关单的成交方式为 CIF 或出口报关单的成交方式为 FOB 时，不允许录入运费，也不允许录入保费。

进口报关单的成交方式为 C&I 或出口报关单的成交方式为 C&F 时，允许录入运费，不允许录入保费。

进口报关单的成交方式为 C&F 或出口报关单的成交方式为 C&I 时，不允许录入运费，允许录入保费。

㉑运费——运费代码、运费/率、运费币制，保险费——保险费代码、保险费/率、保险费币制，杂费——杂费代码、杂费/率、杂费币制。

运费、保险费、杂费填写规范类似，此处以运费为例进行说明：

运费、保险费、杂费填写界面（如图 2-36 所示）中，右侧的三个录入框依次为标志代码、××费/费率、××费币制。

图 2-36　运费、保险费、杂费填写界面

标志代码与××费/费率对应关系如下：

A. 标志代码 1-率。费率录入 0.0001~99，代表费率是 0.0001%~99%。

B. 标志代码 2-单价。整数最多录入十位，小数点后面最多录入 4 位。

C. 标志代码 3-总价。整数最多录入 12 位，小数点后面最多录入 4 位。

小提示

当标志代码录入 1-率时，币制字段置灰不可编辑，即无须录入。

㉒运费币制：在参数下拉表选择，也可录入代码、名称。

㉓件数（必填）：填报有外包装的进出口货物的实际件数。不得填报“0”，散装货物建议填报“1”。

㉔包装种类（必填）：在参数下拉表中选择，也可录入代码、名称。界面录入包装种类及件数保存后，显示在当前字段。

包装种类，建议填写运输包装。如果有其他辅助包装，在右侧“其他包装”按钮中填报。

点击“其他包装”按钮，弹出其他包装信息的编辑界面（如图 2-37 所示）。

通过勾选，选中其他包装信息，点击“保存”按钮即可。

图 2–37　其他包装信息编辑界面

小提示

其他包装信息中，可能需要将纸箱、塑料桶、支撑物，特别是支撑物做好申报。植物源性材料的包装，是海关最为关注的包装。其他包装选择包装种类即可，无须填写件数。

㉕毛重（KG）、净重（KG）（必填）：需填写大于等于“1”的数字。如果小于“1”，则输入“1”。

㉖贸易国别（地区）　（必填）：在参数下拉表中选择，也可录入代码、名称。

㉗集装箱数：不允许录入，系统通过界面右侧的集装箱信息进行返填后，显示在当前字段中。

㉘随附单证：不允许录入，系统根据界面右侧的随附单证信息返填后，显示在当前字段。

㉙入境口岸（进口必填）：在参数下拉表中选择，也可录入代码、名称。

按照海关规定的《国内口岸编码表》选择填报相应的境内口岸名称及代码。

小提示

入境口岸，进口货物填写从运输工具卸离的第一个境内口岸；中转货物填写货物最终卸离的境内口岸。从海关特殊监管区域输出的，填写具体海关特殊监管区域的名称或海关特殊监管区域所在城市名称。

㉚出境口岸（出口必填）：在参数下拉表中选择，也可录入代码、名称。

㉛货物存放地点（必填）：根据实际情况手工录入。

小提示

填写货物入境后拟实施检验检疫现场作业的场所或地点，包括海关监管作业场所、分拨仓库、定点加工厂、隔离检疫场、企业自有仓库等。

㉜启运港（进口必填）、指运港（出口必填）：在参数下拉表中选择，也可录入代码、名称。

㉝报关单类型、清单类型（必填）：在参数下拉表中选择，也可录入代码、名称。

㉞备注（选填）：点击备注字段右侧蓝色圆形按钮，可弹出备注完整界面进行编辑或查看（如图 2-38 所示）。

图 2-38　备注录入界面

㉟其他事项确认：点击蓝色“其他事项确认”按钮，弹出完整界面（如图 2-39 所示）。界面中包含特殊关系确认、价格影响确认、与货物有关的特许权使用费支付确认三部分，点击空格键在参数下拉表中选择，也可录入代码、名称。

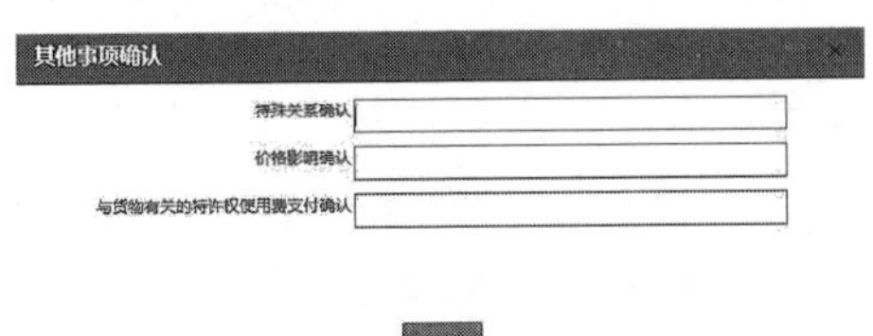

图 2-39　其他事项确认界面

㊱标记唛码（必填）：标记唛码录入除图形以外的文字、数字，无标记唛码的填报“N/M”。

点击标记唛码字段右侧的蓝色圆形按钮，可弹出标记唛码完整录入界面（如图 2-40 所示），进行编辑或查看。

图 2-40　标记唛码录入界面

点击标记唛码字段右侧蓝色上传按钮，弹出附件上传窗口（如图 2-41 所示），可进行预览、上传①、下载、删除操作。

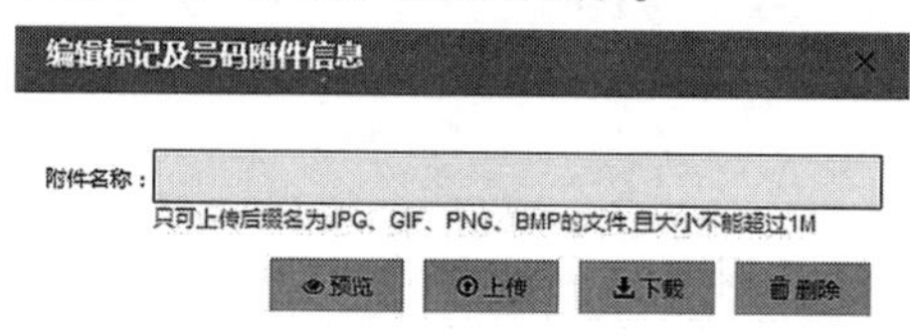

图 2-41　标记唛码上传界面

㊲业务事项：点击蓝色"业务事项"按钮，弹出业务事项完整界面（如图 2-42 所示）。

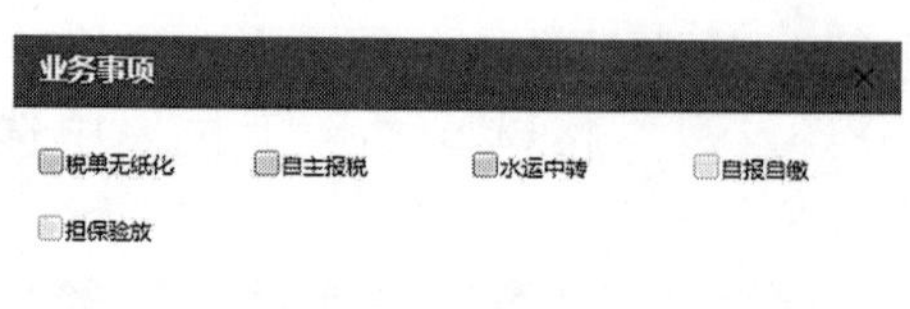

图 2-42　业务事项界面

以下以出口业务事项为例进行介绍。

A. 自报自缴。

完成报关单录入后，勾选业务事项中的"自报自缴"，点击"确定"按钮时，系统弹出自报自缴界面（如图 2-43 所示）。

① 只可上传后缀名为 JPG、GIF、PNG、BMP 的文件，且大小不超过 1MB。

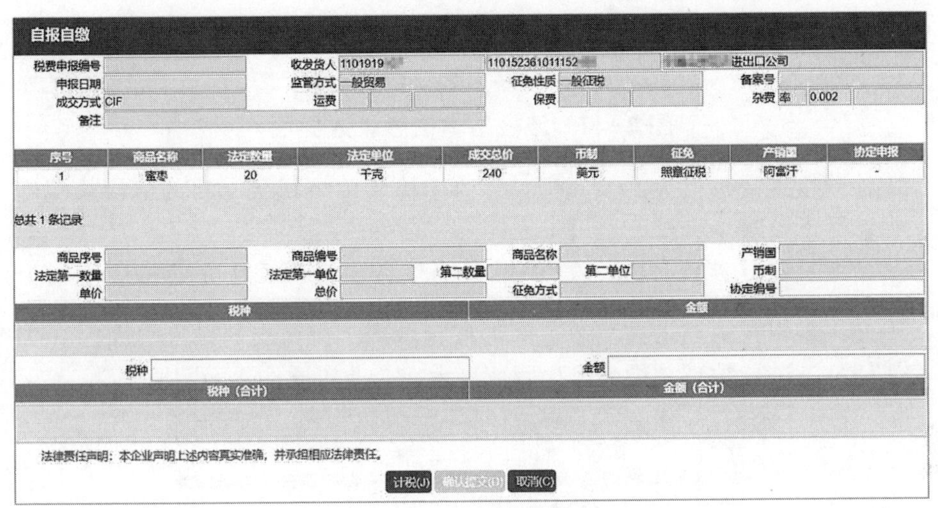

图 2-43 自报自缴界面

小提示

置灰的字段，只读，不允许编辑，系统自动从报关单表头或表体中获取并返填。

勾选“自报自缴”，可能需要满足两个条件：报关单类型是通关无纸化；报关单申报企业所在关区已开通“自主报税”模式（详情请咨询主管海关）。

在自报自缴界面，协定编号字段可手工填写，计税前可录入，计税后只读。

a. 计税：点击“计税”按钮，系统调取海关计税服务，并返填税费信息。点击“确认提交”按钮，继续进行申报。

b. 取消：点击“取消”按钮后，弹出“取消将清空税费信息，确定取消?”的提示，点击“确定”按钮后提示：“是否继续申报”。点击“是”按钮，按非自报自缴继续申报；点击“否”按钮，回到报关单主界面。

B. 水运中转：在出口报关单整合申报各界面中，可对业务事项的“水运中转”进行勾选。

C. 税单无纸化、汇总征税、自主报税、担保验放：按照实际业务勾选填报即可。

（2）涉检基本信息。

在进口报关单整合申报界面，填写完基本信息后，如果需要填写涉检基本信息，点击左下角蓝色方向按钮，可弹出涉检信息基本录入区域（如图 2-44 所示）。

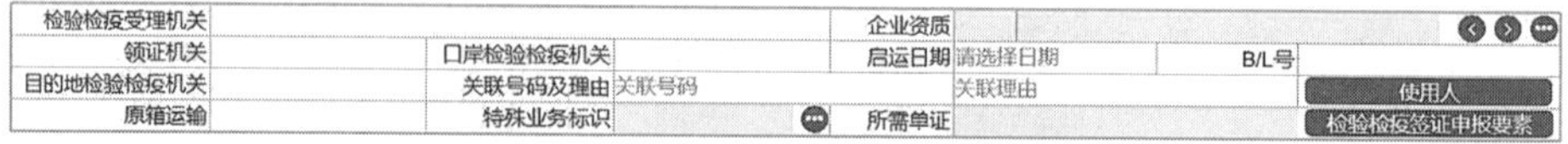

图 2-44　涉检基本信息录入界面

①检验检疫受理机关、领证机关、口岸检验检疫机关、目的地检验检疫机关：在参数下拉表中选择，也可录入代码、名称。

②企业资质（涉检必填）：进口报关单整合申报界面中企业资质字段为灰色，不允许编辑，需点击右侧蓝色圆形按钮，在弹出的录入界面内（如图 2-45 所示），进行编辑。录入保存后，显示在企业资质的界面字段中。

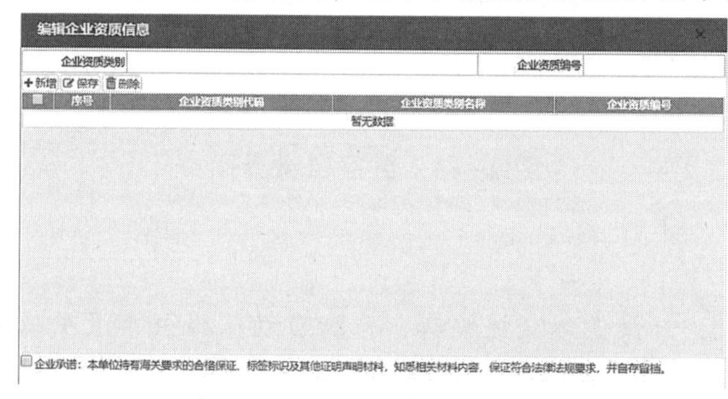

图 2-45　企业资质录入界面

录入多条数据时，进口报关单整合申报界面中默认显示第一条企业资质信息，可以通过点击企业资质字段右侧蓝色圆形方向按钮，依次查看所录入的企业资质信息。

A. 企业资质类别：在参数下拉表中选择，也可录入代码、名称。

B. 企业资质编号：手工录入。

录入企业资质类别和对应的企业资质编号，点击“保存”按钮或直接点击回车键，下方列表显示已录入的数据。勾选序号前的复选框，点击“删除”按钮，可对已录入数据进行删除。

③启运日期（进口必填）：在日期弹出框中，选择日期。录入进口报关单时为必填项。

④B/L 号（进口）：在参数下拉表中选择，也可录入代码、名称。填写入境货物的提货单或出库单号码。当运输方式为“航空运输”时无须填写，其他运输方式时必填。

⑤关联号码及理由：当有关联报关单号时，填写关联报关单号的关联理由。

⑥使用人（进口）：点击“使用人”按钮，弹出使用人信息编辑界面（如图 2-46 所示）。

图 2-46 使用人信息编辑界面

录入使用单位联系人和对应的联系号码，点击“保存”按钮或直接点击回车键，下方列表显示已录入的数据。勾选序号前的复选框，点击“删除”按钮，可以对已录入数据进行删除。

⑦原箱运输（进口）：在参数下拉表中选择，也可录入代码、名称。

⑧特殊业务标识：进口报关单整合申报界面中特殊业务标识字段为灰色，不允许编辑，需点击特殊业务标识字段右侧蓝色圆形按钮，在弹出的界面中进行勾选（如图 2-47 所示）。勾选后点击“确定”按钮，将返填到进口报关单整合申报界面特殊业务标识字段内。

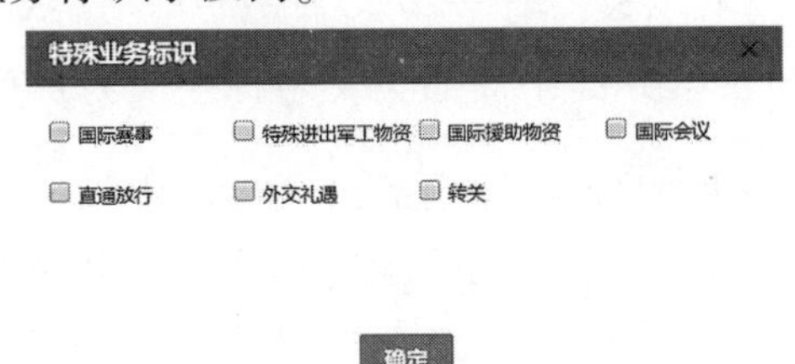

图 2-47 特殊业务标识选择界面

⑨所需单证、检验检疫签证申报要素。

小提示

此处的检验检疫签证申报要素，指当前企业预期向海关申请的、由海关审批后发出的证书。

进口报关单整合申报界面中的所需单证字段为灰色，不允许编辑。由录入的检验检疫签证申报要素返填。

点击“检验检疫签证申报要素”按钮，在弹出的界面中勾选并填写（如图 2-48 所示）。录入完成，点击“保存”按钮，将返填到进口报关单整合申报界面所需单证字段内。

检验检疫签证申报要素

	序号	证书代码	证书名称	正本数量	副本数量
	1	11	品质证书	1	2
	2	12	重量证书	1	2
	3	13	数量证书	1	2
	4	14	兽医卫生证书	1	2
	5	15	健康证书	1	2
	6	16	卫生证书	1	2
	7	17	动物卫生证书	1	2
	8	18	植物检疫证书	1	2
	9	19	熏蒸/消毒证书	1	2
	10	20	出境货物换证凭单	1	2
	11	21	入境货物检验检疫证明（申请出具）	1	2
	12	22	出境货物不合格通知单	1	2
	13	23	集装箱检验检疫结果单	1	2
	14	24	入境货物检验检疫证明（申请不出具）	1	2

境内收发货人名称(外文)

境外收发货人名称(中文)

商品英文名称

保存

图 2-48　检验检疫签证申报要素界面

小提示

必须先录入好商品信息（表体），在检验检疫签证申报要素界面点开商品英文名称，才能看到商品列表。如果没录入任何商品信息，此处列表为空。

检验检疫签证申报要素界面中商品英文名称字段为灰色，不允许编辑，需点击界面中蓝色圆形按钮，在弹出的录入界面中勾选（如图 2-49 所示）。勾选后点击“保存”按钮，将返填到检验检疫签证申报要素界面商品英文名称字段内。

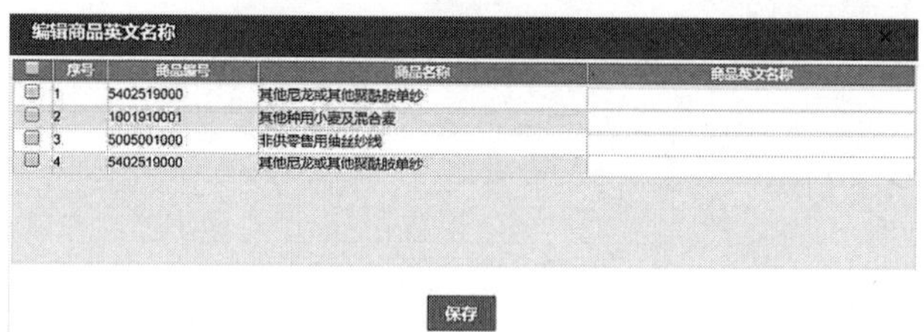

编辑商品英文名称

	序号	商品编号	商品名称	商品英文名称
	1	5402519000	其他尼龙或其他聚酰胺单纱	
	2	1001910001	其他种用小麦及混合麦	
	3	5005001000	非供零售用䌷丝纱线	
	4	5402519000	其他尼龙或其他聚酰胺单纱	

保存

图 2-49　商品英文名称编辑界面

（3）商品信息（表体）。

进口报关单整合申报界面中商品信息（表体）的录入要求，总体说明如下：

灰色字段（例如，项号、规格型号、法定第一计量单位等）表示不允许录入，由系统根据相应操作或步骤后自动返填。

部分字段（例如，商品编号、成交数量等），需要用户手工录入，部分字段内的灰色字为录入提示，请根据实际情况如实填写相关内容。

部分字段（例如，币制、境内目的地等）需要在参数中进行调取，不允许随意录入。点击空格键，调出下拉菜单并在其中进行选择，也可以输入已知的相应数字、字母或汉字，迅速调出参数，选择后点击回车键确认录入。

日期类字段，可输入“YYYY-MM-DD”格式的日期，或点击录入框，在系统弹出的日历中进行选择。

选择类字段（例如，货物属性），根据实际业务填写。勾选后底色变深，不勾选的底色为白色。

完成所有的录入操作，在最后一个字段点击回车键，即将所录入的商品信息保存到表体列表中。

①商品信息（表体）操作按钮说明。

勾选复选框 后，可以同时选择多个表体项。

点击右侧 ，可以选择在表体列表中显示的字段名称。

点击右侧 ，可刷新表体商品信息。

表体内的白色“导入”“新增”“删除”“复制”“上移”“下移”“插入”“重新归类”“归类查看”“批量修改”“补充申报”按钮，仅对商品信息表体内的数据进行操作。

A. 导入：可通过 Excel 表格导入商品信息。

点击白色“导入”按钮，系统弹出导入框（如图 2-50 所示）。

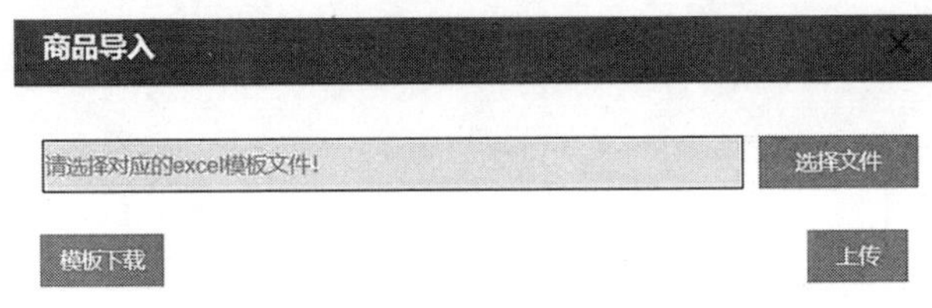

图 2-50　商品导入界面

点击“模板下载”按钮，将 Excel 模板文件保存到电脑中。根据模板内的要求，填写并保存商品信息，再点击“选择文件”按钮，选择填写完的 Excel 文件，点击“上传”按钮，将商品信息导入到表体列表中。

B. 新增：点击“新增”按钮，将清空表体录入区域的内容，便于重新录入数据。

C. 删除：勾选表体记录后，点击“删除”按钮，将删除所勾选商品信息，须谨慎操作。

D. 复制：勾选任意一条表体记录，复制选中的商品信息，并自动返填项号、商品名称、数量等内容，可进行修改。

当商品信息的各项内容比较相似时，使用复制操作，可减少相同内容的重复录入。

E. 上移、下移：勾选表体记录后，可对选中的商品信息进行相应操作。

点击一次“上移”按钮，当前选中的货物表体上移，项号自动减 1。

点击一次“下移”按钮，当前选中的货物表体下移，项号自动加 1。

F. 插入：勾选任意一条表体记录，点击“插入”按钮，录入的数据被插入到选中的货物表体上方，选中的表体项号自动加 1。

G. 重新归类：勾选任意一条表体记录，可修改已录入商品信息内的规格型号。

H. 归类查看：勾选任意一条表体记录，可查看已录入商品信息的规格型号。

I. 批量修改：勾选多条表体记录，系统弹出录入框（如图 2-51 所示）。可批量修改商品信息内的币制、原产国（地区）、境内目的地、征免方式等信息。

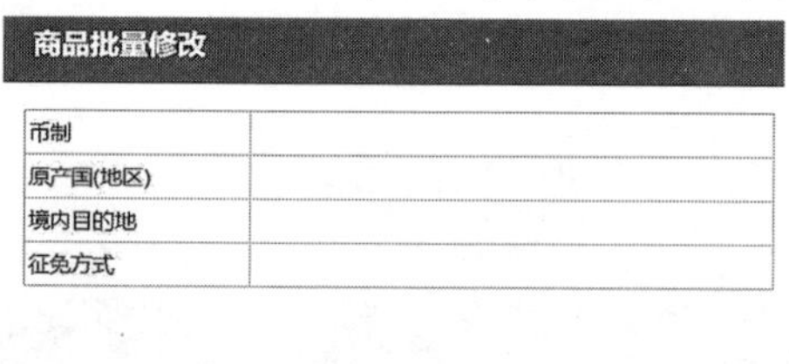

图 2-51　商品批量修改界面

J. 补充申报：可对商品信息进行补充申报内容的填写。“首次录入”“暂存”“退单”等状态的报关单，可以进行主动补充申报。被动补充申报相关信息，请联系主管海关咨询。

每一票报关单允许填报多份补充申报单。

当一条商品信息表体录入完成后，“补充申报”按钮可用。不录入或者未选中任何商品信息数据时，“补充申报”按钮不可用。

一个商品信息表体项只能录入一条某种类型的补充申报单，补充申报单和表体项是一对一的关系。

只有以下类型的报关单，可以进行补充申报，其他类型的报关单界面内没有“补充申报”按钮：

进口整合申报——进口报关整合申报、进口转关提前报关整合申报、进口公路舱单跨境快速通关报关整合申报、进境公路舱单跨境快速通关备案清单整合申报、进口多式联运报关单整合申报、进口公自用物品申报。

出口整合申报——出口报关整合申报、出口转关提前报关整合申报、出口公路舱单跨境快速通关报关整合申报、出口公路舱单跨境快速通关备案清单整合申报、出口二次转关、出口多式联运报关单整合申报、出口公自用物品申报。

在商品信息界面列表中勾选一条表体记录，点击“补充申报”按钮，系统弹出录入框（如图 2-52 所示）。

图 2-52　报关补充申报界面

录入框内自动展示已录入完毕的商品信息表体，每一项表体后都有复选框（价格、归类、原产地），勾选后下方对应的录入框（价格补充申报单、归类补充申报单、原产地补充申报单）变亮，根据实际情况填写。

取消任意一个复选框内的勾选，系统会弹出“是否删除补充申报单？”的提示，删除后的数据需要重新填写（该操作仅删除某一序号内的某一类型补充申报单，并不会删除所有补充申报数据）。

在报关补充申报界面中，勾选表体，还可进行以下操作。

a. 复制。

在报关补充申报界面，勾选一条没录入过补充申报内容的表体（例如，序号为 2 的表体），点击“复制”按钮，系统弹出对话框（如图 2-53 所示）。选择列表中已经录入过补充申报内容的记录（例如，序号为 1 的表体已录入过价格、归类的补充申报数据），勾选“复制类型”后，点击“确定”按钮即可

（系统将序号为 1 的补充申报数据复制到序号为 2 的表体中）。

图 2-53　报关补充申报复制界面

b. 打印。

在报关补充申报界面，勾选一条已经录入过补充申报内容的记录，点击“打印”按钮，系统自动展示可打印的补充申报单类型（如图 2-54 所示），可进行打印预览或直接打印等操作。

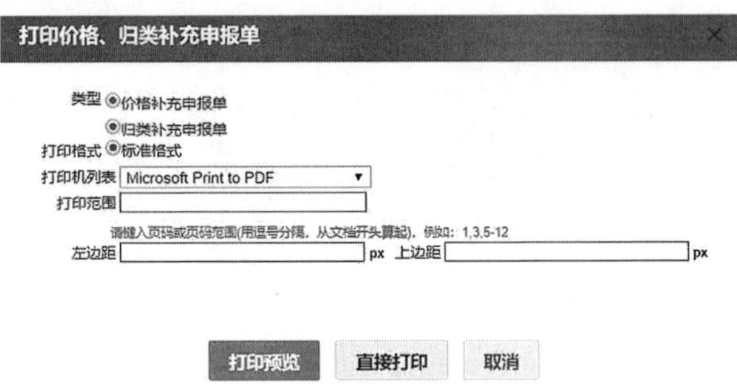

图 2-54　打印价格、归类补充申报单界面

小提示

没有在报关补充申报界面中录入补充申报内容的，可能不会显示在打印类型中。

c. 返回报关单。

点击“返回报关单”按钮，返回报关单商品信息界面。

②录入商品信息。

A. 项号：字段为灰色，不允许录入，由系统自动生成。

B. 备案序号：字段为灰色，不允许录入。当基本信息的备案号字段填写成功后，备案序号字段被点亮，可录入备案数据（例如，非金二手册/账册、减免税等）内对应的表体序号，调用备案数据。

C. 商品编号（必填）：至少输入商品编号的前四位数字，或输入十位完整的商品编号，点击回车键，弹出匹配的商品列表框，选择即可。

例如，输入商品编号前四位，点击回车键，弹出模糊匹配前四位商品编码的商品列表（如图 2-55 所示），勾选所需的商品信息。点击“确定”按钮，自动返填商品名称、成交计量单位、法定第一计量单位等内容；点击“取消”按钮，则不返填。

商品列表

从商品归类表中查询到了下列商品，请选择：

	商品编号	商品名称	备注
◉	0808100000	鲜苹果	-
○	0808301000	鲜鸭梨及雪梨	-
○	0808302000	鲜香梨	-
○	0808309000	其他鲜梨	-
○	0808400000	鲜榅桲	QUINCES

确定　关闭

图 2-55　商品列表界面

D. 规格型号：输入商品编号后，点击回车键，在弹出的“商品规范申报-商品要素申报”界面（如图 2-56 所示）中填写。填写完成后点击“确定”按钮，所录入的信息自动返填到商品信息界面中，系统自动以“｜”号将规格型号各项内容进行分隔，展示在界面中。

商品规范申报-商品申报要素

返填规则	○税号 ○GTIN
商品信息	0808100000-鲜苹果
规格型号（根据海关规定，以下要素应全部填报）。	
品牌类型	
出口享惠情况	不适用于进口报关单
制作或保存方法(鲜)	
种类（蛇果、加纳果、青苹果、富士等）	
等级	
品牌	
GTIN	
CAS	
其他	
规格型号	|3　(2/255字节)

确定　取消

图 2-56　商品规范申报-商品申报要素界面

a. GTIN（Global Trade Item Number）俗称条形码，即全球贸易项目代码的缩写及简称。

对于已知的 GTIN 号码（必须为八位、12 位或 13 位长度的数字），如果想减少录入操作，可以在商品申报要素界面的返填规则部分，选中 GTIN，光标将自动跳转到界面的 GTIN 字段内。直接录入 GTIN 码后，点击回车键，待系统校验信息检验完成后，自动返填该 GTIN 所包含的申报要素信息（如图 2-57 所示）。

商品规范申报-商品申报要素

返填规则	○税号 ◉GTIN ○汽车零件号
商品信息	1901101000-供婴幼儿食用的零售包装配方奶粉
规格型号（根据海关规定，以下要素应全部填报）。	
品牌类型	
出口享惠情况	不适用于进口报关单
成分含量	脱脂乳11.91%、乳糖42.92%、植物油22.95%、低聚半乳糖5.86%、乳清蛋白6.76%
用途（供婴幼儿食用/适用的年龄阶段）	
包装规格	350g*12 罐/箱
品牌（中文及外文名称）	
GTIN	7613035204355
CAS	
其他	
规格型号	|3|脱脂乳11.91%、乳糖42.92%、植物油22.95%、低聚半乳糖5.86%、乳清蛋白6.76%||350g' （104/255字节）

根据GTIN码自动反填要素信息,仅供参考!

确定 取消

图 2-57 商品申报要素界面（GTIN 返填示例）

可对已返填的信息进行修改，继续将所有的申报要素录入完整后，点击“确定”按钮。系统根据当前 GTIN 码返填该商品的申报要素、成交计量单位、单价、币制、原产国、目的国、征免方式等信息。

系统自动对碰与校验的 GTIN 信息库可分为以下两部分：一是海关总署提供的 GTIN 相关标准参数。系统首先通过当前所录入的 GTIN 码查找标准参数。如果对碰成功，直接返填相关申报要素与商品信息。二是企业录入的 GTIN 与其他规格型号的历史参数。如果在标准参数中未查找到记录，系统根据当前报关单内的“境内收发货人海关十位编码+商品编码+ GTIN 码”查找历史参数，即对于历史参数，只能对相同境内收发货人所录入过的信息进行调用。

Excel 模板导入的数据，只需在最新的 Excel 模板列表中填写“项号”与已知的 GTIN 码（如图 2-58 所示），无须录入其他商品信息。保存 Excel 后直接导入（导入操作参见上文），等待系统对碰 GTIN 并返填信息即可。具体校验逻辑与录入时相同，此处不再赘述。

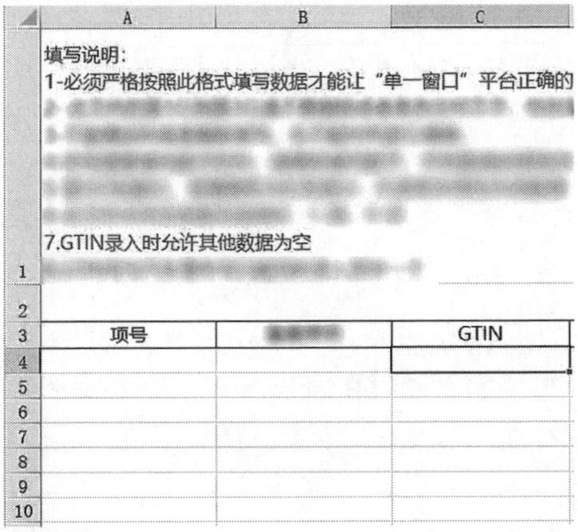

	A	B	C
1	填写说明： 1-必须严格按照此格式填写数据才能让“单一窗口”平台正确的 7.GTIN录入时允许其他数据为空		
2			
3	项号		GTIN
4			
5			
6			
7			
8			
9			
10			

图 2-58　Excel 模板界面（项号、GTIN）

b. 汽车零件号：零部件编号作为汽车零部件类商品的唯一识别代码，以汽车零件号为索引，建立合规的品牌汽车零部件标准数据库。企业申报时只需录入“型号”，系统即可通过标准库返填所有申报要素，简化申报操作、提高效率、减少差错。

在商品申报要素界面的返填规则部分，选中汽车零件号，光标将自动跳转到界面的型号字段内。录入已知的汽车零部件型号后回车，等待系统校验信息，自动返填该型号所包含的申报要素信息（如图 2-59 所示）。

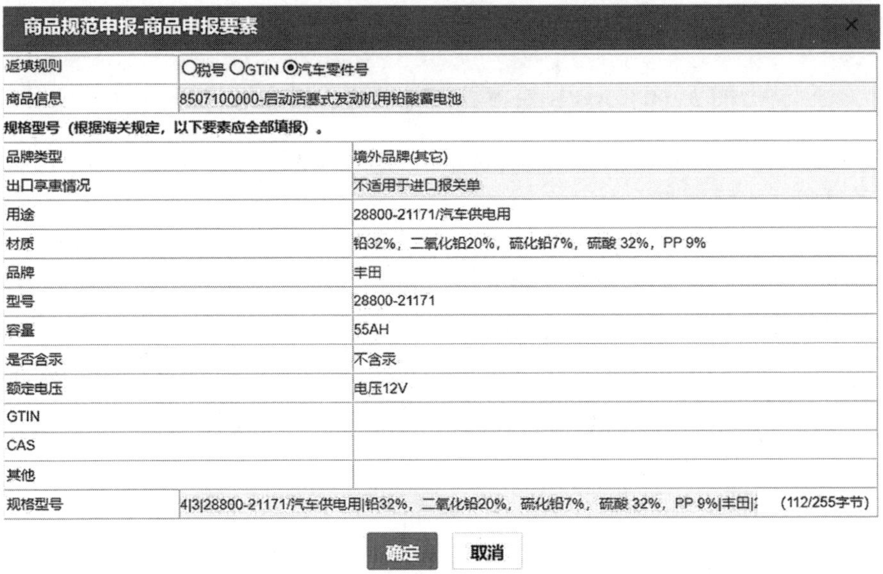

商品规范申报-商品申报要素

返填规则	○税号 ○GTIN ⊙汽车零件号
商品信息	8507100000-启动活塞式发动机用铅酸蓄电池
规格型号（根据海关规定，以下要素应全部填报）。	
品牌类型	境外品牌(其它)
出口享惠情况	不适用于进口报关单
用途	28800-21171/汽车供电用
材质	铅32%，二氧化铅20%，硫化铅7%，硫酸 32%，PP 9%
品牌	丰田
型号	28800-21171
容量	55AH
是否含汞	不含汞
额定电压	电压12V
GTIN	
CAS	
其他	
规格型号	4|3|28800-21171/汽车供电用|铅32%，二氧化铅20%，硫化铅7%，硫酸 32%，PP 9%|丰田| (112/255字节)

确定　取消

图 2-59　商品申报要素界面（汽车零件号返填示例）

可对已返填的信息进行修改，将所有的申报要素录入完整后，点击“确定”按钮，返回报关单商品信息界面。

小提示

根据实际业务，主要的汽车零部件税号集中在《中华人民共和国进出口税则》的第 84、85、87 章。更多的适用情况，请咨询主管海关。

Excel 模板导入的数据，在最新的 Excel 模板列表中填写“项号”与已知的“汽车零件号（型号）”（如图 2-60 所示）。保存 Excel 后直接导入（导入操作参见上文），等待系统对碰汽车零件号并返填信息即可。具体校验逻辑与录入时相同，此处不再赘述。

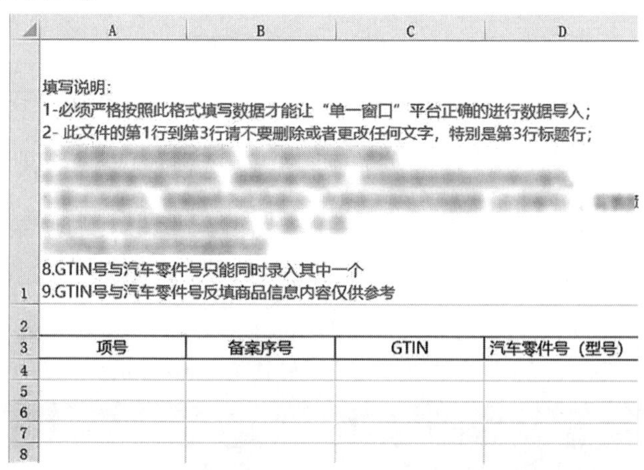

图 2-60　Excel 模板界面（项号、汽车零件号）

c. CAS 码：Chemical Abstracts Service，简称 CAS，是某种物质［化合物、高分子材料、生物序列（Biological sequences）］、混合物或合金的唯一的数字识别号码。

对于已知的 CAS 码，如果想减少录入操作，可以在商品申报要素界面的返填规则部分选中 CAS，光标将自动跳转到界面的 CAS 字段内。直接录入 CAS 码后，点击回车键，待系统校验信息校验完成后，自动返填该 CAS 码所包含的商品信息（如图 2-61 所示）。

<table>
<tr><th colspan="2">商品规范申报-商品申报要素</th></tr>
<tr><td>返填规则</td><td>○税号○GTIN○汽车零件号◉CAS</td></tr>
<tr><td>商品信息</td><td>6006900000-其他纺材制其他针织或钩编织物</td></tr>
<tr><td colspan="2">规格型号（根据海关规定，以下要素应全部填报）。</td></tr>
<tr><td>品牌类型</td><td></td></tr>
<tr><td>出口享惠情况</td><td>不适用于进口报关单</td></tr>
<tr><td>织造方法（针织或钩编）</td><td></td></tr>
<tr><td>染整方法（色织、染色、漂白等）</td><td></td></tr>
<tr><td>成分含量</td><td></td></tr>
<tr><td>幅宽</td><td></td></tr>
<tr><td>GTIN</td><td></td></tr>
<tr><td>CAS</td><td>517-28-2</td></tr>
<tr><td>其他</td><td></td></tr>
<tr><td>规格型号</td><td>|3||||||517-28-2　(16/255字节)</td></tr>
</table>

确定　取消

图 2-61　商品申报要素界面（CAS 码返填示例）

可对已返填的信息进行修改，继续将所有的申报要素录入完整后，点击“确定”按钮，系统根据当前 CAS 码返填该商品的申报要素、成交计量单位、单价、币制、原产国、目的国、征免方式等信息。

系统自动对碰与校验的 CAS 码信息库可分为以下两部分：一是海关总署提供的 CAS 码相关标准参数。系统首先通过当前所录入的 CAS 码查找标准参数。如果对碰成功，直接返填相关商品信息。二是 CAS 与其他规格型号的历史参数。企业录入的如果在标准参数库中未查找到记录，系统根据当前报关单内的“境内收发货人海关十位编码+商品编码+ CAS 码”查找历史参数，即对于历史参数，只能对相同境内收发货人所录入过的信息进行调用。

如系统根据 CAS 码在标准参数库中查询出来的商品编码与企业录入的商品编码不一致时，系统将在商品申报要素界面给出“该 CAS 码的参考商品编号为××××，仅供参考，请核对并准确填报”的提示。

Excel 模板导入的数据，只需在最新的 Excel 模板列表中填写“项号”与已知的“CAS”号码（如图 2-62 所示），无须录入其他商品信息。保存 Excel 后直接导入（导入操作参见上文），等待系统对碰 CAS 并返填信息即可。具体校验逻辑与录入时相同，不再赘述。

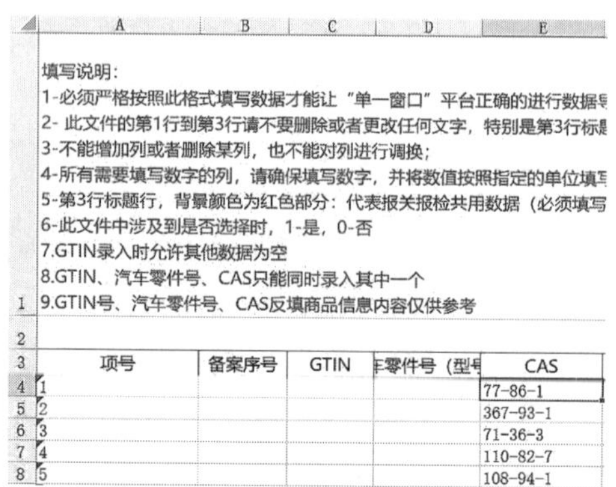

填写说明：
1-必须严格按照此格式填写数据才能让“单一窗口”平台正确的进行数据导
2- 此文件的第1行到第3行请不要删除或者更改任何文字，特别是第3行标
3-不能增加列或者删除某列，也不能对列进行调换；
4-所有需要填写数字的列，请确保填写数字，并将数值按照指定的单位填写
5-第3行标题行，背景颜色为红色部分：代表报关报检共用数据（必须填写
6-此文件中涉及到是否选择时，1-是，0-否
7.GTIN录入时允许其他数据为空
8.GTIN、汽车零件号、CAS只能同时录入其中一个
9.GTIN号、汽车零件号、CAS反填商品信息内容仅供参考

项号	备案序号	GTIN	车零件号（型号	CAS
1				77-86-1
2				367-93-1
3				71-36-3
4				110-82-7
5				108-94-1

图 2-62　Excel 模板界面（项号、CAS 码）

如系统根据 CAS 码在标准参数库中查询出来的商品编码与企业在 Excel 模板中录入的商品编码不一致时，系统在商品申报要素界面给出提示，如图 2-63 所示。

文件导入完成，由于以下原因数据未完全导入：
第4条商品，CAS码110-82-7的参考商品编号为6006100000仅供参考，请准确填报！

确定

图 2-63　CAS 码与商品编码不一致提示界面

E. 商品名称（必填）：输入商品编号后点击回车键，由系统自动返填。

F. 检验检疫名称：录入十位数字的商品编号后，系统自动显示该商品对应的检验检疫名称（如图 2-64 所示）。如果一个商品编号对应多个检验检疫名称，选择一个即可。点击检验检疫名称字段右侧的蓝色圆形按钮，也可弹出选择界面。

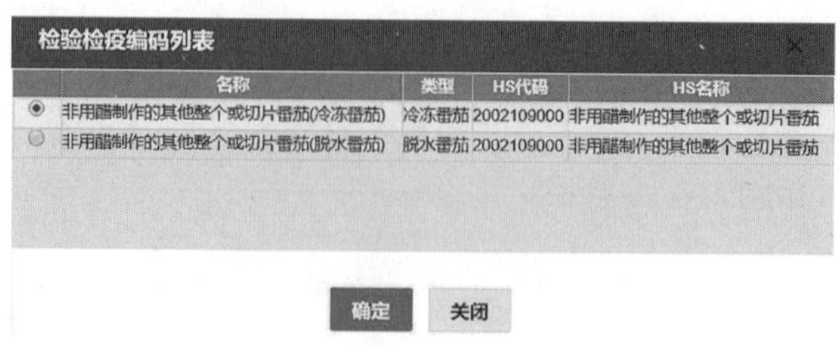

名称	类型	HS代码	HS名称
非用醋制作的其他整个或切片番茄(冷冻番茄)	冷冻番茄	2002109000	非用醋制作的其他整个或切片番茄
非用醋制作的其他整个或切片番茄(脱水番茄)	脱水番茄	2002109000	非用醋制作的其他整个或切片番茄

图 2-64　检验检疫编码列表界面

G. 成交数量、单价、总价（必填）：由用户手工录入，系统会根据输入的字段进行联动计算。计算公式如下：

总价=单价×成交数量；

单价=总价÷成交数量。

H. 成交计量单位（必填）：通过商品编号返填，可以修改；在参数下拉表中选择，也可录入代码或名称。

I. 币制（必填）：在参数下拉表中选择，也可录入代码、名称。

J. 法定第一数量（必填）：法定第一数量对应法定第一计量单位。

K. 法定第二数量：如果当前输入的商品编号存在法定第二计量单位，则允许录入法定第二数量。如果系统判断不存在第二计量单位，则法定第二数量字段为灰色，不允许录入。

L. 法定第一计量单位：该字段为灰色，不允许编辑，输入商品编号后点击回车键，由系统自动返填。

M. 法定第二计量单位：该字段为灰色，不允许编辑，输入商品编号后点击回车键，系统自动返填。如果系统判断不存在第二计量单位，置空。

N. 加工成品单耗版本号：适用于加工贸易货物出口报关单，应与加工贸易手册、账册中的成品单耗版本一致。

O. 货号：录入加工料件/成品货号，即加工贸易手册、账册中的料件/成品企业内部的货物编号。

P. 最终目的国（地区）（进口必填）：在参数下拉表中选择，也可录入代码、名称。进口最终目的国默认值：中国。

Q. 原产国（地区）：在参数下拉表中选择，也可录入代码、名称。

R. 原产地区：在参数下拉表中选择，也可录入代码、名称。

S. 境内目的地（进口必填）：在参数下拉表中选择，也可录入代码、名称。

T. 征免方式：在参数下拉表中选择，也可录入代码、名称。

应按照海关有关政策规定，对报关单所列每项商品信息，选择海关规定的征减免税方式。

（4）涉检商品信息。

先录入商品信息，如果需要填写涉检商品信息，点击左下角蓝色方向按钮，展开涉检商品信息的录入区域（如图 2-65 所示）。

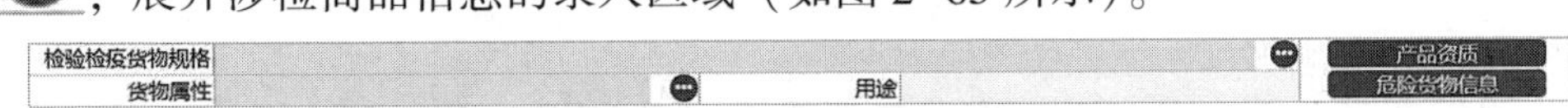

图 2-65 涉检商品信息界面

①检验检疫货物规格：该字段为灰色，不允许直接输入。点击字段右侧蓝

色圆形按钮，弹出编辑界面（如图 2-66 所示）。

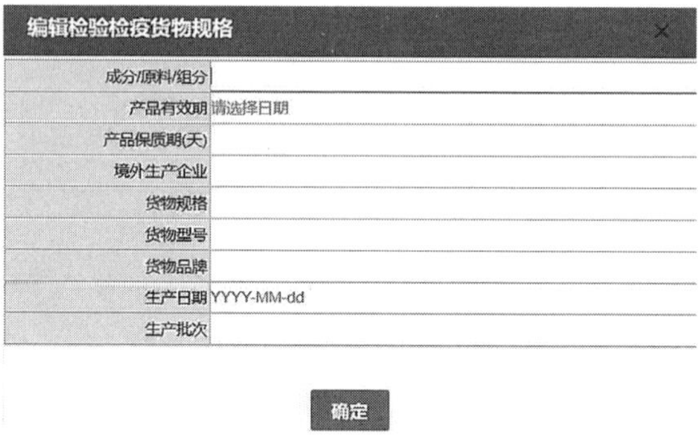

编辑检验检疫货物规格

成分/原料/组分	
产品有效期	请选择日期
产品保质期(天)	
境外生产企业	
货物规格	
货物型号	
货物品牌	
生产日期	YYYY-MM-dd
生产批次	

确定

图 2-66　检验检疫货物规格编辑界面

完成录入后，点击“确定”按钮，系统自动将内容返填到检验检疫货物规格字段中。如需修改，点击录入字段右侧的蓝色圆形按钮，再次打开检验检疫货物规格编辑界面，重新录入。

②产品资质：选中一条已录入商品信息的表体记录，点击蓝色“产品资质”按钮，弹出编辑界面（如图 2-67 所示）。

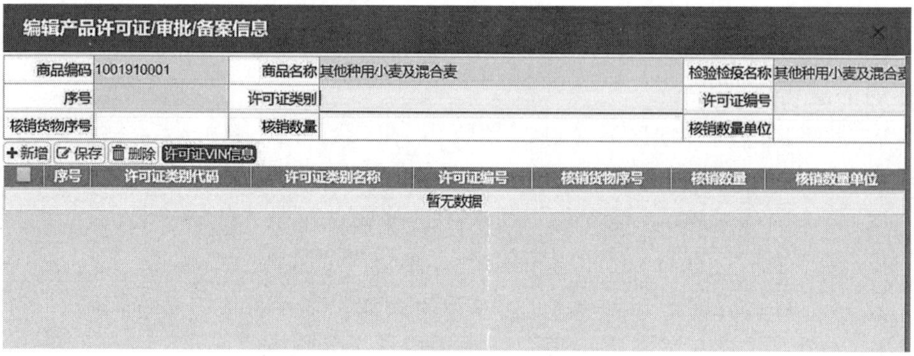

编辑产品许可证/审批/备案信息

商品编码	1001910001	商品名称	其他种用小麦及混合麦	检验检疫名称	其他种用小麦及混合麦
序号		许可证类别		许可证编号	
核销货物序号		核销数量		核销数量单位	

+新增　保存　删除　许可证VIN信息

	序号	许可证类别代码	许可证类别名称	许可证编号	核销货物序号	核销数量	核销数量单位
暂无数据							

图 2-67　产品资质信息编辑界面

灰色字段由系统自动从商品信息中读取，不允许修改。在参数下拉表中选择许可证类别、录入许可证编号等信息后，点击白色“保存”按钮，将许可证信息保存在下方列表中。点击白色“新增”按钮，将清空上方所有字段中录入的内容，重新录入。选中下方列表中的记录，可点击白色“删除”按钮进行删除。

根据实际业务，对于需要填写 VIN 信息的许可证，需选择产品资质信息编辑界面列表中已保存的许可证信息，点击蓝色“许可证 VIN 信息”按钮，弹出录入界面（如图 2-68 所示）。录入、保存、删除与导入等操作，与上文相同，此处不再赘述。

编辑许可证VIN

序号		许可证类别	汽车预审备案		许可证编号	2
VIN序号		提/运单日期	请选择日期	质量保质期	车辆识别代码(VIN)	
发动机号或电机号			发票号		发票所列数量	只能输入自然数
品名（中文名称）			品名（英文名称）			
型号（英文）			底盘(车架)号		单价	

+新增　保存　删除　导入

VIN序号	提/运单日期	质量保质期	发动机号或电机号	车辆识别代码(VIN)	底盘(车架)号	发票号	发票所列数量	品名(中文名称)	品名(英文名称)	型号(英文)	单
暂无数据											

图 2-68　许可证 VIN 编辑界面

③货物属性：该字段为灰色，不允许直接输入。点击货物属性字段右侧的蓝色圆形按钮，弹出录入界面（如图 2-69 所示）。选择并点击“确定”按钮后，系统将所选内容返填到界面的字段中。

根据实际申报需要，在属性中进行点击。字段呈蓝色，表示选中；再次点击，字段呈白色，表示取消。

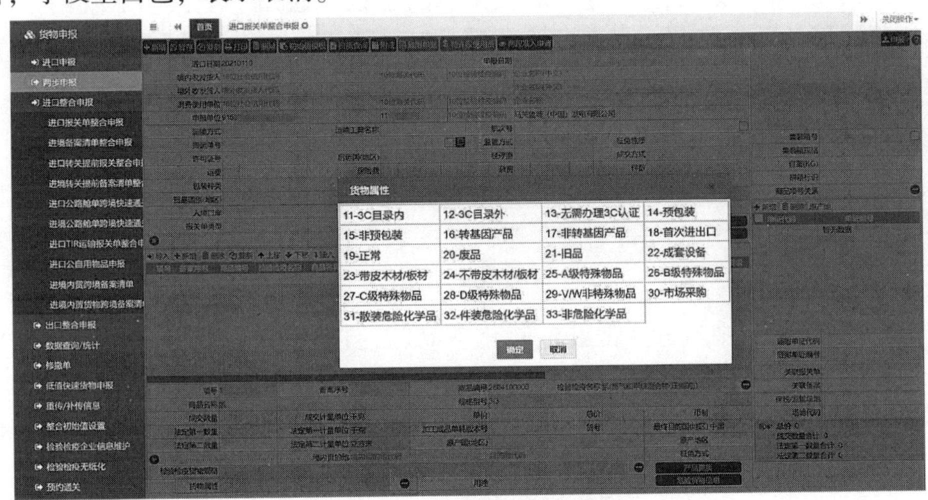

图 2-69　货物属性编辑界面

④用途：在参数下拉表中选择，也可录入代码、名称。

⑤危险货物信息：点击蓝色“危险货物信息”按钮，弹出录入界面（如图 2-70 所示）。

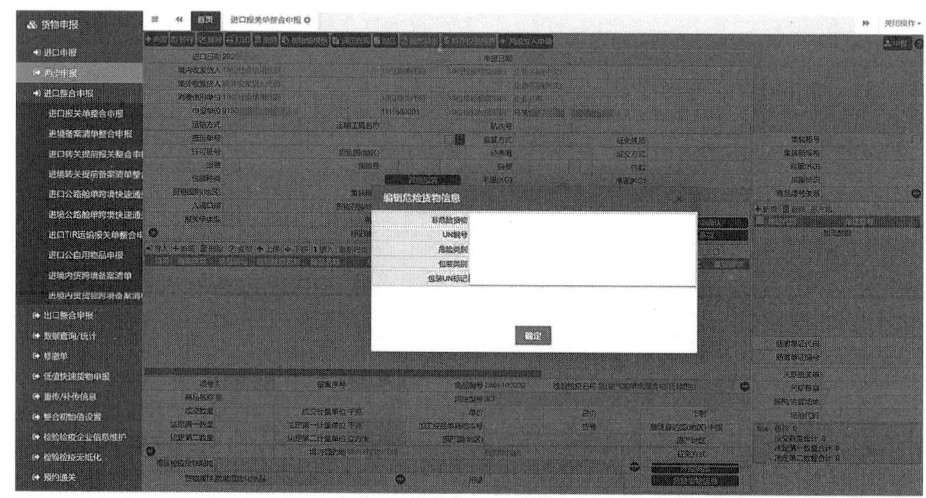

图 2-70　危险货物信息编辑界面

商品编码涉及危险化学品的产品（具体商品编码请进入“单一窗口”货物申报首页发布的“关于规范进口危险化学品申报的通知”中自行下载），必须在“货物属性”栏勾选“散装危险化学品”“件装危险化学品”“非危险化学品”中的一项且仅能勾选一项才可继续申报。

小提示

件装危险化学品是具有包装的危险化学品，例如，桶、罐、箱、袋、中型散装容器和大包装等装载的危险化学品。散装危险化学品是除件装危险化学品之外的危险化学品，例如，船舱、槽罐车、Tank 罐装载的危险化学品。

“货物属性”中勾选“散装危险化学品”，且“危险货物信息”项下“非危险货物”一项选择“是”的，不需要填写“危险货物信息”的其余子项；“非危险货物”一项选择“否”的，需要填写“UN 编号”① 和“危险类别”两个子项。

“货物属性”中勾选“件装危险化学品”，且“危险货物信息”项下“非危险货物”一项选择“是”的，不需要填写“危险货物信息”的其余子项；“非危险货物”一项选择“否”的，需要填写“UN 编号”“危险类别”“包装类别”“包装 UN 标记”四个子项。

“货物属性”中勾选“非危险化学品”的，不强制填写“危险货物信息”。

① 联合国危险货物编号。

（5）集装箱。

小提示

集装箱信息属于非必填部分，请根据实际业务选择填写或咨询业务主管部门。

在集装箱部分的任意字段内，点击回车键，光标自动跳转到下一字段。完成录入后，在最后一个字段内，点击回车键，系统将录入的内容自动保存到上方列表中。

①操作按钮。

集装箱部分，白色“导入”“新增”“删除”按钮，仅对集装箱数据进行操作。

A. 导入：可通过导入 Excel 表格快速填写集装箱信息，具体操作可参考“进口报关单整合申报”中的商品信息导入操作，此处不再赘述。

B. 新增：点击白色“新增”按钮，将清空录入区域的内容，便于重新录入数据。

C. 删除：勾选一条或若干条记录，点击白色“删除”按钮，将删除所勾选的集装箱信息，须谨慎操作。

②商品信息填写。

A. 集装箱号（必填）：录入集装箱号。录入完成后勾选字段右侧的复选框，系统自动将录入的字母转换为大写。

小提示

集装箱号须区分大小写。不符合集装箱录入要求时，系统将字段底色变为红色，给予警示。

B. 集装箱规格（必填）：在参数下拉表中选择，也可录入代码、名称。

C. 自重：根据实际情况填写。

D. 拼箱标识：在参数下拉表中选择，也可录入代码、名称。

E. 商品项号关系（必填）：录入集装箱和商品信息之间的关系，箱货关系以每个集装箱为单元进行填写。

在商品项号关系字段中，可以直接输入商品信息的项号，也可以点击字段右侧的蓝色圆形按钮，弹出界面（如图 2-71 所示），勾选/复选商品信息，保存即可。

编辑商品项号关系

序号	商品编号	商品名称
1	2006001000	蜜枣
2	1001110090	种用硬粒小麦(配额外)
3	2005400000	非用醋制作的未冷冻豌豆(青豆罐头)
4	1002900000	种用黑麦
5	1001910090	其他种用小麦及混合麦(配额外)
6	1002100000	种用黑麦
7	1001910001	其他种用小麦及混合麦(配额内)
8	1002100000	种用黑麦

保存

图 2-71　商品项号关系编辑界面

（6）随附单证。

在随附单证部分的任意字段内，点击回车键，光标自动跳转到下一字段。完成录入操作后，在最后一个字段内，点击回车键，系统将录入的内容自动保存到上方列表中。

①操作按钮。

在随附单证界面，白色“新增”“删除”“对应关系”按钮，仅对随附单证的数据进行操作。

A. 新增：点击白色“新增”按钮，将清空录入区域的内容，便于重新录入数据。

B. 删除：勾选一条或若干条记录，点击白色“删除”按钮，将删除所勾选的集装箱信息，须谨慎操作。

C. 对应关系：在随附单证代码字段，选择或录入相关许可证（F-濒危物种允许进口证明书、R-进口兽药通关单、E-濒危物种允许出口证明书、J-黄金及其制品进出口准许证或批件、k-民用爆炸物品进出口审批单）时，点击“对应关系”按钮，在弹出的界面中（以监管证件为例，如图 2-72 所示），录入报关单商品序号与对应随附单证商品项号。

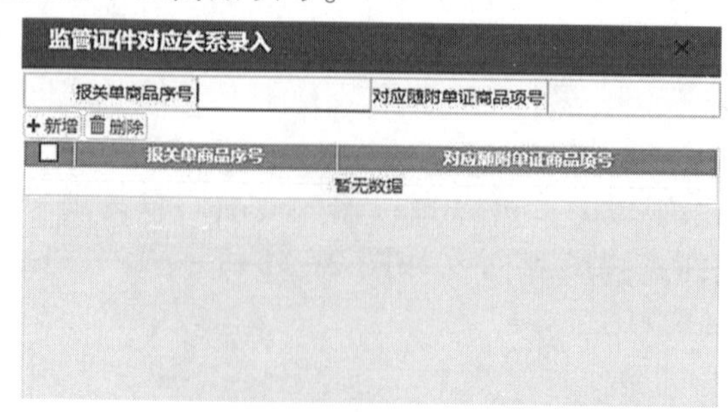

图 2-72　监管证件对应关系录入界面

②商品信息填写。

A. 随附单证代码（必填）：在参数下拉表中选择，也可录入代码、名称。

B. 随附单证编号（必填）：根据海关要求或实际业务，手工录入。

（7）其他部分的信息填写说明。

①关联报关单：手工录入与当前报关单有关联关系的报关单号。

小提示

加工贸易结转类的报关单，先办理进口报关，可将进口报关单号填入出口报关单的“关联报关单”中。

办理进口货物直接退运手续的，除另有规定外，先填写出口报关单，再填写进口报关单，再将出口报关单号填入进口报关单的“关联报关单”中。

减免税货物结转出口（转出），先办理进口报关，再将进口（转入）报关单号填在出口报关单的“关联报关单”中。

②关联备案：手工录入与当前报关单有关联关系，同时在业务规范方面又要求填报的备案号。

小提示

加工贸易结转货物及凭《中华人民共和国海关进出口货物征免税证明》（以下简称《征免税证明》）转内销货物，对应的备案号填在“关联备案”中。

减免税货物结转进口（转入），“关联备案”中填写本次减免税货物结转所申请的《中华人民共和国海关减免税进口货物结转联系函》（以下简称《减免税进口货物结转联系函》）编号。

减免税货物结转出口（转出），“关联备案”中填写与其相对应的进口（转入）报关单“备案号”中的《征免税证明》编号。

③保税/监管场地：根据海关要求或实际业务，手工录入。

④场地代码：根据海关要求或实际业务，手工录入。

⑤tips：系统提供的，对商品信息的简单计算。此处计算为数字的相加，价格与数量不涉及汇率、计量单位。

2. 新增

在进口报关单整合申报界面，点击上方蓝色“新增”按钮，将立即清空当前界面显示的数据，用户可以重新录入并保存一票进口报关单的数据。如果没有将当前录入的内容进行暂存（保存）操作，清空的数据将不可恢复，需重新录入，请谨慎操作。

3. 复制

在进口报关单整合申报界面，点击上方蓝色“复制”按钮，系统将当前的数据（包括收发货人、消费使用单位、运输方式及商品信息等内容）进行复制，自动新增生成一票报关单数据。此时可以对复制出来的数据，进行修改、录入、暂存等操作。

4. 打印

在进口报关单整合申报界面，点击上方蓝色“打印”按钮，系统弹出打印报关单界面（如图 2-73 所示）。

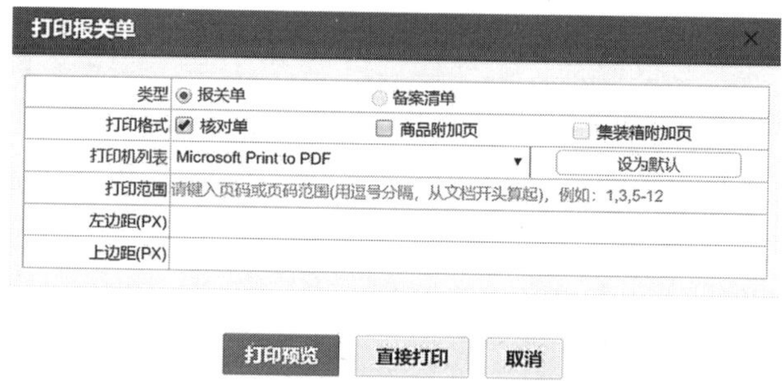

图 2-73　打印报关单界面

“类型”“打印格式”，根据实际打印需要，进行勾选、复选。

根据本地打印机设置，在打印机列表中进行选择。如果想将列表中的某个打印机设置为默认，选择后点击后面“设置默认”按钮即可。

点击“打印预览”按钮，系统展示预览页面（如图 2-74 所示）。点击“直接打印”按钮，根据本地打印机的连接或设置直接进行打印。

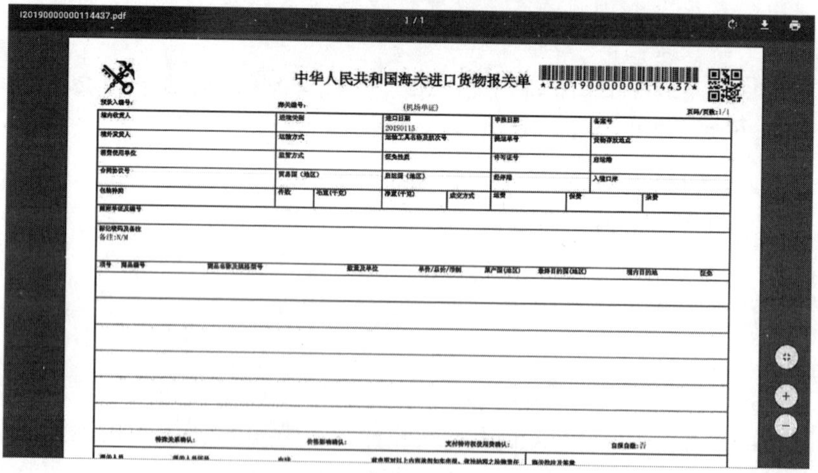

图 2-74　报关单打印预览界面

5. 删除

在进口报关单整合申报界面，点击上方蓝色“删除”按钮，系统提示“是否确认删除该数据”。当数据为“已申报”“操作成功”等状态时，表示所申报的数据已被相关业务主管部门接收，此时不允许删除。

6. 初始值模板

在进口报关单整合申报界面，点击上方蓝色“初始值模板”按钮，系统弹出初始值模板选择的界面。在此选择已设置好的模板，部分参数自动返填到当前报关单界面中，可以减少重复录入。更多关于初始值设置的操作说明，参考下文“整合初始值设置”部分的相关内容。

7. 随附单据

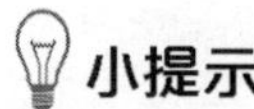

小提示

随附单据上传，必须使用 IC 卡或 iKey 进行操作。

在进口报关单整合申报界面，须先填写基本信息中申报地海关，并且报关单类型字段选择了“M-通关无纸化”，“随附单据”按钮才能被点亮。点击上方蓝色“随附单据”按钮，弹出录入界面（如图 2-75 所示）。

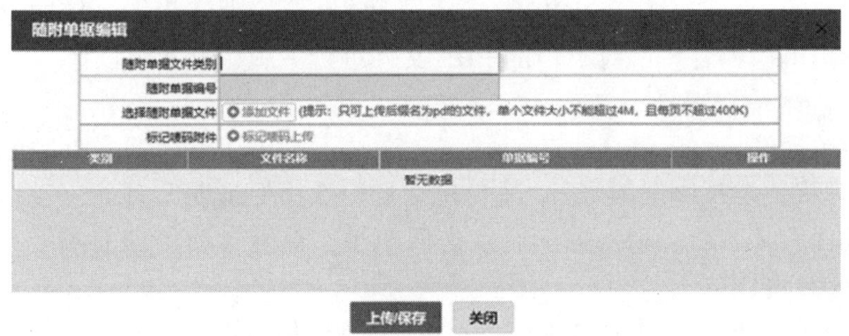

图 2-75　随附单据编辑界面

（1）随附单据文件类别。

在随附单据编辑界面，点击空格键，调出下拉菜单或录八位数字的随附单据文件代码，点击回车键，可以快捷录入。

在随附单据文件类别字段中，输入中文或文件类别的数字代码，可调出下拉菜单（如图 2-76 所示）。

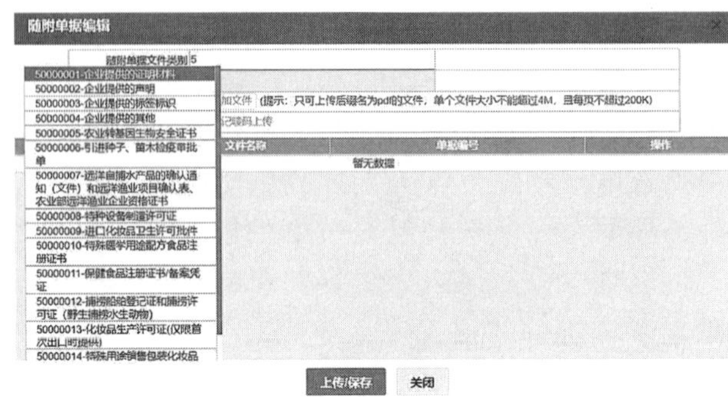

图 2-76　随附单据文件类别下拉菜单选择界面

在下拉菜单中选择完毕后，系统自动触发或点击白色"添加文件"按钮，弹出选择 PDF 文件的对话框，供用户选择本地电脑中的文件。选择相应的 PDF 文件后，点击"打开"按钮，文件自动添加至列表中。

随附单据文件类别与 PDF 文件或电子数据为一对一的关系（即随附单据文件类别相同的，只能对应一个 PDF 或电子数据）。按上述步骤，依次录入所需申报的随附单据内容。可对上传的 PDF 文件进行下载、删除等操作。

（2）随附单据编号。

随附单据编号字段默认为灰色，不允许录入。如随附单据文件类别选择了"电子代理报关委托协议编号""减免税货物税款担保证明"任意一项时，随附单据编号变为必填项。录入完毕后点击回车键，系统自动将当前随附单据编号记录保存至列表中。

点击随附单据编辑界面中"上传/保存"按钮，等待系统将随附单据进行上传即可。

8. "两段准入"申请

小提示

"两段准入"申请仅适用于涉检"进口报关单/进境备案清单"。

满足"两段准入"信息化监管条件的，申报时弹窗展示"两段准入申报"界面，可勾选"两段准入申报"信息，与进口报关单同时向海关申报；不满足"两段准入"信息化监管条件的，申报时系统不弹出"两段准入"信息框。

对于满足"两段准入"信息化监管条件的报关单，海关将会给予"两段准入"放行回执，即使不勾选"两段准入"也可继续申报。

用户进行修撤单操作时，"两段准入申请"信息可点击查看，不允许修改。

点击进口报关单整合申报界面中"两段准入申请"按钮，弹出录入界面（如图 2-77 所示），可勾选"两段准入申报"信息。如满足"两段准入"信息化监管条件，不点击“两段准入申请”按钮，申报时也会弹窗展示“两段准入”申报界面。

图 2–77 “两段准入”申报界面（一）

转场申请，该字段仅展示表头进境关别字段对应的直属关区下的卡口外监管场地（包含场地代码、场地名称、场地类型）。

勾选转场申请，右侧出现转入场所场地字段（如图 2–78 所示），点击字段右侧蓝色圆形按钮，可在下拉菜单中选择场地。（如图 2–79 所示）

两段准入申请

☑ 转场申请　　转入场所场地:

☐ 附条件提离申请

☐ 口岸与目的地合并检查申请

确定　取消

图 2–78 “两段准入”申请——转场申请录入界面

场所场地列表

	场所场地代码	场所场地名称	场所场地类型名称
◉	ASEDF012589	场地名称test	进境粮食指定监管场地，进境食用水生动物指定监管场地
○	AZSXD010004	北京朝阳口岸进境水果查验场地	进境水果指定监管场地
○	AZSXD010005	北京平谷国际陆港进口肉类指定查验场	进境肉类指定监管场地
○	CNBEJ010005	北京11111	进境冰鲜水产品指定监管场地，进境原木指定监管场地，进境动物隔离检疫场，其他进境高风险动植物及其产品指定监管场地
○	DFDGF015689	北京朝阳口岸进境水果查验场地	进境水果指定监管场地
○	FSDAF015623	北京平谷国际陆港进口肉类指定查验场	进境肉类指定监管场地
○	QTBVF01S552	测试其他场地类型检疫场	9
○	SGBVF01S539	首都机场进境水果指定监管场地	7
○	SGBVF01S540	北京朝阳口岸进境水果查验场地	7

确定　关闭

图 2–79 场所场地选择界面

不满足“两段准入”信息化监管条件的，申报时系统不弹出“两段准入”信息框；如主动填报了“两段准入”申请信息，申报时将弹出提示，如图 2–80 所示。

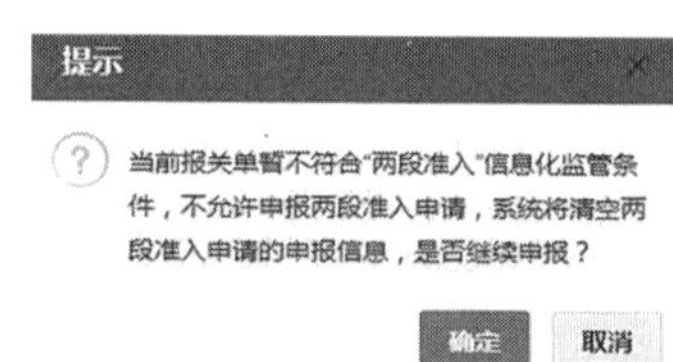

图 2-80 “两段准入”申报提示界面（一）

点击“确定”按钮，系统自动清空“两段准入”信息，继续申报。点击“取消”按钮，中止申报操作，返回录入界面。

满足“两段准入”信息化监管条件的，如主动填报了“两段准入”申请信息，申报时系统校验到有商品导致三个选项（转场申请、附条件提离申请、口岸与目的地合并检查申请）都不满足，则弹出提示，如图 2-81 所示。

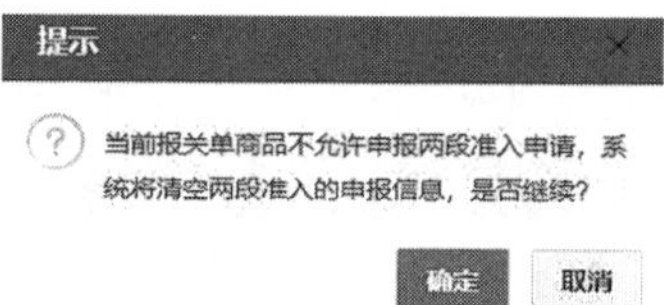

图 2-81 “两段准入”申报提示界面（二）

点击“确定”按钮，系统自动清空“两段准入”信息，继续申报。点击“取消”按钮，中止申报操作，返回录入界面。

如果申报时系统校验到，有商品导致部分选项不满足，系统自动对“两段准入”申请的选项进行修正（置灰），继续申报（如图 2-82 所示）。

图 2-82 “两段准入”申报界面（二）

9. 资质查询

按照实际情况使用。

10. 附注

在进口报关单整合申报界面，点击上方“附注”按钮弹出录入界面（如图 2-83 所示），可录入当前报关单的附注（备忘）信息。该项为非必填项。

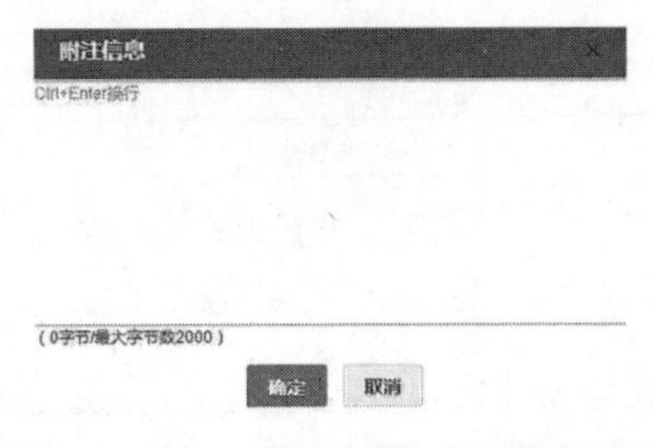

图 2-83　附注信息编辑界面

11. 申报

在进口报关单整合申报界面，将录入完毕并确认无误的数据，通过点击右上方蓝色“申报”按钮，向海关申报。

(二) 入境检验检疫申请

通过该模块，可对入境货物检验检疫申请数据进行录入、暂存、删除、打印等操作。进入模块，系统将弹出使用提示（如图 2-84 所示），须注意提示内的申报要求，根据实际业务需要使用入境检验检疫申请功能。

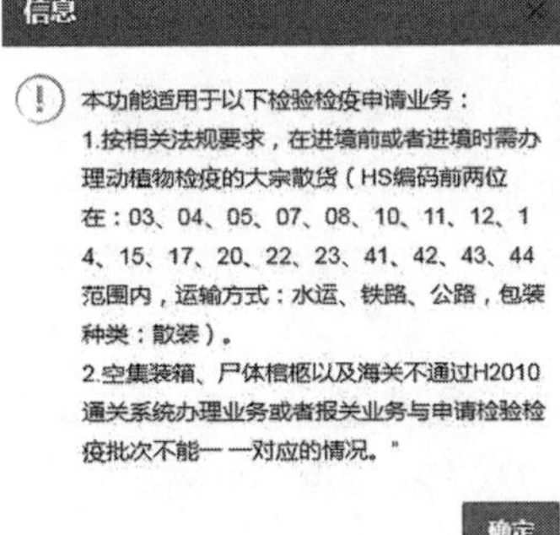

图 2-84　入境检验检疫申请使用提示界面

点击左侧菜单栏“进口整合申报”→“入境检验检疫申请”，右侧显示录入界面，包括基本信息、商品信息、基本信息（其他）、集装箱信息等部分（如图 2-85 所示）。

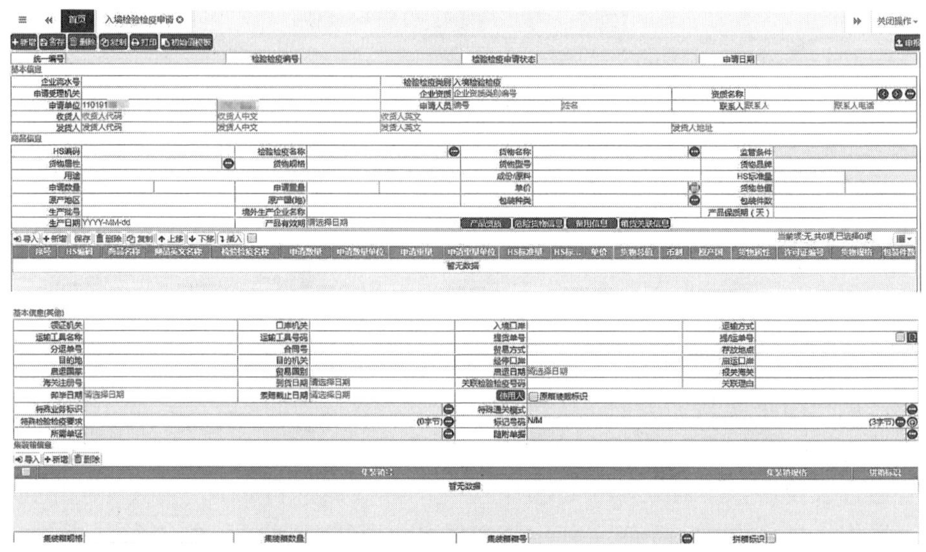

图 2-85　入境检验检疫申请界面

界面中的录入要求，总体说明如下：

灰色字段（例如，统一编号、检验检疫编号等）表示不允许录入，系统将根据相应操作或步骤后自动返填。

部分字段（例如，收货人、发货人等）内的灰色字体为录入提示，根据实际情况填写相关内容。

部分字段（例如，申请受理机关、用途、启运国家等），需要在参数下拉菜单中进行调取，不允许随意录入。点击空格键，可调出下拉菜单并在其中进行选择，也可以输入已知的相应数字、字母或汉字，迅速调出参数，选择后点击回车键确认录入。

日期类字段（例如，启运日期、到货日期等），点击录入框，在系统弹出的日历中进行选择。

勾选类字段（例如，原箱装载标识、拼箱标识等），根据实际业务填写。勾选代表“是”，不勾选代表“否”。

界面上方蓝色“新增”“暂存”“删除”“复制”“打印”“引入报关”“转至报关”“初始值模块”“申报”按钮的操作，影响整票入境检验检疫数据。具体操作说明可参见下文出境检验检疫申请相关内容。

在界面中，可通过点击蓝色“暂存”按钮，保存当前正在录入的基本信息数据，以防数据丢失。

（三）进境备案清单整合申报

海关特殊监管区域等业务可在该模块进行数据录入与申报等操作，其他业务适用详情可咨询相关业务主管部门。

清单类型字段可直接录入代码，或从下拉菜单中选择。其他具体操作可参考“进口报关单整合申报”部分，此处不再赘述。

（四）进口转关提前报关整合申报

点击左侧菜单栏“进口整合申报”→“进口转关提前报关整合申报”，右侧显示录入界面（如图 2-86 所示），包括进口报关单、转关运输申报单两部分，以切换页签的方式显示。

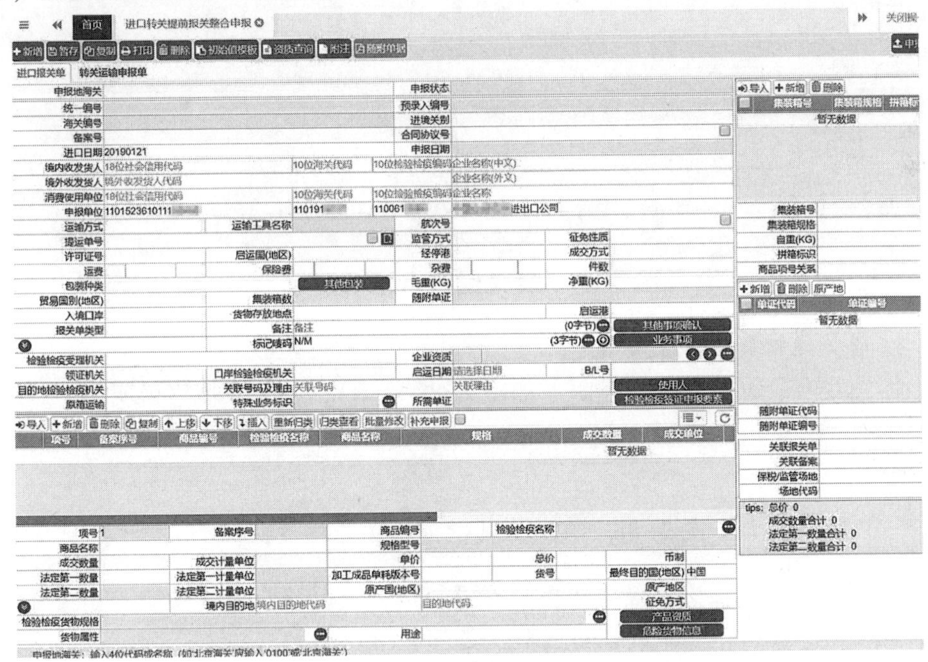

图 2-86　进口转关提前报关整合申报进口报关单界面

小提示

在进口转关提前报关整合申报进口报关单界面中录入申报地海关，才能点击切换至转关运输申报单界面。

进口报关单与转关运输申报单中各类字段的操作方法和各类按钮的使用，可参考“进口报关单整合申报”部分。

转关运输申报单包括转关运输提前报关申报、提运单信息、集装箱信息、商品信息显示、集装箱与商品关系等内容（如图 2-87 所示）。

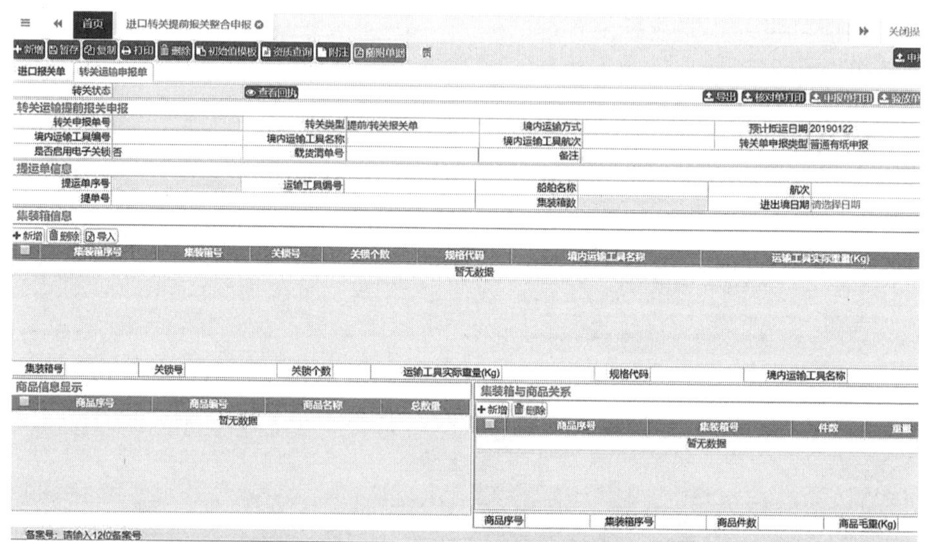

图 2-87　转关运输申报单界面

1. 转关运输提前报关申报

转关运输提前报关申报界面（如图 2-88 所示），各字段填写说明如下。

图 2-88　转关运输提前报关申报界面

（1）转关状态：该字段为灰色，不可编辑，由系统自动返填。点击“查看回执”按钮，弹出转关单回执对话框（如图 2-89 所示）。

图 2-89　转关单回执界面

（2）转关申报单号：该字段为灰色，不可编辑，申报后由系统自动生成。

（3）转关类型（必填）、境内运输方式（必填）：在参数下拉表中选择，也可录入代码、名称。

（4）境内运输工具名称：该字段手工录入。

（5）转关单申报类型（必填）、是否启用电子关锁（必填）：在参数下拉表中选择，也可录入代码、名称。

（6）载货清单号：该字段手工录入。

（7）备注：该字段手工录入。

2. 提运单信息

提运单信息界面（如图 2-90 所示）各字段填写说明如下。

图 2-90　提运单信息界面

（1）提运单序号：该字段为灰色，不可编辑，由系统自动返填。

（2）运输工具编号、船舶名称、航次、提单号：手工录入。

（3）集装箱数：该字段为灰色，不可编辑。集装箱信息填写保存后，由系统自动返填。

（4）进出境日期：在日期弹出框中，选择日期。

3. 集装箱信息

集装箱信息界面（如图 2-91 所示），各字段填写说明如下。

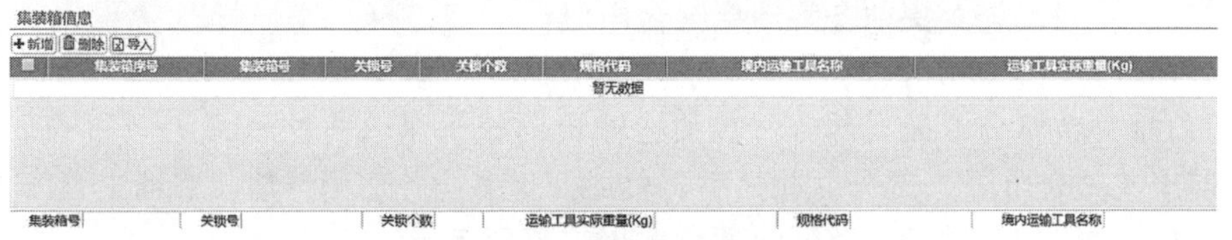

图 2-91　集装箱信息界面

（1）集装箱号（必填）：根据实际情况填写。

（2）关锁号：当在“是否启用电子关锁”录入“是”时，该字段可录入；当在“是否启用电子关锁”录入“否”时，该字段为灰色，不可录入。

（3）关锁个数：根据实际情况填写。

（4）运输工具实际重量、规格代码、境内运输工具名称：根据实际情况或海关要求填写。

4. 商品信息显示

该界面（如图 2-92 所示）自动显示报关单中录入的商品信息，如需修改，请参考“进口报关单整合申报”中的商品信息部分。

图 2-92　商品信息显示界面

5. 集装箱与商品关系

在该界面（如图 2-93 所示）录入转关运输集装箱信息中的集装箱序号与

商品信息中的商品序号对应关系。集装箱信息与商品信息可参考前文。

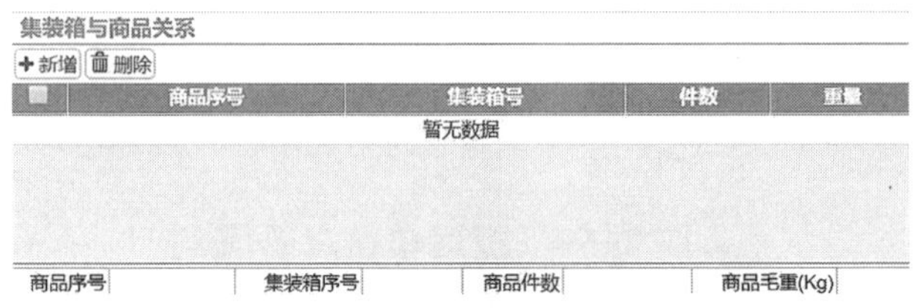

图 2-93 集装箱与商品关系界面

（1）商品序号：该项为必填项，填写报关单界面、已录入商品信息中对应的商品序号。

（2）集装箱序号：该项为必填项，填写报关单界面、已录入集装箱信息中对应的序号。

（3）商品件数、商品毛重：要根据实际情况手工录入。

（五）进境转关提前备案清单整合申报

在进境转关提前备案清单整合申报中报关单数据录入的基本操作可参考“进口报关单整合申报”部分；转关运输提前报关录入方法可参考“进口转关提前报关整合申报”部分，此处不再赘述。更多业务适用详情，咨询主管海关。

（六）进口公路舱单跨境快速通关报关整合申报

进口公路舱单跨境快速通关报关整合申报的基本操作可参考“进口报关单整合申报”部分，此处不再赘述。更多业务适用详情，咨询主管海关。

（七）进境公路舱单跨境快速通关备案清单整合申报

进境公路舱单跨境快速通关备案清单整合申报的基本操作可参考“进口报关单整合申报”，此处不再赘述。更多业务适用详情，咨询主管海关。

（八）进口多式联运报关单整合申报

进口多式联运报关单整合申报的基本操作可参考“进口报关单整合申报”部分，此处不再赘述。更多业务适用详情，咨询主管海关。

（九）进口公自用物品申报

点击左侧菜单栏“进口整合申报”→“进口公自用物品申报”，右侧显示录入界面（如图 2-94 所示）。

报关单中各类字段的操作方法与各类按钮的使用，可参考“进口报关单整合申报”部分。

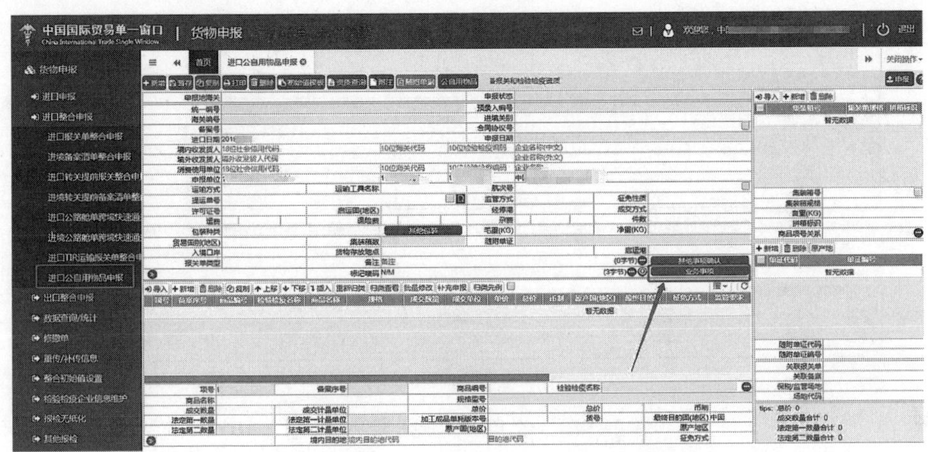

图 2-94　进口公自用物品申报界面

在进口公自用物品申报界面上方有浅蓝色“公自用物品”按钮，刚进入界面时，该按钮是浅蓝色不可操作，需要点击“业务事项”按钮，在弹出的界面中对业务进行选择。在公自用物品业务类型字段，点击空格键，在下拉菜单中选择（如图 2-95 所示）。

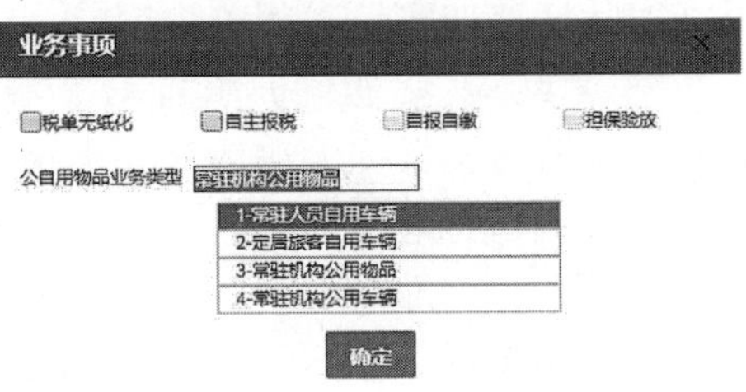

图 2-95　业务事项选择界面

点击“确定”按钮后，在进口公自用物品申报界面上方的“公自用物品”按钮变为深蓝色。点击该按钮，进入公自用物品界面，该界面分为基本信息和物品信息两部分（如图 2-96 所示）。

图 2-96 公自用物品录入界面

1. 基本信息

公自用物品录入界面中的录入要求，总体说明如下：

灰色字段（例如，数据中心统一编号、海关签发编号、审批号等）表示不允许录入，系统将根据相应操作或相关步骤后自动返填。

白色字段［例如，姓名（中）、机构代码、所在机构名称（中）等］表示需要用户手工录入，根据实际情况如实填写相关内容。

黄色字段［例如，姓名（英）、住址、护照号码等］表示必填字段，用户必须录入真实数据。如果没有填写，数据无法保存和申报。

部分黄色字段（例如，进出口标志、主管海关、性别等）需要在参数下拉表中进行选择，不允许随意录入。点击空格键，可调出下拉菜单，在其中选择，也可以输入已知的相应数字、字母或汉字，迅速调出参数，选择后点击回车键确认录入。

日期类字段（例如，申请日期、出生年月等），可直接输入“YYYY-MM-DD”格式的日期，或点击录入框，在系统弹出的日历中进行选择。

2. 常驻人员自用车辆录入

公自用物品录入——常驻人员自用车辆基本信息界面，如图 2-97 所示。

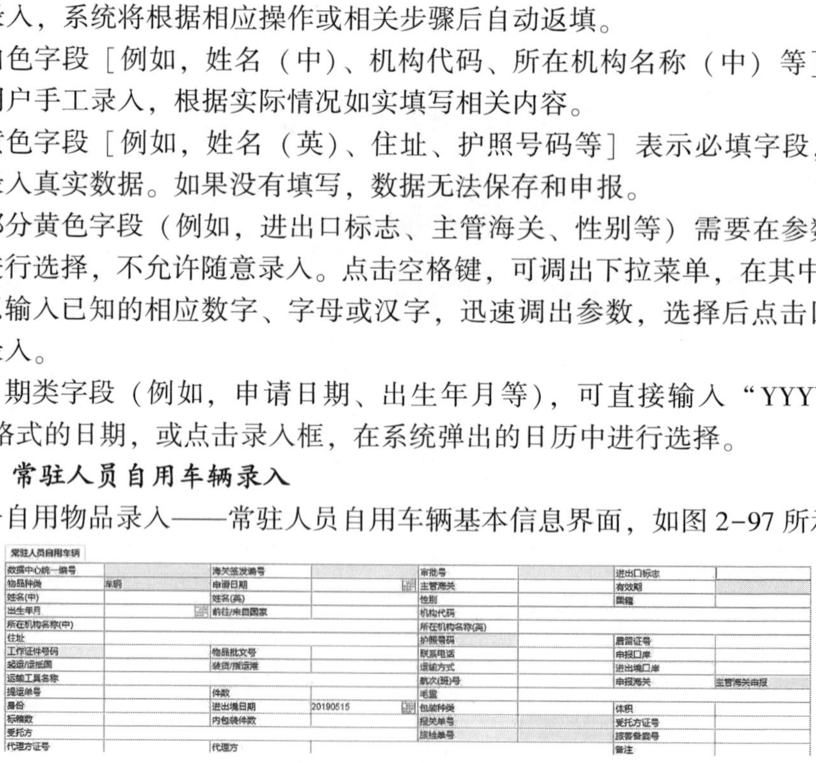

图 2-97 公自用物品录入——常驻人员自用车辆基本信息界面

（1）数据中心统一编号、海关签发编号、审批号、有效期、报关单号、旅检单号：该五项字段为灰色，不允许录入，数据申报后由系统自动返填。

（2）进出口标志（必填）：在参数下拉表中选择，也可录入代码、名称。

（3）物品种类：系统根据在“业务事项”中选择的“公自用物品类型”进行返填，在该字段不允许录入。

（4）申请日期、出生日期（必填）：可直接输入“YYYY-MM-DD”格式的日期，或点击录入框，在系统弹出的日历中进行选择。

（5）主管海关（必填）：在参数下拉表中选择，也可录入代码、名称。

（6）性别（必填）：点击空格键，在参数下拉表中选择，也可以录入代码（0-女、1-男）或直接录入汉字（女、男）。

（7）国籍（必填）：点击空格键，在参数下拉表中选择，也可以录入缩写英文（大小写均可）或直接录入中文。

（8）前往/来自国家（必填）：点击空格键，在参数下拉表中选择，也可以录入缩写英文（大小写均可）或直接录入中文。

（9）机构代码：手动录入，长度为十位字符。

（10）申报口岸（必填）：在参数下拉表中选择，也可录入代码、名称。

（11）申报海关：由系统自动返填，不允许录入。

（12）身份（必填）：在参数下拉表中选择，也可录入代码、名称。

（13）进出境日期：系统默认申请日期，用户也可以根据需求直接输入“YYYY-MM-DD”格式的日期，或点击录入框，在系统弹出的日历中进行选择。

（14）包装种类：点击空格键在参数下拉表中选择，也可录入代码、名称。

（15）体积：手动录入，长度为20位字符，其中体积整数最多14位字符，小数最多5位字符。

（16）标箱数：手动录入，长度为20位字符。该字段只能填写整数。

（17）内包装件数：手动录入，长度为十位字符。该字段只能填写整数。

3. 物品信息

（1）表体序号：由系统自动返填，初始默认数据为“1”，不可更改。

（2）物品编号、物品名称（必填）：手工录入。

（3）新旧标志（必填）：点击空格键在参数下拉表中选择，也可以录入代码（0-新、1-旧）或直接录入汉字（新、旧）。

（4）申报数量（必填）：在公自用物品录入界面基本信息表头中物品种类字段显示“车辆”，该字段限制只能填写数字“1”；在物品种类字段显示“一般物品”，该字段则不作长度限制。

（5）车架号、箱号：可手动录入商品信息进行填写。车架号字段：当物品种类字段显示“车辆”，需要填写车架号；当物品种类字段显示“一般物品”，没有车架号，无须填写。

（6）税率、完税单价、完税总价、申报币制汇率：这四项字段为灰色，不允许录入，数据申报后由系统自动返填。如在公自用物品类型字段中选择“常驻机构公用物品”，不存在该字段。

小提示

录入所有物品信息后，点击回车键，才可以将数据保存到商品列表中。

点击公自用物品录入界面物品信息表体上方“新增”“删除”“复制”“上移”“下移”“插入”按钮，会影响公自用报关单内的企业申报的数据。具体操作说明参见上文商品信息的新增、删除、复制、上移、下移、插入等内容。

小提示

在物品种类字段中显示“车辆”，表体只能录入一条数据，不可以作新增、复制、上移、下移、插入操作。

在录入完所有数据后点击“确定”按钮，完成公自用物品的录入。

4. 定居旅客自用车辆录入

公自用物品录入——定居旅客自用车辆界面（如图2-98所示），身份字段为必填项，由系统自动返填为“来华定居旅客”。具体业务的操作请参考“常驻人员自用车辆录入”部分，此处不再赘述。

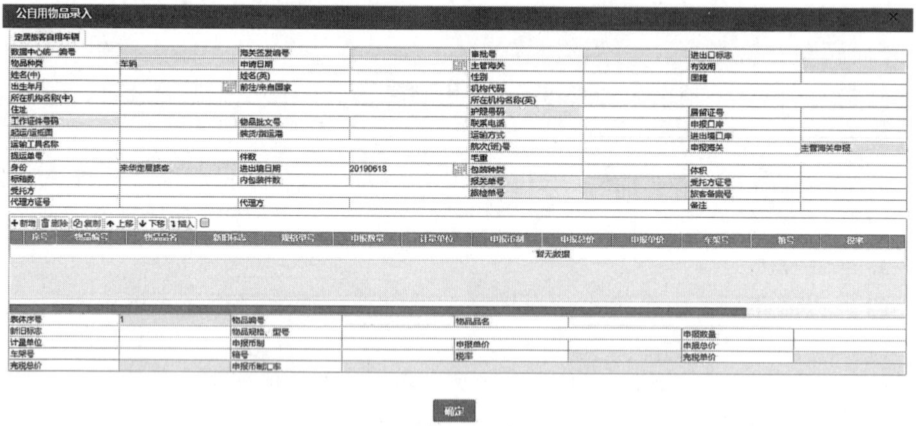

图 2-98　公自用物品录入——定居旅客自用车辆界面

5. 常驻机构公用物品录入

公自用物品录入——常驻机构公用物品界面，如图2-99所示。

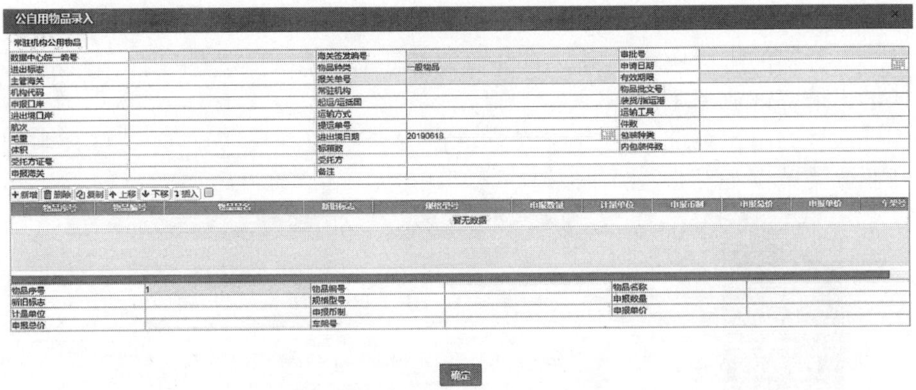

图 2-99　公自用物品录入——常驻机构公用物品界面

（1）货物种类：由系统自动返填一般物品，不可录入。

（2）机构代码（必填）：手工录入，长度为十位字符。

（3）常驻机构（必填）：手工录入。

（4）申报海关（必填）：在参数下拉表中选择，也可录入代码、名称。

（5）申报数量（必填）：在物品种类字段显示“车辆”，该字段限制只能填写数字“1”；在物品种类字段显示“一般物品”，该字段不作长度限制。

（6）车架号：在物品种类字段显示“一般物品”，没有车架号，无须填写。

具体业务操作请参考“常驻人员自用车辆录入”部分，此处不再赘述。

6. 常驻机构公用车辆录入

在公自用物品录入——常驻机构公用车辆界面（如图 2-100 所示），申报数量字段为必填项，当物品种类字段显示“车辆”，该字段限制只能填写数字“1”；当物品种类字段显示“一般物品”，该字段不作长度限制。具体业务操作请参考“常驻人员自用车辆录入”部分，此处不再赘述。

图 2-100　公自用物品录入——常驻机构公用车辆界面

三、出口整合申报

一般货物的出口申报业务，可在该模块进行数据录入与申报，更多业务适用详情，请咨询业务主管部门。

进入货物申报系统，点击左侧菜单栏"货物申报"→"出口整合申报"，展开业务菜单（如图 2-101 所示）。

图 2-101　出口整合申报主界面

（一）出口报关单整合申报

对出口货物的报关数据进行一次录入、关联调取与暂存、删除、打印等操作。

点击左侧菜单栏"出口整合申报"→"出口报关单整合申报"，右侧显示录入界面，包括基本信息、涉检基本信息、商品信息、涉检商品信息、集装箱、随附单证等部分（如图 2-102 所示）。

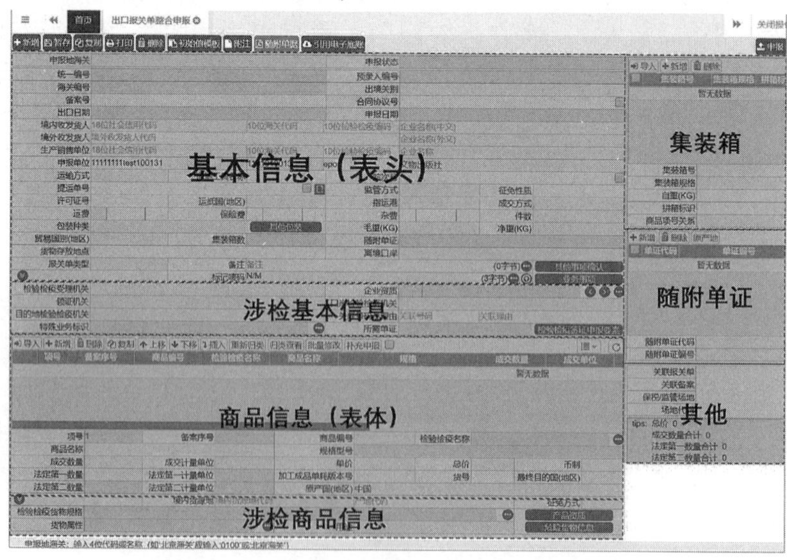

图 2-102　出口报关单整合申报界面

出口报关单整合申报界面中各类字段的操作方法与按钮的使用，可参考“进口报关单整合申报”部分。

引用电子底账的操作说明如下：

在出口报关单整合申报界面上方，可见蓝色“引用电子底账”按钮。点击“引用电子底账”按钮，弹出界面（如图 2-103 所示）。该电子底账号对应的是出境检验检疫申请中已经审核通过的电子底账数据。

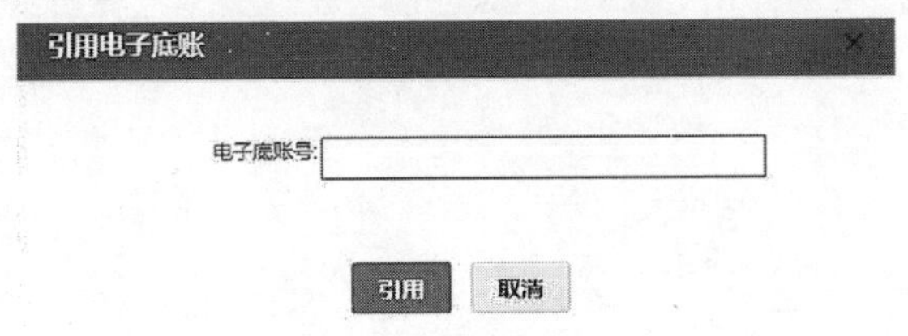

图 2-103　引用电子底账界面

录入审批通过的电子底账号码，点击“引用”按钮，触发调用引用电子底账数据。电子底账调用出的数据可以返填到报关单表头数据字段，包括申报地海关、境内收发货人代码、境内收发货人名称、合同协议号、提运单号、运抵国、运输工具名称等，有助于减少录入操作。

（二）出境检验检疫申请

涉检的出境货物，可向海关业务主管部门进行出境检验检疫数据申请，对出境检验检疫申请数据进行录入、暂存、删除、打印、申报等操作。

出境检验检疫申请审核通过之后即生成电子底账，可以在出口报关单申报时被调用。

1. 录入与暂存

在左侧菜单栏中点击“出口整合申报”→“出境检验检疫申请”，右侧即显示录入界面，包括基本信息、商品信息、基本信息（其他）、集装箱信息等部分（如图 2-104 所示）。

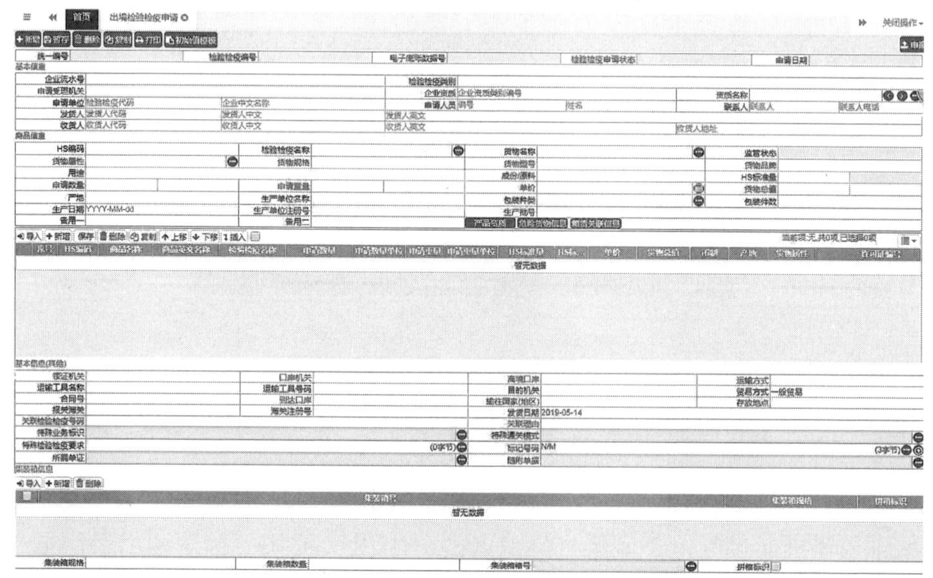

图 2-104　出境检验检疫申请界面

出境检验检疫申请界面中的录入要求，总体说明如下：

灰色字段（例如，统一编号、检验检疫编号、电子底账数据号等）表示不允许录入，系统将根据相应操作或步骤后自动返填。

部分字段（例如，申请单位、发货人、收货人等）内的灰色字体为录入提示，根据实际情况如实填写相关内容。

申请受理机关、用途、到达口岸等字段，需要在下拉参数表中进行调取，不允许随意录入。点击空格键，调出下拉菜单并在其中进行选择，也可以输入已知的相应数字、字母或汉字，迅速调出参数，选择后点击回车键确认录入。

日期类字段（例如，生产日期、发货日期等），点击录入框，在系统弹出的日历中进行选择。

勾选类字段（例如，拼箱标识等），根据实际业务填写。勾选代表“是”，不勾选代表“否”。

对出境检验检疫申请界面上方蓝色“新增”“暂存”“删除”“复制”“打印”“初始值模板”“申报”按钮的相关操作，将影响整票出境检验检疫数据。具体操作说明参见下文新增、暂存、删除、复制、打印、初始值模板等内容。点击界面中蓝色“暂存”按钮，保存当前正在录入的基本信息数据，以防数据丢失。

小提示

界面上方的蓝色操作按钮将根据当前的相关业务或操作，区分是否可点击。光标悬停在相关字段上，系统可弹出相应提示。

（1）基本信息部分。

①统一编号、检验检疫编号、电子底账数据号、检验检疫申请状态、申请日期：该五项字段为灰色，不允许录入，暂存或申报后，由系统自动生成。

②企业流水号：企业自行编辑，不可重复，最多录入 40 位字符。

③检验检疫类别（必填）：点击空格键，在参数下拉表中选择，或直接输入对应代码。

④申请受理机关（必填）：在参数下拉表中选择，也可录入代码、名称。

⑤企业资质：可填写多个资质记录。点击资质名称字段右后方蓝色按钮 ，在弹出的录入界面内（如图 2-105 所示），进行编辑。录入保存后，显示在企业资质字段中。

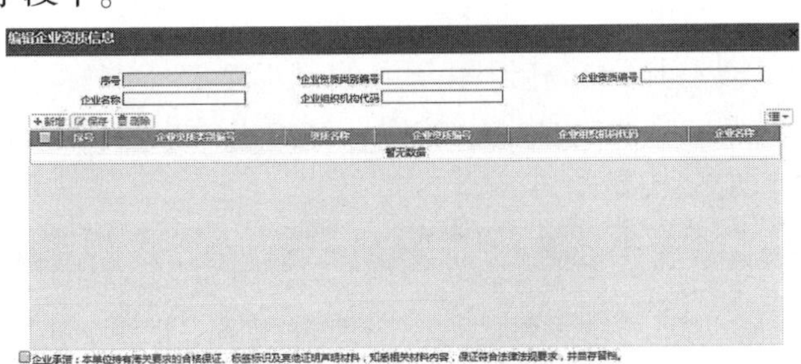

图 2-105　企业资质信息编辑界面

录入多条数据时，主界面中默认显示第一条企业资质信息，点击蓝色方向按钮 ，依次查看所录入的企业资质信息。

A. 序号：灰色不可录入，保存成功后由系统自动生成。

B. 企业资质类别编号：在参数下拉表中选择，也可录入代码、名称。

C. 企业资质编号：手工录入。

D. 企业名称：手工录入。

E. 企业组织机构代码：手工录入。

点击白色“保存”按钮，下方列表显示已录入的数据。勾选表格序号前的复选框，点击“删除”按钮，可以对已录入数据进行删除。点击“新增”按钮，清空表体录入区域的内容，重新录入数据。

⑥申请单位（必填）：填写企业在检验检疫资质备案中的企业检验检疫代码与企业中文名称。

⑦申请人员：姓名必填，其他可按照海关要求填写。

⑧联系人、联系人电话（必填）：按实际情况填写。

⑨发货人：填写发货人代码（必填）、发货人中文名称（必填）、发货人英文名称（选填）。

⑩收货人：如需填写，按相应文本框内提示输入收货人代码、收货人中文名称、收货人英文名称及收货人地址。

（2）商品信息部分。

①HS 编码（必填）：填写对应的十位商品编码。可输入商品编码前四位后，点击回车键选择或全部录入后确认。

②检验检疫名称（必填）：长度为 255 位字符。填写商品编码对应的商品名称，或点击录入框右侧蓝色圆形按钮，在弹出的检验检疫编码列表中重新选取，也可手工直接修改。

③货物名称（必填）：长度为 255 位字符，根据实际情况按要求填写。该录入框可直接进行录入或修改。如该项有要求录入货物英文名称的，可以点击右侧蓝色圆形按钮，在弹出的框内进行录入、确定。

④监管状态：录入 HS 编码后，由系统自动返填。

⑤货物属性：点击字段右侧蓝色按钮，在弹出的框内（如图 2-106 所示）勾选后，点击“确定”按钮即可。

货物属性 ×

11-3C目录内	12-3C目录外	13-无需办理3C认证	14-预包装
15-非预包装	16-转基因产品	17-非转基因产品	18-首次进出口
19-正常	20-废品	21-旧品	22-成套设备
23-带皮木材/板材	24-不带皮木材/板材	25-A级特殊物品	26-B级特殊物品
27-C级特殊物品	28-D级特殊物品	29-V/W非特殊物品	30-市场采购
31-散装危险化学品	32-件装危险化学品	33-非危险化学品	

确定 取消

图 2-106　商品信息货物属性界面

⑥货物规格、货物型号、货物品牌：最多录入 100 位字符，根据实际情况及业务主管部门要求填写。

⑦用途（必填）：在参数下拉表中选择，也可录入代码、名称。

⑧成分/原料：最多录入 400 位字符，根据实际情况填写。

⑨HS 标准量（必填）：由数量与单位组成，填写该商品对应标准计量单位的数量。

前一个框内为数字，标准数量最多录入 19 位数字，小数后 5 位，不能为负数；后一个灰色框内为标准单位，由系统自动返填，不可修改。

⑩申请数量、申请重量：根据实际情况填写。前一个框内为数字，最多可录入 19 位数字，小数后 5 位；后一个框内为单位，在参数下拉表中选择，也可录入代码、名称。

⑪单价：根据实际情况填写，最多可录入 20 位数字。

⑫货物总值（必填）：前一个框内为货物总值，最多可录入 20 位数字；后一个框内为币制，在参数下拉表中选择，也可录入代码、名称。

⑬产地（必填）：在参数下拉表中选择，也可录入代码、名称。

⑭生产单位名称（必填）：根据实际情况填写。

⑮包装种类（必填）：在参数下拉表中选择，也可录入代码、名称。

⑯包装件数（必填）：根据实际情况填写。

⑰生产日期：在日期弹出框中，选择日期，格式为“YYYY-MM-DD”。

⑱生产单位注册号（必填）：填写生产单位的检验检疫注册编码。

⑲生产批号：填写商品的生产批号。

⑳备用一、备用二：填写业务主管部门要求填报的其他商品信息。

㉑产品资质：填写完商品信息后，可点击“产品资质”按钮，进入许可证信息编辑界面（如图 2-107 所示）。许可证信息与 VIN 信息根据实际情况，按业务主管部门要求进行填写。具体操作请参考“进口报关单整合申报”中产品资质部分。

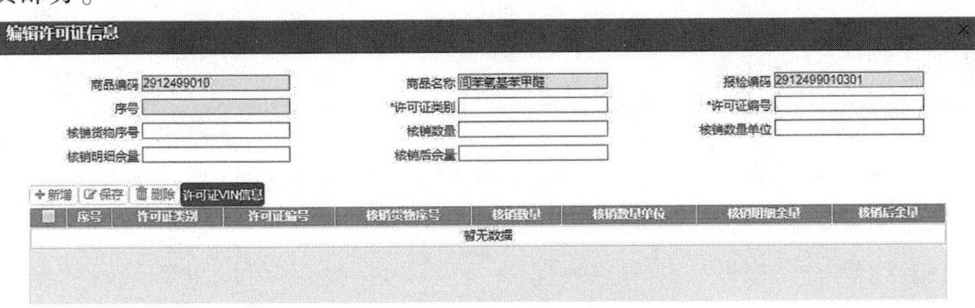

图 2-107　许可证信息编辑界面

㉒危险货物信息：填写完商品信息后，可点击“危险货物信息”，进入危险货物信息编辑界面（如图 2-108 所示）。根据实际情况填写或选择，如果是非危险化学品，勾选复选框，点击“确定”按钮。

危险货物信息

非危险化学品

UN编码

危险货物名称

危包类别

危包规格

确定

图 2-108　危险货物信息编辑界面

㉓箱货关联信息：填写完商品信息后，点击“箱货关联信息”按钮，进入箱货关联信息编辑界面（如图 2-109 所示）。根据实际情况填写或选择参数。白色按钮的操作与上文相似，此处不再赘述。

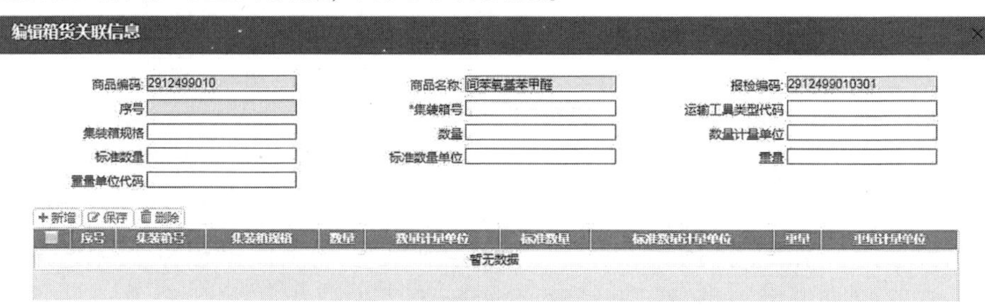

图 2-109　箱货关联信息编辑界面

㉔导航栏。

导航栏包括商品信息下方的白色“导入”“新增”“保存”“删除”“复制”“上移”“下移”“插入”按钮。

点击“导入”按钮，将弹出商品导入界面，更多操作可参考“进口报关单整合申报”导入部分。

点击“新增”按钮，将清空表体录入区域的内容，可以重新录入数据。如未将上次的录入内容进行过暂存（保存），清空的数据不可恢复。

点击“保存”按钮，保存当前录入的商品信息，所有必填项都录入完成才能保存成功。

选中列表中一项或多项商品信息后，点击“删除”按钮，将删除已选中的商品信息，删除的数据不可恢复。

勾选一条表体记录，点击“复制”按钮，系统将复制选中的商品信息自动返填到商品名称、重量等内容中，返填后可进行修改。

点击“上移”按钮，当前选中商品的上移，商品序号自动减 1。

点击“下移”按钮，当前选中的商品下移，商品序号自动加 1。

点击“插入”按钮，录入的数据被插入到选中的商品项上方，选中的商品序号以下的信息自动减 1。

列表多选框：点击“插入”按钮右侧空框，商品列表左侧就会增加一个多选框（如图 2-110 所示）。

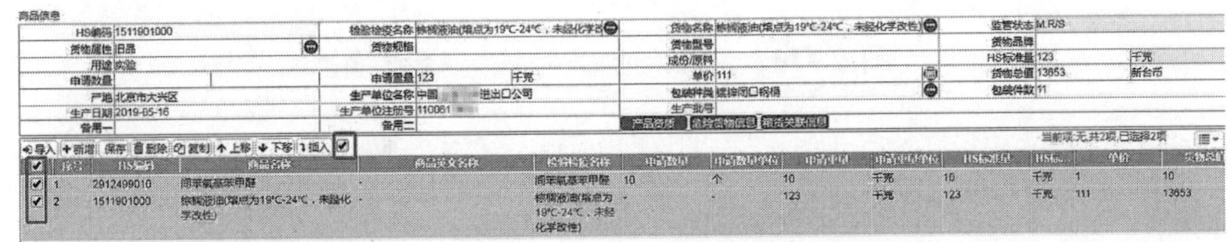

图 2-110　列表多选框显示界面

（3）基本信息部分（其他）。

①领证机关（必填）：填报领取单证的检验检疫机关，在参数下拉表中选择；也可输入代码或汉字后选择对应机关。

②口岸机关（必填）：填报对入境货物实施检验检疫的检验检疫机关，在参数下拉表中选择，也可输入代码或汉字后选择对应机关。

③离境口岸（必填）：在参数下拉表中选择，也可输入代码或汉字后选择对应口岸。

④运输方式（必填）：在参数下拉表中选择，也可录入代码、名称。

⑤运输工具名称（选填）：最多录入 50 位字符，根据实际情况填写。

⑥运输工具号码（选填）：最多录入 32 位字符，根据实际情况填写。

⑦目的机关（必填）：在参数下拉表中选择，也可录入代码、名称。

⑧贸易方式（必填）：根据实际对外贸易情况、按海关规定的《监管方式代码表》选择填报相应的监管方式简称及代码。

⑨合同号（必填）：最多录入 32 位字符，填报进出口货物合同（包括协议或订单）编号。

⑩到达口岸（必填）：在参数下拉表中选择，也可录入代码、名称。

⑪输往国家（地区）（必填）：在参数下拉表中选择，也可录入代码、名称。

⑫存放地点（必填）：最多录入 100 位字符，根据实际情况填写。

⑬报关海关：填写口岸海关代码，在参数下拉表中选择，也可录入代码、名称。

⑭海关注册号：录入企业的海关十位编码。

⑮发货日期：在日期弹出框中，选择日期，格式为“YYYY-MM-DD”。

⑯关联检验检疫号码、关联理由：根据实际情况，按业务主管部门要求进行填报。

⑰特殊业务标识（选填）：点击字段右侧蓝色圆形按钮，弹出界面（如图 2-111所示），根据实际情况勾选，无相关特殊业务的不勾选。

特殊业务标识

国际赛事　特殊进出军工物资　国际援助物资　国际会议

确定

图 2-111　特殊业务标识选择界面

⑱特殊通关模式：点击字段右侧蓝色圆形按钮，弹出界面（如图 2-112 所示），根据实际情况进行勾选、确认。

图 2-112　特殊通关模式选择界面

⑲特殊检验检疫要求：按业务主管部门要求进行填写。

⑳标记号码（选填）：即标记唛码。填报标记唛码中除图形以外的文字、数字，最多录入 400 位字符，无标记唛码的填报“N/M”。点击字段右侧蓝色圆形按钮，可上传附件（如图 2-113 所示）。

编辑标记及号码附件信息

附件名称：

只可上传后缀名为JPG、GIF、PNG、BMP的文件,且大小不能超过1M

预览　上传　下载　删除

图 2-113　标记及号码附件信息编辑界面

㉑所需单证：根据实际情况填报。点击字段右侧蓝色圆形按钮，弹出界面（如图 2-114 所示），在此界面进行选择、编辑。

编辑所需单证信息

序号	证书代码	证书名称	正本数量	副本数量
1	11	品质证书	1	2
2	12	重量证书	1	2
3	13	数量证书	1	2
4	14	兽医卫生证书	1	2
5	15	健康证书	1	2
6	16	卫生证书	1	2
7	17	动物卫生证书	1	2
8	18	植物检疫证书	1	2
9	19	熏蒸/消毒证书	1	2
10	20	出境货物换证凭单	1	2
11	21	入境货物检验检疫证明（申请出具）	1	2
12	22	出境货物不合格通知单	1	2
13	23	集装箱检验检疫结果单	1	2
14	24	入境货物检验检疫证明（申请不出具）	1	2
15	94	电子底账	1	2
16	95	入境货物调离通知单	1	2

保存

图 2-114　所需单证信息编辑界面

㉒随附单据：根据实际业务选择填写或咨询相关业务主管部门。

需先将基本信息保存成功，才能进行随附单据的录入与保存操作。点击界面下方“随附单据”右侧蓝色圆形按钮，弹出录入界面（如图 2-115 所示）。

随附单据编辑

保存

序号	随附单据类别代码	随附单据名称	随附单据编号	核销货物序号	核销数量	核销后明细余量	核销后余量	操作
1	102001	合同						新增
2	102002	发票						新增
3	102003	信用证						新增
4	102004	装箱单						新增
5	102011	其他相关许可/审批文件						新增
6	102028	海关免税证明						新增
7	102034	进出口电池备案书						新增
8	102038	入/出境特殊物品卫生检疫审批单						新增
9	102039	代理报关委托书						新增
10	102040	换证凭单						新增
11	102041	厂检单						新增
12	102042	包装性能检验结果单						新增
13	102043	危险货物运输包装使用鉴定结果单						新增
14	102044	型式试验确认书						新增
15	102045	卫生注册证书						新增

图 2-115　随附单据编辑界面

系统默认显示随附单据类别代码与名称。

点击随附单据编辑界面右侧蓝色“新增”按钮，界面自动复制当前的随附单据并生成一条新的记录。根据实际情况，录入编号、序号及数量等信息后，点击白色“保存”按钮即可。

（4）集装箱信息部分根据实际业务选择填写或咨询相关业务主管部门。

必须先将基本信息保存成功，才能继续进行集装箱信息的录入与保存操作。先录入集装箱规格与对应数量，再录入该规格的集装箱箱号，可以录入多个。按实际情况勾选是否拼箱。

①集装箱规格（必填）：在参数下拉表中选择，也可录入代码、名称。现行《集装箱规格代码表》采用两位数字代码。

②集装箱数量（选填）：根据实际情况填写。

③集装箱箱号：按实际情况填写，最多录入 11 位字符。点击字段右侧蓝色圆形按钮，在弹出的集装箱详细信息录入界面（如图 2-116 所示）中进行录入。录入后点击回车键，返填至上方列表中，序号自动生成。

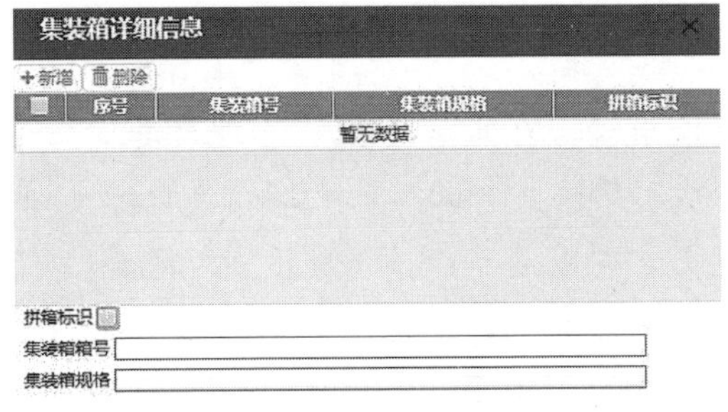

图 2-116　集装箱详细信息录入界面

④导航栏：集装箱信息上方的白色“导入”“新增”“删除”按钮的操作，只影响集装箱信息部分内容。更多操作可参见上文“商品信息”中的导航栏部分。

2. 新增

在出境检验检疫申请界面，用户点击上方蓝色“新增”按钮，将立即清空当前界面显示的数据，可以重新录入并保存一票出境检验检疫申请的数据。如未将上次的录入内容进行过暂存（保存）操作，清空的数据将不可恢复，需重新录入，请谨慎操作。

3. 删除

在出境检验检疫申请界面，点击上方蓝色“删除”按钮，系统提示是否删除当前数据。当数据为“已申报”“正确”“成功”等状态时，表示所申报的检验检疫申请数据已被审批系统接收，此时不允许在系统中进行删除操作。

4. 复制

在出境检验检疫申请界面，点击上方蓝色“复制”按钮，系统将当前的数据（包括申请单位、发货人、商品信息及集装箱信息等内容）进行复制，自动新增生成一票新的出境检验检疫申请数据。可对复制出来的数据进行修改、录入、暂存等操作。

5. 打印

打印的相关操作请参考“进口报关单整合申报”中打印部分，此处不再赘述。

6. 初始值模板

在出境检验检疫申请界面，点击上方蓝色“初始值模板”按钮，系统弹出初始值模板选择的界面。在此选择已设置好的模板，部分参数自动返填到当前报关单界面中，可以减少重复录入。更多关于初始值设置的操作说明，参考“整合初始值设置”部分的相关内容。

7. 申报

进行出境检验检疫申请，可能需要在“管理员账户”→“我的资质”中，将检验检疫账号密码进行绑定。相关功能介绍请参见《“单一窗口”标准版用户手册（用户管理篇）》。

在出境检验检疫申请界面，将录入完毕并确认无误的数据，点击右上方蓝色“申报”按钮，向海关进行申报。

（三）出境备案清单整合申报

海关特殊监管区域等业务可在本模块进行数据录入与申报等操作，其他业务适用详情请咨询业务主管部门。

本模块的相关操作请参考“进口报关单整合申报”“出口报关单整合申报”部分。

（四）出口转关提前报关整合申报

出口转关提前报关整合申报数据录入的基本操作可参考“进口报关单整合申报”“出口报关单整合申报”；出口转关运输提前报关录入方法可参考“进口转关提前报关整合申报”部分。特殊说明如下：

1. 载货清单号

用汽车转关的提前报关货物填写“@+13位载货清单号”；其他提前报关货物填写“@+16位转关申报单预录入号”。

小提示

申报地海关为南方模式即广州、黄埔、深圳等广东地区关区时，该字段才能显示。

2. 运输工具编号

进出境运输方式为汽车时，录入载货清单号（13位），其他进出境运输方式时可为空。

3. 航次

海运时录入进境船舶航次号码（最多六位字符，超过六位的取最后六位）；空运时录入总运单号（11位，中间不得以“—”连接，例如，781—45678912，应录入78145678912）；其他运输方式时可为空。

（五）出境转关提前备案清单整合申报

出境转关提前备案清单整合申报数据录入的基本操作请参考“进口报关单整合申报”部分；转关运输提前报关录入方法请参考“进口转关提前报关整合申报”部分。

（六）出口公路舱单跨境快速通关报关整合申报

出口公路舱单跨境快速通关报关整合申报数据录入的基本操作请参考“进口报关单整合申报”部分。更多业务适用详情，请咨询主管海关。

（七）出境公路舱单跨境快速通关备案清单整合申报

出境公路舱单跨境快速通关备案清单整合申报数据录入的基本操作请参考“进口报关单整合申报”部分。更多业务适用详情，请咨询主管海关。

（八）出口二次转关

出口二次转关数据录入的基本操作请参考“进口报关单整合申报”“出口转关提前报关整合申报”部分。更多业务适用详情，请咨询主管海关。

（九）出口多式联运报关单整合申报

出口多式联运报关单整合申报数据录入的基本操作请参考“进口报关单整合申报”部分。更多业务适用详情，请咨询主管海关。

（十）出口公自用物品申报

出口公自用物品申报数据录入的基本操作请参考“进口报关单整合申报”“进口公自用物品申报”部分。更多业务适用详情，请咨询主管海关。

四、数据查询/统计

（一）报关数据查询

在本模块中，可通过输入各类查询条件，对进出口货物报关单数据进行查询、查看、打印等操作。

小提示

登录“单一窗口”的账号，需要绑定 IC 卡或 iKey，否则仅作为“报关录入单位”查询暂存（保存）状态的数据。

1. 基本查询

点击左侧菜单栏“数据查询/统计”→“报关数据查询”，右侧显示查询界面（如图 2-117 所示）。

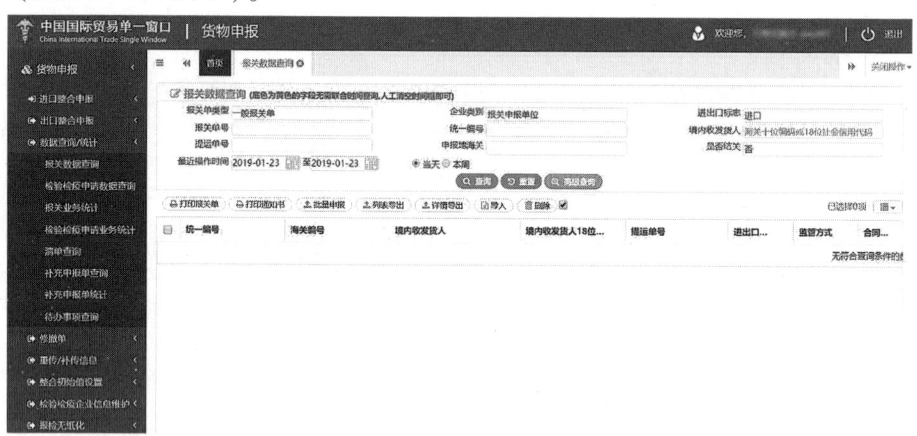

图 2-117　报关数据查询界面

在报关数据查询界面，报关单类型、企业类别、进出口标志、是否结关四个字段，通过点击空格键，在下拉菜单中选择。

其中，报关单类型默认显示为“一般报关单”，企业类别默认显示为“报关申报单位”，可删除默认显示，点击空格键重新选择。

主要查询条件字段包含的选项如下：

（1）报关单类型：一般报关单、转关提前报关单、备案清单、转关提前备案清单、出口二次转关。

（2）企业类别：报关申报单位、报关收发货人、报关录入单位。

小提示

基本查询时，输入的时间范围不能超过七天。

在报关数据查询界面，输入条件，点击“查询”按钮，查询结果显示在下方列表中，如图 2–118 所示。点击“重置”按钮将清空查询条件，可重新填写后再查询。

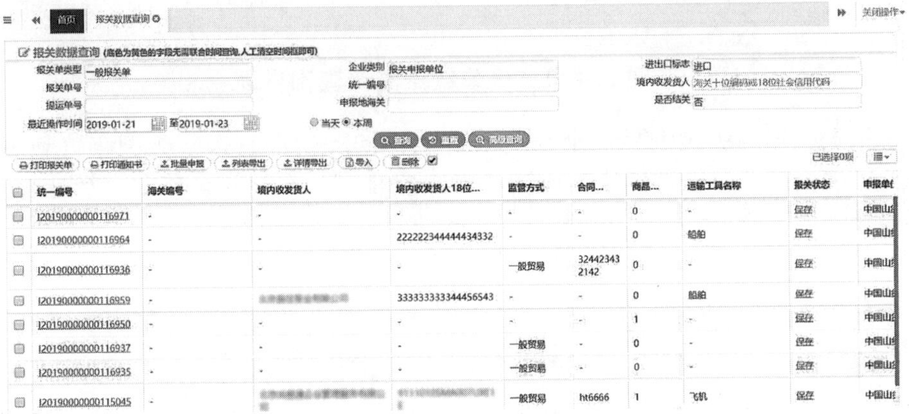

图 2–118　报关数据查询结果列表界面

点击报关数据查询结果列表界面中统一编号栏的蓝色字样，系统自动跳转至报关申报数据的详细信息界面。

在报关数据查询结果列表界面最下方，可以查看当前查询结果的总记录数，自行选择每页显示的记录条数，还可以点击右下角的蓝色数字或按钮换页。

在报关数据查询结果列表界面，点击报关状态栏的蓝色字样，下方显示相应的回执（如图 2–119 所示）。在报关数据回执界面，点击“刷新”按钮，可刷新回执；点击“关闭”按钮，可关闭查看回执列表；选中回执记录，根据业务状态，点击“打印”按钮，可以打印相应的通知书。

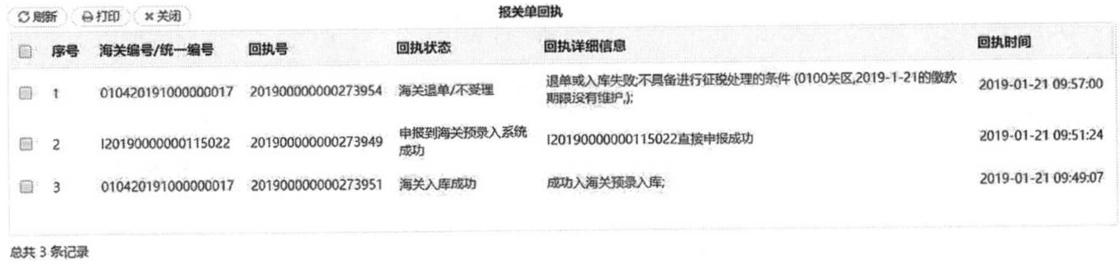

图 2–119　报关数据查询结果——报关数据回执界面

2. 高级查询

在报关数据查询界面，点击"高级查询"按钮，查询条件如图 2-120 所示。

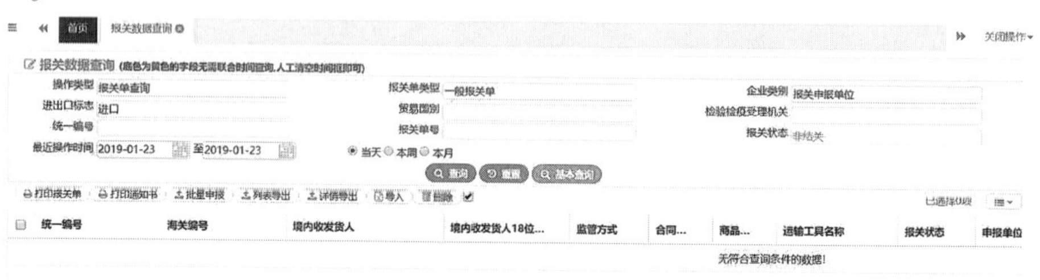

图 2-120　报关数据高级查询界面

报关数据高级查询界面中与基本查询不同的条件有操作类型、贸易国别、检验检疫受理机关。这四个字段通过点击空格键，在下拉菜单中进行选择。具体操作与基本查询相同。

操作类型查询条件字段，包含报关单查询、集报清单报关单查询、其他报关单数据查询三个选项。

小提示

不同的操作类型，界面中部分查询条件字段可能为灰色，即不允许输入的情况。

3. 打印

在报关数据查询结果列表界面中勾选一条记录，点击"打印报关单"或"打印通知书"按钮，可进行相关打印操作。具体操作步骤参见"进口报关单整合申报"中关于打印的相关内容，此处不再赘述。

小提示

通知书是否能够打印，需要依据海关对报关单数据发出的相应回执/状态。

4. 删除

在报关数据查询结果列表界面，勾选"删除"按钮右侧的复选框，此时可在下方列表中同时勾选多条记录。点击界面中"删除"按钮，系统将提示是否删除当前报关单数据。当数据为"申报成功""成功入库""审结"等状态时，表示所申报的数据已被相关业务主管部门接收，此时不允许在"单一窗口"系统中进行删除操作。

5. 批量申报

在报关数据查询结果列表界面，同时勾选多条报关状态为保存的数据，点击“批量申报”按钮，系统将提示“已选中×条数据，是否确认申报”。系统将自动进行申报前的校验，并弹出申报详细信息提示框（如图 2-121 所示）。用户可查看申报结果，或根据提示修改数据后重新申报。

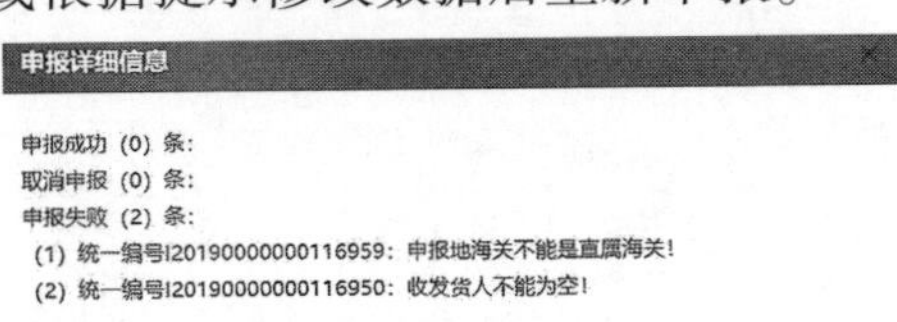

图 2-121　申报详细信息提示界面

6. 导出

（1）列表导出。

在报关数据查询结果列表界面，勾选多条数据，点击“列表导出”按钮，系统自动判断当前登录账号内的信息，与报关单内的境内收发货人是否一致。如果判断为不一致，系统弹出相关提示，例如，“当前用户不是报关单收发货人，无法进行导出”；如果判断一致，系统将根据浏览器的下载设置，将 Excel 表格下载到默认文件夹中（在浏览器中，使用快捷键“Ctrl+J”，快速打开下载内容页进行查看）。

（2）详情导出。

具体操作与系统判断与上文“列表导出”一致，此处不再赘述。

7. 导入

在报关数据查询界面，点击“导入”按钮，系统将弹出对话框（如图 2-122 所示），可在此界面下载模板，并根据模板要求将数据录入保存在本地电脑中，再进行导入上传操作。

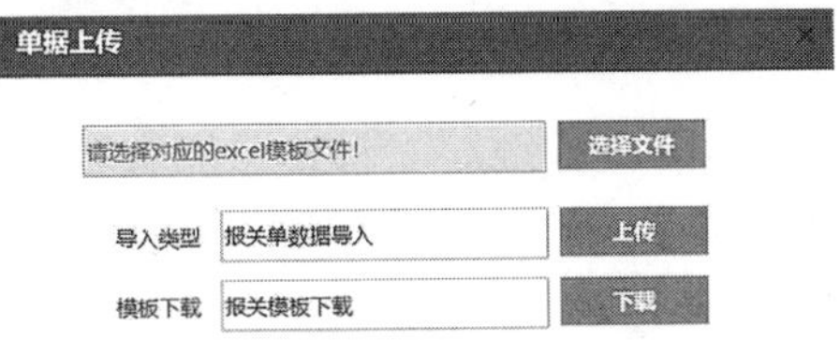

图 2-122　导入操作界面

（1）模板下载。

在模板下载字段，点击空格键，调出模板类型，进行选择后，点击“下载”按钮，将 Excel 模板文件保存到电脑中。根据模板内的要求，填写并保存商品信息。

（2）导入类型。

在导入类型字段，点击空格键，调出导入类型，进行选择后，点击“选择文件”按钮，从电脑中选择填写完成的 Excel 文件，点击“上传”按钮，导入数据。

（二）检验检疫申请数据查询

在本模块，可通过输入各类查询条件，查询进出口检验检疫申请数据，并进行打印、导出等操作。

点击左侧菜单栏“数据查询/统计”→“检验检疫申请数据查询”，右侧显示查询界面（如图 2-123 所示）。

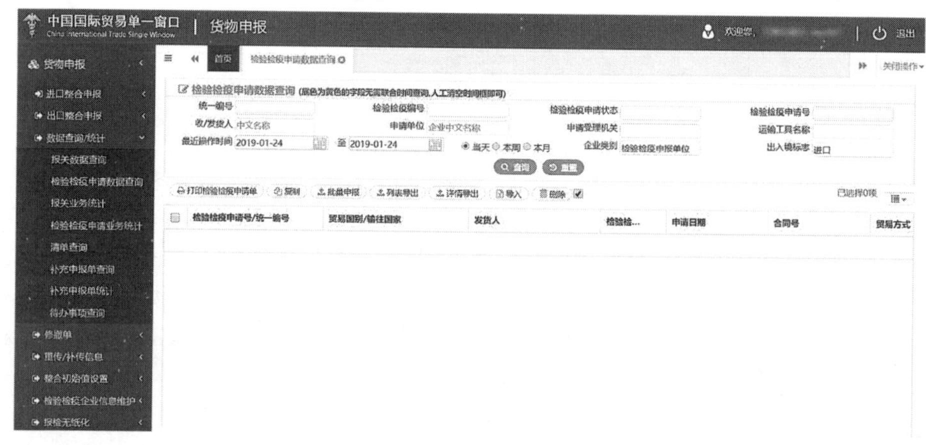

图 2-123　检验检疫申请数据查询界面

其中，企业类别默认显示“检验检疫申报单位”，出入境标志默认显示“进口”，可删除默认显示，点击空格键重新选择。

主要查询条件字段包含的选项如下：

（1）检验检疫申请状态：保存、已申报、申报正确、检验检疫失败、检验检疫成功。

（2）企业类别：检验检疫申报单位、检验检疫收发货人、创建人。

检验检疫申请数据查询与界面按钮的使用方法，请参考上文“报关数据查询”，此处不再赘述。

（三）报关业务统计

在本模块，可通过输入各类条件，统计报关业务数据，并进行打印、导出等操作。

点击左侧菜单栏“数据查询/统计”→“报关业务统计”，右侧显示查询界面（如图 2-124 所示）。

图 2-124　报关业务统计界面

系统默认统计当前报关人员的录入数量、商品项数、折算单据数、申报单据量、通过单据量、退单单据量。可选择日期、进出口标志、申报地海关、报关员编号、境内收发货人代码等条件进行个性化统计。查询操作请参考上文“报关数据查询”，此处不再赘述。

（四）检验检疫申请业务统计

在本模块，可通过输入各类条件，统计检验检疫申请业务数据，并进行打印、导出等操作。具体操作请参考上文“报关数据查询”“报关业务统计”，此处不再赘述。

（五）清单查询

在本模块，可通过输入各类条件，进行加贸清单电子数据的查询操作。

点击左侧菜单栏“数据查询/统计”→“清单查询”，右侧显示查询界面（如图 2-125 所示）。

图 2-125　清单查询界面

查询条件包括申报地海关、账册编号、清单编号、企业内部编号、经营单位编码、录入日期及申报日期等。

在查询结果列表中，根据清单回执详细信息所显示的状态不同，可勾选界面中的清单记录，点击下方的“清单报关单列表”按钮，即显示被勾选的报关单列表（如图 2-126 所示）。

图 2-126　清单报关单列表界面

在清单报关单列表界面中，点击蓝色“下载”按钮，下载数据。如清单报关单列表界面中数据为红色字体，代表已下载过，无须再次下载数据，因此界面不再显示“下载”按钮。直接点击界面底部蓝色“查看明细”按钮，在弹出的编辑界面进行补充录入与申报等操作即可。

（六）补充申报单查询

在本模块，可通过输入各类条件，查询补充申报单数据，并进行查看、打印等操作。

点击左侧菜单栏“数据查询/统计”→“补充申报单查询”，右侧显示查询界面（如图 2-127 所示）。

图 2-127　补充申报单查询界面

其中，企业类别默认显示“报关录入单位”，进出口标志默认显示“进口”，操作日期默认显示当前日期，可删除默认显示，重新选择或录入。

主要查询条件字段包含的选项如下：

1. 补充申报单类型

价格补充申报单、归类补充申报单、原产地补充申报单。

2. 企业类别

报关申报单位、消费使用/生产销售单位、报关收发货人、报关录入单位。

补充申报单查询界面的查询与相关按钮的使用方法，请参考上文“报关数据查询”。

（七）补充申报单业务统计

在本模块，可通过输入各类条件，统计补充申报单业务数据，并进行打印。具体操作请参考上文“报关数据查询”“报关业务统计”，此处不再赘述。

（八）待办事项查询

在本模块可查询由海关系统发送到“单一窗口”的待办事项（通知）。

点击左侧菜单栏“数据查询/统计”→“待办事项查询”，右侧显示查询界面（如图 2-128 所示）。

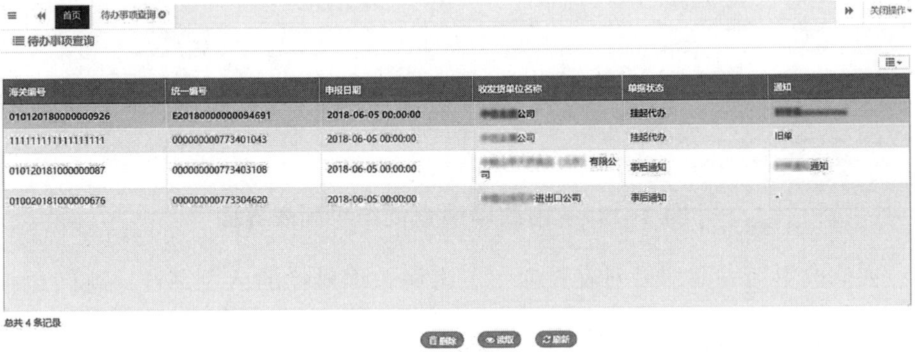

首页　待办事项查询　关闭操作

待办事项查询

海关编号	统一编号	申报日期	收发货单位名称	单据状态	通知
010120180000000926	E20180000000094691	2018-06-05 00:00:00	公司	挂起代办	
111111111111111111	000000000773401043	2018-06-05 00:00:00	公司	挂起代办	旧单
010120181000000087	000000000773403108	2018-06-05 00:00:00	有限公司	事后通知	通知
010020181000000676	000000000773304620	2018-06-05 00:00:00	进出口公司	事后通知	-

总共 4 条记录

删除　读取　刷新

图 2-128　待办事项查询界面

系统自动读取海关发送至“单一窗口”的待办事项数据，并展示在列表中。

待办事项查询界面列表中的记录，底色为黄色代表未读消息，其他底色代表已读。

选中任意记录，点击界面下方的“读取”按钮，或直接在列表中双击记录，查看详细内容；点击“删除”按钮，可删除待办事项记录；点击“刷新”按钮，可刷新待办事项列表。

五、修撤单

在此模块，可向海关发起报关单的修改、撤销申请，也可对海关发起的修改、撤销通知进行操作，以及查询状态等。特定业务状态的报关单才可进行修改、撤销申请。更多业务适用详情，请咨询业务主管部门。

小提示

首次发起修改的数据，在修改申请界面中查询、并提出修改申请；首次发起撤销的数据，在撤销申请界面中查询，并提出撤销申请；已做过修撤的数据在数据查询界面中查找。

（一）修改申请

点击左侧菜单栏“修撤单”→“修改申请”，右侧显示修改申请查询界面。输入任意查询条件，点击“查询”按钮进行查询，查询结果显示在下方列表中（如图 2-129 所示）；或点击“重置”按钮可以清空当前录入的条件。

首页 修改申请 关闭操作

修改申请

报关单海关编号： 报关单统一编号： 申报单位： 提运单号：

合同号： 操作时间：2018-11-01 至：2018-11-28

查询 重置

海关编号	统一编号	进出口	提运单号	合同号	境内收发货人（名称）	申报日期	报关状态
010120180000000484	E20180000000109452	出口	-	-	中国[illegible]进出口公司	2018-11-26 11:16:34	放行
010120180000000483	E20180000000109451	出口	-	-	中国[illegible]进出口公司	2018-11-26 11:15:59	审结
010120180000000482	E20180000000109447	出口	-	-	中国[illegible]进出口公司	2018-11-26 11:11:53	审结
420120181000000488	I20180000000109096	进口	KY21212121212	1111111111111	珠海市[illegible]进出口贸易有限公司	2018-11-22 10:51:46	审结
420120181000000476	I20180000000108953	进口	111111111111	1111111111	珠海市[illegible]进出口贸易有限公司	2018-11-20 15:51:29	审结
420120180000000080	E20180000000108914	出口	-	-	中国[illegible]进出口公司	2018-11-20 14:40:44	审结
420120180000000079	E20180000000108913	出口	-	-	中国[illegible]进出口公司	2018-11-20 14:40:24	审结
420120180000000078	E20180000000108912	出口	-	-	中国[illegible]进出口公司	2018-11-20 14:40:06	审结

显示第 1 到第 10 条记录，总共 165 条记录 每页显示 10 条记录 « ‹ 1 2 3 4 5 › »

图 2-129　修改申请查询结果列表界面

在修改申请查询结果列表界面，点击海关编号栏的蓝色字样，跳转至详细信息。点击的数据，如果是在“原进口申报”中申报的，则跳转至关检融合前的修撤单界面（如图 2-130 所示）；如果在“进/出口整合申报”中申报的，则跳转至新版修撤单界面（如图 2-131 所示）。

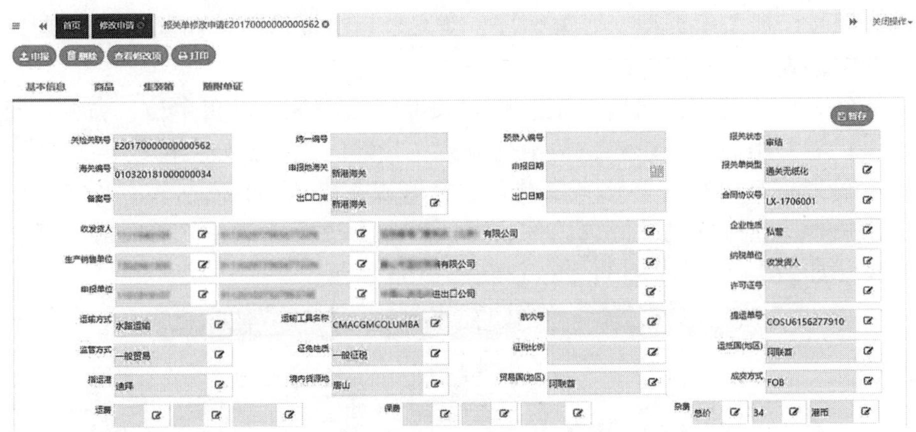

图 2-130　修撤单——旧修改申请详细信息界面（关检融合前报关单）

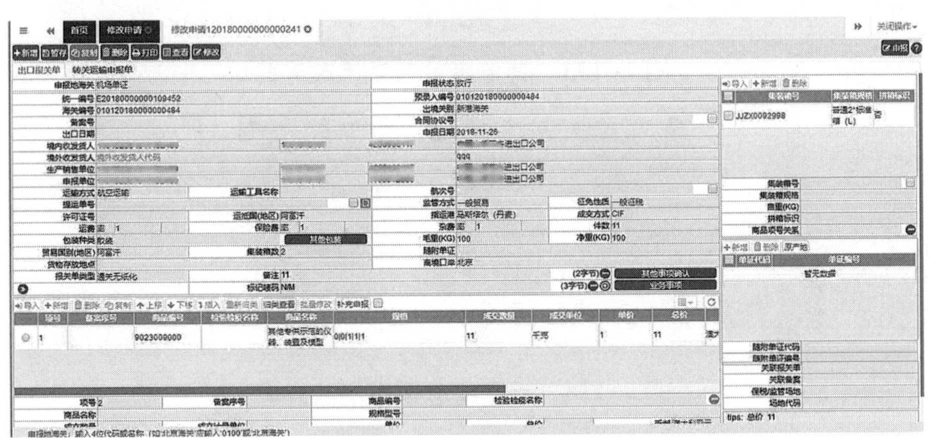

图 2-131　修撤单——新修改申请详细信息界面

在修撤单——新修改申请详细信息界面，选中允许进行修改的字段，界面上方蓝色“修改”按钮变为可点击状态。点击蓝色“修改”按钮，系统弹出对话框（如图 2-132 所示），可录入准备修改的数据。

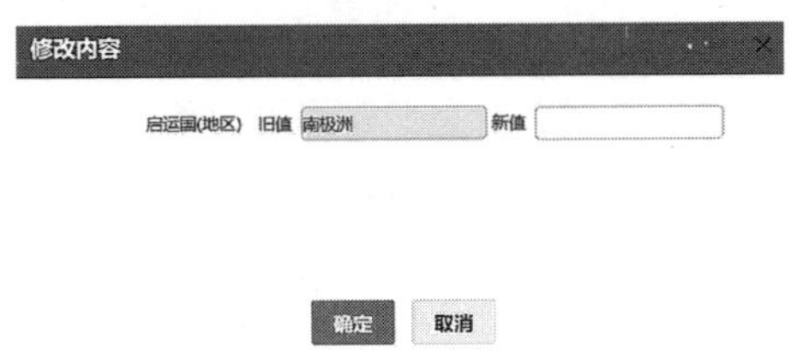

图 2-132　修撤单修改内容界面

在修撤单——修改申请详细信息界面中，部分字段（例如，申报地海关、预录入编号、报关单类型、海关编号、备案号、申报日期、许可证号、项号等）无法选中，表示不允许修改。

部分字段（例如，出境关别、境内收发货人、生产销售单位、备注、标记唛码等）需要用户手工录入，请根据业务主管部门要求，如实修改相关内容。

1. 特殊字段说明（其他事项确认、特殊业务标识、其他包装、许可证）

原来通过选择按钮进行选填的，需通过点击该字段后的选择按钮，才能进行修改（如图 2-133、2-134、2-135、2-136 所示）。

修改其他事项确认
特殊关系确认 旧值 否 新值
价格影响确认 旧值 否 新值
与货物有关的特许权使用费支付确认 旧值 否 新值
确定
取消

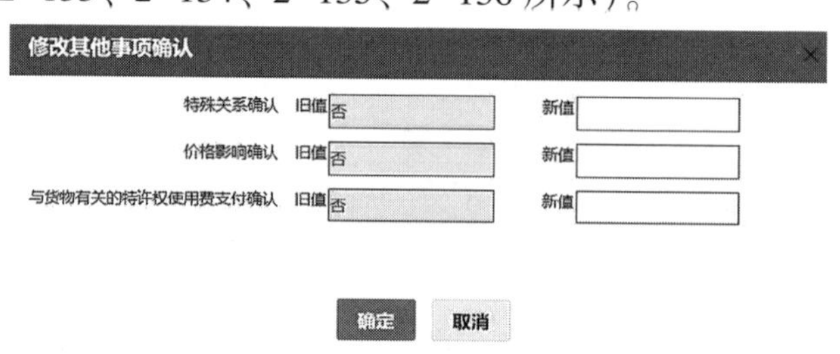

图 2-133　其他事项确认修改界面

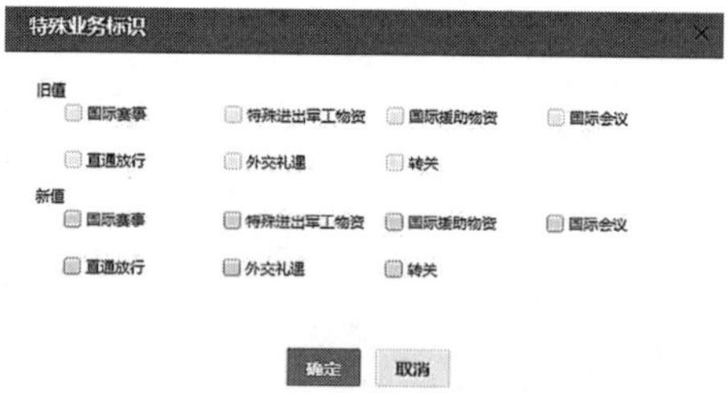

特殊业务标识
旧值
国际赛事
特殊进出军工物资
国际援助物资
国际会议
直通放行
外交礼遇
转关
新值
国际赛事
特殊进出军工物资
国际援助物资
国际会议
直通放行
外交礼遇
转关
确定
取消

图 2-134　特殊业务标识修改界面

修改其他包装信息
包装材料种类名称
序号
包装材料种类名称
暂无数据

图 2-135　其他包装信息修改界面

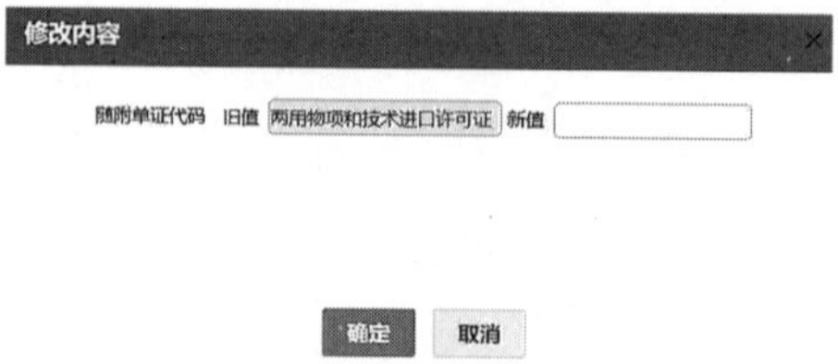

修改内容
随附单证代码 旧值 两用物项和技术进口许可证 新值
确定
取消

图 2-136　许可证修改界面

2. “两步申报”修改申请

注意

“两步申报”的概要申报数据，在任何状态下，都不可以进行修改申请。

“两步申报”的完整申报数据，修改申请操作与现有进口报关单整合申报一致，此处不再赘述。

小提示

完整申报数据修改申请经海关审核通过后，概要申报的数据不会联动进行修改，仍显示为原始申报的数据。

3. 操作按钮说明

修撤单——新修改申请详细信息界面中顶部的蓝色按钮，说明如下。

（1）新增：点击“新增”按钮，可以创建一份新的修改申请。正在办理的修改单，不允许进行该操作。

（2）暂存：点击“暂存”按钮，可以暂存当前录入信息，系统弹出对话框（如图 2–137 所示），可对列表中的信息进行删除、修改操作。

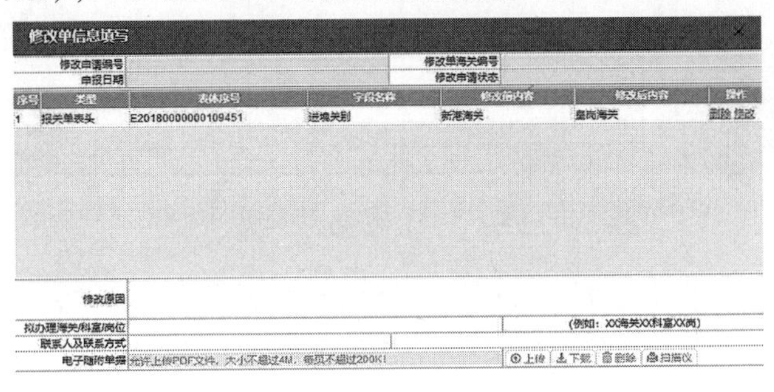

图 2–137　修改单信息填写界面

（3）复制：对修改申请状态为“海关审核不同意”的修改单，点击“复制”按钮，可复制生成一份新的修改单。其中，“修改原因”“随附单据”无法直接复制到新的修改单数据中。

（4）删除：点击“删除”按钮，将清空已录入的修改原因等内容，系统弹出“确认会删除所填数据，是否确认删除？”的提示，点击“确认”按钮，进行删除。

（5）打印：对当前状态为“海关操作成功、海关审核不同意”的修改申请，点击“打印”按钮，系统弹出提示（如图 2–138 所示）。

图 2-138　打印修撤单提示界面

打印前，可对填写的信息进行预览。勾选《进出口货物报关单修改/撤销申请表》，点击“确定”按钮，跳转至打印预览界面（如图 2-139 所示）。

修撤申请单打印　1 / 1

进出口货物报关单修改/撤销申请表

编号：机场单证　海关（2019 年）I20180000000000124　号

报关单编号	010120181000002513	报关单类别	进口
经营单位名称	[illegible]	申请事项	修改
报关单位名称	[illegible]		

修改/撤销内容（申请人如选择“撤销”选项，以下无需填写）

	报关单数据项（进口/出口）	报关单表体序号	原填报内容	应当填报内容
需按审查程序办理的项目	1证书名称	13	13	15
	2正本数量	13	4	3
	3副本数量	13	8	3
	4证书名称	12	12	16
	5正本数量	12	1	2
	6副本数量	12	2	4

图 2-139　打印修撤单预览界面

（6）查看：点击“查看”按钮，对当前录入信息进行查看，系统弹出对话框（如图 2-140 所示）。在此界面中，只能查看信息，不允许进行修改操作。

修改单信息填写

修改申请编号 120180000000000226　修改单海关编号
申报日期 2018-11-22 16:56:07　修改申请状态 海关审核不同意

序号	类型	表体序号	字段名称	修改前内容	修改后内容
1	报关单表头	I20180000000108352	进境关别	京监管处	机场单证
2	报关单表头	I20180000000108352	合同协议号	123	1111111111
3	报关单表头	I20180000000108352	进口日期	20181030	20181123
4	报关单表头	I20180000000108352	境内收发货人社会信用代码	123456781000064932	123456781000064931
5	报关单表头	I20180000000108352	消费使用单位社会信用代码	123456781000064932	123456781000064931
6	报关单表头	I20180000000108352	申报单位社会信用代码	123456781000064931	123456781000064932
7	报关单表头	I20180000000108352	境内收发货人海关代码	1101919107	1108919038
8	报关单表头	I20180000000108352	消费使用单位海关代码	1101919107	1108919038
9	报关单表头	I20180000000108352	申报单位海关代码	1108919038	1101919107
10	报关单表头	I20180000000108352	境内收发货人检验检疫	4800607052	4800607053

修改原因 全字段修改
拟办理海关/科室/岗位 单一　（例如：XX海关XX科室XX岗）
联系人及联系方式 单一　111111111111
电子随附单据 允许上传PDF文件，大小不超过4M，每页不超过200K！　上传 | 下载 | 删除 | 扫描仪
关闭

图 2-140　修改单查看界面

（7）修改：选中允许进行修改的字段后，选中的字段呈可编辑状态，点击

“修改”按钮，系统弹出对话框，录入准备修改的数据。

(8) 申报：填写完毕并暂存后，点击“申报”按钮，即完成申报。

(二) 撤销申请①

1. 操作说明

点击左侧菜单栏“修撤单”→“撤销申请”，右侧显示撤销申请查询界面。输入任意查询条件后，点击“查询”按钮进行查询，查询结果将显示在下方列表中，如图 2-141 所示；点击“重置”按钮则清空当前录入的条件。

首页　撤销申请　关闭操作

撤销申请

报关单海关编号：　报关单统一编号：　申报单位：　提运单号：

合同号：　操作时间：2018-11-01　至：2018-11-28

查询　重置

海关编号	统一编号	进出口	提运单号	合同号	境内收发货人（名称）	申报日期	报关状态
010120180000000484	E20180000000109452	出口	-	-	进出口公司	2018-11-26 11:16:34	放行
010120180000000483	E20180000000109451	出口	-	-	进出口公司	2018-11-26 11:15:59	审结
010120180000000482	E20180000000109447	出口	-	-	进出口公司	2018-11-26 11:11:53	审结
420120181000000488	I20180000000109096	进口	KY21212121212	1111111111111	县进出口贸易有限公司	2018-11-22 10:51:46	审结
420120181000000476	I20180000000108953	进口	111111111111	1111111111	县进出口贸易有限公司	2018-11-20 15:51:29	审结
420120180000000080	E20180000000108914	出口	-	-	进出口公司	2018-11-20 14:40:44	审结
420120180000000079	E20180000000108913	出口	-	-	进出口公司	2018-11-20 14:40:24	审结
420120180000000078	E20180000000108912	出口	-	-	进出口公司	2018-11-20 14:40:06	审结

显示第 1 到第 10 条记录，总共 165 条记录 每页显示 10 条记录　« ‹ 1 2 3 4 5 › »

图 2-141　撤销申请查询结果列表界面

在撤销申请查询结果列表界面，点击海关编号栏的蓝色字样，跳转至详细信息。点击“暂存”按钮，弹出对话框（如图 2-142 所示）。如实填写撤销原因、联系人及联系方式等内容后，即可申请撤销。其他具体操作可参考上文“修改申请”部分。

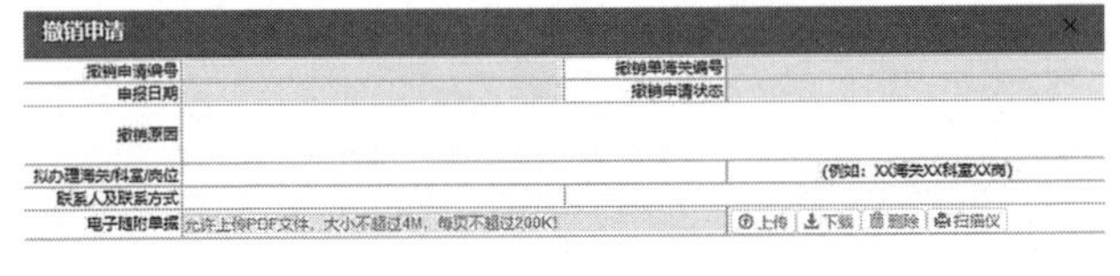
撤销申请

撤销申请编号		撤销单海关编号	
申报日期		撤销申请状态	
撤销原因			
拟办理海关/科室/岗位		（例如：XX海关XX科室XX岗）	
联系人及联系方式			
电子随附单据	允许上传PDF文件，大小不超过4M，每页不超过200K!	上传　下载　删除　扫描仪	

确定　关闭

图 2-142　撤销申请提示界面

2. “两步申报”撤销申请

(1) 概要申报。

概要申报的报关状态为“概要申报审结”“提货放行”等审批通过的状态，

---

① “撤销申请”即常说的“删单”。

是概要申报进行撤销申请的前提。此外，还必须结合当前概要申报数据对应的完整申报报关状态，由系统判断是否可进行撤销申请。

概要申报审批通过后，如果未生成完整申报数据，或完整申报数据为“暂存”“退单”“审结”“放行”“结关”等状态，可进行撤销申请；如果概要申报中运输方式为“公路运输”，或完整申报为“申报”“海关入库成功”状态，可进行概要申报撤销申请。

符合上述条件的概要申报数据，点击左侧菜单栏“修撤单”→“修改申请”，在弹出的界面中输入查询条件，点击“查询”按钮，查询结果将显示在下方列表（如图 2–143 所示）。

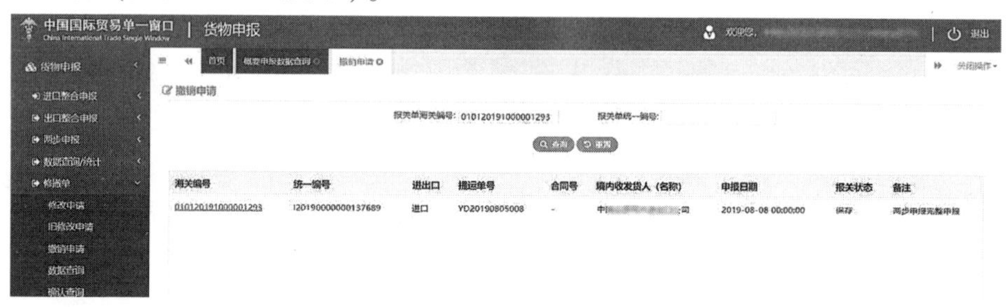

图 2–143　撤销申请查询（概要申报）界面

在撤销申请查询（概要申报）界面，点击海关编号蓝色字样，根据当前概要申报数据对应的完整申报报关状态，系统跳转至不同的撤销界面。

如果未生成完整申报数据或完整申报数据为“暂存”“退单”，系统跳转至概要申报的撤销界面（如图 2–144 所示）。

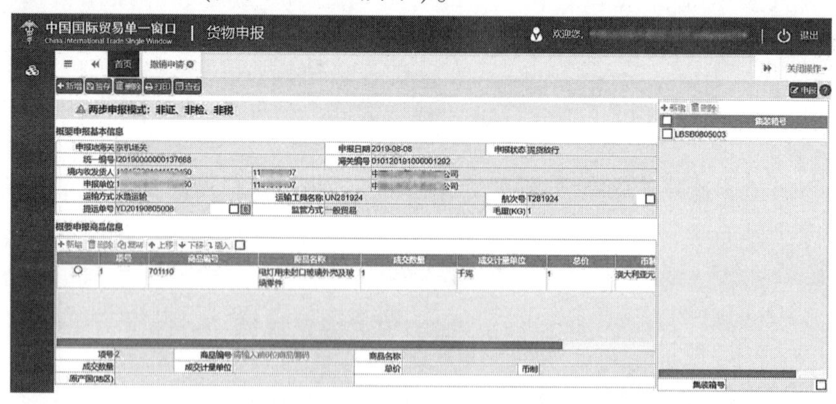

图 2–144　撤销申请（概要申报）界面

点击“暂存”按钮弹出对话框，如实填写撤销原因、联系人及联系方式等内容后，申报即可。其他功能按钮的操作请参考上文“修改申请”部分。

如果已生成完整申报数据并且完整申报数据状态为“审结”“放行”“结

关”等状态，系统跳转至进口报关单整合申报数据的撤销界面。具体操作可参考上文“操作说明”部分。

（2）完整申报。

完整申报数据进行撤销申请与现有进口报关单整合申报的撤销申请一致，此处不再赘述。

3. 数据查询

在此模块可以查询企业主动发起的修改或撤销申请的数据。

点击左侧菜单栏“修撤单”→“数据查询”，右侧显示查询界面。输入任意查询条件，点击“查询”按钮进行查询，查询结果将显示在下方列表中，如图 2-145 所示；或点击“重置”按钮，清空当前录入的条件。

图 2-145 修撤单查询结果列表界面

选中任意一条记录，点击“打印”按钮，系统根据当前数据状态，提供《准予/撤销进出口货物报关单决定书》或《进出口货物报关单修改/撤销申请表》的打印功能。

在修撤单查询结果列表界面，点击查询结果列表中的修撤申请单编号栏的蓝色字样，界面跳转至修撤单详情界面；点击单据状态栏的蓝色字样，系统弹出提示框（如图 2-146 所示），根据当前的业务状态，可查看单据状态或打印《准予/撤销进出口货物报关单决定书》或《进出口货物报关单修改/撤销申请表》。

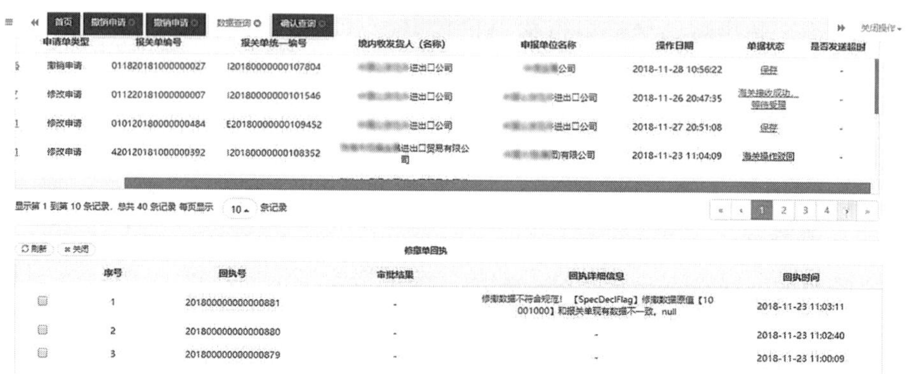

图 2-146　修撤单数据查询提示界面

在修撤单数据查询提示界面列表右侧，有一栏目为“是否发送超时”，可用于查看修撤单的发送情况。

小提示

当前针对的报关单，只允许有一票正在办理的修改单或撤销单。转关运输申报单、公自用物品、补充申报只能查看无法进行修改申请。

4. 确认查询①

点击左侧菜单栏“修撤单”→“确认查询”，右侧显示查询界面。输入任意查询条件，点击“查询”按钮进行查询，或点击“重置”按钮清空当前录入的条件。输入查询条件后执行查询，下方即显示符合条件的数据，系统默认显示海关向当前用户主动发起的修改或撤销数据，如图 2-147 所示。

图 2-147　修撤单确认查询结果列表界面

勾选任意一条记录，点击“查看确认书”按钮，系统弹出对话框（如图 2-148 所示）。如当前数据需进行确认，在界面不同意原因字段，根据实际情况如

① “确认查询”主要用于确认海关向用户发起的修改或撤销数据。

实填写。确认操作后，可对此修撤信息进行打印。

确认书企业查看

报关单号 ｜ 修撤业务类型 海关主动发起修改 ｜ 境内收发货人名称
申报单位名称 ｜ 海关发起日期 2019-02-19 11:00:00 ｜ 主管海关 京关展览
主管海关联系人 ｜ 主管海关联系方式 12345678900
修改原因 因录入员失误，录入错误

序号	类型	表体序号	字段名称	修改前内容	修改后内容
1	报关单表头	-	运输方式	111	222
2	报关单表头	-	运输工具名称	qqqq	wwwww
3	货物产品表体	-	原产国	012	035
4	货物产品表体	-	商品编号	1001110001	0808100000

图 2-148　企业查看确认书界面

六、低值快速货物申报

（一）进口低值快速货物（原 C 类快件）申报

低值快速货物（原 C 类快件）是指通过快件渠道运输的，价值在 5000 元人民币（不包括运、保、杂费等）及以下的货物。但符合以下条件之一的除外：涉及许可证件管制的；需要办理出口退税、出口收汇或者进口付汇的；一般贸易监管方式下依法应当进行检验检疫的；货样广告品监管方式下依法应当进行口岸检疫的。

进入货物申报系统，点击左侧菜单栏“低值快速货物申报”→“进口低值快速货物（原 C 类快件）申报”，右侧显示申报界面（如图 2-149 所示）。

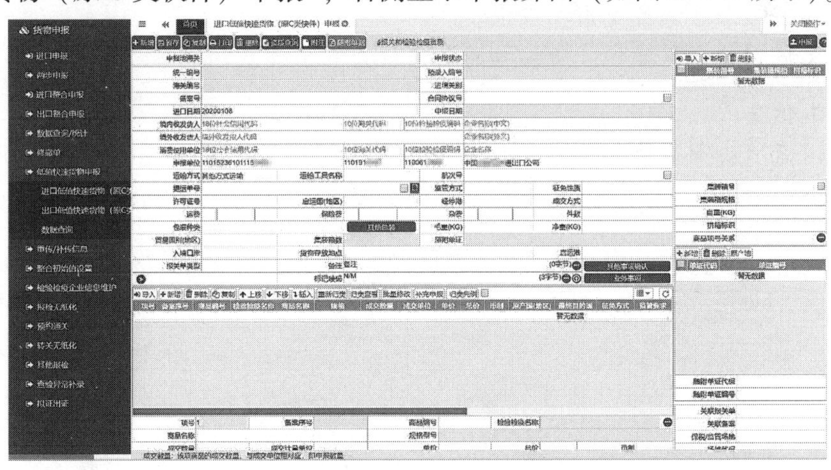

图 2-149　进口低值快速货物（原 C 类快件）申报界面

企业通过“单一窗口”申报低值快速货物（原 C 类快件）报关单数据，申报字段与货物申报字段相同，录入、暂存、申报详见上文“进口报关单整合申报”。

界面中的录入要求，总体说明如下：

灰色字段（例如，统一编号、申报状态、海关编号等）表示不允许录入，系统将根据相应操作或步骤后自动返填。

境外收发货人、运输工具名称、提运单号等字段，需要用户手工录入，部分字段内的灰色字体为录入提示，请根据实际情况如实填写。

部分字段（例如，运输方式、监管方式等）需要在参数中进行调取，不允许随意录入。点击空格键，调出下拉菜单选择；也可以输入已知的相应数字、字母或汉字，迅速调出参数，选择后点击回车键确认录入。

日期类字段（例如，进口日期、启运日期等），可直接输入“YYYY-MM-DD”格式的日期，或点击录入框，在系统弹出的日历中进行选择。

勾选类字段（例如，税单无纸化、自报自缴、原箱运输标识等），根据实际业务填写。勾选代表“是”，不勾选代表“否”。

对界面上方蓝色“新增”“暂存”“复制”“打印”“删除”“资质查询”“附注”“随附单据”“申报”按钮进行的相关操作，将影响整票申报的数据。具体操作说明参见下文新增、复制、打印、删除、随附单据、申报等内容。

点击界面中蓝色“暂存”按钮，可保存当前正在录入的基本信息数据，以防数据丢失。

小提示

上述蓝色操作按钮将根据当前的相关业务或操作，区分是否可点击，将光标悬停在字段上系统可弹出相应提示。

下文提到的白色按钮，所影响的数据仅为当前涉及的页签或字段。

基本信息

进口低值快速货物（原C类快件）申报基本信息界面（如图2-150所示）的填空说明如下。

申报地海关				申报状态			
统一编号				预录入编号			
海关编号				进境关别			
备案号				合同协议号			
进口日期	20200108			申报日期			
境内收发货人	18位社会信用代码		10位海关代码	10位检验检疫编码	企业名称(中文)		
境外收发货人	境外收发货人代码				企业名称(外文)		
消费使用单位	18位社会信用代码		10位海关代码	10位检验检疫编码	企业名称		
申报单位	11015236101115[illegible]		110191[illegible]	110061[illegible]	中国[illegible]进出口公司		
运输方式		运输工具名称		航次号			
提运单号				监管方式		征免性质	
许可证号		启运国(地区)		经停港		成交方式	
运费		保险费		杂费		件数	
包装种类			其他包装	毛重(KG)		净重(KG)	
贸易国别(地区)		集装箱数		随附单证			
入境口岸		货物存放地点				启运港	
报关单类型		备注	备注			(0字节)	其他事项确认
		标记唛码	N/M			(3字节)	业务事项

图2-150 基本信息界面

（1）申报地海关（必填）：在参数下拉表中选择，也可录入代码、名称。

（2）申报状态、统一编号、预录入编号、海关编号、申报日期：这五个字段为灰色，不允许录入，暂存或申报后，由系统自动生成。

（3）进/出境关别（必填）：在参数下拉表中选择，也可录入代码、名称。

（4）备案号：长度为12位字符。

备案号为空时，参照现行一般贸易方式的报关单，直接录入商品信息（表体）；备案号不为空时，系统根据录入的备案序号，返填备案号对应已备案的信息。

（5）合同协议号：长度为32位字符。

录入备案号、运输方式、监管方式三项，系统可返填合同协议号，返填后可以进行修改。

（6）进出口日期（必填）：进口，暂存后系统自动返填当前系统时间；出口，申报后系统自动返填海关系统返回的时间。

（7）境内收发货人（必填）：收发货企业对应填写C类快件的经营单位（具有进出口经营权）。

（8）境外收发货人：代码，选填，最多录入20位字符。

企业名称（外文），必填。最多录入100位字符，名称可填写“NO”。

（9）消费使用/生产销售单位（必填）：该项填写实际收发件人。

（10）申报单位（必填）：该项填写申报企业的快件运营人。

（11）运输方式（必填）：在参数下拉表中选择，也可录入代码、名称；试点C类快件报关单期间，运输方式填报“其他”。

（12）运输工具：手工录入，最多200位字符。

（13）航次号：手工录入，最多32位字符。

（14）提运单号：填写格式为：主运单号_分运单号，例如，“1234_5678”。

（15）调用舱单：由于快件报关单对应快件舱单，但该调用舱单功能针对海运、空运、公路等新舱单调用，不支持快件舱单调用。

（16）监管方式（必填）：在参数下拉表中选择，也可录入代码、名称。

（17）征免性质：在参数下拉表中选择，也可录入代码、名称。

（18）许可证号：最多录入20位字符，超长自动截取。

（19）启运国（地区）、经停港（进口必填）：在参数下拉表中选择，也可录入代码、名称。

（20）运抵国（地区）、指运港（出口必填）：在参数下拉表中选择，也可录入代码、名称。

（21）成交方式（必填）：在参数下拉表中选择，也可录入代码、名称。

进口的成交方式为CIF或出口的成交方式为FOB时，不允许录入运费，也不允许录入保费。

进口的成交方式为 C&I 或出口的成交方式为 C&F 时，允许录入运费，不允许录入保费。

进口的成交方式为 C&F 或出口的成交方式为 C&I 时，不允许录入运费，允许录入保费。

（22）运费——运费代码、运费/率、运费币制，保险费——保险费代码、保险费/率、保险费币制，杂费——杂费代码、杂费/率、杂费币制：运费、保险费、杂费填写规范类似，此处以运费为例进行说明。右侧的三个录入框依次为“标志代码、××费/费率、××费币制”。

标志代码与××费/费率对应关系如下：

①标志代码 1-率。费率录入 0.0001~99，代表费率是 0.0001%~99%。

②标志代码 2-单价。整数最多录入十位字符，小数点后面最多录入 4 位字符。

③标志代码 3-总价。整数最多录入 12 位字符，小数点后面最多录入 4 位字符。

小提示

当标志代码录入 1-率时，币制字段置灰不可编辑，即无须录入。

运费币制在参数下拉表中选择，也可录入代码、名称。

（23）件数（必填）：填报有外包装的进出口货物的实际件数。不得填报“0”，散装货物建议填报“1”。

（24）包装种类（必填）：在参数下拉表中选择，也可录入代码、名称。界面录入包装种类及件数保存后，显示在当前字段中。

（25）其他包装：包装种类，建议填写运输包装。如果有其他辅助包装，在“其他包装”按钮中填报。

点击“其他包装”按钮，弹出其他包装信息的编辑界面（如图 2-151 所示）。通过勾选，选中其他包装信息，点击“保存”按钮即可。

图 2-151　其他包装信息编辑界面

小提示

其他包装信息，可能需要将纸箱、塑料桶、支撑物，特别是支撑物做好申报。植物源性材料的包装，是海关最为关注的包装。其他包装选择包装种类即可，无须填写件数。

（26）毛重（KG）、净重（KG）（必填）：需填写大于等于 1 的数字。如果小于 1，则输入 1。

（27）贸易国别（地区）（必填）：在参数下拉表中选择，也可录入代码、名称。

（28）集装箱数：不允许录入，系统通过页面右侧的集装箱信息进行返填，显示在当前字段中。

（29）随附单证：不允许录入，系统根据页面右侧的随附单证信息返填，显示在当前字段中。

（30）入境口岸（进口必填）：在参数下拉表中选择，也可录入代码、名称。按照海关规定的《国内口岸编码表》选择填报相应的境内口岸名称及代码。

小提示

进口货物，填写从运输工具卸离的第一个境内口岸；中转货物填写货物最终卸离的境内口岸。从海关特殊监管区域输出的，填写具体海关特殊监管区域名称或海关特殊监管区域所在城市名称。

（31）出境口岸（出口必填）：在参数下拉表中选择，也可录入代码、名称。

（32）货物存放地点（必填）：根据实际情况手工录入。

小提示

填写货物入境后拟实施检验检疫现场作业的场所或地点，包括海关监管作业场所、分拨仓库、定点加工厂、隔离检疫场、企业自有仓库等。

(33) 启运港（进口必填）、指运港（出口必填）：在参数下拉表中选择，也可录入代码、名称。

(34) 报关单类型、清单类型（必填）：在参数下拉表中选择，也可录入代码、名称。

(35) 备注（选填）：点击“备注”字段右侧蓝色圆形按钮，可弹出备注完整界面（如图 2-152 所示），进行编辑或查看。

图 2-152 备注编辑、查看界面

(36) 其他事项确认：点击蓝色“其他事项确认”按钮，弹出完整界面（如图 2-153 所示），包含特殊关系确认、价格影响确认、与货物有关的特许权使用费支付确认三部分。这三部分可在参数下拉表中选择，也可录入代码、名称。

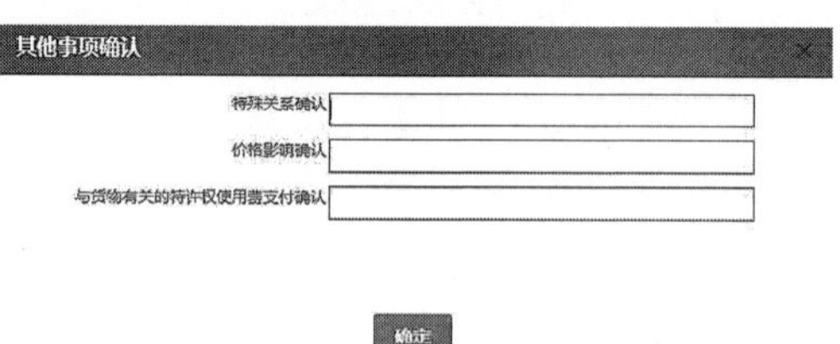

图 2-153 其他事项确认界面

(37) 标记唛码（必填）：标记唛码录入除图形以外的文字、数字，无标记唛码的填报“N/M”。点击字段右侧蓝色圆形按钮，可弹出标记唛码完整录入界面（如图 2-154 所示），进行编辑或查看。

图 2–154　标记唛码编辑、查看界面

点击标记唛码字段右侧蓝色上传按钮，可弹出附件上传窗口（如图 2–155 所示），包括预览、上传、下载、删除功能。

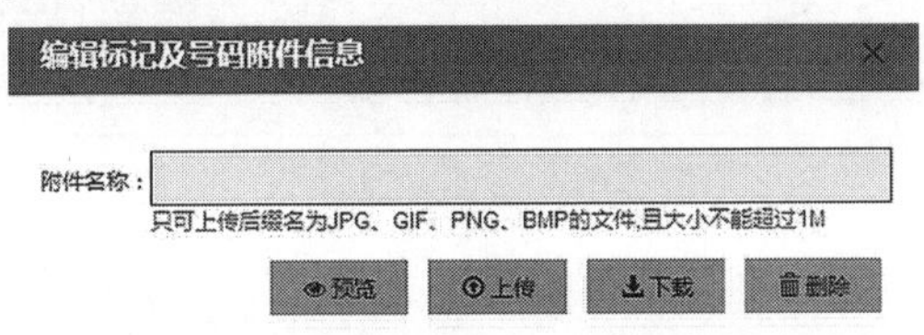

图 2–155　标记唛码附件编辑界面

（38）业务事项：点击蓝色“业务事项”按钮，弹出界面（如图 2–156 所示），选择业务事项。

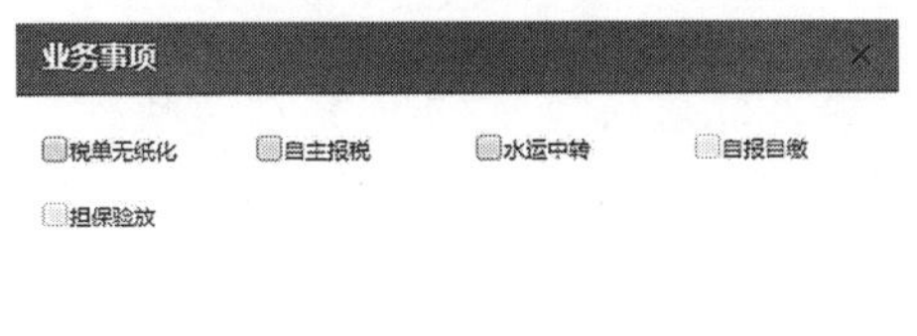

图 2–156　业务事项选择界面

小提示

企业通过“单一窗口”申报低值快速货物（原 C 类快件）报关单数据，申报字段与货物申报字段相同，进口可以选择担保或不选。

试点期间，运输方式填写“其他”。

随附单据包括分运单、发票、委托书（已签订电子委托的无须上传）、其他单证。

C 类快件货物总价折合人民币不能超过 5000 元，超过 5000 元会被退单。

（39）出口低值快速货物（原 C 类快件）申报：出口低值快速货物（原 C 类快件）申报界面（如图 2-157 所示）中各类字段的操作方法与按钮的使用，请参考“进口低值快速货物（原 C 类快件）申报”部分。

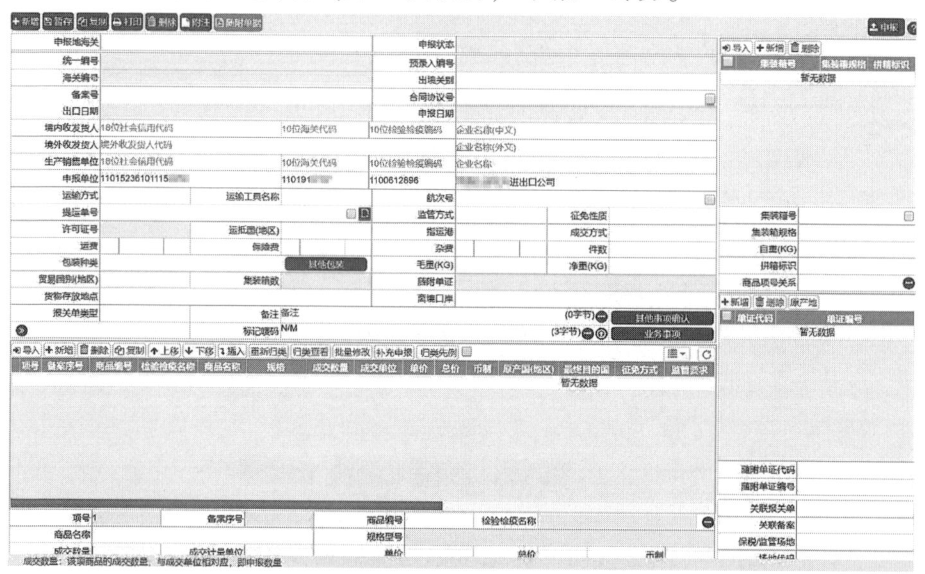

图 2-157　出口低值快速货物（原 C 类快件）申报界面

小提示

通过“单一窗口”申报低值快速货物（原 C 类快件）报关单数据，报文字段与货物申报字段相同，出口报关单无须选择担保。

（二）数据查询

在本模块，可通过输入各类查询条件，进行低值快速货物（原 C 类快件）申报数据的查询、查看、打印等操作。

1. 数据查询

点击左侧菜单栏“低值快速货物申报”→“数据查询”，右侧显示查询界面（如图 2-158 所示）。

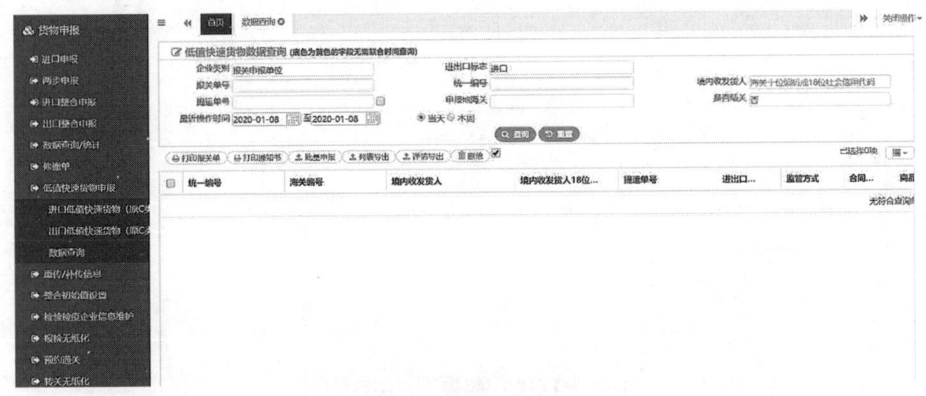

图 2–158　数据查询界面

在数据查询界面中，企业类别、进出口标志、是否结关字段需通过点击空格键，在下拉菜单中选择。

其中，企业类别默认显示“报关申报单位”，可删除默认显示，点击空格键重新选择。

企业类别包括报关申报单位、报关收发货人、报关录入单位。

小提示

查询时，输入的时间范围不能超过七天。

输入条件，点击“查询”按钮，查询结果显示在下方列表中（如图 2–159）。点击“重置”按钮将清空查询条件，重新填写后查询。

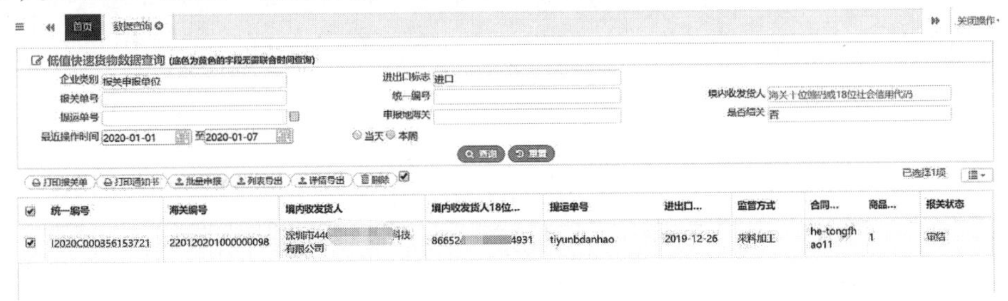

图 2–159　数据查询结果列表界面

点击数据查询结果列表界面中的统一编号栏的蓝色字样，系统自动跳转至申报数据的详细信息界面。

在界面最下方，可以查看当前查询结果的总记录数，自行选择每页显示的记录条数，还可以点击右下角的蓝色数字或按钮换页。

点击报关状态栏的蓝色字样，界面下方显示相应的回执（如图 2–160 所示）。点击回执部分“刷新”按钮，可刷新回执；点击“关闭”按钮，可关闭查看回执列表；选中回执记录，根据业务状态，点击“打印”按钮，打印相应的通知书。

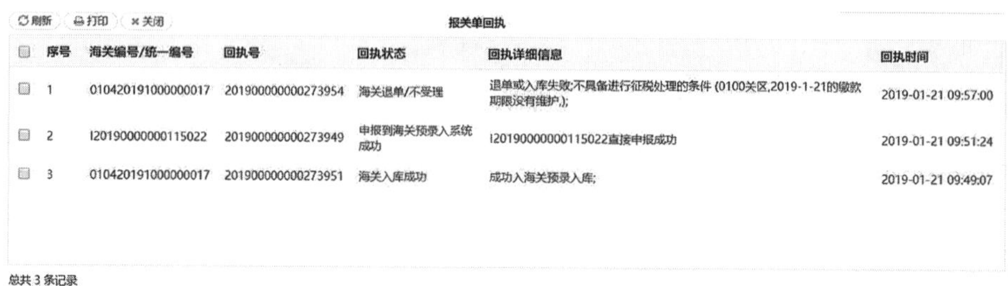

序号	海关编号/统一编号	回执号	回执状态	回执详细信息	回执时间
1	010420191000000017	2019000000000273954	海关退单/不受理	退单或入库失败;不具备进行征税处理的条件 (0100关区,2019-1-21的缴款期限没有维护.);	2019-01-21 09:57:00
2	I20190000000115022	2019000000000273949	申报到海关预录入系统成功	I20190000000115022直接申报成功	2019-01-21 09:51:24
3	010420191000000017	2019000000000273951	海关入库成功	成功入海关预录入库;	2019-01-21 09:49:07

总共 3 条记录

图 2-160　数据回执界面

2. 打印

具体操作参考“进口报关单整合申报”中关于打印的相关内容，此处不再赘述。

小提示

通知书是否可以打印，需要依据海关对报关单数据发出的相应回执/状态，更多详情咨询业务主管部门。

3. 删除

在数据查询结果列表界面，勾选“删除”按钮右侧的复选框，此时可在下方列表中同时勾选多条记录。点击“删除”按钮，系统将提示是否删除当前数据。当数据为“申报成功”“成功入库”“审结”等状态时，表示所申报的数据已被相关业务主管部门接收，此时不允许在“单一窗口”系统中进行删除操作。

4. 批量申报

在数据查询结果列表界面中，同时勾选多条报关状态为保存的数据，点击“批量申报”按钮，系统将提示“已选中×条数据，是否确认申报”。系统自动进行申报前的校验，并弹出申报详细信息提示框（如图 2-161 所示）。用户可查看申报结果或根据提示修改数据后重新申报。

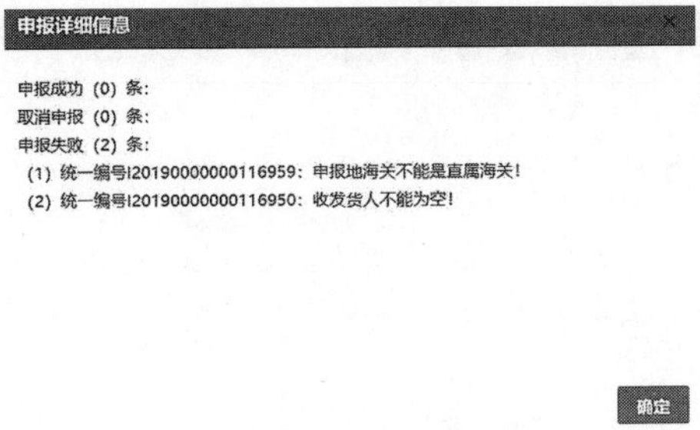

申报详细信息

申报成功（0）条：
取消申报（0）条：
申报失败（2）条：
（1）统一编号I20190000000116959：申报地海关不能是直属海关！
（2）统一编号I20190000000116950：收发货人不能为空！

确定

图 2-161 申报详细信息提示界面

5. 导出

（1）列表导出。

在数据查询结果列表界面，勾选多条数据，点击“列表导出”按钮，系统自动判断当前登录账号内的信息，与报关单内的境内收发货人是否一致：如果判断为不一致，系统弹出相关提示，例如“当前用户不是报关单收发货人，无法进行导出”；如果判断一致，系统根据浏览器的下载设置，将 Excel 表格下载到默认文件夹中（在浏览器中，可使用快捷键“Ctrl+J”，快速打开下载内容页进行查看）。

（2）详情导出。

具体操作与系统判断与上文“列表导出”一致，此处不再赘述。

小提示

在数据查询界面，可以根据特定的条件，查询到符合条件的数据结果，同时也可以根据最近操作时间进行模糊查询。

七、重传/补传信息

如需要重新或补充上传通关无纸化报关单的随附单据 PDF 文件，海关会发送重传或补传指令。用户根据指令，对随附单据进行重新或补充上传的操作。

报关单的境内收发货人、消费使用单位/生产销售单位、申报单位三者之一，能够进行随附单据的补传或重传操作。

注意

随附单据 PDF 文件的重传/补传，以海关发出的指令为准。收到海关发出的指令后，重传/补传操作是一次性的，即在重传/补传信息的界面中，一旦查询并且上传过 PDF 文件，是不能够再次查询到该票报关单的。

进入货物申报系统，在左侧菜单栏中点击“重传/补传信息”，右侧显示界面（如图 2-162 所示）。

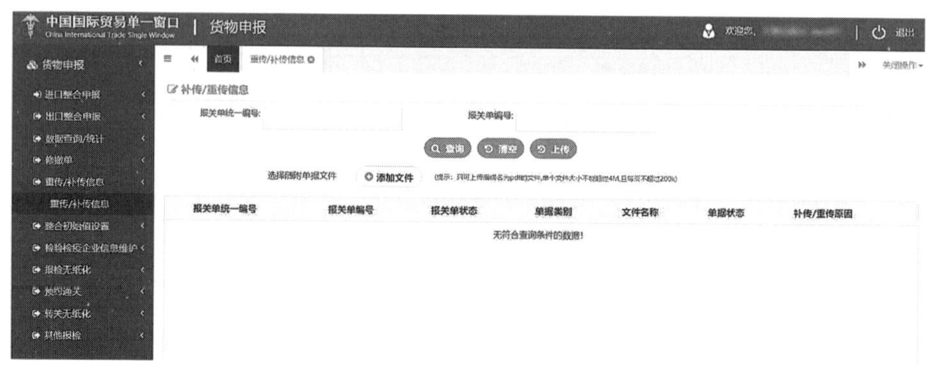

图 2-162　重传/补传信息界面

在重传/补传信息界面，输入查询条件后执行查询操作，下方即显示符合条件的数据，系统下方列表中默认显示当前需要重传/补传的数据。

选中任意一条记录后，点击“添加文件”按钮，系统弹出对话框（如图 2-163 所示）。

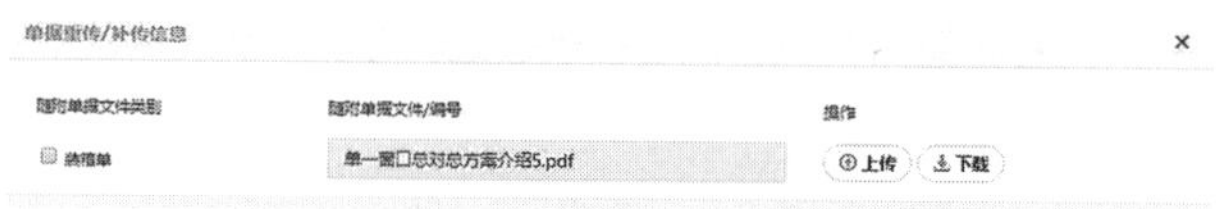

图 2-163　单据重传/补传信息界面

在单据重传/补传信息界面点击“上传”按钮，可在本地电脑内选择需要重传/补传的 PDF 文件，进行上传。具体操作请参考“进口报关单整合申报”中关于随附单据的描述。点击“下载”按钮，可将 PDF 文件下载到本地电脑，以便查看。

小提示

在重传/补传信息界面，如果查询到无符合条件的数据，可做如下检查：在数据查询界面查看回执，海关是否发出重传/补传指令；检查报关单号是否输入正确；确认本企业的操作员，是否已经在重传/补传信息界面，进行过 PDF 文件的上传操作。

八、整合初始值设置

（一）进口整合初始值设置

为了减少用户工作量，避免在部分常用字段中反复录入相同内容，此模块对进口申报的部分字段进行了默认设置。设置保存成功后，进入“进口整合申报”菜单内的各个录入界面时，点击“初始值模板”，可以调用保存过的默认值。

进入货物申报系统，点击左侧菜单栏“整合初始值设置”→“进口整合初始值设置”，右侧显示界面如图 2-164 所示。

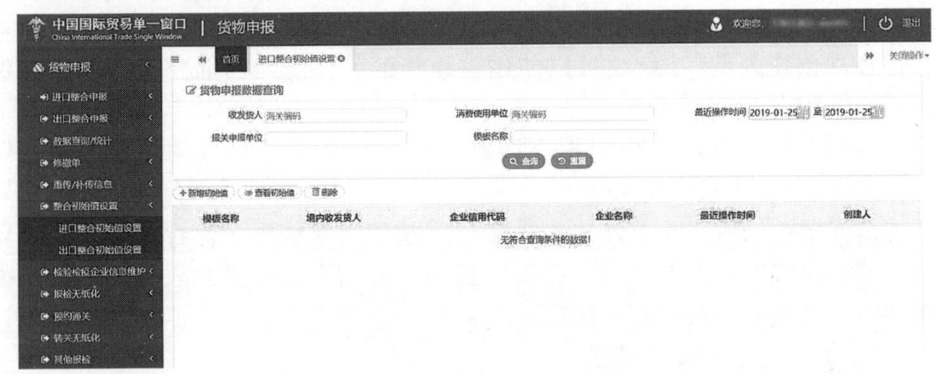

图 2-164 进口整合初始值设置界面

如已保存过初始值，输入条件后进行查询，并在下方查询结果列表中选中记录，点击“查看初始值”“删除”按钮，进行查看或删除操作。查看某一票初始值数据时，可以根据实际需要进行修改、保存。

如果想新增设置一份数据，点击“新增初始值”按钮，跳转至录入界面（如图 2-165 所示）。

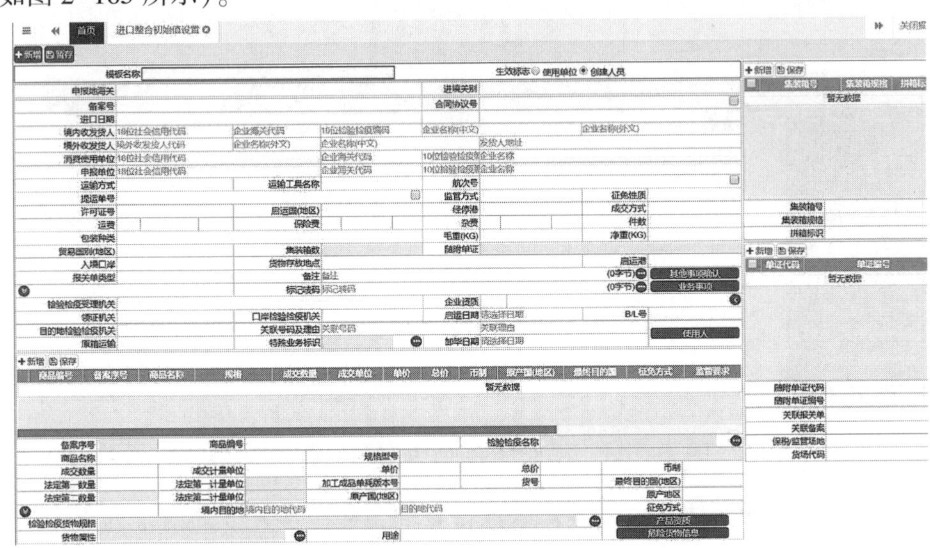

图 2-165 新增初始值录入界面

1. 模板名称

手工录入，根据实际情况，为当前录入的模板定义一个名称，便于后续使用模板时查找。

2. 生效标志

选择“使用单位”，模板保存后，与当前登录账号同属一家企业的所有用户（账号），都可以使用该模板。

选择“创建人员”，后续可以使用该模板的，只能是当前登录、创建并保存该模板的用户（账号）。

录入所需要的进口整合申报字段默认值，各字段说明与操作方法请参考“进口报关单整合申报”部分。

点击新增初始值界面上方蓝色“暂存”按钮，系统提示保存成功，所录入的默认值保存成功；点击蓝色“新增”按钮，界面中所有已录入并保存过的内容被清空，可重新输入内容并保存。

（二）出口整合初始值设置

此模块对出口整合申报的字段进行默认设置。设置保存成功后，进入“出口整合申报”菜单内的各个录入界面时，点击“初始值模板”，均可以调用保存过的默认值。

具体操作请参考“进口报关单整合申报”“进口整合初始值设置”部分。

九、检验检疫企业信息维护

在此模块，可对检验检疫企业的部分信息进行默认设置。

点击左侧菜单栏“检验检疫企业信息维护”，右侧显示界面（如图 2-166 所示）。

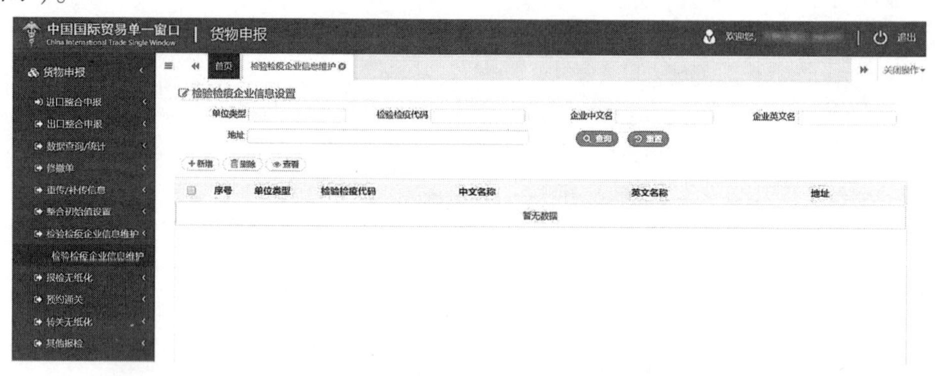

图 2-166　检验检疫企业信息维护界面

如已保存过初始值，输入条件后进行查询，并在下方查询结果列表中选中记录，可点击界面中“查看”“删除”按钮，进行查看或删除操作。查看某票信息时，可以根据实际需要进行修改、保存。

如果想新增设置一份数据，点击“新增”按钮，界面弹出录入框（如图 2-167 所示）。录入完毕后点击“保存”按钮，即可将当前录入的信息返填到企业信息设置的列表中。

图 2–167　企业信息设置界面

设置保存成功后，进入出入境检验检疫申请录入界面时，录入收货人、发货人代码，可以调用保存过的默认值。

在出、入境检验检疫申请界面，录入发货人、收货人的代码后，点击回车键，如保存过检验检疫企业信息，系统将弹出界面（如图 2–168 所示），供快速选择。

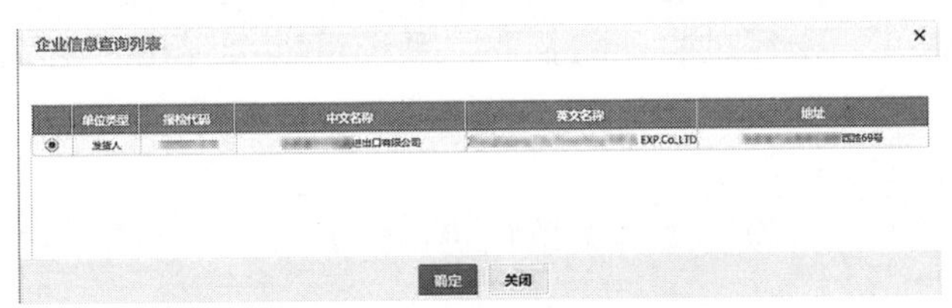

图 2–168　企业信息查询列表界面

十、报检无纸化

在此模块，可对检验检疫备案单据进行录入、关联调取与暂存、删除、打印等操作。更多业务适用详情，请咨询相关业务主管部门。

小提示

进行申报时，须将检验检疫申报账号及密码绑定成功，相关功能介绍请参见《“单一窗口”标准版用户手册（用户管理篇）》。

点击左侧菜单栏“货物申报”→“报检无纸化”，右侧显示主界面（如图 2–169 所示）。

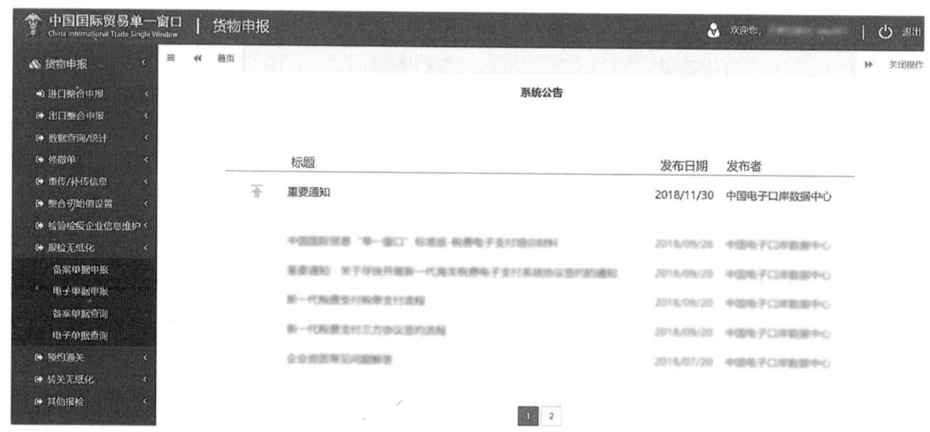

图 2-169　报检无纸化主界面

点击菜单时，系统进行企业资格验证，只有经过报检无纸化备案的企业才能允许无纸化操作。未经过验证的企业，系统可能会弹出“您尚未备案，无法进行报检无纸化操作”的提示，并将界面置灰，此时不允许在界面内进行操作。

（一）备案单据申报

在此模块，可对检验检疫备案单据进行录入、关联调取与暂存、删除、申报等操作。

1. 录入与暂存

点击左侧菜单栏“报检无纸化”→“备案单据申报”，右侧显示录入界面，包括基本信息与商品信息两部分（如图 2-170 所示）。点击界面上方蓝色“新增”“暂存”“删除”“申报”按钮，将影响整票进口备案单据的数据。

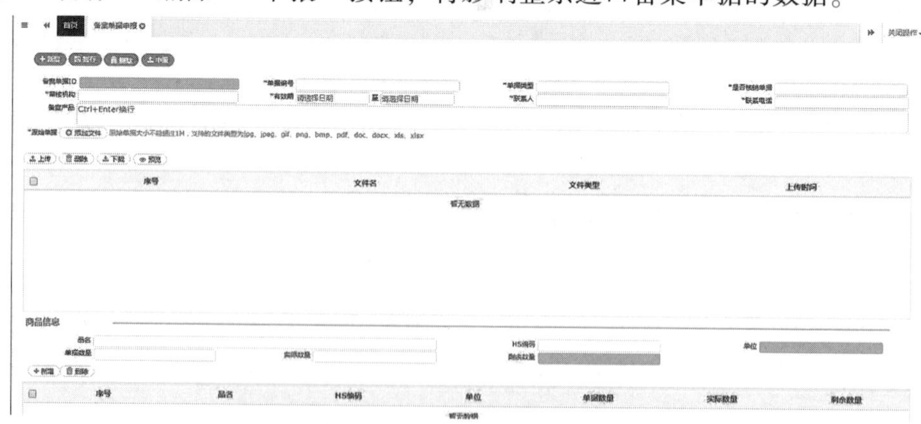

图 2-170　备案单据申报界面

（1）基本信息。

可随时点击基本信息界面（如图 2-171 所示）中蓝色“暂存”按钮，保存当前正在录入的基本信息数据，以防数据丢失。

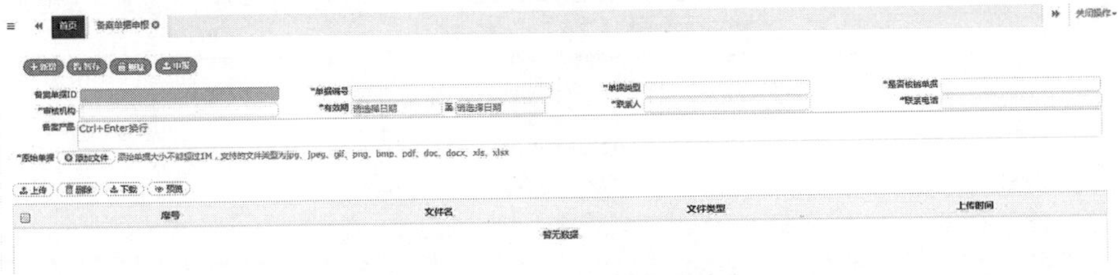

图 2-171　基本信息界面

基本信息界面中，灰色字段（例如，备案单据 ID）表示不允许录入，系统将根据相应操作或步骤后自动返填。

部分字段（例如，单据编号、单据类型等）需要用户手工录入，请根据相关业务主管部门要求，如实填写相关内容。

日期类字段（例如，有效期），需点击录入框后，在系统自动弹出的日历中选择日期。

在基本信息界面，可以点击“添加文件”按钮，选择文件后，点击“上传”按钮，上传文件。

（2）商品信息。

建议先将基本信息保存成功，再继续进行商品信息的录入与保存操作。点击商品标签页，切换至录入界面（如图 2-172 所示）。

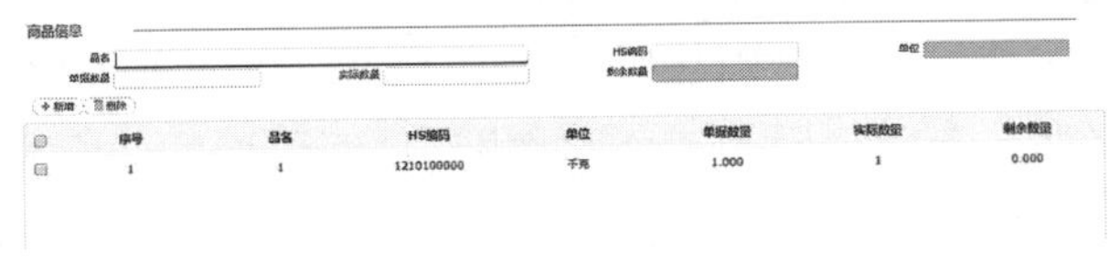

图 2-172　商品信息界面

商品信息界面中，灰色字段（例如，单位等）表示不允许录入，系统将根据相应操作或步骤后自动返填。

部分字段（例如，商品名称、单据数量等）需要用户手工录入，请根据相关业务主管部门要求，如实填写相关内容。

HS 编码为非必填项，如需录入，需录入至少四位（最多十位）数字的商品编码，点击界面任意空白处或点击“Tab”键，系统自动弹出选择商品的列表（如图 2-173 所示），需进行勾选后，点击“确定”按钮。

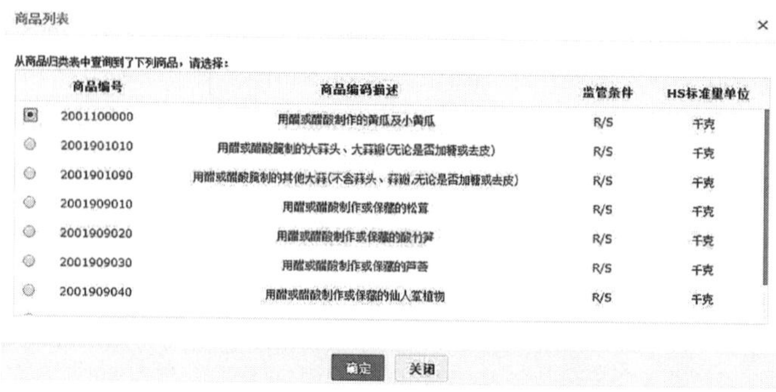

图 2-173　商品列表界面

录入完毕后，可点击备案单据申报界面上方“暂存”按钮保存信息。

2. 申报

确认信息填写无误后，可点击备案单据申报界面上方蓝色“申报”按钮，将备案单据进行申报。申报后，系统将弹出“申报成功”的提示。

3. 新增

点击备案单据申报界面上方蓝色“新增”按钮，将立即清空当前界面显示的数据，便于用户重新录入并保存一票备案单据的数据。如未将上次录入的内容进行过暂存（保存）操作，清空的数据将不可恢复，需重新录入，请谨慎操作。

4. 删除

点击备案单据申报界面上方蓝色“删除”按钮，系统将提示用户是否删除当前备案单据的数据。当报关状态为“已申报”“操作成功”等时，表示所申报的数据已被相关业务主管部门接收，此时不允许在“单一窗口”系统中进行删除操作。删除时，系统将弹出“确定删除？”的提示。

（二）电子单据申报

在此模块，可对检验检疫电子单据进行录入、关联调取与暂存、删除、申报等操作。

点击左侧菜单栏“报检无纸化”→“电子单据申报”，右侧显示查询界面（如图 2-174 所示）。

图 2-174　电子单据申报查询界面

对于用户通过其他系统申报的出、入境检验检疫申请，其他检验检疫中的出境集装箱适载申报和出境包装检验检疫业务，需要补传随附单据的，可点击电子单据申报查询界面上的“其他电子单据申报”按钮，进入电子单据录入界面，选择需要的业务类型，即可补传随附单据。

1. 查询

在电子单据申报查询界面，输入相应的查询条件并点击“查询”按钮，系统会显示符合条件的数据，界面如图 2-175 所示。

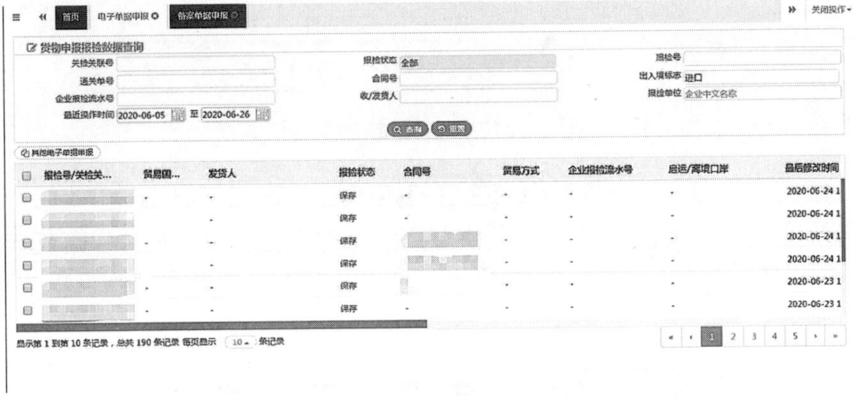

图 2-175　电子单据申报查询结果列表界面

最近操作时间和出入境标志为必填项，企业需输入后才能进行查询。

2. 录入

在电子单据申报查询结果列表界面，点击“报检号/关检关联号”字样，可进入电子单据录入界面，如果还未生成报检号，系统可能会弹出“此报检单尚未生成报检号”的提示，并且不允许打开电子单据的录入界面。电子单据录入界面（如图 2-176 所示）中，其中电子单据 ID、报检号、受理机构等信息由系统返填，无须人工录入，不允许修改。

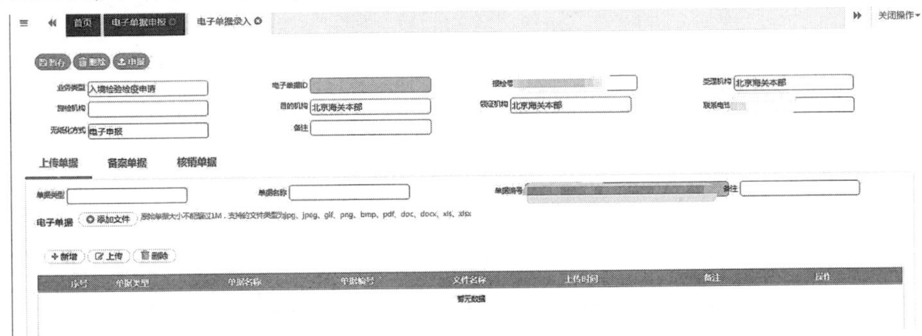

图 2-176　电子单据录入界面

（1）上传单据：用户需先在电子单据录入界面选择单据类型，录入单据名称，再点击“添加文件”按钮，选择需要上传的随附单据，最后点击“上传”按钮进行上传。

（2）备案单据：用户将界面切换到备案单据页签（如图 2–177 所示），点击“备案单据”字段，下拉框会显示已审批通过的“非核销”备案单据列表，选中一条，点击“保存”按钮，数据将添加到下方表格中。

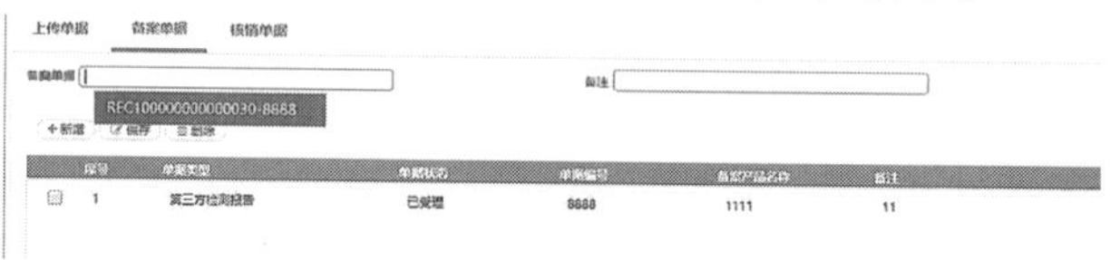

图 2–177　备案单据界面

（3）核销单据：用户将界面切换到核销单据页签（如图 2–178 所示），点击“备案单据”字段，下拉框会显示已审批通过的“核销”备案单据列表，选中一条，关联的数据将自动添加到下方表格中，可进行单据的预核销数量填写。

上传单据　备案单据　核销单据

备案单据　　　　备注

REC2018000000000000500-A20180320

＋新增

序号	单据类型	单据编号	商品名称	HS编码	[illegible]	[illegible]	剩余数量	单位
1	报检委托书	A20180320	产品2	1002100000	6	0	6	千克
2	报检委托书	A20180320	产品2	2001100000	11	0	11	千克
3	报检委托书	A20180320	产品3	1001990001	9	0	9	千克

图 2–178　核销单据界面

（4）暂存/申报：点击电子单据录入界面上方“暂存”蓝色按钮，可随时将数据进行保存。点击蓝色“申报”按钮，可进行电子单据数据的申报。

（5）删除：点击电子单据录入界面上方蓝色“删除”按钮，系统将提示用户是否删除当前备案单据的数据。当状态为“已申报”“操作成功”等时，表示所申报的数据已被相关业务主管部门接收，此时不允许在系统中进行删除操作。

（三）备案单据查询

在此模块，可对备案单据进行查询、删除、再次编辑等操作。

点击左侧菜单栏“报检无纸化”→“备案单据查询”，右侧显示界面（如图 2–179 所示）。

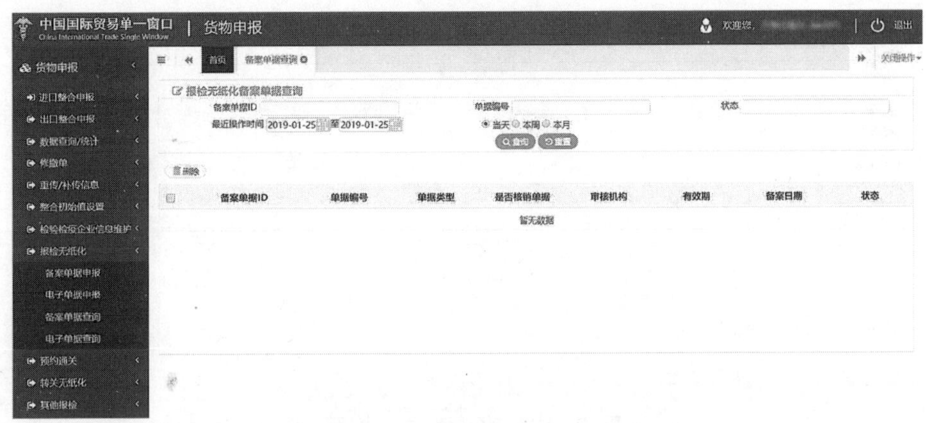

图 2-179　备案单据查询界面

1. 查询

在备案单据查询界面，输入相应查询条件，点击“查询”按钮，系统会显示所有符合查询条件的数据，如图 2-180 所示。如果不输入任何查询条件，默认显示所有数据。

图 2-180　备案单据查询结果列表界面

2. 回执

在备案单据查询结果列表界面，点击状态栏的蓝色字样，界面下方将会显示具体回执信息，如图 2-181 所示。

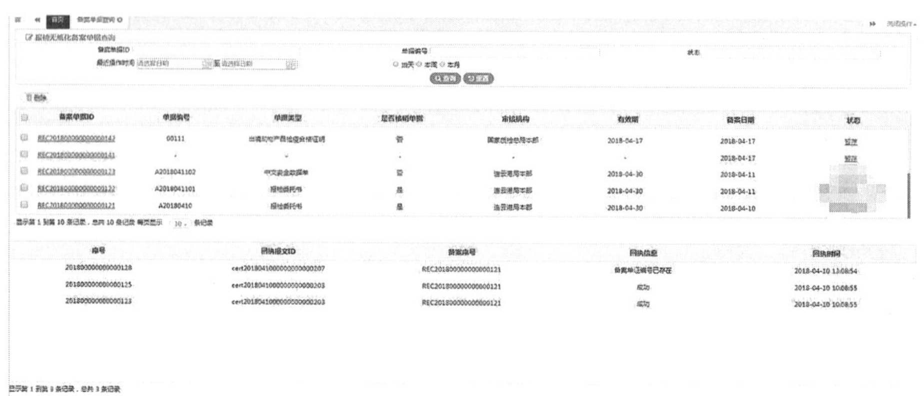

图 2-181　回执显示界面

3. 删除

在备案单据查询结果列表界面，勾选相应数据，点击“删除”按钮，系统将提示用户是否删除当前备案单据的数据。

小提示

当状态显示“发往海关成功”等时，表示所申报的数据已被海关接收，此时不允许在“单一窗口”系统中进行删除操作。

（四）电子单据查询

在此模块对电子备案单据的数据进行查询、删除、再次编辑等操作。

点击左侧菜单栏“报检无纸化”→“电子单据查询”，右侧显示界面（如图 2-182 所示）。

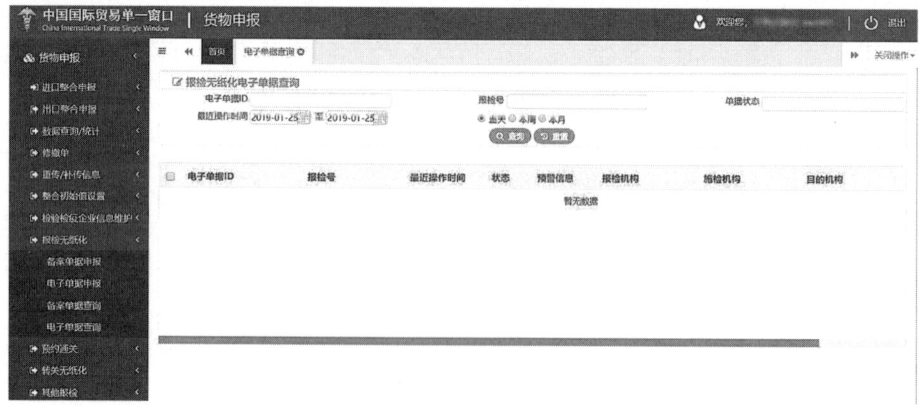

图 2-182　电子单据查询界面

1. 查询

在电子单据查询界面，输入相应查询条件后点击“查询”按钮，系统显示符合查询条件的数据，如图 2–183 所示。如果不输入任何查询条件，默认显示所有数据。

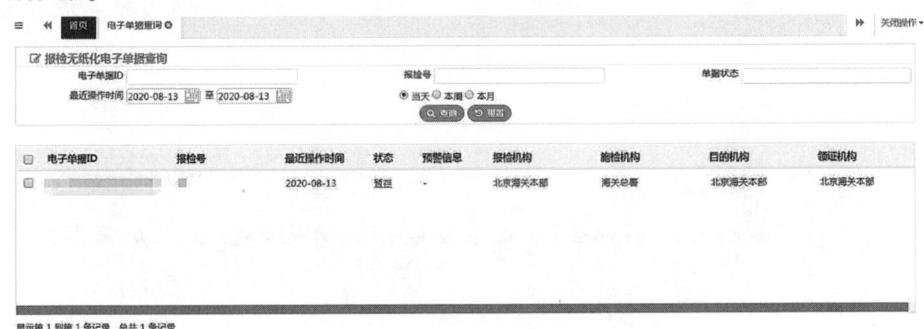

图 2–183　电子单据查询结果列表界面

2. 回执

在电子单据查询结果列表界面，点击状态栏的蓝色字样，界面下方将显示具体回执信息，如图 2–184 所示。

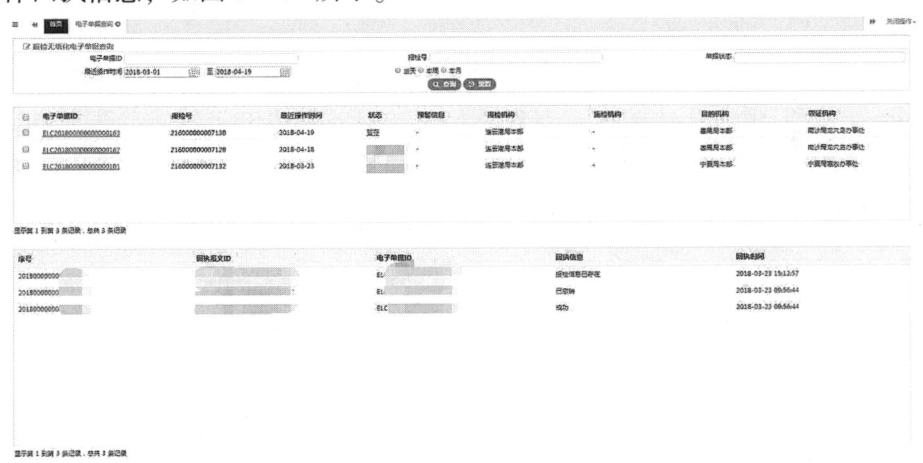

图 2–184　回执信息界面

十一、预约通关

在此模块，主要可实现企业预约通关申请、申请单状态查询、预约申请取消、违约情况说明上传、口岸工作时间查询等操作。

小提示

使用预约通关，当前登录的账号必须已经绑定了 IC 卡或 iKey，或直接使用卡介质登录。

（一）预约申请

进入货物申报系统，点击左侧菜单栏“预约申请”进入录入界面（如图2-185所示），包含预约申请基本信息、商品名称及HS编码、预约通关报关单号反馈三部分。

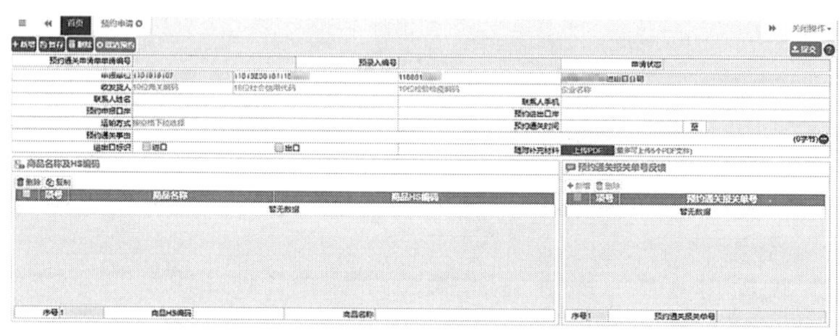

图2-185　预约申请录入界面

申报单位、收发货人两个字段由系统自动判断两个主体的资质，申报时系统取较低的等级资质。企业信用等级中，高级认证企业为高级企业；注册登记和备案企业为一般企业。

失信企业禁止申请预约通关。如果当前登录的卡介质属于失信企业，系统弹出“失信企业不允许操作”的提示；如果当前登录的卡介质属于非失信企业，但是在预约申请录入界面收发货人字段录入了失信企业的十位海关编码，系统也会弹出“失信企业不允许操作”的提示。

预约申请基本信息、商品名称及HS编码信息录入完成后，点击右上角蓝色“提交”按钮向海关申报。海关审批通过后，用户需在所预约的时间后五天内反馈报关单号，在“预约通关报关单号反馈”部分录入相关预约通关报关单号（必须保证预约通关的进出口标记与预约通关申请单数据、申报单位、收发货人、预约申请申报口岸、进出口岸与报关单数据一致，报关单号申报日期要晚于预约申请单提交日期）。填写完成后，点击蓝色“提交”按钮，向海关反馈预约通关报关单号。

小提示

此模块仅适用于非海关工作时间内的通关申请，无法预约法定的工作时间。

1. 预约申请基本信息

预约申请基本信息界面（如图2-186所示）录入的基本信息包括以下字段。

图 2-186　预约申请基本信息界面

（1）预约通关申请单申请编号：企业收到“审批通过”回执后，由系统自动生成并返填，不可编辑。

（2）申报单位（十位海关编码、18 位社会信用代码、十位检验检疫编码、企业名称）：由系统读取登录卡介质内的十位海关编码，自动返填其余三项信息。

（3）预录入编号、申请状态：这两个字段为灰色，不可编辑，暂存后，由系统自动生成。

（4）收发货人（十位海关编码、18 位社会信用代码、十位检验检疫编码、企业名称）：手工录入收发货人的十位海关编码，由系统自动返填其余三项信息。

（5）联系人、联系人手机：根据实际情况如实填写相关信息。

（6）预约申报口岸：录入预约申报的口岸，可输入中文名称或四位口岸数字代码，支持模糊搜索。

（7）预约进出口岸：录入预约进出口的口岸，可输入中文名称或四位口岸数字代码，支持模糊搜索。

（8）运输方式：录入运输方式名称或点击空格键在下拉菜单中选择。

（9）预约通关时间：只需填写开始时间，截止时间由系统自动生成（预约通关时间开始时间+两小时）。

（10）预约通关事由、进出口标识、随附补充材料：根据实际业务需求填写或勾选。

（11）随附补充材料：点击蓝色“上传 PDF”按钮，在随附单据编辑弹框中点击“添加文件”按钮。系统弹出选择文件界面，选中文件后，点击“打开”按钮，再点击“上传/保存”按钮。

2. 商品名称及 HS 编码

商品名称及 HS 编码界面（如图 2-187 所示）信息的填写需要根据实际业务需求录入。商品名称所有字符长度相加不得超过 4000 位字符。

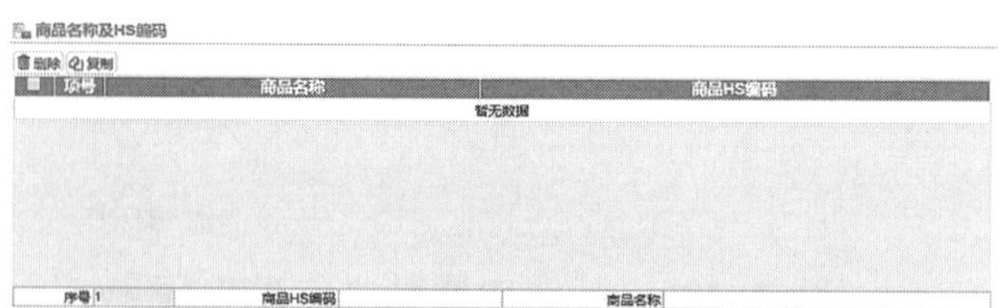

图 2-187　商品名称及 HS 编码界面

（1）序号：由系统返填，不可修改。

（2）商品 HS 编码：手工录入至少四位数字的商品 HS 编码，点击回车键，弹出商品列表（如图 2-188 所示）。

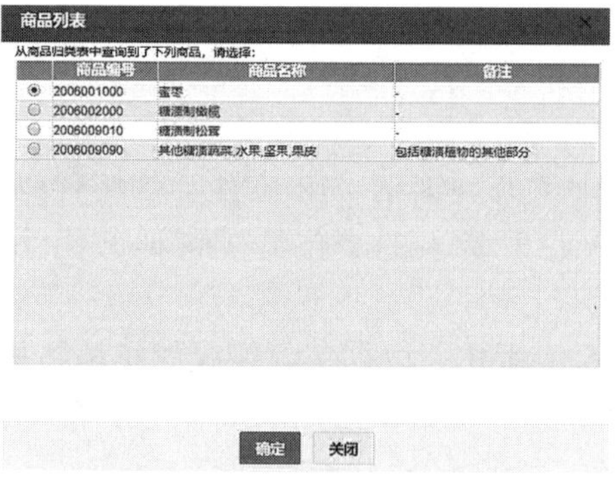

图 2-188　商品列表界面

商品名称根据选择的商品 HS 编码返填，返填后可以手工修改。

录入商品名称后，点击回车键，将已录入的商品信息，返填到商品名称及 HS 编码界面中，如图 2-189 所示。

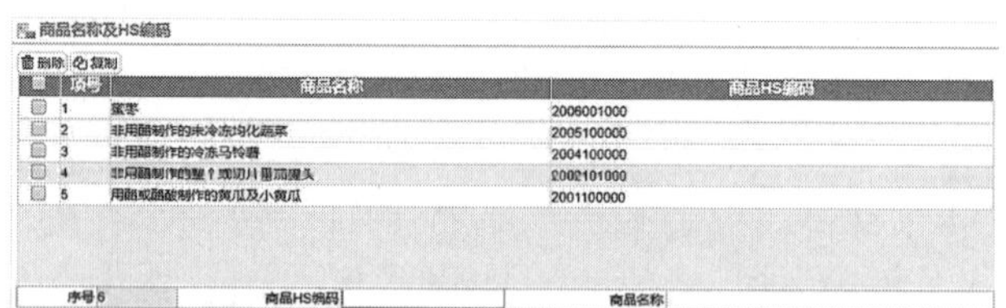

图 2-189　保存商品名称及 HS 编码界面

3. 预约通关注意事项

有以下情况的，禁止企业进行新增预约操作：申报企业或收发货人企业无报关资质的，不允许新增预约操作；申报企业或收发货人企业为失信企业的，不允许新增预约操作；申报企业或收发货人企业处于“I-通关完成未反馈”状态的，不允许新增预约操作。

预约通关时间需满足以下条件：预约通关时间必须是海关非工作时间；申

报地海关与进出口海关不同的，应最迟在预约通关时间前的最后一个海关工作日下班前 24 小时提出预约申请，高级认证企业可放宽至八小时；申报地海关与进出口海关相同的，应最迟在预约通关时间前的最后一个海关工作日下班前八小时提出预约申请，高级认证企业可放宽至四小时。

4. 预约通关报关单号反馈

预约通关申请审批通过后，在预约通关报关单号反馈界面（如图 2-190 所示）中预约通关报关单号字段填写相关预约通关报关单号。点击“新增”按钮可录入多票报关单号（报关单票数不得超过 50 票）。

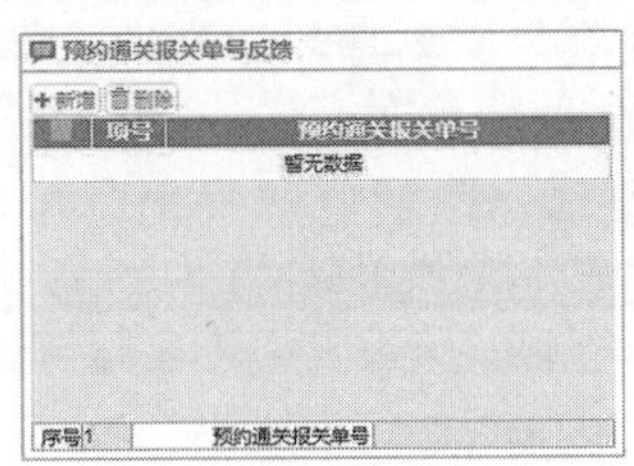

图 2-190 预约通关报关单号反馈界面

操作方式与商品名称及 HS 编码界面相同，录入预约通关报关单号后，点击回车键，将报关单返填至上方列表中。

小提示

系统根据所填写的报关单号，自动校验报关单信息与预约通关申请填写的信息。如果比对不一致，申报时系统可能会弹出相应提示。

需检查报关单号长度为 18 位，进出口标志与预约通关申请单数据需一致；报关单收发货企业与预约通关申请企业需一致；报关单申报口岸、货物进出口岸与预约通关申请需一致；报关单号申报日期要晚于预约申请单提交日期。

5. 预约通关取消

在企业预约约定时间前，企业可以随时取消预约通关。

预约通关申请申报后，当数据为“已受理”“预约成功”状态时，可在预约申请录入界面上方点击蓝色“取消预约”按钮，向海关申报取消预约通关的数据。“未受理”“退单”或“超过预约时间”状态的预约申请单不可取消。

6. 情况说明

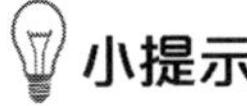

小提示

首次进入预约申请录入界面时，没有此模块。预约通关申请的数据审批通过之后，界面才会出现“情况说明”录入框。

海关审批通过后，企业需在所预约的时间后五天内反馈报关单号。如果没有通过“单一窗口”反馈报关单号的，可在情况说明界面（如图 2-191 所示），输入需要向海关说明的申报信息，也可按照海关要求上传 PDF 资料。

图 2-191　情况说明界面

点击蓝色“上传 PDF”按钮，弹出情况说明编辑界面（如图 2-192 所示），点击“添加文件”按钮，系统弹出选择文件界面。选中文件，点击“打开”按钮，进行上传/保存（情况说明只允许上传一个附件，附件大小不超过 4M，每页不超过 200KB）。确认无误后点击蓝色“提交”按钮向海关申报。

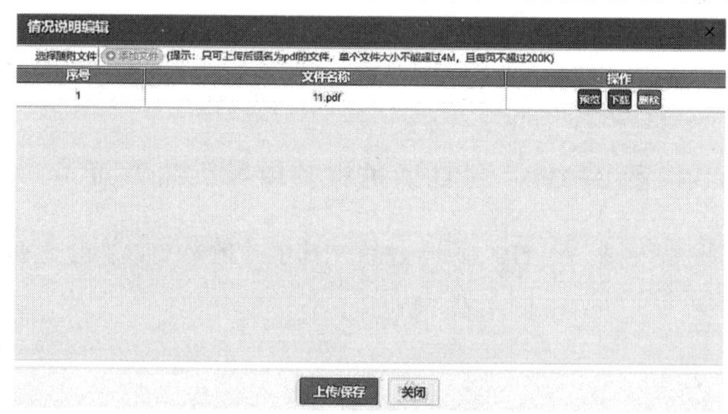

图 2-192　情况说明编辑界面

小提示

预约通关申请审批后未反馈报关单号的，只能在此向海关发送一次情况说明，请务必谨慎操作。

（二）预约通关查询

在此模块，可通过选择企业类别、申请时间等条件检索企业经“预约申请”提交的申请信息。选择企业类别后，录入申请时间即可快速查询相关信息；也通过收发货人、状态、预约时间等检索条件精准查询。

点击左侧菜单栏“预约查询”→“预约通关查询”，显示查询界面（如图 2-193 所示）。

图 2-193　预约通关查询界面

在企业类别字段（必填），点击空格键调出下拉菜单，可选择“A-申请单位”“B-收发货人”。申请单位字段，由系统自动获取当前登录卡介质内的十位海关编码。当企业类别选择了“B-收发货人”时，“收发货人”字段必须填写预约申请数据中的收发货人代码。在状态字段，点击空格键调出下拉菜单，可选择相应状态。申请时间、预约时间字段，可选择开始时间和结束时间。时间区间不得超过 15 天，选择后点击“查询”按钮；也可录入预约申请的“预录入编号”，进行查询。查询结果如图 2-194 所示。

预约报关查询

企业类别 申请企业　申请单位 1101919107　收发货人

状态　申请时间 2018-09-15 至 2018-09-28　预约时间 至

预录入编号

预录入编号	申报人名称	收发货人名称	申请时间	预约时间	状态
YTG2018000000000003	进出口公司	机械加工厂	2018-09-25 11:57:36	2018-10-18 00:00:00	申报
YTG2018000000000059	进出口公司	有限公司	2018-09-27 15:52:18	2018-10-09 19:00:00	申报
YTG2018000000000064	进出口公司	有限公司	2018-09-27 16:41:19	2018-10-08 19:00:00	申报
YTG2018000000000060	进出口公司	有限公司	2018-09-27 15:53:56	2018-10-08 18:00:00	申报
YTG2018000000000063	进出口公司	有限公司	2018-09-27 16:35:12	2018-10-08 18:00:00	申报
YTG2018000000000045	进出口公司	进出口公司	2018-09-26 14:48:08	2018-09-30 00:00:00	已取消
YTG2018000000000070	进出口公司	进出口公司	2018-09-27 17:25:16	2018-09-30 00:00:00	暂存
YTG2018000000000066	进出口公司	有限公司	2018-09-27 16:43:17	2018-09-29 13:00:00	申报
YTG2018000000000071	进出口公司	进出口公司	2018-09-27 18:38:11	2018-09-29 00:00:00	通关完
YTG2018000000000069	进出口公司	进出口公司	2018-09-27 16:49:26	2018-09-29 00:00:00	退单

总共 20 条记录 每页显示 10 条记录

图 2-194　预约通关查询结果列表界面

1. 查看回执

在预约通关查询结果列表界面，点击列表中状态栏的蓝色字样，界面下方会显示回执列表。可将鼠标移至界面下方，滚动鼠标滑轮查看详细回执。点击“刷新”按钮可获取最新回执，点击“关闭”按钮可关闭回执列表。

2. 修改和继续申报

在预约通关查询结果列表界面，点击预录入编号栏的某条蓝色编号，界面跳转至预约申请详情界面，可以修改“暂存”状态的信息后重新申报；也可以针对所选数据不同的状态，通过界面的预约通关报关单号反馈、情况说明模块分别进行报关单号申报、情况说明申报。

3. 批量删除

在预约通关查询结果列表界面，可勾选一条或者多条“暂存”状态的信息，点击“批量删除”按钮删除预约申报信息。

（三）口岸工作查询

在此模块，可查询各口岸海关工作时间。

点击左侧菜单栏“预约查询”→“口岸工作时间查询”，进入查询界面（如图 2-195 所示）。

图 2-195　口岸工作时间查询界面

在工作日期字段选择开始时间和结束时间，时间区间不得超过 15 天，点击“查询”按钮；也可在口岸编码字段输入关区名称或四位关区代码，在下拉菜单中选择后，进行精准查询。

小提示

查询内容不显示海关口岸非工作时间，如表内未查到口岸工作时间，请联系口岸或海关更新工作日历。

十二、转关无纸化

转关无纸化是指海关运用信息化技术，对企业向海关申报的转关申报单或者汽车载货清单电子数据进行审核、放行、核销，无须收取纸质单证、签发纸质关封、签注相关监管簿，实现全流程无纸化管理的转关作业方式。

进入货物申报系统，点击左侧菜单栏“货物申报”→“转关无纸化”，右侧显示界面（如图 2-196 所示）。

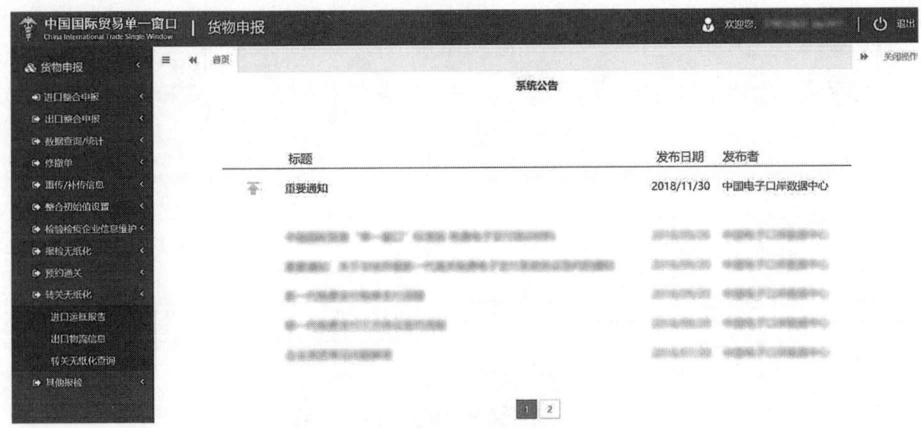

图 2-196　转关无纸化主界面

(一) 进口运抵申报

进口转关货物运抵指运地海关监管作业场所，监管作业场所经营人应当向海关申报转关运抵报告电子数据。点击左侧菜单栏“货物申报”→“转关无纸化”→“进口运抵报告”，右侧显示界面如图 2-197 所示。

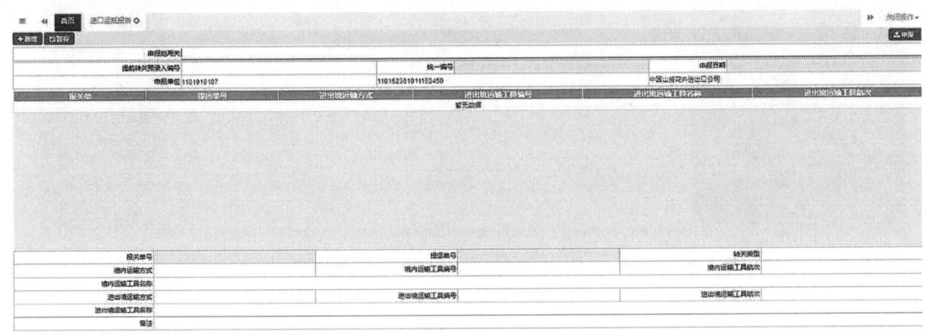

图 2-197　进口运抵报告编辑界面

1. 特殊字段说明

(1) 提前转关预录入编号：该字段底色为黄色，为必填项，用户可在报关数据查询模块中，查找到状态为“转关申报单无纸自动审放通过”的进口转关提前报关单，点击单号，查看详情中的转关运输申报单，将转关申报单号填写至进口运抵报告编辑界面该字段中。操作流程如图 2-198、2-199 所示。

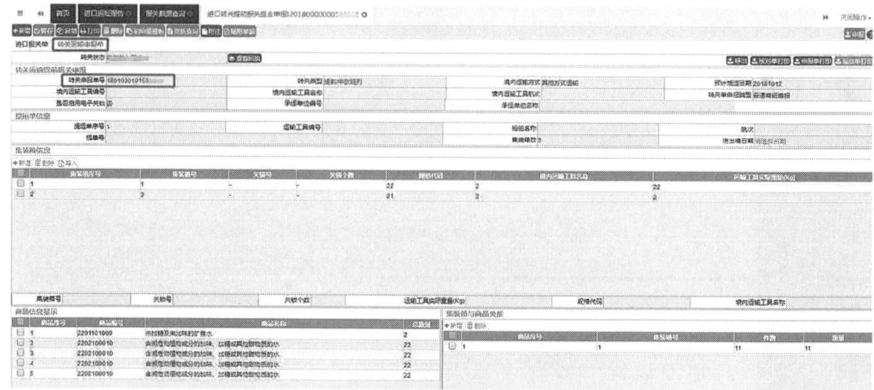

图 2-198　转关运输申报单详情界面（一）

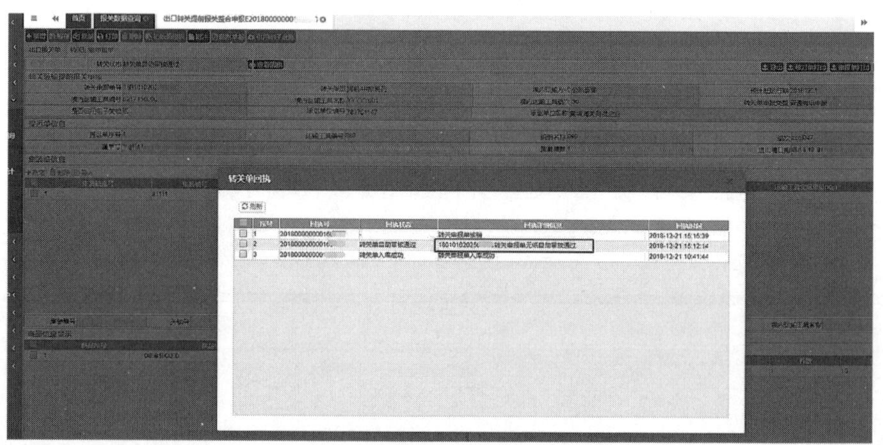

图 2-199　转关运输申报单详情界面（二）

填写完毕后，点击回车键，相关数据返填至进口运抵报告编辑界面列表中，如图 2-200 所示。

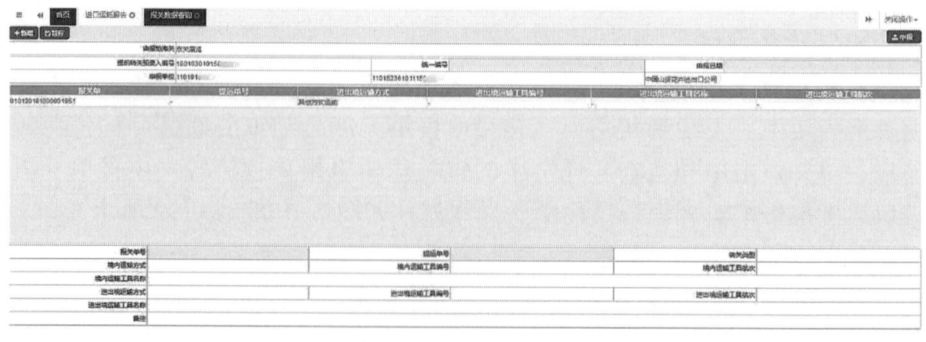

图 2-200　进口运抵报告——提前转关预录入编号界面（一）

点击列表中该条数据，详细信息返填至界面最下方表体中，如图 2-201 所示。其中灰色字段不可修改，白色字段用户根据实际情况修改。

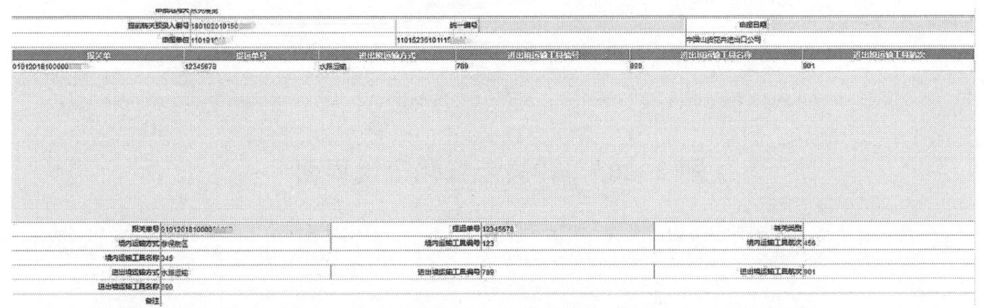

图 2-201　进口运抵报告——提前转关预录入编号界面（二）

（2）统一编号：无须填写，暂存成功后由于系统自动返填。

2. 操作按钮说明

（1）暂存：填写完相关内容后，点击进口运抵报告编辑界面左上角蓝色“暂存”按钮，可将数据保存。

（2）新增：点击进口运抵报告编辑界面左上角蓝色“新增”按钮，可新增一票单据。

（3）申报：将所有信息填写完毕后，点击右上角蓝色“申报”按钮，数据将被申报到海关进行核销。该数据允许重复申报。

（二）出口物流信息

出口转关货物运抵出境地海关监管作业场所后，监管作业场所经营人应当向海关申报出口物流信息电子数据。点击左侧菜单栏“货物申报”→“转关无纸化”→“出口物流信息”，右侧显示界面（如图 2-202 所示）。

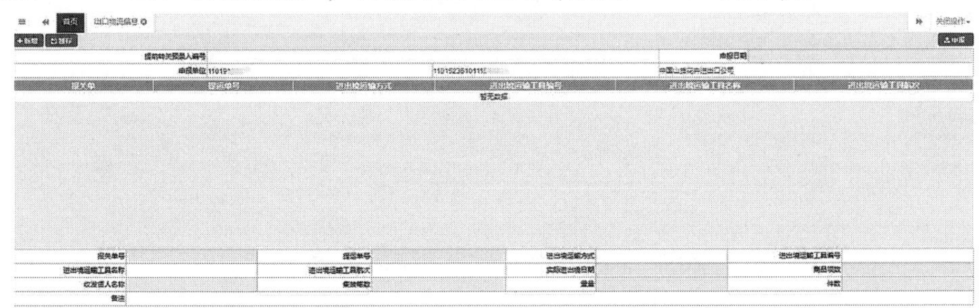

图 2-202　出口物流信息编辑界面

更多关于新增、暂存、申报等操作，请参考上文“进口运抵申报”部分，此处不再赘述。

（三）转关无纸化查询

用户在此模块可以查询已暂存或申报的数据。点击左侧菜单栏“货物申报”

→"转关无纸化"→"转关无纸化查询"，右侧显示界面（如图 2-203 所示）。

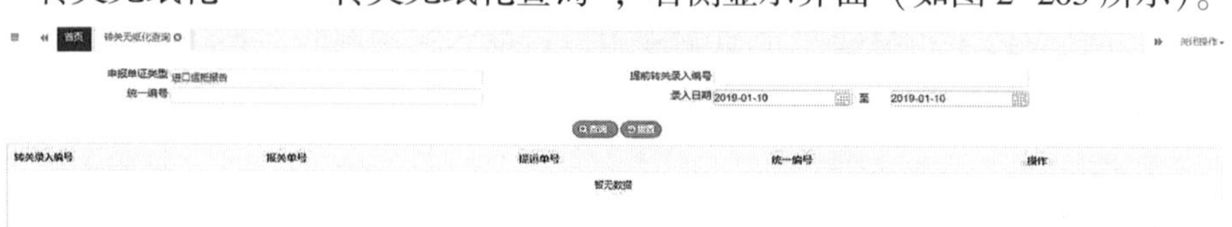

图 2-203 转关无纸化查询界面

其中，申报单证类型和录入日期为必填项，用户可通过下拉菜单选择对应的业务。

选择填写完毕后，点击"查询"按钮，系统将查询出符合条件的数据，并显示在下方列表中（如图 2-204 所示）。

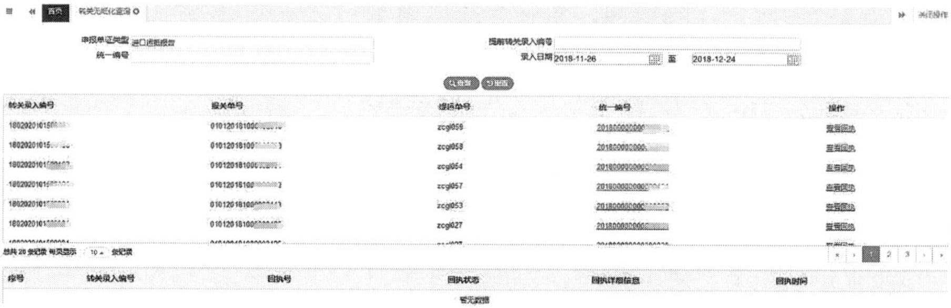

图 2-204 转关无纸化查询结果界面（一）

点击图 2-204 中操作栏的"查看回执"蓝色字样，已申报的回执将显示在最下方，如图 2-205 所示。

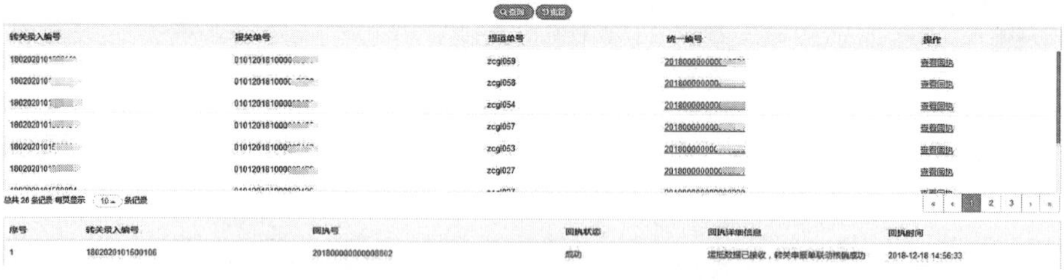

图 2-205 转关无纸化查询结果界面（二）

十三、其他报检

一般货物的检验检疫业务，可在此模块进行数据录入与申报，更多业务适用详情请咨询相关业务主管部门。

小提示

进行检验检疫申报，须已将检验检疫申报账号及密码绑定成功，相关功能介绍请参见《“单一窗口”标准版用户手册（用户管理篇）》。

进入货物申报系统，点击左侧菜单栏“货物申报”→“其他报检”，右侧显示界面（如图 2-206 所示）。

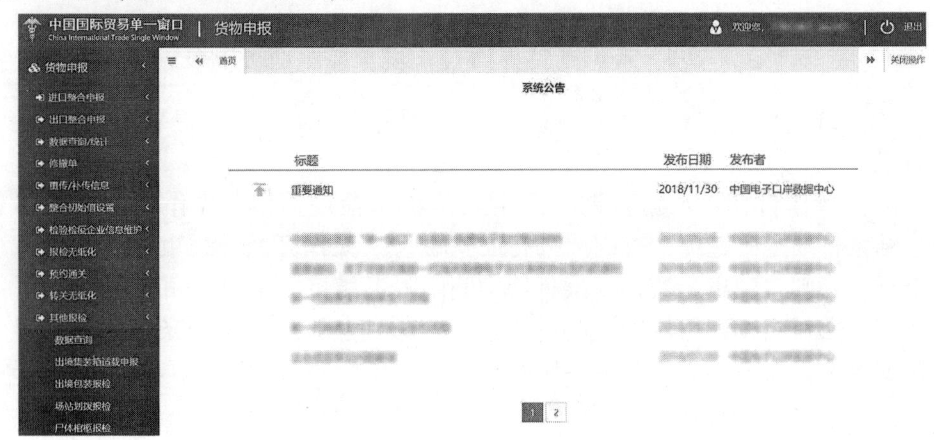

图 2-206　其他报检主界面

（一）数据查询

在此模块，可进行其他四类报检单的录入、提交、修改、查询、打印等操作。点击左侧菜单栏“其他报检”→“数据查询”，右侧显示界面如图 2-207 所示。

图 2-207　数据查询界面

1. 查询

（1）其他报检类型：该字段为必填项。点击该字段后三角下拉标志，将下拉框展开，用户可选择对应的检验检疫类型，如图 2-208 所示。

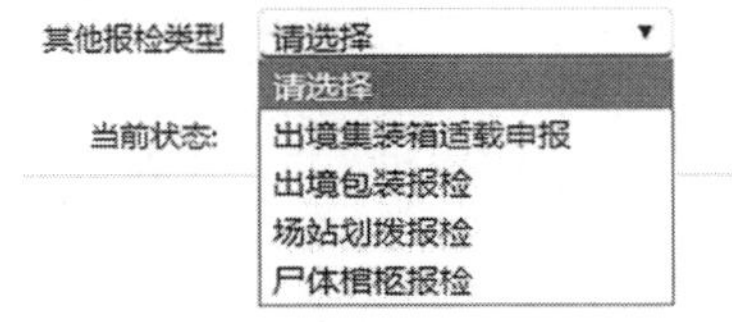

图 2-208　其他报检类型选择界面

选择对应检验检疫类型后，界面将显示符合该项类型的查询条件，便于用户查询。如选择“出境集装箱适载申报”，界面如图 2-209 所示。

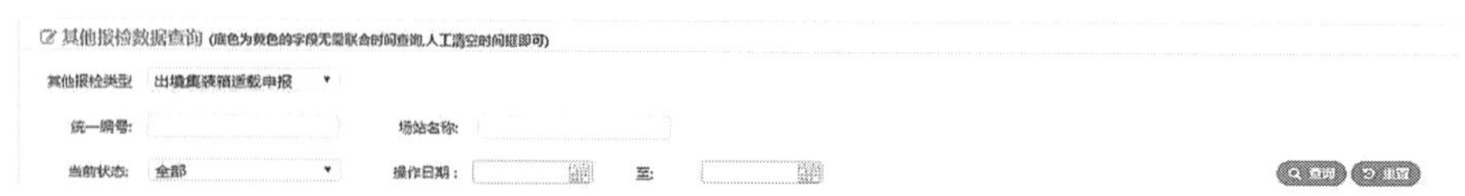

图 2-209　查询条件界面（出境集装箱适载申报）

（2）统一编号：该字段为选填项。填写统一编号后，操作日期可以不填写。

（3）操作日期：数据查询界面中其他检验检疫类型、操作日期的开始日期、结束日期是必选项，查询前进行必选校验。操作开始和结束日期不能超过一个月，否则将弹出“查询申报日期中间间隔不能超过 31 天”的提示。

填写完相应查询条件后，点击“查询”按钮，系统将符合条件的数据显示在数据查询界面下方的列表中，如图 2-210 所示。

图 2-210　数据查询结果列表界面

点击申报状态栏的蓝色字样，详细回执信息将会显示在界面最下方，如图 2-211 所示。

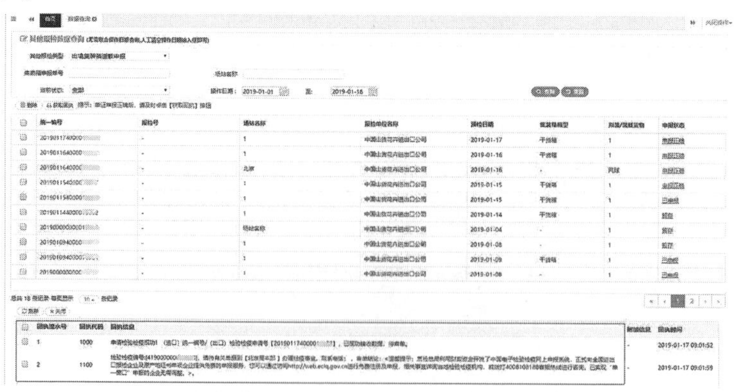

图 2-211　回执信息界面

2. 删除

在数据查询结果列表界面中，勾选相应的数据，点击列表左上角白色“删除”按钮，即可删除对应数据。

小提示

只有状态为“暂存”或“申报失败”的数据才可进行删除操作。

3. 获取回执

单证状态是“已申报”，请及时点击列表左上角白色“获取回执”按钮来获取主干系统的最新回执信息。点击后，弹出提示如图 2-212 所示。

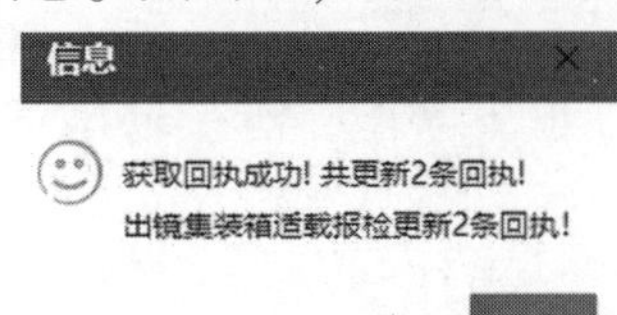

图 2-212　获取回执提示界面

小提示

获取回执这项操作，并非针对选中的报检单，而是针对该企业所有检验检疫数据。

4. 重置

点击数据查询界面中“重置”按钮，查询条件将被清空，可输入新的查询条件。

（二）出境集装箱适载申报

此模块可以对集装箱报检单进行申报、修改、查看、删除、随附单据上传等操作。点击左侧菜单栏“其他报检”→“出境集装箱适载申报”，右侧显示界面（如图 2-213 所示）。

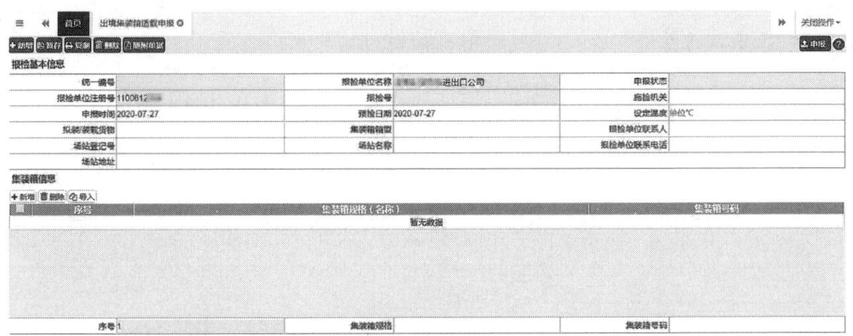

图 2-213　出境集装箱适载申报界面

1. 录入与暂存

灰色字段（例如，统一编号、申报状态等）表示不允许录入，系统将根据相应操作或步骤后自动返填。

拟装/装载货物等字段，需要手工录入。部分字段内的灰色字体为录入提示，根据实际情况如实填写。

部分字段（例如，施检机关等）需要在参数中进行调取，不允许随意录入。点击空格键，调出下拉菜单并在其中进行选择；也可以输入已知的相应数字、字母或汉字，迅速调出参数，选择后点击回车键确认录入。

日期类字段（例如，申报时间、预检日期等），可直接输入“YYYY-MM-DD”格式的日期；或点击录入框，在系统弹出的日历中进行选择。

更多关于录入、选择参数的操作，请参考上文“进口报关单整合申报”“出境检验检疫申请”部分。

2. 随附单据

用户上传随附单据时，需要先将出境集装箱适载申报界面中的必填项（黄底色字段）录入并暂存后才可点击“随附单据”按钮。若用户未暂存，直接点击“随附单据”按钮，系统会弹出“请先保存基本信息!”的提示。

点击左上角蓝色“随附单据”按钮，界面显示如图 2-214 所示。

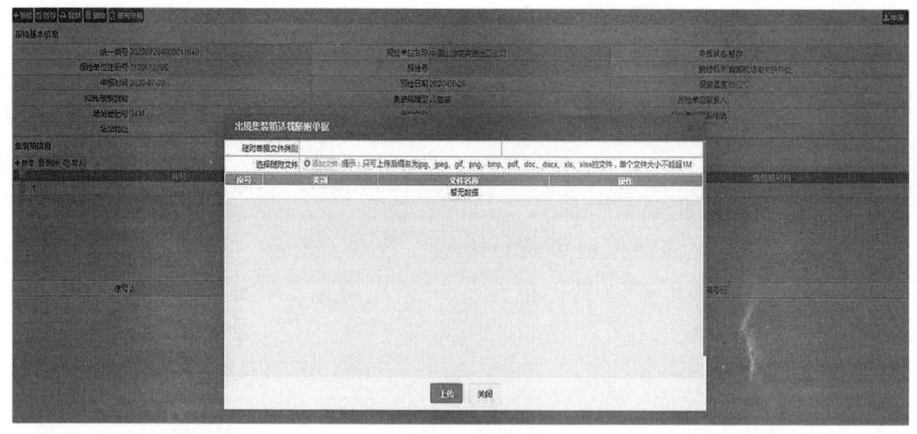

图 2-214　出境集装箱适载随附单据上传界面

点击随附单据文件类别文本框，出现集装箱附件（预检记录）、集装箱附件（清单）、集装箱附件（其他）三种随附单据类型，如图 2-215 所示。

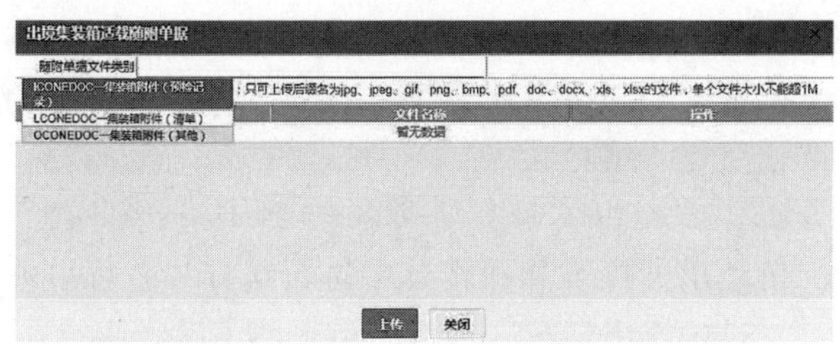

图 2-215　随附单据文件类别选择界面

点击“添加文件”按钮，界面中将出现当前选择的附件类型，此时可从本地电脑选择文件上传。上传成功后，可点击“预览”“下载”“删除”按钮，对当前附件进行预览、下载、删除操作。

录入数据后，在出境集装箱适载申报界面，点击蓝色“暂存”按钮，将数据进行保存；点击蓝色“新增”按钮，将清空当前界面的数据，可以重新录入。

用户申报后，如需补传随附单据，参考“电子单据申报”中其他电子单据申报模块。

（三）出境包装报检

此模块可以对出境包装报检数据进行申报、修改、查看、复制、打印、删除、随附单据上传等操作。点击左侧菜单栏“其他报检”→“出境包装报检”，右侧显示界面（如图 2-216 所示）。

首页　出境包装报检　关闭操作

+新增　暂存　复制　打印　删除　随附单据　申报

报检基本信息

统一编号		报检号		申报状态	
报检单位注册号	110061	报检单位	进出口公司	报检类别	
报检日期	2020-07-27	施检机关		报检员编号	
联系人		电话		报检员	
生产工艺		检测报告号		包装容器	

包装容器信息

包装容器规格		大小		数量	
包装使用单位报检注册号		包装使用单位名称			
包装生产厂代码		包装生产厂名称			
包装质量许可证号		原材料产地		原材料名称	
包装存放地		包装容器编号		生产日期	请选择日期
危包性能结果单号		运输方式		拟装货物名称	
拟装货物单件毛重		拟装货物单件净重		上箱次装货名称	
内包装容器名称		内包装容器规格		内衬材料方法	
装运口岸		装运日期	请选择日期	输往国家(地区)	
联合国编号		形态		密度	
重量单位		分证标志			
标记及编号	N/M (3字节)	特殊要求	(0字节)	提供单证	单证事项
分证单位代码		分证单位名称		分证数量	

图 2-216　出境包装报检界面

1. 录入与暂存

灰色字段（例如，统一编号、申报状态等）表示不允许录入，系统将根据相应操作或步骤后自动返填。

报检员编号、联系人等字段，需要手工录入。部分字段内的灰色字体为录入提示，根据实际情况如实填写。

部分字段（例如，施检机关等）需要在参数中进行调取，不允许随意录入。点击空格键，可调出下拉菜单并在其中进行选择；也可以输入已知的相应数字、字母或汉字，迅速调出参数，选择后点击回车键确认录入。

包装容器信息，需点击右侧蓝色圆形按钮进行录入。点击蓝色圆形按钮，出现编辑包装容器规格信息界面（如图 2-217 所示），用户在包装容器规格、大小、数量字段中分别录入数据并点击回车键，最后点击“确定”按钮。

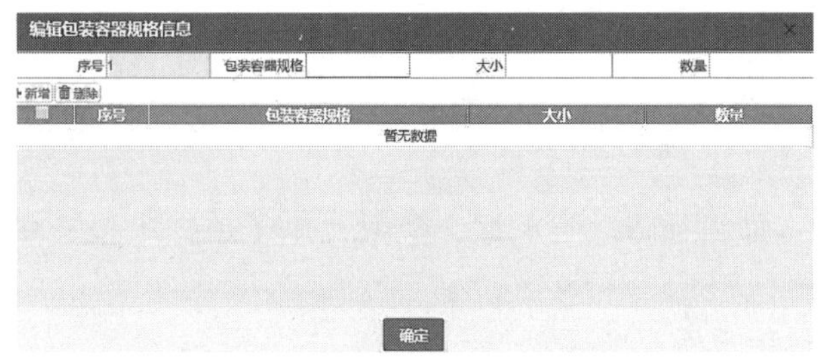

图 2-217　编辑包装容器规格信息界面

日期类字段（例如，报检日期），可直接输入“YYYY-MM-DD”格式的日期；或点击录入框，在系统弹出的日历中进行选择。

2. 打印

在出境包装报检界面，点击左上角蓝色“打印”按钮，可进行打印预览或直接打印该检验检疫数据，如图 2-218 所示。

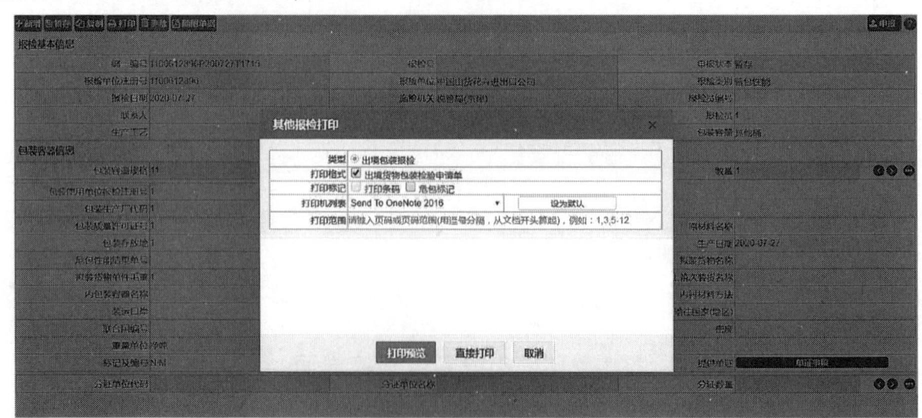

图 2-218　报检打印提示界面

3. 随附单据

用户上传随附单据时，需要先将出境包装报检界面中的必填项（黄底色字段）录入并暂存后，方可点击左上角的“随附单据”按钮。若用户未暂存就直接点击“随附单据”按钮，系统会弹出“请保存基本信息！”的提示。

点击出境包装报检界面左上角“随附单据”按钮，在弹出的界面中点击随附单据文件类别文本框，出现合同、信用证、其他单据等随附单据类型，如图2-219所示。

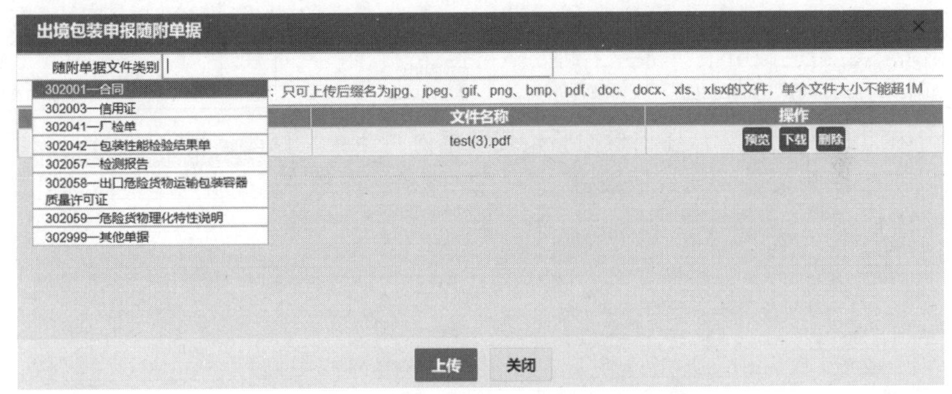

图 2-219　随附单据文件类别选择界面

点击“添加文件”按钮，界面中将出现当前选择的附件类型，此时可从本地电脑选择文件上传。上传成功后，可点击“预览”“下载”“删除”按钮，对当前附件进行预览、下载、删除操作。

在出境包装报检界面录入数据后，点击“暂存”按钮，将数据进行保存。点击“新增”按钮，将清空当前界面录入的数据，可以重新录入。

用户申报后，如需补传随附单据，参考“电子单据申报”中其他电子单据申报部分。

（四）场站划拨报检

此模块对场站划拨报检数据进行申报、修改、删除等操作。

点击左侧菜单栏“其他报检”→“场站划拨报检”，右侧显示界面（如图2-220所示）。

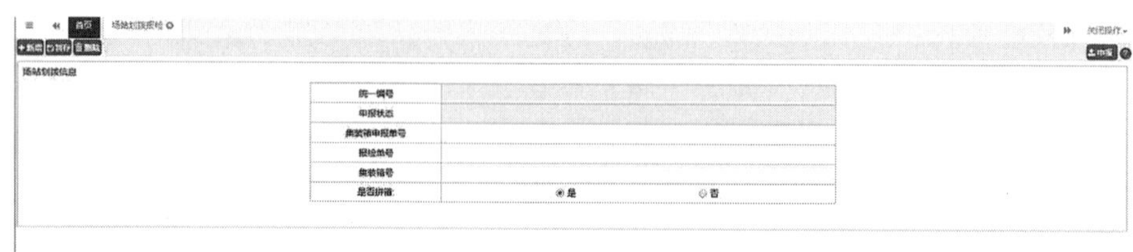

图 2-220　场站划拨报检界面

更多关于新增、录入、删除等操作，请参考上文“出境检验检疫申请”“出境集装箱适载申报”部分，此处不再赘述。

（五）尸体棺柩报检

在此模块，可对尸体棺柩检验检疫数据进行申报、修改、删除等操作。

点击左侧菜单栏“其他报检”→“尸体棺柩报检”，右侧显示界面（如图 2-221 所示）。

首页　尸体棺柩报检　关闭操作

新增　暂存　删除　申报

基本信息

统一编号		出入境标记	入境　出境	报检类别	一般报检(出入境)	报检日期	2019-01-21
运输方式		类型		提/运单号		施检机关	
启运/输往国		启运口岸		经停口岸		入境口岸	
出/入境日期	请选择日期	出境口岸		目的口岸		关联报检号	
运输工具		号码		申报状态			
报检号				备注			

其他信息

死者姓名		国籍		性别	男　女	职业	
出生年月	yyyy-MM年月格式	死亡日期	2019-01-21	死亡地点	国家	具体地址	
生前住址	国家	具体地址		安葬地址	国家	具体地址	
托运人/代理人	代码	名称		托运人/代理人地址			
随附单据类别		处理方式		死亡类别		死因	
联系人及电话	联系人			联系电话			

图 2-221　尸体棺柩报检界面

更多关于新增、录入、删除等操作，请参考上文“出境检验检疫申请”或“出境集装箱适载申报”部分，此处不再赘述。

十四、拟证出证

对于拟证、出证系统提出需补传的业务单号，用户可以在此模块补充上传相关单据。

小提示

本系统适用于进行进出口贸易的境内收发货人，消费使用单位和申报单位。

进入货物申报系统，点击左侧菜单栏“货物申报”→“拟证出证”，右侧显示界面（如图 2-222 所示）。

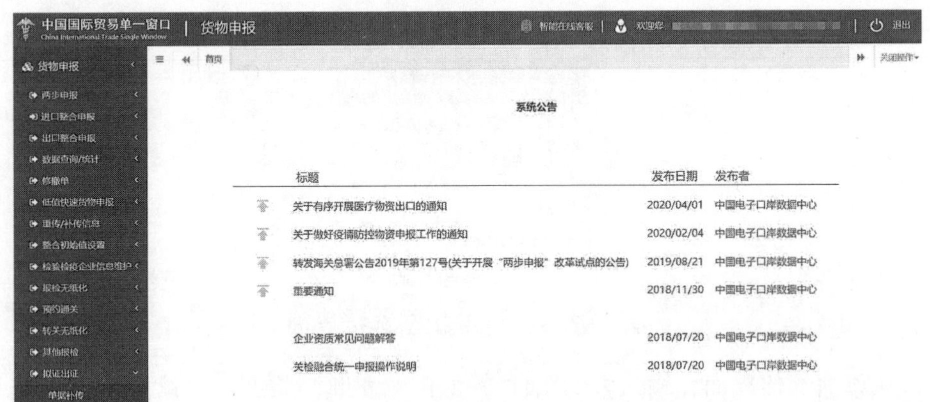

图 2-222　拟证出证主界面

单据补传

在此模块提供单据补传的查询及随附单据上传的功能。点击左侧菜单栏“拟证出证”→“单据补传”，右侧显示界面（如图 2-223 所示）。

图 2-223　单据补传界面

（1）业务类型（必填）：点击业务类型字段下的输入框，将展开下拉菜单（如图 2-224 所示），用户可选择对应的业务类型。

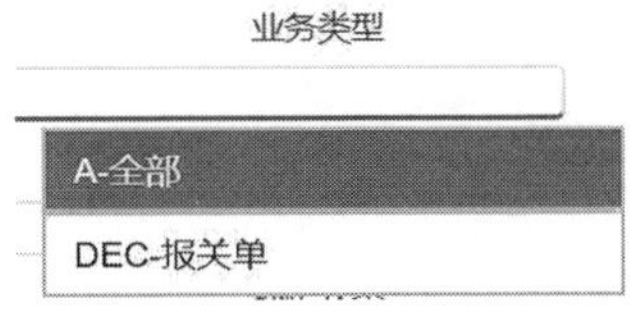

图 2-224　业务类型选择界面

（2）补传状态：在补传状态字段下的输入框中选择待补传，如图 2-225 所示，系统将显示符合查询条件的待补传数据查询列表。

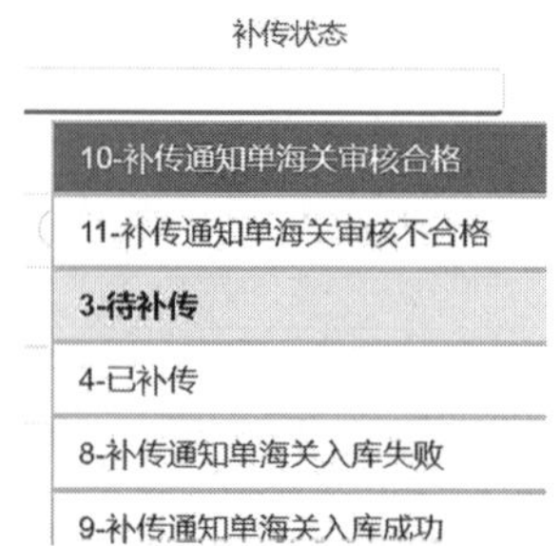

图 2-225　补传状态选择界面

在单据补传界面，输入查询条件，点击“查询”按钮，系统显示符合查询条件的待补传数据查询列表。选中任意一条待补传数据，点击“随附单据”按钮；系统弹出随附单据上传窗口。按照要求上传 PDF 文件后，提示“上传成功”即表示数据已成功发送。

十五、报关单自助打印

在此模块，可对已完成结关的进出口报关单进行查询、版式文件申请、版式文件申请结果查询、版式文件查看、下载及打印等操作。

小提示

使用报关单自助打印，必须使用报关单中收发货人的法人 IC 卡或 iKey 登录。

（一）报关单查询/申请

进入货物申报系统，点击左侧菜单栏“报关单自助打印”→“报关单查询/申请”，右侧显示界面（如图 2-226 所示）。

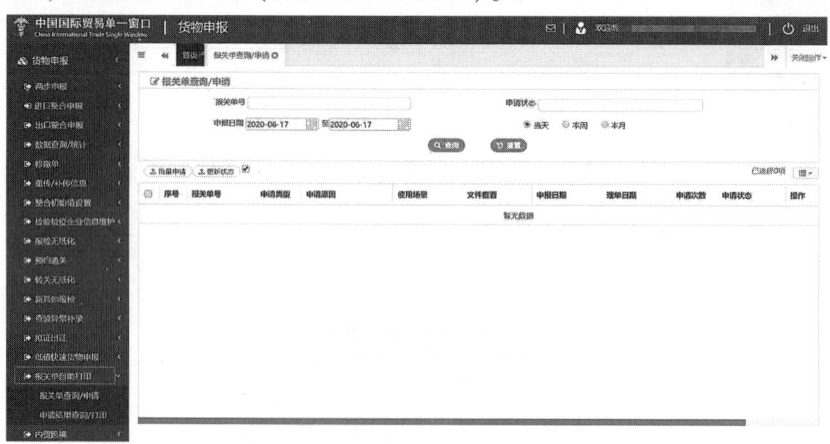

图 2-226　报关单查询/申请界面

报关单中的收发货人需插入法人卡，进入“报关单自助打印”→“报关单查询/申请”菜单，输入报关单号或者报关单申报日期进行查询和申请操作。其中，按申报日期条件查询时，查询周期（开始时间到结束时间）不能超过30天，同时也可根据申报日期及申请状态进行组合查询，申请状态包括“0-未理单不可申请”“1-已理单可申请”两种 。输入相关查询条件后，查询结果显示在界面下方，如图2-227所示。

图2-227 报关单查询结果列表界面

在报关单查询结果列表界面中可查看申请状态（包括已理单可申请、未理单不可申请），以及当前报关单最新填报的版式文件申请信息（包括申请类型、申请原因、使用场景和文件查看）。

当状态为“未理单不可申请”时，操作字段中的“申请”和“操作记录”按钮为灰色，不可点击状态。

当状态为“已理单可申请”时，用户点击“申请”按钮后，系统弹出框中需用户填写申请类型、申请原因、适用场景、附件（非必填）信息，如图2-228所示。

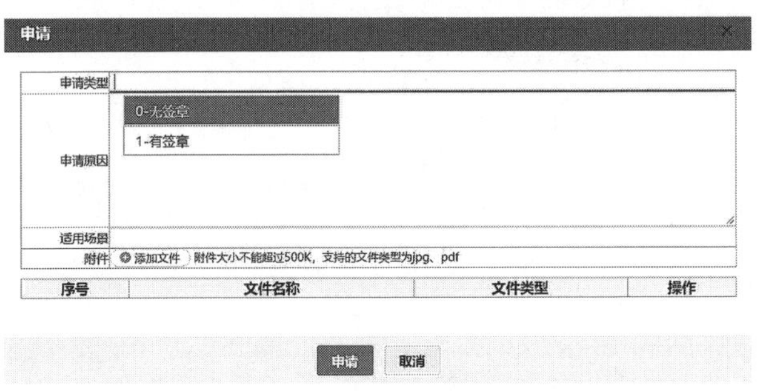

图2-228 申请信息录入界面

小提示

申请类型包括无签章、有签章；申请原因和适用场景需企业根据实际情况填写。同时，系统支持批量申请，用户勾选数据后点击“批量申请”按钮，进行批量操作。

一票报关单同一适用场景在同一申请类型下只能申请一次。

同一申请类型下的同一适用场景的报关单每次申请时只能上传一个附件。

在报关单查询结果列表界面，点击“操作记录”按钮后，可查看当前报关单申请操作记录，记录中为该票报关单历次申请的详细信息及操作结果（如图2-229所示）。

申请操作记录

序号	报关单号	海关十位	申请类型	申请原因	适用场景	文件查看	申请日期	操作结果
3	01012	11(	无签章			-	2020-05-14 12:49:19	失败
4	0101.	1'	无签章	t	ds	-	2020-05-14 18:13:56	失败
5	0	11(	无签章			-	2020-05-15 09:29:55	失败
6	010	11	有签章			ceshi(3).pdf	2020-05-14 20:24:41	失败
7	01012(	11	无签章	t	操作记录测试	-	2020-05-14 18:43:08	成功
8	010	1	无签章			-	2020-05-14 20:56:01	失败
9	01012	11	无签章	fd		-	2020-05-15 09:07:44	失败

图 2-229　申请操作记录界面

（二）申请结果查询/打印

点击左侧菜单栏“报关单自助打印”→“申请结果查询/打印”，显示查询界面，输入查询条件可进行查找。可以根据报关单号、生成状态进行查询，也可以根据申请时间进行查询，申请结果查询列表界面如图2-230所示。

首页　报关单查询/申请　申请结果查询/打印　关闭操作

申请结果查询/打印（仅展示申请成功的报关单数据）

报关单号　生成状态

申请时间 2020-04-16 至 2020-05-14　当天 本周 本月

查询　重置

批量下载　打印　已选择0项

序号	报关单号	申请时间	下载次数	状态	操作
1	01	2020-05-14 20:56:16	下载8次	无签章未生成	预览 下载 打印 操作记录
2	0	2020-05-14 20:56:01	下载8次	无签章未生成	预览 下载 打印 操作记录
3	01	2020-05-14 20:46:46	下载8次	无签章未生成	预览 下载 打印 操作记录
4	010	2020-05-14 20:24:41	下载8次	有签章未审核	预览 下载 打印 操作记录
5	0101	2020-05-14 18:13:56	下载14次	无签章已生成	预览 下载 打印 操作记录
6	0000	2020-04-20 15:02:39	未下载	有签章未审核	预览 下载 打印 操作记录
7	2020	2020-04-20 15:02:14	未下载	有签章未审核	预览 下载 打印 操作记录
8	202004	2020-04-20 15:01:06	未下载	有签章未审核	预览 下载 打印 操作记录

总共15条记录

图 2-230　申请结果查询列表界面

当申请结果查询列表界面中状态为“有签章已生成”“有签章已下载”“无

签章已生成”“无签章已下载”时，可以进行预览、下载、打印操作；状态为“无签章未生成”“有签章未审核”“有签章审核未通过”“有签章审核通过未生成”时，界面中“预览”“下载”“打印”按钮为灰色，不可进行操作。

“有签章已生成”表示申请类型为有签章，已经生成可打印文件；“无签章已生成”表示申请类型为无签章，已经生成可打印文件。

小提示

查询结果仅显示第一步申请成功的报关单数据。

点击“操作记录”按钮可以查看报关单版式文件详细的操作记录（如图 2-231 所示），包括预览信息、下载信息、打印信息。

版式文件操作记录

预览信息

序号	报关单号	海关十位	失败原因	操作时间	海关关区	操作结果
没有找到匹配的记录						

下载信息

序号	报关单号	海关十位	失败原因	操作时间	海关关区	操作结果
1	01	11	下载成功!	2020-05-16 13:51:42		成功
2	010	11	下载成功! 01	2020-05-16 10:17:26	nu)	成功

打印信息

序号	报关单号	海关十位	失败原因	操作时间	海关关区	操作结果
没有找到匹配的记录						

图 2-231　版式文件操作记录界面

小提示

操作必须使用法人卡登录，如果使用企业操作员卡登录系统后再换法人卡，系统无法识别。必须是报关单中收发货人的法人卡，可申请打印该报关单。

系统支持批量申请、批量下载、批量打印。报关单为“已理单可申请”状态时，可进行申请版式文件操作。

报关单查询周期（开始时间到结束时间）不能超过 30 天。

第三章　集中申报

第一节　业务简介

集中申报是一种对公路口岸频繁进出、通关时效要求高的货物所采取的特殊通关方式。部分海关已对加工贸易、鲜活商品、书报杂志等货物实施了集中申报管理，这对提高通关效率、企业合法进出起到了积极的促进作用。

通关时效要求高的鲜活商品、书报杂志，以及公路口岸频繁进出的保税货物可以适用集中申报方式办理通关手续。另外，中国境内其他地区进出海关特殊监管区域、保税监管场所的货物，除海关另有规定外，也比照《中华人民共和国海关进出口货物集中申报管理办法》办理。

集中申报基本模式分为清单申报和报关单申报两个阶段，即货物进出口时企业先采用清单申报，海关验放货物，事后企业对规定期限内进出口的货物集中累计填制报关单向海关申报的模式。

一、集报备案

企业适用集中申报的通关方式，需要事先向海关提出备案申请。备案申请时填写的表格称为集报备案，包括企业资质信息备案和企业商品信息备案两部分内容。同一企业可以申报一般贸易货物集中申报资质和保税货物集中申报资质两种。保税货物不需要填写一般贸易货物备案。

二、集报清单

集中申报企业以集报清单为介质，向海关申请办理货物验放手续，月底再将集报清单汇总生成集报报关单集中办理报关手续。通过在界面上的“备案号”处填写分册所对应的“备案分册海关编号”，实现集报清单与备案信息的关联。

三、集报清单修撤单

在此模块，可实现企业集报清单的修改、撤销，以及修改撤销申请查询操作。

修改申请实现对已申报集报清单的修改办理功能，包括新增、暂存、申报、删除、修改、查看、复制等功能；撤销申请实现对已申报集报清单的撤销申请功能，包括撤销申请申报和取消功能。

四、集报清单汇总

清单汇总是将多份集报清单按一定规则合并成一份或多份报关单以便向海关申报的过程。

集报企业应按照海关规定的时间，定期向海关申报集报报关单。目前，海关规定的期限是一个自然月，即企业每月都需将上一个月的集报清单汇总生成集报报关单并申报。

第二节　基本操作

一、集报备案

进入集中申报系统，点击左侧菜单栏“集中申报”→“集报备案”，右侧显示界面（如图 3-1 所示）。

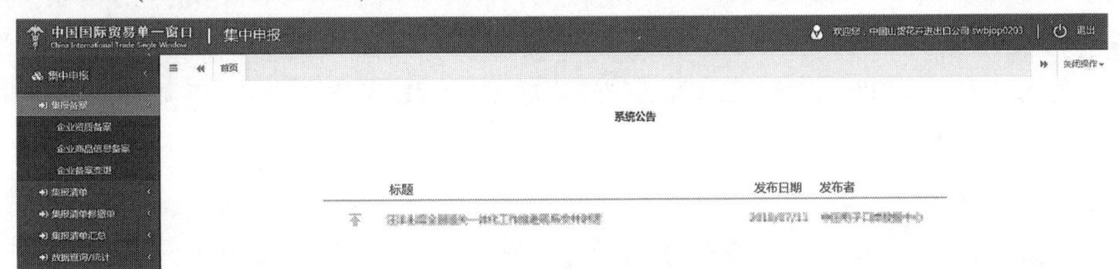

图 3-1　集报备案主界面

（一）企业资质备案

企业资质备案包括一般贸易货物资质备案和保税货物资质备案两种。一般贸易货物在企业资质备案经海关审批通过后，需进行企业商品信息备案。保税货物则只需企业资质备案经海关审批通过即可，无须进行企业商品信息备案。

点击左侧菜单栏“集报备案”→“企业资质备案”，右侧显示界面（如图 3-2 所示）。

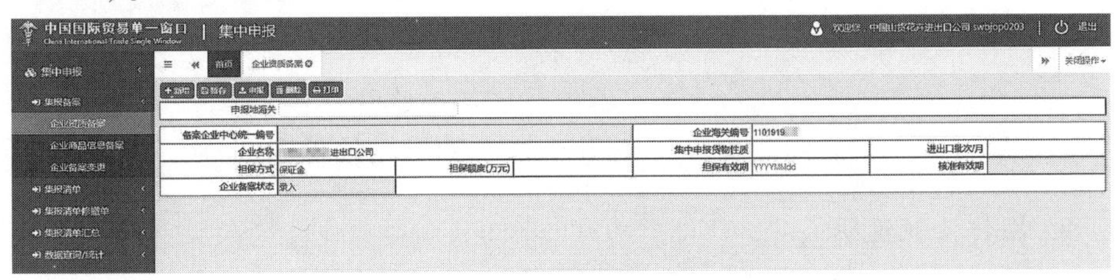

图 3-2　企业资质备案界面

企业资质备案界面中，灰色字段为返填项，无须用户录入；黄色字段为必填项，用户需如实填写；申报地海关、集中申报货物性质字段，用户可录入代码，通过下拉参数表进行选择。

1. 特殊字段说明

（1）企业海关编号、企业名称、担保方式：根据登录的企业操作员账号默认返填，无须用户填写或修改。

（2）担保有效期：字段格式为“YYYY-MM-DD”（如 20190101）。若用户填写格式错误，当鼠标移动至下一字段时，系统将自动校验并提示。

（3）备案企业中心统一编号：用户填写完界面信息并暂存后，该字段即自动返填，无须用户填写或修改。

（4）企业备案状态：该字段为灰色，不可录入，由系统返填。首次录入时，显示“录入”。用户点击“申报”按钮后，状态变更为“已申报”，后续状态需在数据查询/统计模块中查询。

（5）关区代码：申报地海关为 07 开头，则集中申报货物性质可选边境小额（同一般贸易），示例界面如图 3-3 所示；申报地海关为 57 开头，则集中申报货物性质可选对外承包出口货物（同一般贸易），示例界面如图 3-4 所示；选择保税货物后，担保方式、担保额度（万元）、担保有效期均呈灰色，且无须进行企业商品信息备案。

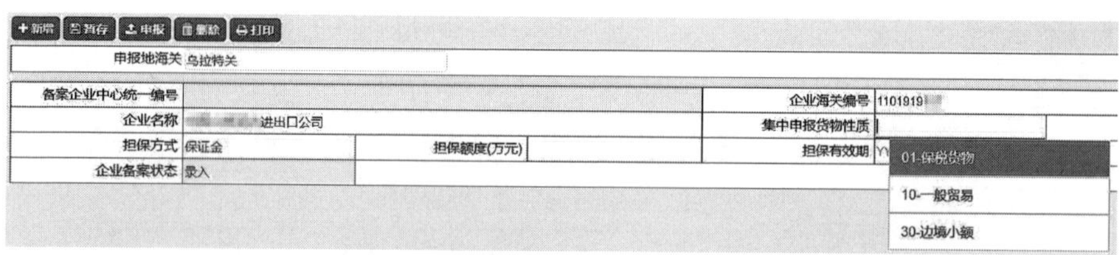

图 3-3　关区代码为 0708——乌拉特海关图例

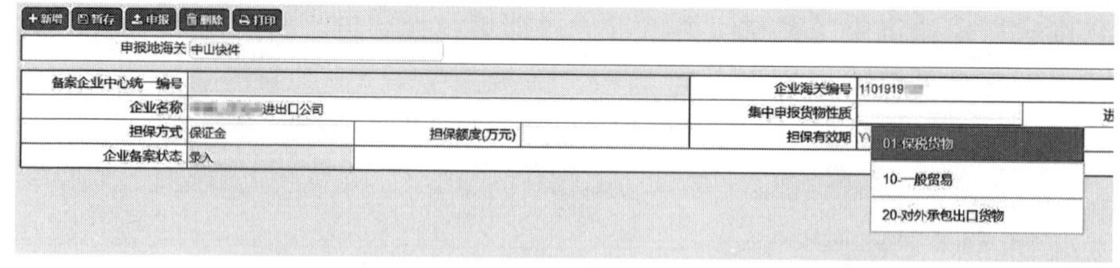

图 3-4　关区代码为 5729——中山快件图例

2. 操作按钮说明

（1）新增：点击“新增”按钮，可以创建其他关区的新的备案。

（2）暂存：点击“暂存”按钮，将对当前录入信息进行暂存。其中，申报地海关、企业海关编号、企业名称、集中申报货物性质为必填项。在暂存时，如有必填项未录入，会有相关提示。

（3）申报：填写完毕并暂存后，点击“申报”按钮，将当前信息向申报对象方申报。

(4) 删除：用户可对暂存、接受失败、核准拒绝、取消资质状态的企业资质备案数据进行删除操作。点击“删除”按钮，系统将提示用户是否删除当前数据。

(5) 打印：用户可对当前暂存状态的备案表进行打印操作，点击“打印”按钮，系统将会弹出对话框（如图 3-5 所示）。

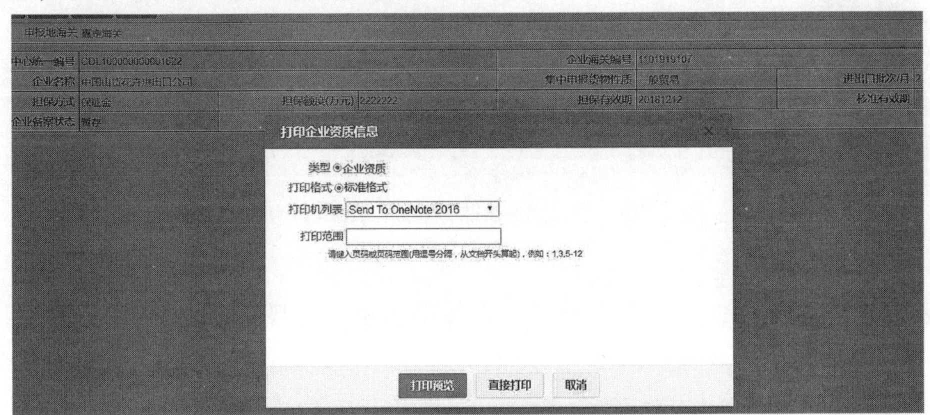

图 3-5　打印企业资质信息界面

在打印之前，用户可对填写的信息进行预览，直接点击界面中的“打印预览”按钮即可。

小提示

记录下返填的备案企业中心统一编号，可在“数据查询/统计”→“备案表查询”模块查询使用。

(二) 企业商品信息备案

点击左侧菜单栏“集报备案”→“企业商品信息图案”，右侧显示界面（如图 3-6 所示）。

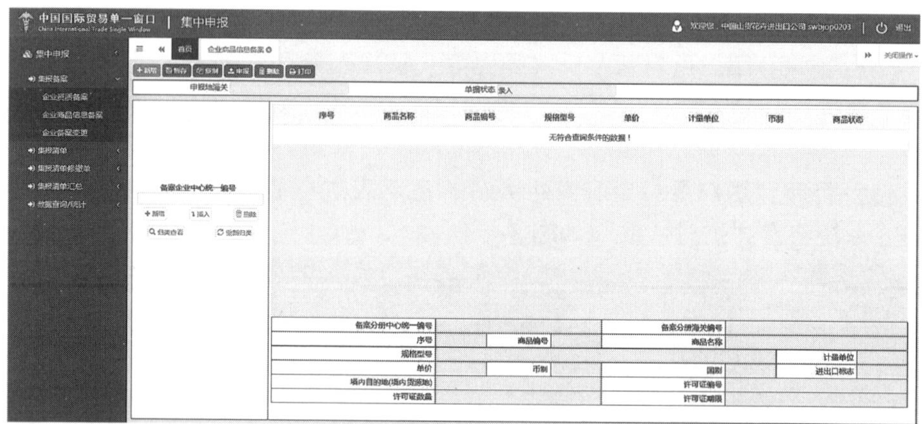

图 3-6　企业商品信息备案界面（一）

1. 录入

在图 3-6 中，点击左侧的“备案企业中心统一编号”，填写资质备案时返填的“备案企业中心统一编号”，点击回车键，界面右侧的商品信息录入栏变为可写模式，如图 3-7 所示。

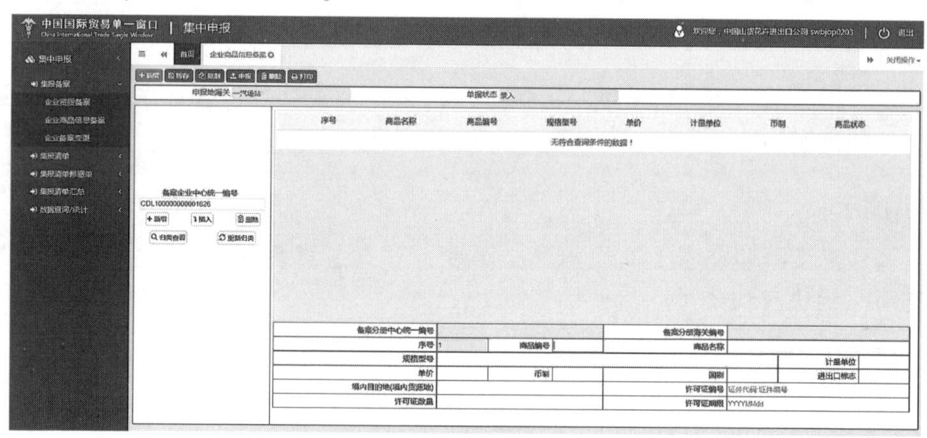

图 3-7　企业商品信息备案界面（二）

企业商品信息备案由分册组成，同一份资质备案可对应多本分册。企业可根据实际情况来决定每一分册下的商品项数，新增分册可点击界面左侧白色“新增”按钮，在新增界面上方的“备案企业中心统一编号”处，再次填写资质备案时返填的“备案企业中心统一编号”，然后点击回车键，即可新增一本分册。每一分册最多可录入 99 项商品信息，多于 99 项时系统自动生成新的分册。

同一分册录入时：灰色为返填项，无须用户录入修改；黄色为必填项，用户需录入商品相关信息。录完一条商品信息后点击回车键，该商品信息自动返填到“备案表表体”处，同时可录入新的商品信息，如图 3-8 所示。

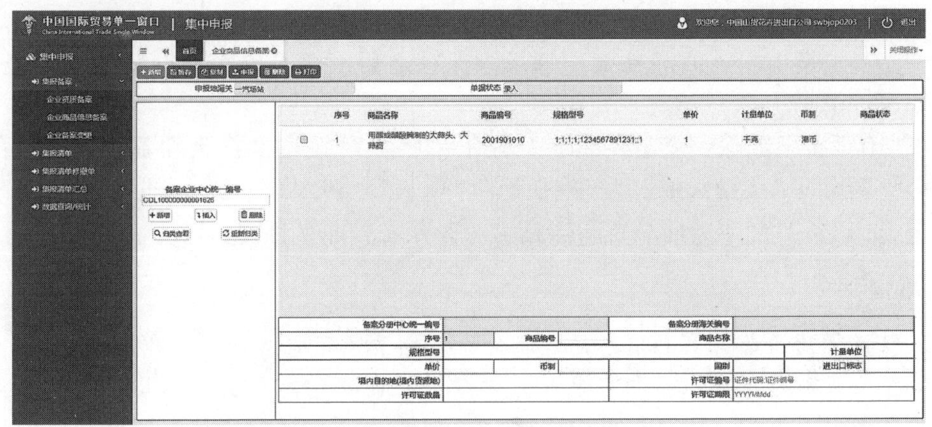

图 3-8 企业商品信息备案界面（三）

当该分册的所有商品信息录入完成后，即可点击界面上方蓝色“暂存”“申报”按钮，来完成对该分册的申报。

同一分册下商品信息的新增、插入、删除可通过界面左侧白色“新增”“插入”“删除”按钮来实现。

2. 特殊字段说明

许可证编号：企业申领的商务部及其授权发证机关签发的进（出）口货物许可证的编号，录入格式为“证件代码+ ：(英文半角) +证件编号 ”。

3. 操作按钮说明

(1) 商品新增：点击白色“新增”按钮，界面初始化，可以重新录入一条商品。

(2) 商品插入：点击白色“插入”按钮，在选中的商品前插入一条商品，保存后代替序号，后面商品序号加 1。

(3) 商品删除：选中一条商品，点击白色“删除”按钮，将删除选中的商品信息，后面商品序号减 1。

(4) 归类查看：点击白色“归类查看”按钮，可以查看选中商品的商品申报要素。

(5) 重新归类：点击白色“重新归类”按钮，可以修改选中商品的商品申报要素。

(6) 备案新增：在企业商品信息备案界面，点击上方蓝色“新增”按钮，将初始化界面。

(7) 备案暂存：录入完备案信息后，点击上方蓝色“暂存”按钮，保存备案。

（8）备案复制：在企业商品信息备案界面，点击上方蓝色“复制”按钮，将复制备案信息。暂存之后的状态均可复制。

（9）备案申报：商品备案信息录入保存之后，点击界面上方蓝色“申报”按钮进行申报。

（10）备案删除：点击界面上方蓝色“删除”按钮，将删除备案信息。备案为“暂存”“接受失败”“核准拒绝”“取消资质”状态时，可进行删除。

（11）备案打印：商品备案信息录入保存之后即可打印。

小提示

保税货物的备案商品信息通过新金关二期系统获取。

企业资质备案申报后即可录入并申报企业商品信息备案，但此时的企业商品信息备案并未发往海关。只有当系统收到企业资质备案海关审批通过的回执后，所对应的企业商品信息备案才会自动发至海关审批。

（三）企业备案变更

对于海关审批通过的备案信息，需要在企业备案变更模块中对该备案信息进行变更。企业资质备案可变更项包括进出口批次、担保方式、担保额度、担保有效期；企业商品信息备案在变更时只能新增或停用商品，不能修改海关审批通过的商品信息。

点击左侧菜单栏“集报备案”→“企业备案变更”，右侧显示界面（如图3-9所示）。

图3-9 企业备案变更界面

小提示

对已申报而海关还未审批的数据，用户无法进行查询变更。

1. **企业备案变更查询**

海关审批通过的备案信息，需要在企业备案变更模块中对该备案信息进行变更。

在企业备案变更界面，勾选企业海关编号或备案企业中心统一编号其中一个字段，并输入对应查询条件，点击“查询”按钮，查询结果如图 3-10 所示。

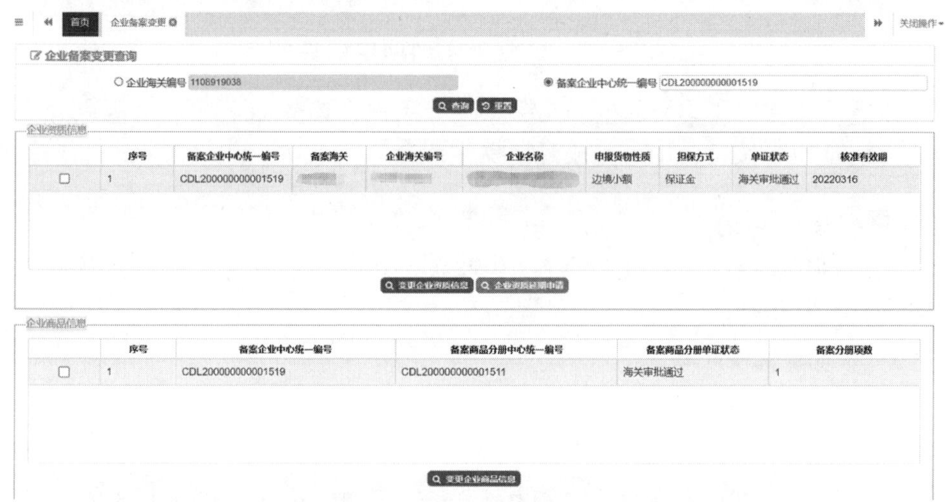

图 3-10　企业备案变更查询界面

2. **变更企业资质信息**

如果需要变更企业资质信息，则需选中该资质信息，点击蓝色“变更企业资质信息”按钮，界面将跳转至企业资质信息变更界面（如图 3-11 所示）。

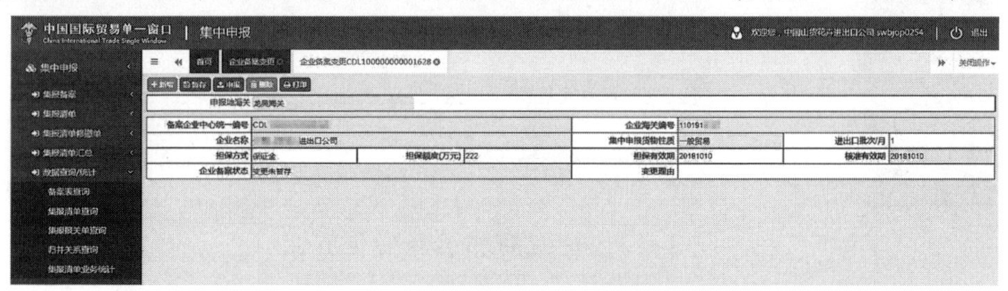

图 3-11　企业备案变更界面

修改黄色字段后暂存并申报，即可变更企业备案信息。

3. **企业资质延期申请**

如果企业备案的核准有效期需要进行延期，则需选中该资质信息，点击蓝色“企业资质延期申请”按钮，界面将跳转至企业资质延期申请界面（如图 3-12 所示）。

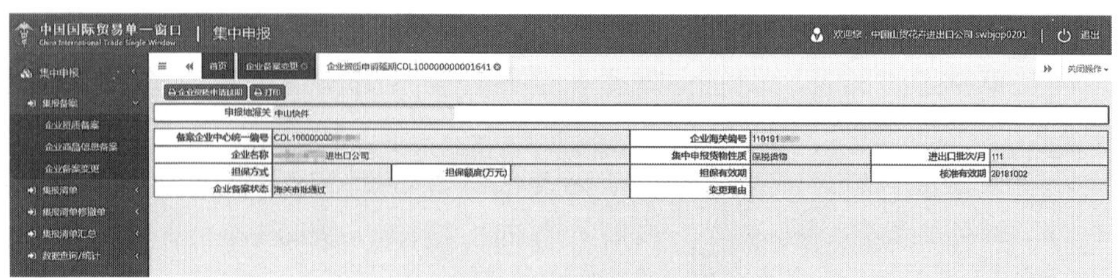

图 3-12　企业资质延期申请界面

该界面所有字段均为灰色，无法修改，用户在该界面上方点击蓝色“企业资质申请延期”按钮，即可完成延期操作。

小提示

延期日期距核准有效期到期前 10 天内，且集中申报货物性质为保税货物的，方可进行延期。

4. 企业商品信息变更

如果需要新增或停用企业商品信息，则需选中该商品信息，点击蓝色“变更企业商品信息”按钮，界面跳转至企业商品信息变更界面（如图 3-13 所示）。

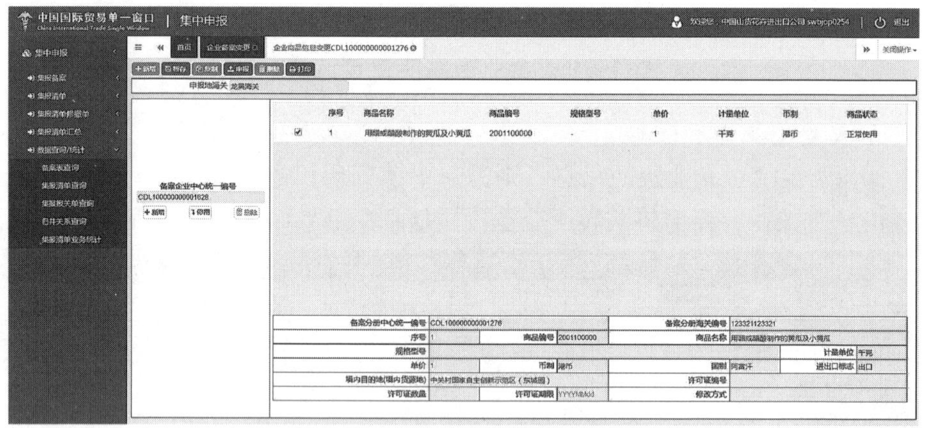

图 3-13　企业商品信息变更界面

在企业商品信息变更界面，勾选对应商品信息，点击左侧白色“新增”或“停用”按钮，可对该数据进行相应操作。

二、集报清单

集中申报企业以集报清单为介质，向海关申请办理货物验放手续，月底再将集报清单汇总，生成集报报关单，集中办理报关手续。

通过在商品备案信息界面上的备案号字段填写分册所对应的备案分册海关编号，实现集报清单与备案信息的关联。

（一）进口一般贸易集报清单

进入集中申报系统，点击左侧菜单栏“集报备案”→“进口一般贸易集报清单”，右侧显示界面（如图 3-14 所示）。

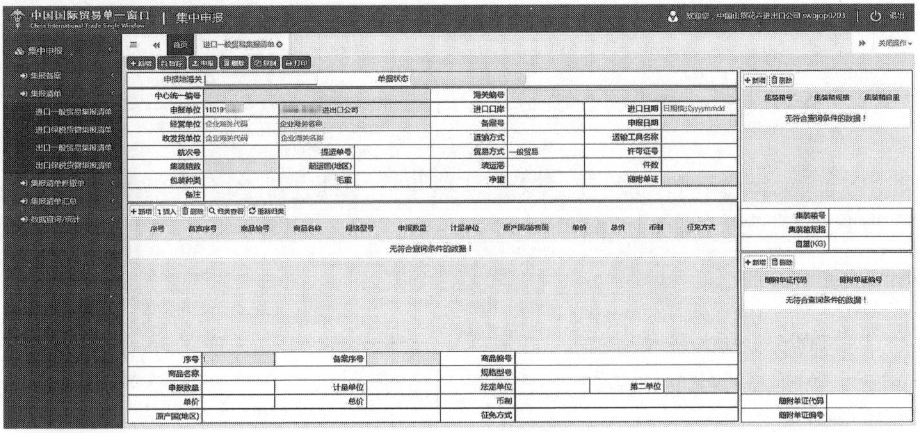

图 3-14　商品备案信息界面（一）

标黄的字段（例如，运输方式、运输工具名称等）为必填项，用户需如实填写；灰色字段（例如，申报日期等）为返填项，用户无法进行填写或修改。

录入完表头信息后，点击回车键，表体录入栏变为可写状态。在备案序号字段处填写所需录入商品在备案分册中的序号，点击回车键，即可调出该商品所备案的部分信息，将该商品的所有信息填写完毕后点击回车键，该商品信息出现在集报清单表体列表中，此时可再次录入新的商品信息。全部录入完毕，对该清单进行暂存、申报操作。整个操作界面如图 3-15 所示。

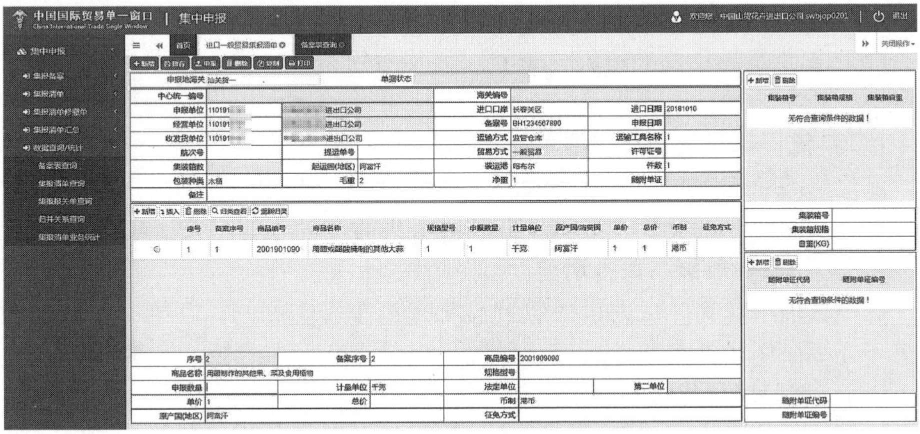

图 3-15　商品备案信息界面（二）

1. 特殊字段说明

（1）申报地海关：需填写已在企业资质备案中申报备案且状态为“海关审批通过”的关区，需要和经营单位备案的“申报地海关”保持一致。

（2）备案号：是指与该集报清单对应的12位备案单证号，保税货物为账册编号、手册编号，一般贸易货物为集报备案表编号。

（3）备案序号：为货物在账册、手册或一般贸易货物商品备案表中的备案序号。

（4）许可证号：许可证号字段一旦填写许可证，那么该清单下的所有商品必须为此许可证所对应的商品。

小提示

当运输方式为水路运输时，运输工具名称、航次号、提运单号、件数、毛重、净重等项需与舱单信息相符；当商品为涉证商品时，申报数量不能超过许可证许可的数量。

2. 操作按钮说明

（1）清单新增：点击商品备案信息界面上方蓝色“新增”按钮，将新增一票清单。

（2）清单暂存：输入申报地海关，点击商品备案信息界面上方蓝色“暂存”按钮，即可暂存，并生成中心统一编号。

（3）商品插入：点击商品备案信息界面清单表体列表上方白色“新增”按钮，在选中的商品前插入一条商品，保存后代替序号，后面商品序号加1。

（4）商品删除：在商品备案信息界面中，选中清单表体列表中的一条商品，点击白色“删除”按钮，将删除一条商品信息，后面商品序号减1。

（5）重新归类：点击白色“重新归类”按钮，将修改选中商品的商品申报要素。

（二）进口保税货物集报清单

该模块的录入界面与进口一般贸易集报清单基本相同，新增、录入、暂存等更多详细操作，可参考“进口一般贸易集报清单”中的相关描述。

（三）出口一般贸易集报清单

该模块的录入界面与进口一般贸易集报清单基本相同，新增、录入、暂存等更多详细操作，可参考“进口一般贸易集报清单”中的相关描述。

（四）出口保税货物集报清单

该模块的录入界面与进口一般贸易集报清单基本相同，新增、录入、暂存等更多详细操作，可参考“进口一般贸易集报清单”中的相关描述。

三、集报清单修撤单

（一）修改申请

1. 查询

用户可查询集报清单状态为已结关的数据，并对相应数据进行修改。点击左侧菜单栏“集报清单修撤单”→“修改申请”，右侧显示修改申请查询界面。

在修改申请界面中选择相应的查询项，并输入查询条件，点击“查询”按钮，系统将把符合条件的数据显示在下方列表中，如图 3-16 所示。

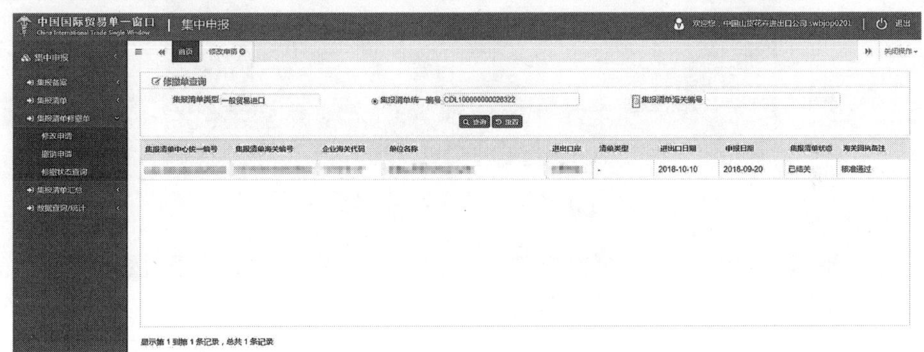

图 3-16　修改申请查询结果界面

2. 操作

在修改申请查询结果界面，点击对应的集报清单中心统一编号，界面将跳转至修改详情界面（如图 3-17 所示）。

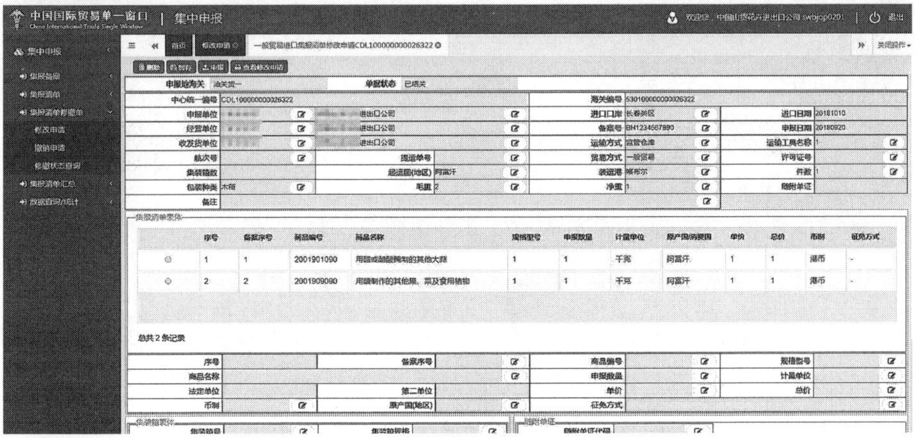

图 3-17　修改详情界面

在修改详情界面，点击相关字段后的“修改”按钮，将弹出修改框（如图 3-18 所示）。

图 3-18　修改内容界面

将需要修改的内容填写至修改内容界面中，并点击"确定"按钮。修改完毕后，可在修改详情界面，点击蓝色"查看修改申请"按钮，将显示所有修改数据，如图 3-19 所示。

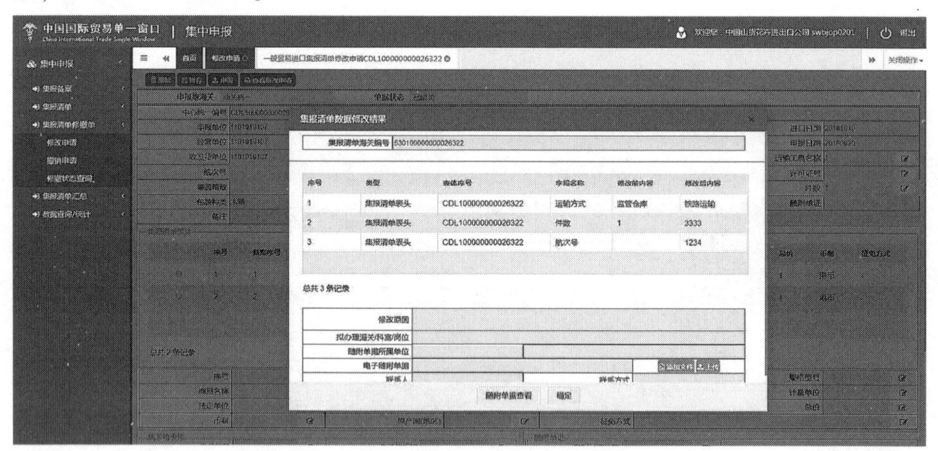

图 3-19　集报清单数据修改结果界面

检查完需修改的数据后，点击蓝色"暂存"按钮，跳出弹框同集报清单数据修改结果界面。此时，修改原因、联系人等字段变为可填状态。其中，黄色字段为必填项，用户需如实填写，填写完毕后，点击下方"确定"按钮，保存该部分信息，如图 3-20 所示。

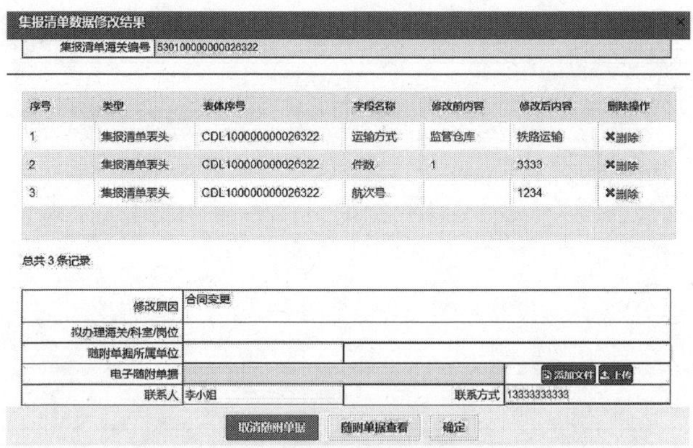

图 3-20　集报清单数据修改结果界面（暂存）

填写完毕后，点击修改详情界面左上角的蓝色“申报”按钮，即可申报修改申请。

（二）撤销申请

该模块录入界面与集报清单修改申请基本相同，新增、录入、暂存等更多详细操作，可参考“修改申请”中的相关描述。

（三）修撤状态查询

用户通过该模块查询已申报的修撤申请。点击左侧菜单栏中“集报清单修撤单”→“修撤状态查询”，右侧显示修撤状态查询界面。其中，修撤单类型为必选项，用户需按要求选择，其他查询条件为选填项，如不输入，直接点击蓝色“查询”按钮，系统将所有符合条件的数据显示在列表区域，如图 3-21 所示。

图 3-21　修撤状态查询结果界面

点击修撤状态查询结果界面中的修撤单编号或集报清单海关编号，界面将跳转至详情界面（如图 3-22 所示）。

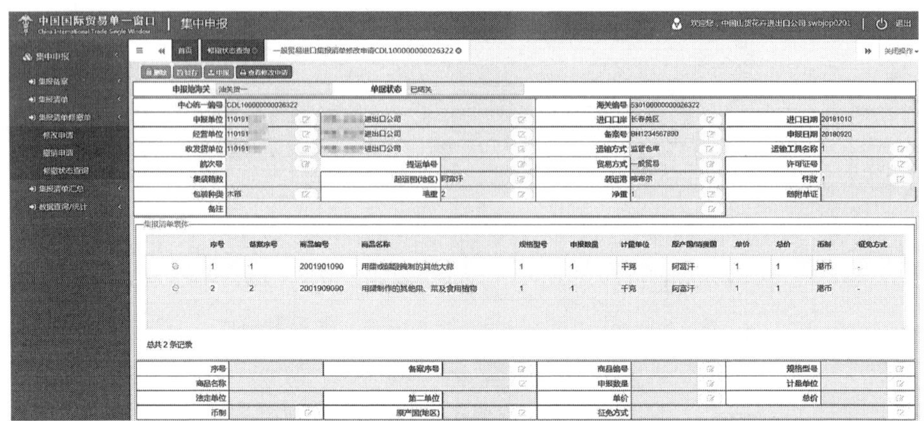

图 3-22　详情界面

在详情界面上，无法对正在办理修撤申请业务的单据进行修撤操作。

四、集报清单汇总

（一）集报清单汇总

集报企业应按照海关规定的时间，定期向海关申报集报报关单。目前，海关规定的期限是一个自然月，即企业每月都需将上一个月的集报清单汇总生成集报报关单并申报。清单汇总是将多份集报清单按一定规则合并成一份或多份报关单，以便向海关申报的过程。

进入集中申报系统，点击左侧菜单栏“集报清单汇总”→“集报清单汇总”，右侧显示界面（如图 3-23 所示）。

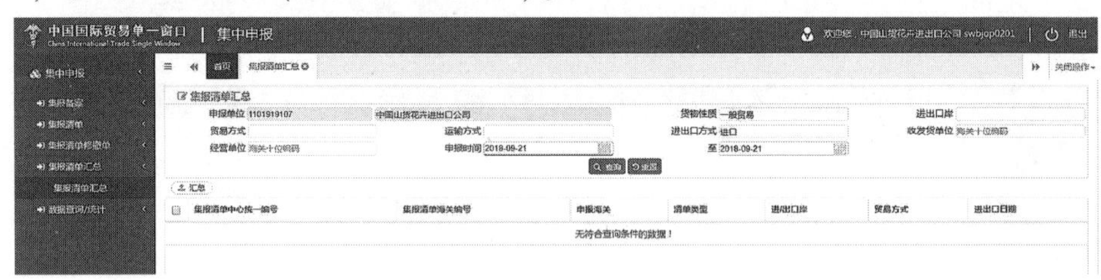

图 3-23　集报清单汇总界面

小提示

一般贸易清单在次月 10 日之前进行汇总，且不能跨年度汇总。

（二）查询

在集报清单汇总界面中，货物性质默认为“一般贸易”，设定申报日期，选择进出口方式，其他条件可根据具体情况自行设置。设置完查询条件后，点击“查询”按钮，系统自动将符合查询条件的、已结关的清单调出并显示在界面下方，如图 3-24 所示。

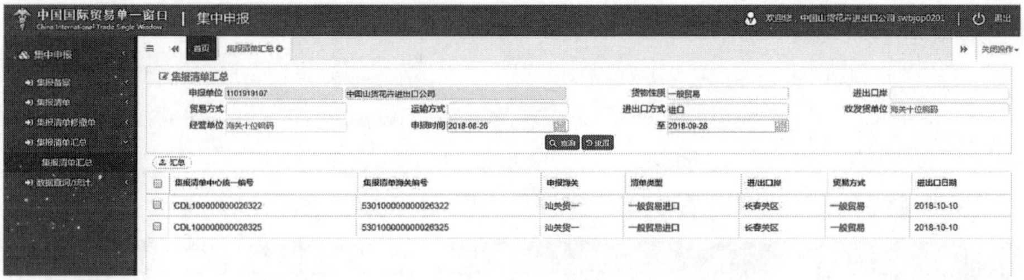

图 3-24 集报清单汇总查询结果界面

在查询结果列表中，企业操作员可根据需要勾选，或点击集报清单中心统一编号字段左侧的小框进行全选，选择好需要汇总的清单后，点击白色“汇总”按钮，系统将弹出提示框（如图 3-25 所示）。

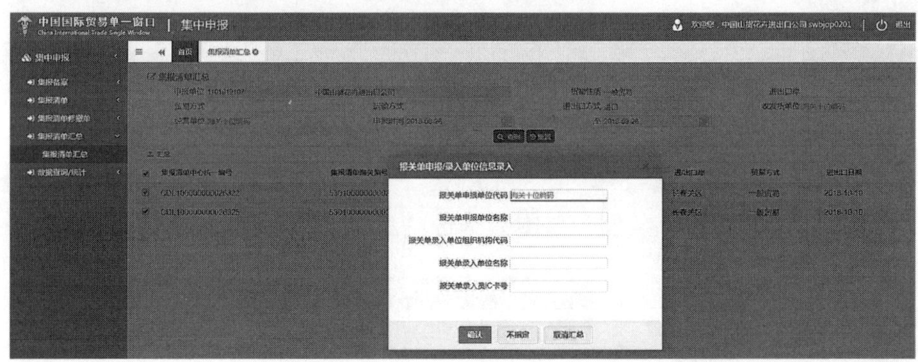

图 3-25 集报清单汇总提示界面

如果需要代理报关，则需将报关单代理申报单位的十位海关编码填写在报关单申报单位代码字段处，填写完毕后点击回车键，系统自动调出该报关单申报单位的名称，点击“确认”按钮，进行确认。

如果无须代理报关，则无须填写，直接点击“不指定”按钮，系统弹出“您确认不指定报关申报/录入单位并进行汇总吗?”的提示。确认不指定的，点击“确定”按钮；确认指定的，点击“取消”按钮，系统返回集报清单汇总提示界面。

确认完是否代理报关后，系统弹出“汇总成功”的提示。

注意

此时的清单尚未真正汇总成报关单，需等定时处理程序处理后才能实际汇总成报关单。

五、数据查询/统计

（一）备案表查询

进入集中申报系统，点击左侧菜单栏“数据查询/统计”→“备案表查询”，右侧显示备案表查询界面。设定完相关查询条件后，点击“查询”按钮，系统调出所要查询的企业资质信息、企业商品信息，选中符合条件的信息（如图 3-26 所示），点击“查看备案”按钮，界面显示如图 3-27 所示。

图 3-26　备案表查询结果界面（一）

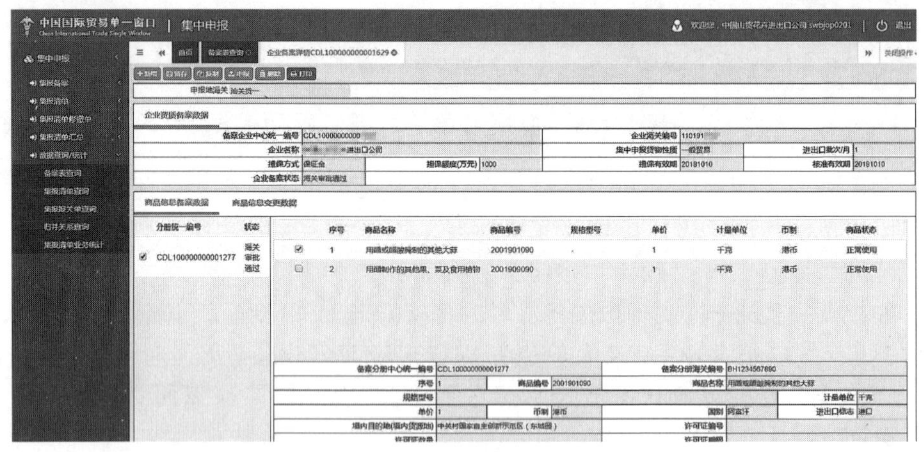

图 3-27　备案表查询结果界面（二）

在备案表查询结果界面，可查看企业资质备案状态及企业商品信息状态。当企业资质备案数据中企业备案状态及商品信息备案数据中分册列表下的分册状态均为海关审批通过后，方可进行申报集报清单。

在商品信息备案数据的分册列表中点击海关审批通过的分册，界面下方可查看该分册所对应的“备案分册中心统一编号”，如图 3-26 所示，记录此号以便进行集报清单申报。

（二）集报清单查询

点击左侧菜单栏“数据查询/统计”→“集报清单查询”，右侧显示集报清单查询界面。在查询条件设定栏中，集报清单类型默认为“一般贸易进口”，其他条件可根据具体情况自行设置，设置完查询条件后，点击“查询”按钮，系统自动将符合查询条件的数据显示在界面下方，如图 3-28 所示。如不填写其他项，系统默认显示所有符合条件的数据。

图 3-28　集报清单查询结果界面

当清单的集报清单状态为“已结关”时，即可进行下一步的集报清单汇总。

点击集报清单中心统一编号栏的蓝色字样，界面将跳转至详情界面。集报清单状态为“暂存”时，可继续录入操作；集报清单状态为“发往海关成功”“已汇总”“结关”等时，界面为灰色，不允许进行填写、修改操作，仅可进行新增、复制或打印操作。

（三）集报报关单查询

在此模块，可查询集报报关单，对暂存的集报报关单进行申报，或对不受理、查验、审结等状态的集报报关单进行回执通知书打印等操作。点击左侧菜单栏“数据查询/统计”→“集报报关单查询”，右侧显示界面（如图 3-29 所示）。

图 3-29　集报报关单查询界面

1. 查询

设置完查询条件后，点击“查询”按钮，系统自动将符合查询条件的集报报关单调出，并显示在界面下方。

2. 操作

（1）打印报关单：在集报报关单查询结果界面，勾选需打印的报关单，点击白色“打印报关单”按钮，系统将跳出提示框（如图 3-30 所示），设置好所需数值后，点击“打印预览”或“直接打印”按钮即可。

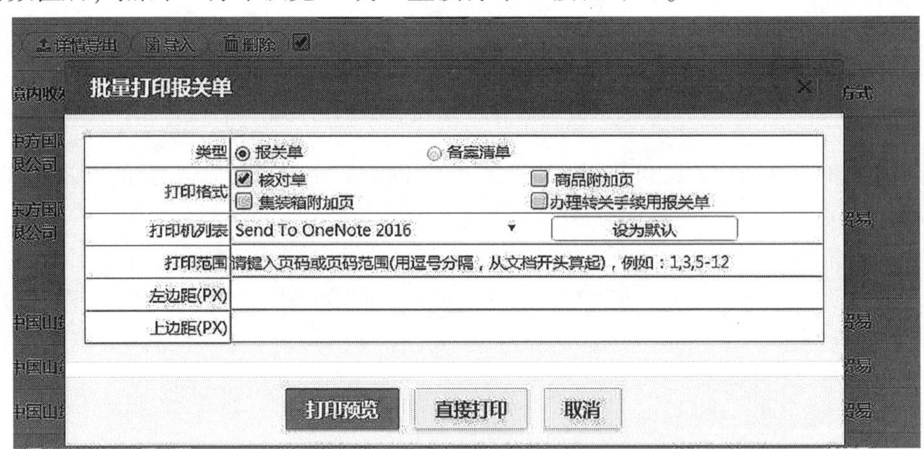

图 3-30　打印报关单界面

（2）列表导出：用户需为报关单收发货人，才可进行列表导出操作。

其他操作按钮可参考“货物申报”部分，此处不再赘述。

（四）归并关系查询

在此模块，可查询已汇总的集报清单中心统一编号。点击左侧菜单栏“数据查询/统计”→“归并关系查询”，右侧显示归并关系查询界面。用户需勾选对应查询条件，输入需查询的统一编号并点击“查询”按钮，查询结果将会显示在下方列表中，如图 3-31 所示。

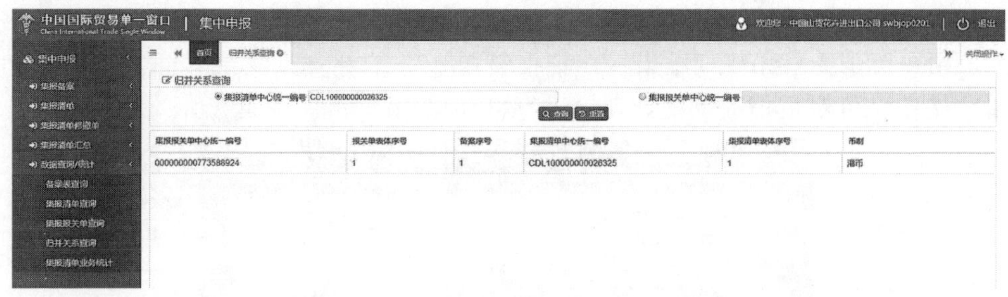

图 3-31　归并关系查询结果界面

（五）集报清单业务统计

点击左侧菜单栏“数据查询/统计”→“集报清单业务统计”，进入集报清单业务统计界面（如图 3-32 所示）。在该界面下用户可以根据查询需要设定查询条件，来实现对一定时间内集报清单的统计工作。

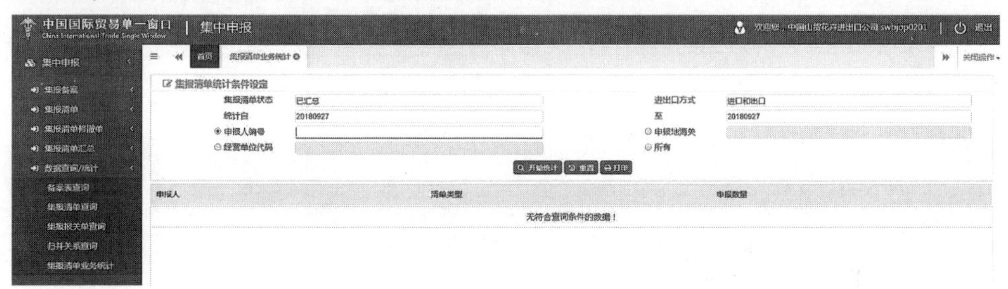

图 3-32　集报清单业务统计界面

1. 查询

用户输入相应查询条件后，点击“开始统计”按钮，系统将把符合条件的数据显示在界面下方，如图 3-33 所示。

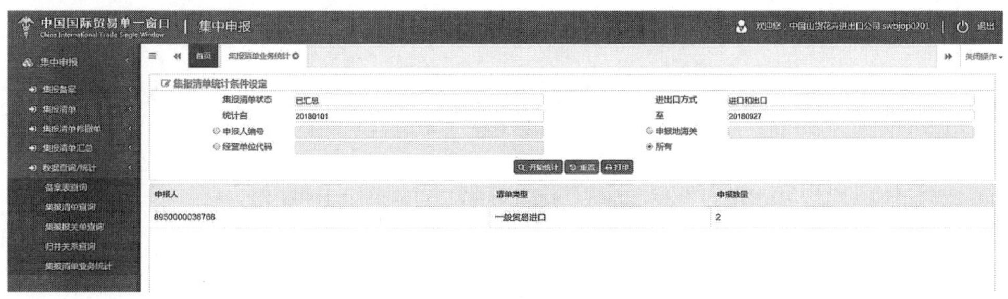

图 3-33　集报清单业务统计查询结果界面

2. 打印

用户可选择打印查询结果。在集报清单业务统计查询结果界面，点击“打印”按钮，可对集报清单统计列表进行打印操作，如图 3-34 所示。

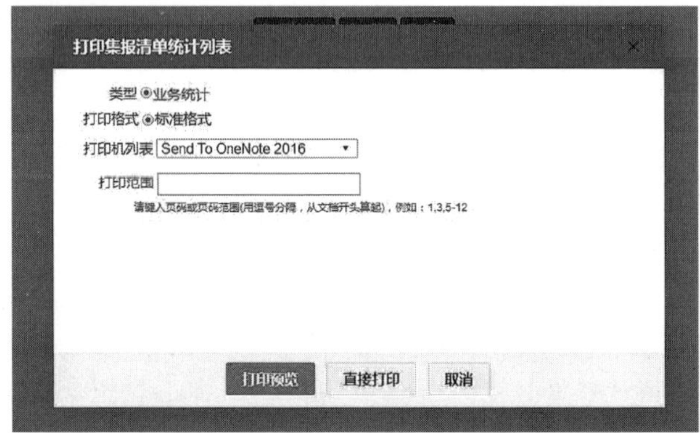

图 3-34　集报清单统计打印界面

第四章　报关代理委托

第一节　业务简介

报关代理委托又称代理报关，是指接受进出口货物收发货人的委托代理其办理报关业务的行为。报关企业必须依法取得报关企业注册登记许可并向海关注册登记后方能代理报关业务。

代理报关又分为直接代理报关和间接代理报关。直接代理报关是以委托人的名义报关，代理人代理行为的法律后果直接作用于被代理人；间接代理报关是以报关企业自身的名义报关，报关企业承担其代理行为的法律后果。

我国报关企业大都采用直接代理报关，间接代理报关只适用于经营快件的国际货物运输代理企业。

受理委托报关的企业有两种，一是专业报关企业，即专门从事报关服务的企业；二是代理报关企业，即从事对外贸易仓储、国际运输工具、国际运输工具服务及代理等业务的企业，以及兼营报关服务业务的企业。

受理委托报关的企业代理办理的报关手续包括：报关单录入时的备案数据下载协议、报关单审核委托书、报关单申报委托书或报关单审核申报和申报确认委托书，以及向海关出具委托单位的报关委托书。

进出口单位通过网上填写申报委托书或者备案数据下载协议，委托有权代理报关业务的单位代其办理某项报关业务，例如，报关单录入、报关单审核、报关单申报或报关单审核和申报。有权进行代理报关业务的单位可以在网上接受并确认委托单位的报关委托申请，并在备案数据下载协议和报关委托书的授权范围内代理委托单位网上办理相应的报关业务。

自理、专业和代理报关企业各自特点如下：

自理报关单位是经经贸管理部门批准，有进出口经营权的企业。自理报关单位可以对外签约，并只能向海关办理本身所签约项下的进出口货物的报关手续，不能代办其他单位签约的货物报关手续。

代理报关企业是具有有关部门批准的对外贸易仓储运输、国际运输工具、国际运输工具服务及代理等业务经营权的企业，以及兼营报关服务业务的企业。代理报关企业是历史沿袭而成的，如外运、外代公司等。它只能代理该企业所承揽的货物的报关业务。

专业报关企业没有进出口经营权，也没有国际运输代理权，它是接受出口货物经营单位和运输工具负责人，以及他们代理人的委托，专门从事办理报关手续的企业。它符合海关鼓励的报关专业化、社会化发展的方向。

第二节　基本操作

一、企业登记

小提示

本模块为使用报关企业管理员账号或法人卡登录系统后独有的，委托方（经营单位）用户，无须使用。

企业登记，即报关企业信息登记，必须先使用报关企业已绑卡的管理员账号或法人卡登录系统，进行报关企业信息登记的申报，由其所属的地方报关协会确认后，方可进行报关委托的发起、确认等操作。如果未登记或登记有效期超期，则无法使用此模块的相关功能。

（一）报关企业信息登记

首次进行报关企业信息登记的报关企业，在此进行录入与申报。

使用报关企业已绑卡的管理员账号或法人卡登录系统，点击左侧菜单栏“企业登记”→“报关企业信息登记”，右侧显示界面（如图 4-1 所示）。

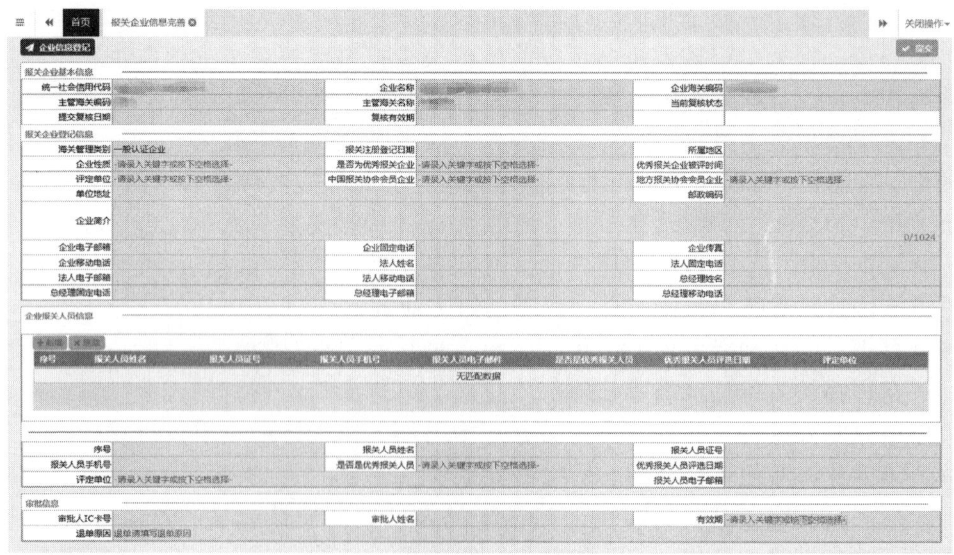

图 4-1　报关企业信息登记界面

小提示

如果当前报关企业已经登记备案成功，报关企业信息登记界面的所有按钮与字段，全部为灰色，不可点击操作。

点击报关企业信息登记界面上方的蓝色“企业信息登记”按钮，使界面中的字段变为可编辑状态，如图 4-2 所示。

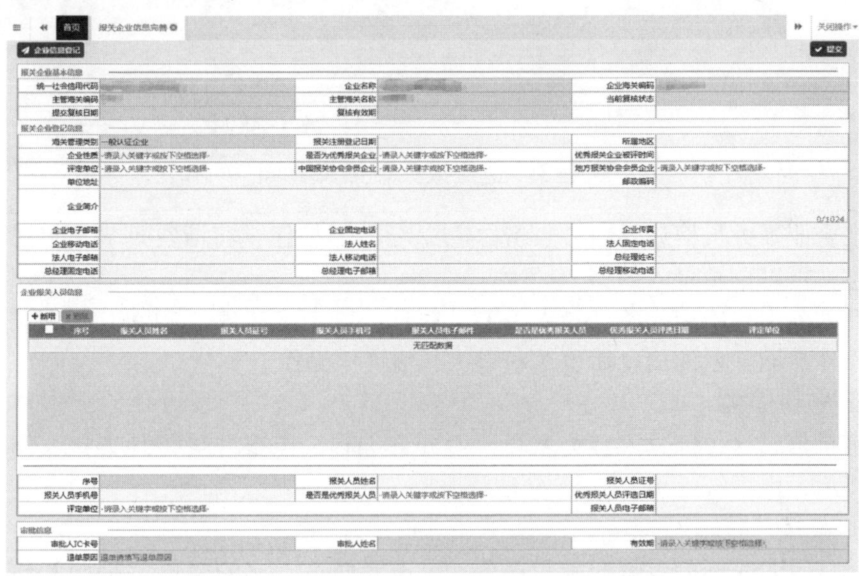

图 4-2 报关企业信息登记编辑界面

报关企业信息登记编辑界面，由上至下分为报关企业基本信息、报关企业登记信息、企业报关员信息、审批信息四部分。

1. 报关企业基本信息

报关企业基本信息这一部分内容为灰色，不允许编辑。统一社会信用代码、企业名称、企业海关编码、主管海关编码、主管海关名称，由系统自动根据当前报关企业已备案的信息进行获取与展示。当前登记状态、登记日期、当前登记有效期、有效截止日期，申报并等待地方报关协会进行审批后，由系统返填。

2. 报关企业登记信息

报关企业登记信息这一部分内容需用户手工录入或点击空格键调出下拉参数进行选择。

这一部分的黄色字段为必填项，白色字段为非必填项，请如实录入相关信息。

3. 企业报关员信息

在企业报关员列表（如图 4-3 所示）下方内，如实录入报关员信息。序号由系统自动顺序生成，不可编辑。界面中黄色字段为必填项，白色字段为非必填项，根据字段内的提示进行录入或选择。录入完毕后，将鼠标置于最后一个字段报关员电子邮箱内，点击回车键，确保所录入的数据返填到上方列表中。

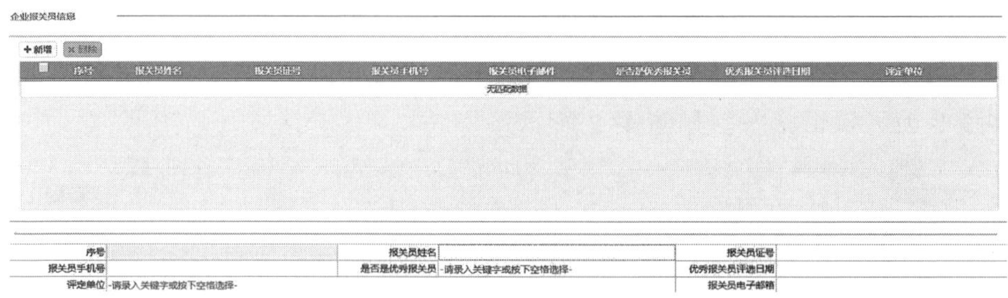

图 4–3　企业报关员信息界面

在企业报关员信息界面，点击白色“新增”按钮，将清空列表下方已录入的内容，可以重新录入数据。

在列表中，勾选一条已录入报关员信息，可点击白色“删除”按钮，进行删除操作。删除后的信息需要重新录入，请谨慎操作。

4. 审批信息

审批信息这一部分内容为灰色，不允许编辑。申报并等待地方报关协会进行审批后，由系统返填。

5. 提交

确认录入完毕的数据准确无误后，点击界面右上方的蓝色“提交”按钮进行申报。

小提示

提交即意味着数据将向相关业务主管部门进行发送，并等待其审批。

（二）报关企业信息变更

注意

请留意，如果报关企业的登记信息需要变更、即将超期或已超期，请及时在此进行变更操作。

使用报关企业的管理员账号或法人卡登录系统，点击左侧菜单栏“企业登记”→“报关企业信息变更”，右侧显示界面（如图 4–4 所示）。

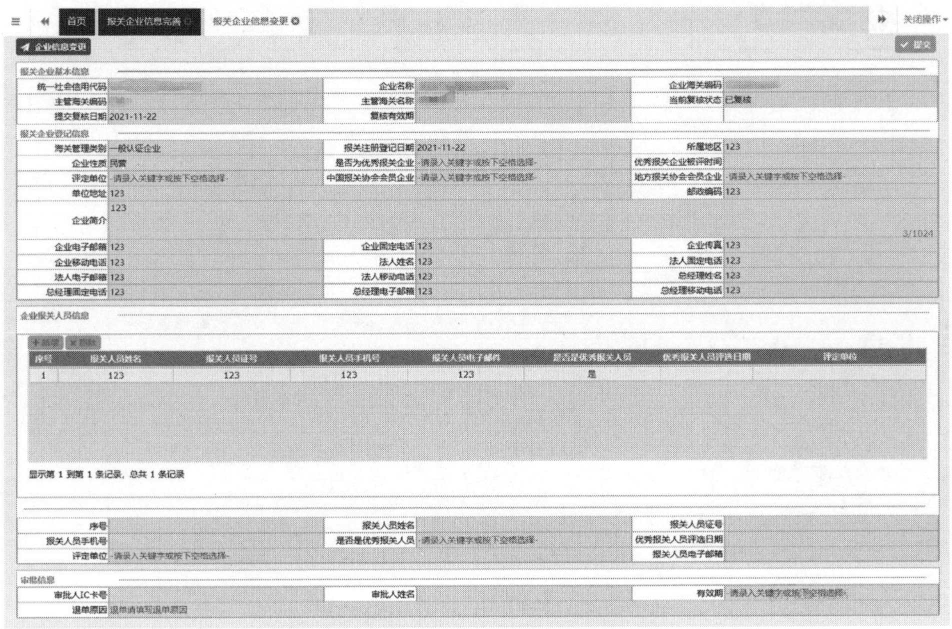

图 4-4 报关企业信息变更界面

小提示

如果当前报关企业没有登记备案，报关企业信息变更界面的所有按钮与字段全部为灰色，不可点击操作。

点击报关企业信息变更界面上方蓝色“企业信息变更”按钮，界面中的字段变为可编辑状态，如图 4-5 所示。

图 4-5　报关企业信息变更编辑界面

报关企业信息变更编辑界面，由上至下分为报关企业基本信息、报关企业登记信息、企业报关员信息、审批信息四部分。

其中，评定单位、优秀报关企业被评时间、优秀报关员评选日期等字段为灰色，表示不允许变更时修改。其他字段录入方法与操作说明，可参考上文“报关企业信息登记”部分，此处不再赘述。

二、委托关系管理

委托关系作为统称时，包括委托申请（也称委托书）与委托协议两部分。

在系统中，报关委托双方都可以互相向对方发起电子代理报关委托申请。无论哪一方发起申请，都需要经过对方确认，才能继续建立电子代理报关委托协议。

小提示

一份电子代理报关委托协议对应一份报关单的随附单据，不可重复使用。

（一）发起委托申请

报关企业用户，使用已绑定卡介质的企业管理员账号（法人卡）或企业操作员账号（操作员卡）登录后，都可以在此进行委托申请的录入、发起操作。

被委托方法人代表授权签署人字段，系统自动读取当前登录用户注册“单一窗口”系统时的姓名，详情见下文。

点击左侧菜单栏“委托关系管理”→“发起委托申请”，系统弹出《委托报关协议通用条款》(如图4–6所示)，阅读协议后点击“同意”按钮，右侧显示界面发起委托申请录入界面（如图4–7所示）。

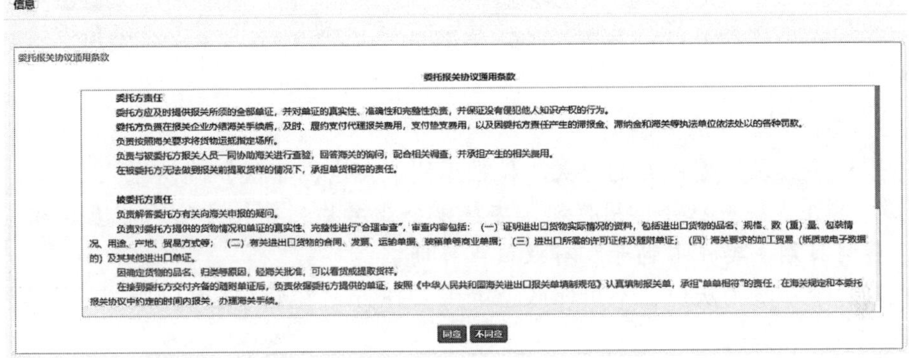

信息

委托报关协议通用条款

委托报关协议通用条款

委托方责任

委托方应及时提供报关所须的全部单证，并对单证的真实性、准确性和完整性负责，并保证没有侵犯他人知识产权的行为。

委托方负责在报关企业办结海关手续后，及时、履约支付代理报关费用，支付垫支费用，以及因委托方责任产生的滞报金、滞纳金和海关等执法单位依法处以的各种罚款。

负责按照海关要求将货物运抵指定场所。

负责与被委托方报关人员一同协助海关进行查验，回答海关的询问，配合相关调查，并承担产生的相关费用。

在被委托方无法做到报关前提取货样的情况下，承担单货相符的责任。

被委托方责任

负责解答委托方有关向海关申报的疑问。

负责对委托方提供的货物情况和单证的真实性、完整性进行“合理审查”，审查内容包括：（一）证明进出口货物实际情况的资料，包括进出口货物的品名、规格、数（重）量、包装情况、用途、产地、贸易方式等；（二）有关进出口货物的合同、发票、运输单据、装箱单等商业单据；（三）进出口所需的许可证件及随附单证；（四）海关要求的加工贸易（纸质或电子数据的）及其其他进出口单证。

因确定货物的品名、归类等原因，经海关批准，可以看货或提取货样。

在接到委托方交付齐备的随附单证后，负责依据委托方提供的单证，按照《中华人民共和国海关进出口报关单填制规范》认真填制报关单，承担“单单相符”的责任，在海关规定和本委托报关协议中约定的时间内报关，办理海关手续。

同意　不同意

图4–6　委托报关协议通用条款界面

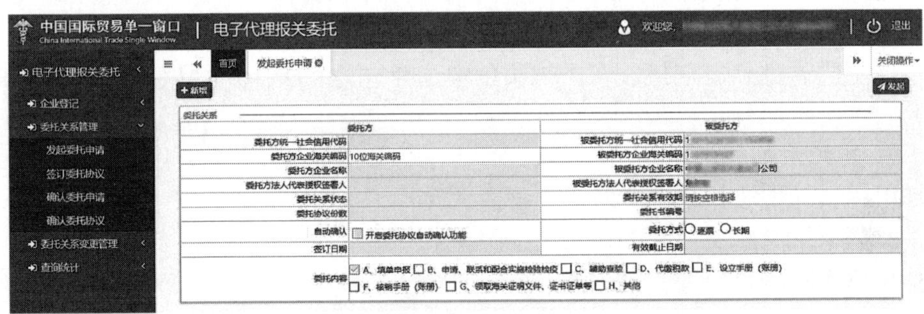

图4–7　发起委托申请界面（报关企业）

发起委托申请界面中，左侧为“委托方”信息，右侧为“被委托方”信息。报关企业发起委托申请（委托书）时，界面内的灰色字段，由系统自动读取当前用户的注册信息或等待委托方（经营单位）确认该委托书后返填。界面中，只允许录入或勾选委托方企业海关编码、委托关系有效期、委托方式、委托内容四个字段。

1. 被委托方统一社会信用代码、被委托方企业海关编码、被委托方企业名称

这三个字段由系统自动读取当前用户在“单一窗口”的注册信息。如需修改，请使用企业管理员账号或法人卡登录系统，进入“管理员账号信息管理”模块进行操作。

2. 被委托方法人代表授权签署人

该字段由系统自动读取当前登录“单一窗口”账号内用户的真实姓名。企业操作员与企业管理员的姓名，只能使用企业管理员账号或法人卡登录系统后进行操作，如需修改，需至“管理员账号”→“信息管理”模块。

小提示

此处，系统自动获取当前登录“单一窗口”账号内的姓名，不会返填当前企业的法人姓名。

3. 委托方企业海关编码

用户手工录入委托方的海关十位数编码，点击回车键，确认录入。

4. 委托方统一社会信用代码、委托方企业名称、委托方法人代表授权签署人、签订日期、委托书编号、有效截止日期

这六个字段为灰色，不可修改，等待委托方（经营单位）确认该委托书后返填。

5. 委托关系状态、委托协议份数

这两个字段为灰色，不可修改，由系统自动返填。

6. 委托方关系有效期

该字段通过点击空格，在下拉菜单中选择（3 个月、6 个月、9 个月、12 个月）。

7. 委托方式

根据实际需要，单选“逐票”或“长期”。

8. 委托内容

根据实际需要勾选，可多选。

点击报关企业发起委托申请界面上方“新增”按钮，系统将清空界面中已录入的内容，可以重新录入数据。

确认录入完毕并确认无误后，点击界面右上方“发起”按钮，等待委托方确认即可。

查询发起过的委托申请，可参考“委托关系查询”部分。

（二）签订委托协议

注意

委托关系（委托书）必须为“确认”状态，才能在此签订委托协议。委托关系状态的查询，请参考“委托关系查询”部分。

报关企业用户，使用已绑卡的企业管理员账号（法人卡）或企业操作员账号（操作员卡）登录系统后，可以在此模块进行委托协议的录入、发起操作。

点击左侧菜单栏“委托关系管理”→“签订委托协议”，右侧显示界面（如图 4-8 所示）。

图 4-8 签订委托协议界面（报关企业）

签订委托协议界面分为委托关系、委托协议上下两部分。由报关企业发起委托协议时，界面内的灰色字段，由系统自动读取当前用户的注册信息或手工输入信息后进行返填。

1. 委托关系

（1）委托方统一社会信用代码、委托方企业海关编码、委托书编号：签订委托协议界面中，委托方的统一社会信用代码、海关编码与委托书编号的底色为黄色，三个字段任选其一，必须录入。录入后点击回车键，此时系统会自动查找双方状态为“确认”的委托关系（委托书）数据，如图 4-9 所示。

图 4-9 签订委托协议界面（返填委托关系信息）

如果双方委托关系不是“确认”状态，在此输入编码并点击回车键后，系统可能弹出提示：“未查到对应委托关系。”

（2）委托方企业名称、委托方法人代表授权签署人、委托关系状态、委托协议份数、签订日期、被委托方法人代表授权签署人、委托关系有效期、委托方式、有效截止日期、委托内容：以上字段为灰色，不可录入或编辑。由系统根据输入的委托方统一社会信用代码、委托方企业海关编码或委托书编号，进行返填。

（3）被委托方统一社会信用代码、被委托方企业海关编码、被委托方企业名称：以上字段为灰色，不可录入或编辑。由系统读取当前用户在“单一窗口”的注册信息进行返填。

2. 委托协议

注意

系统成功读取并返填“确认”状态的委托关系（委托书），签订委托协议界面下方的委托协议部分才能进行录入操作。否则，此处字段与按钮全部为灰色，不可操作。

（1）录入说明。

由报关企业发起委托协议时，委托协议录入界面（如图4–10所示）内左右两侧的内容（委托方、被委托方）都可以填写，其中，黄色字段为必填项。

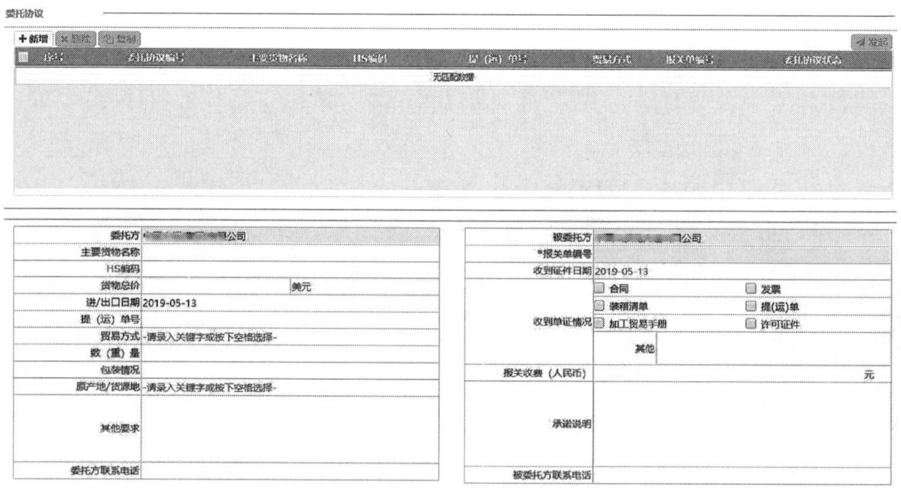

图4–10 委托协议录入界面（报关企业）

根据实际情况录入主要货物名称、HS编码、货物总价等信息。

①货物总价后单位默认为“美元”，可点击空格键或手工录入币制代码/中文，在下拉参数中选择。

②贸易方式、原产地/货源地，需点击空格键或手工录入代码/中文，在下拉参数中选择。

③进/出口日期、收到证件日期，需在弹出的日历框中进行选择。

将委托协议的具体内容录入完毕后，无须点击任何按钮，将鼠标置于字段中，一直点击回车键或将鼠标置于最后一个字段（被委托方联系电话）内点击一次回车键，当前录入的内容，自动跳转至上方列表中，如图 4-11 所示。

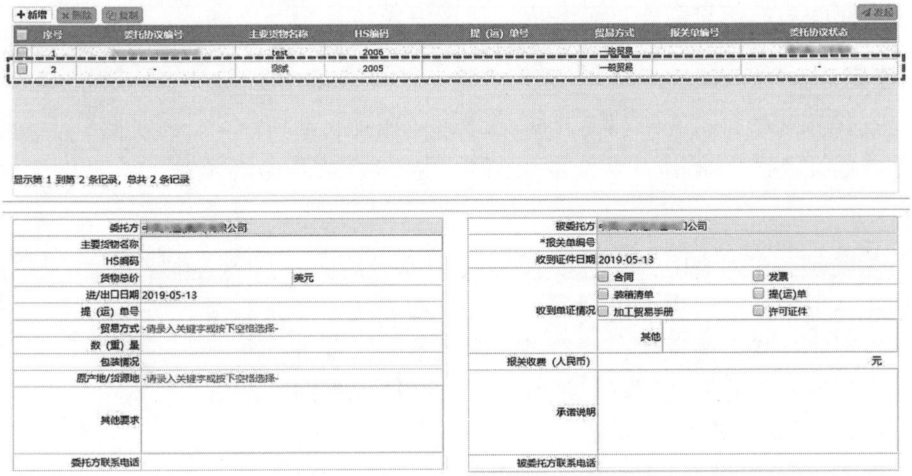

图 4-11　保存委托协议界面

（2）按钮操作说明。

①新增：在保存委托协议界面，点击白色“新增”按钮，点亮可录入字段或清空界面中已录入的内容，重新录入数据。

②复制：在列表中勾选一条已录入的委托协议，点击白色“复制”按钮，系统自动复制生成下一序号的委托协议，并自动保存在列表中。

③修改：在列表中勾选一条记录，界面下方字段变为可编辑状态。修改后，一直点击回车键或将鼠标置于最后一个字段（被委托方联系电话）内点击一次回车键，将修改内容进行保存，如图 4-12 所示。

图 4-12　选中/修改委托协议界面

④删除：在列表中，勾选一条记录，点击白色“删除”按钮，可进行删除操作。删除后的信息需要重新录入，请谨慎操作。

注意

录入并返填到列表中的委托协议（委托协议状态为“-”的数据），如果没有进行过“发起”操作，系统不予保存。关闭当前界面再次进入后，需要重新录入。

⑤发起：在列表中，勾选委托协议（可多选），点击右侧白色“发起”按钮，在弹出的提示框中点击“是”按钮，将发送（申报）委托协议的数据。

委托协议状态的说明，请参考“术语定义”部分。

查询发起过的委托协议，请参考“委托协议查询”部分。

（三）确认委托申请

报关企业用户，使用已绑定卡介质的企业管理员账号（法人卡）或企业操作员账号（操作员卡）登录系统后，可以在此模块对委托方发起的委托申请（委托书），进行确认。

点击左侧菜单栏“委托关系管理”→“确认委托申请”，右侧显示界面（如图 4-13 所示）。

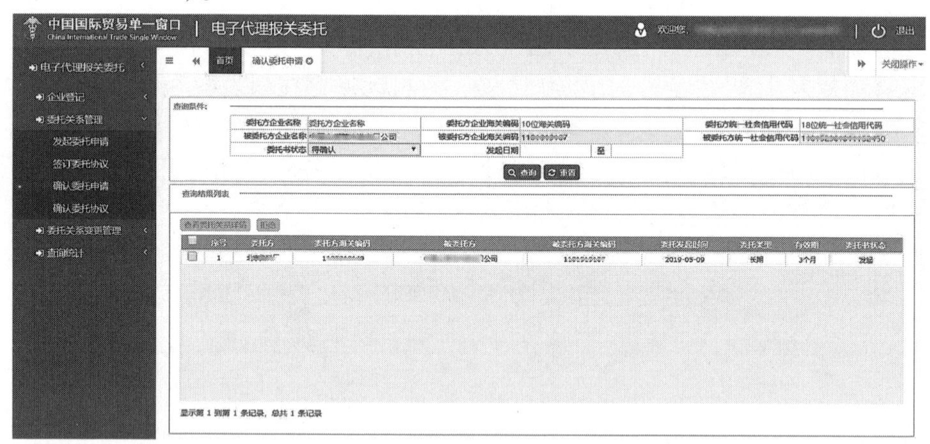

图 4-13　确认委托申请界面（报关企业）

确认委托申请界面中，被委托方企业名称、被委托方企业海关编码、被委托方统一社会信用代码、委托书状态字段为灰色，不可以修改。由系统自动读取当前用户的注册信息或显示固定的内容。

可直接点击“查询”按钮或任意输入、选择委托方企业名称、委托方企业海关编码、委托方统一社会信用代码、发起日期等条件，进行精准查询。

勾选列表中的记录，白色“查看委托关系详情”“拒绝”按钮被点亮，如

图 4-14 所示。

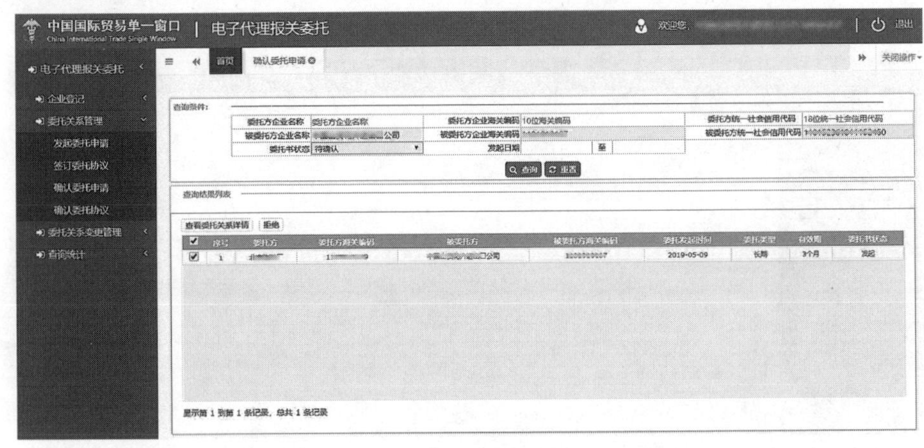

图 4-14　确认委托申请界面（勾选）

“拒绝”表示不同意委托方发起的委托申请（委托书）。多选后，可进行批量拒绝的操作。

勾选一条记录，点击白色“查看委托关系详情”按钮，界面跳转至委托关系（委托书）详情界面（如图 4-15 所示）。该界面的内容只允许查看，不可以修改。

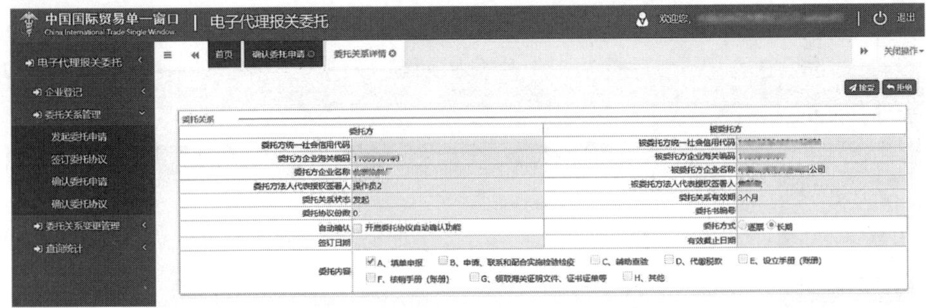

图 4-15　委托关系详情界面

点击右上角蓝色“接受”按钮，同意当前的委托申请（委托书）。同意后，即与界面中的委托方建立了委托关系，可进行后续委托协议等业务操作。如不同意，点击蓝色“拒绝”按钮，即不与委托方建立委托关系。

（四）确认委托协议

报关企业用户，使用已绑定卡介质的企业管理员账号（法人卡）或企业操作员账号（操作员卡）登录系统后，可以在此模块对委托方发起的委托协议，进行确认。

点击左侧菜单栏“委托关系管理”→“确认委托协议”，右侧显示界面（如图 4-16 所示）。

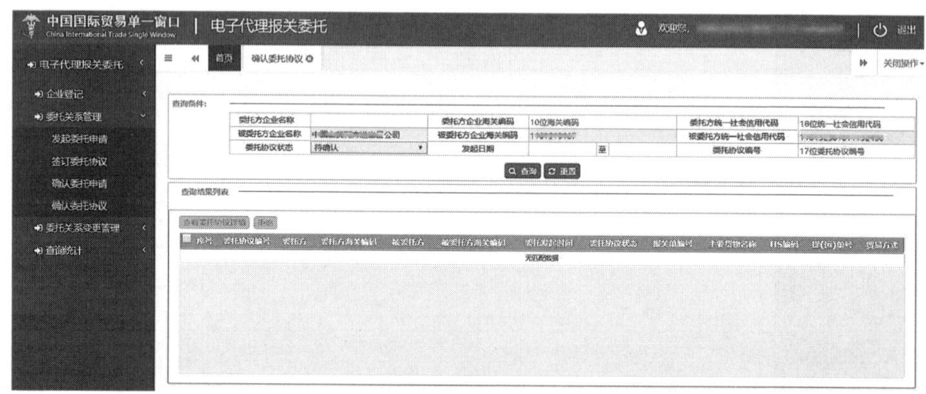

图 4-16 确认委托协议界面（报关企业）

被委托方企业名称、被委托方企业海关编码、被委托方统一社会信用代码、委托协议状态字段为灰色，不可修改。由系统自动读取当前用户的注册信息或显示固定的内容。

可以直接点击“查询”按钮或任意输入、选择委托方企业名称、委托方企业海关编码、委托方统一社会信用代码、发起日期、委托协议编号等条件，进行精准查询。

勾选列表中的记录，白色“查看委托协议详情”“拒绝”按钮被点亮，如图 4-17 所示。

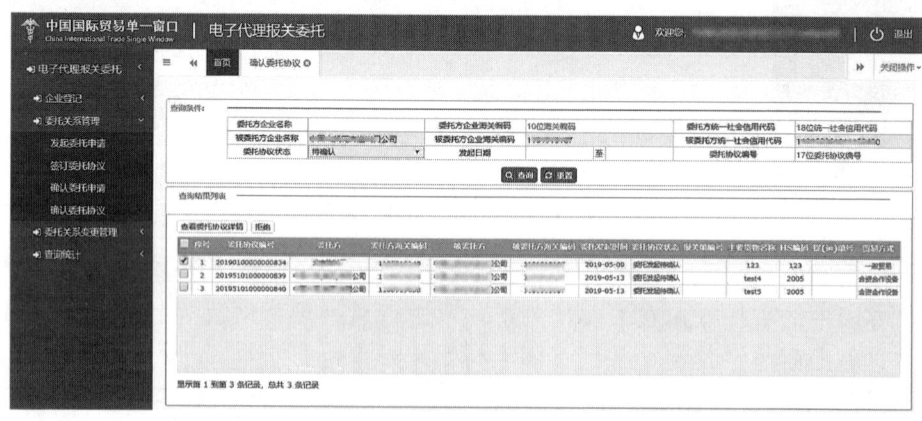

图 4-17 确认委托协议界面（勾选）

“拒绝”即不同意委托方发起的委托协议。多选后，可进行批量拒绝的操作。

勾选一条记录，点击白色“查看委托协议详情”按钮，界面跳转至委托协议详情界面（如图4–18所示）。在此界面内，委托关系部分只允许查看，委托协议部分右侧被委托方的内容，需要填写后再进行接收或拒绝等操作。

图4–18　委托协议详情界面

委托协议详情界面（如图4–19所示）中，如果同时存在多条待确认的委托协议，请选中一条，在下方区域内进行填写。

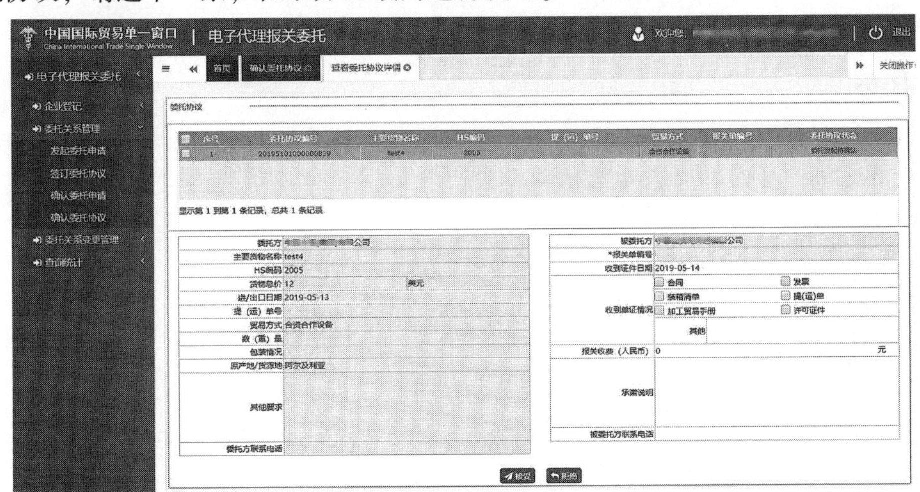

图4–19　委托协议详情界面（填写被委托方信息）

收到证件日期：在弹出的日历框中进行选择。

收到单证情况：根据实际情况进行勾选（可多选），至少勾选一种。

报关收费、承诺说明、被委托方联系电话：这三个字段为非必填项，根据实际情况填写。

录入完毕后，将鼠标置于最后一个字段（被委托方联系电话）内，该字段下边框变为蓝色。此时点击回车键，当前录入的界面变为灰色，如图 4-20 所示，系统自动将所录入的内容保存到列表所选中的委托协议中。

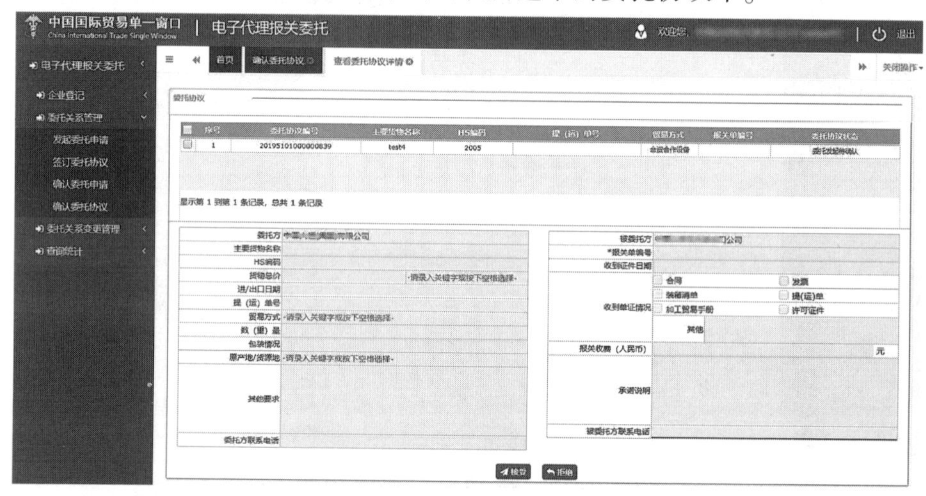

图 4-20　确认委托协议界面（保存协议内容）

在委托协议列表中，可选中任意记录进行查看，确认录入并保存完毕后，可勾选委托协议，点击底部“接受”或“拒绝”按钮继续操作即可。

注意

如未按照上文描述进行操作（没有使用回车键将数据保存、界面未变灰），点击“接受”按钮时，系统可能会弹出“收到证件日期不能为空”等提示。

接受操作成功后的委托协议状态，变为“委托确认已发海关”，等待海关系统接收成功并返回“委托协议可报关”的状态，即可进行代理报关。

委托协议状态的说明，参考“术语定义”部分；查询委托协议，参考“委托协议查询”部分，此处不再赘述。

三、委托关系变更管理

委托双方的委托关系（委托书）状态为“确认”后，如果需要对委托事项内容或有效期进行变更，可在此模块对委托关系进行变更管理等操作。

小提示

已超过有效期的委托关系（委托书），不可在此做变更，需双方重新发起委托申请。

（一）委托关系变更

点击左侧菜单栏“委托关系变更管理”→“委托关系变更”，右侧显示界面（如图 4–21 所示）。

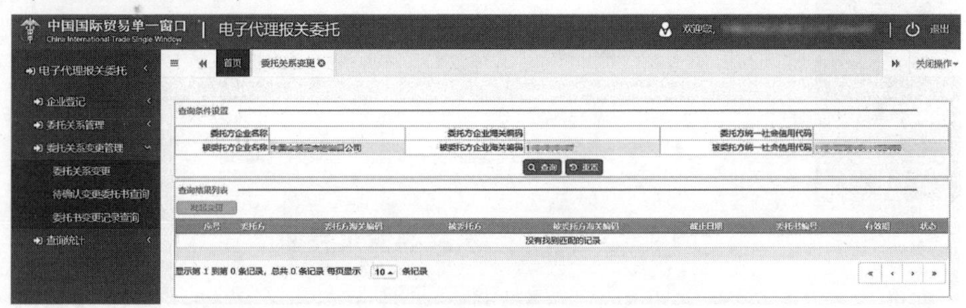

图 4–21 委托关系变更界面（报关企业）

委托关系变更界面中被委托方企业名称、被委托方企业海关编码、被委托方统一社会信用代码字段为灰色，由系统自动读取当前用户的注册信息进行返填。

可以任意输入委托方企业名称、委托方企业海关编码、委托方统一社会信用代码等条件，点击“查询”按钮，进行精准查询。勾选列表中的记录，白色“发起变更”按钮被点亮，如图 4–22 所示。

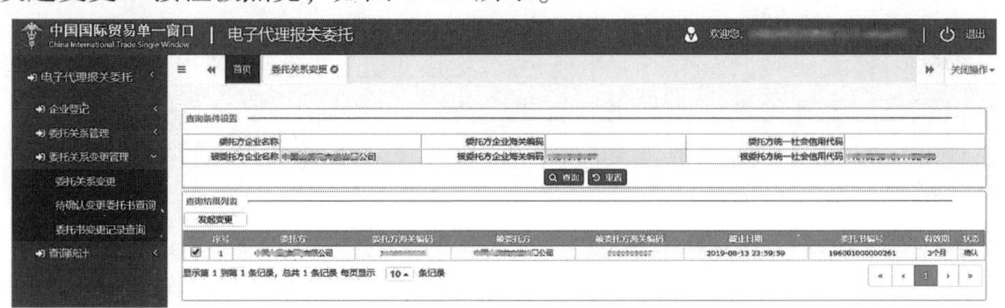

图 4–22 委托关系变更界面（勾选）

小提示

在距有效截止日期 30 天内的委托关系（委托书），才能在此进行变更操作。

勾选一条记录，点击白色“发起变更”按钮，界面跳转至委托关系发起变更界面（如图 4–23 所示）。

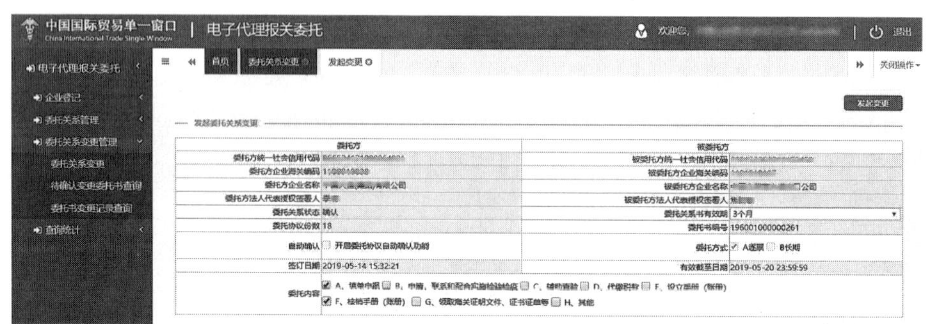

图 4-23　委托关系发起变更界面

在此界面中，灰色字段为不可修改项；委托关系书有效期、委托内容两个字段为可进行变更项。

委托方关系有效期：点击空格键，在下拉菜单中选择（3 个月、6 个月、9 个月、12 个月）。选择相应时长后，待对方确认（同意）本次变更。

小提示

选择相应时长、待对方确认（接受）本次变更后，从对方确认之日开始，有效期限叠加延长所选择的时长。

委托内容：根据实际需要勾选，可多选，也可以取消勾选。

确认内容无误后，点击右上角蓝色“发起变更”按钮，即可向委托方（经营单位）发起委托关系（委托书）变更，待对方确认。

查询发起过的委托关系（委托书），参考“委托书变更记录查询”部分，此处不再赘述。

（二）待确认变更委托书查询

点击左侧菜单栏“委托关系变更管理”→“待确认变更委托书查询”，右侧显示界面如图 4-24 所示。

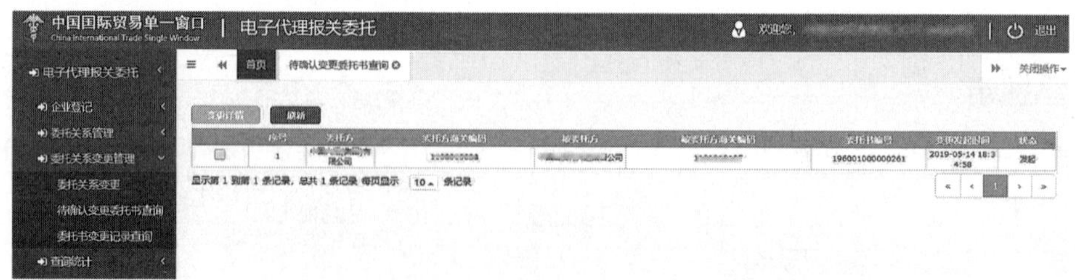

图 4-24　待确认变更委托书查询界面

系统自动获取当前企业待确认的委托关系（委托书）数据，显示在列表中。点击蓝色“刷新”按钮，可以重新查询。

勾选列表中的一条记录，蓝色“变更详情”按钮被点亮。点击“变更详情”按钮，可进入变更详情界面（如图 4-25 所示）。

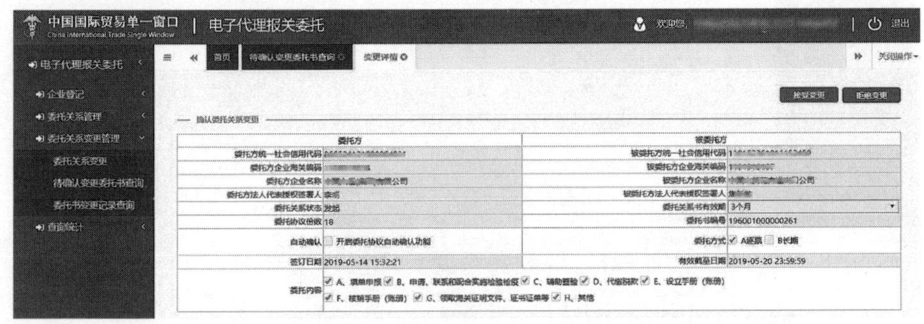

图 4-25　待确认委托书变更详情界面

查看待确认委托关系（委托书）的详情后，可根据实际情况点击蓝色“接受变更”或“拒绝变更”按钮。

如接受变更，对方发起的变更内容即刻生效；如拒绝变更，对方发起的变更内容不生效，可重新发起委托关系变更。

小提示

自确认（接受）本次变更之日开始，有效期限叠加延长所选择的时长。

查询接受或拒绝的委托关系（委托书），参考“委托书变更记录查询”部分，此处不再赘述。

（三）委托书变更记录查询

点击左侧菜单栏“委托关系变更管理”→“委托书变更记录查询”，右侧显示界面如图 4-26 所示。

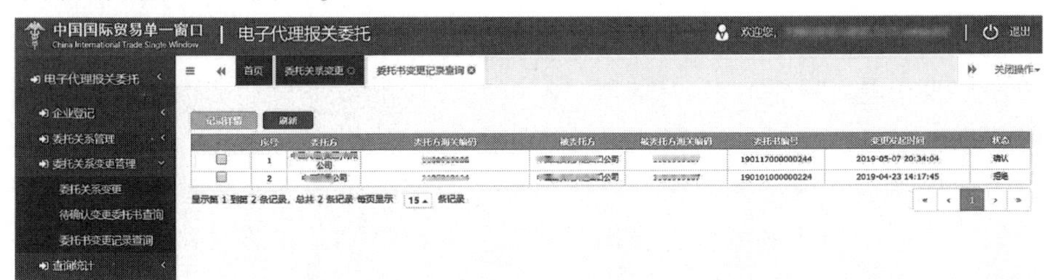

图 4-26　委托关系变更记录查询界面

系统自动获取当前企业的委托关系（委托书）变更记录，展示在列表中。可点击蓝色“刷新”按钮，重新查询变更记录。

勾选列表中的一条记录，蓝色“记录详情”按钮被点亮。点击“记录详情”按钮，进入记录详情界面（如图 4-27 所示），进行查看。

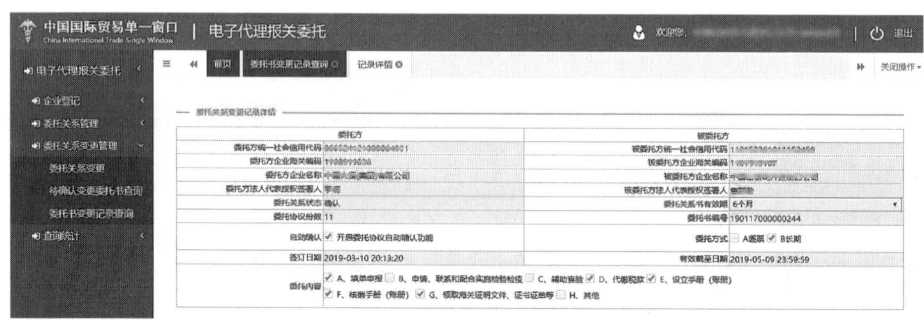

图 4-27　委托关系变更记录详情界面

四、查询统计

在此模块可查询当前登录企业的所有委托关系（委托书）、委托协议数据。

（一）委托关系查询

点击左侧菜单栏“查询统计”→“委托关系查询”，右侧显示界面如图 4-28 所示。

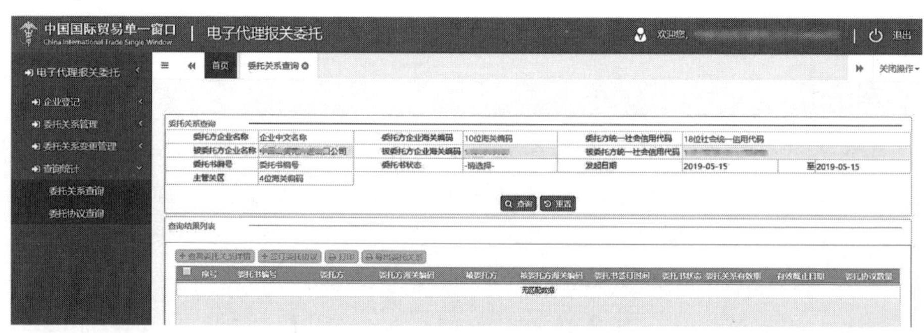

图 4-28　委托关系查询界面（报关企业）

委托关系查询界面中，被委托方企业名称、被委托方企业海关编码、被委托方统一社会信用代码字段为灰色，不可修改，由系统自动读取并返填当前用户的注册信息。

可以任意输入或选择委托方企业名称、委托方企业海关编码、委托方统一社会信用代码、委托书编号、委托书状态、发起日期、主管关区等条件，点击“查询”按钮，进行精准查询。

小提示

如果没有查询到委托关系（委托书），可尝试删除界面内所有白色字段内容，只保留发起日期，重新进行查询。

勾选列表中的记录，白色“查看委托关系详情”“签订委托协议”“打印”

“导出委托关系”按钮被点亮，如图 4-29 所示。

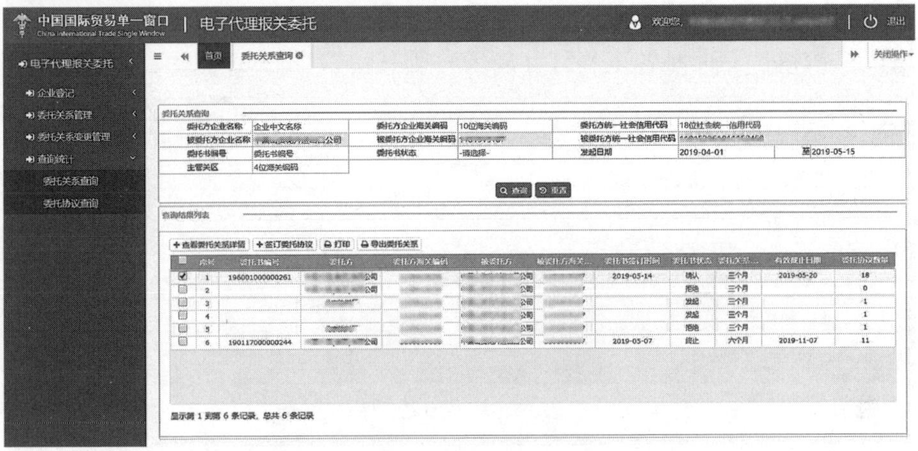

图 4-29　委托关系查询界面（勾选）

小提示

若列表中记录的底色为黄色，则代表该委托关系（委托书）距离有效截止日期小于 30 天，提醒用户及时对委托关系进行变更。

注意

只有委托书为“确认”状态时，才能点击白色“签订委托协议”按钮；委托书状态为“发起”“拒绝”“终止”“作废”等状态时，该按钮为灰色，不能点击操作。

1. 查看委托关系详情

在委托关系查询界面列表中勾选任意一条记录，点击白色“查看委托关系详情”按钮，进入详情界面（如图 4-30 所示），可查看委托关系。

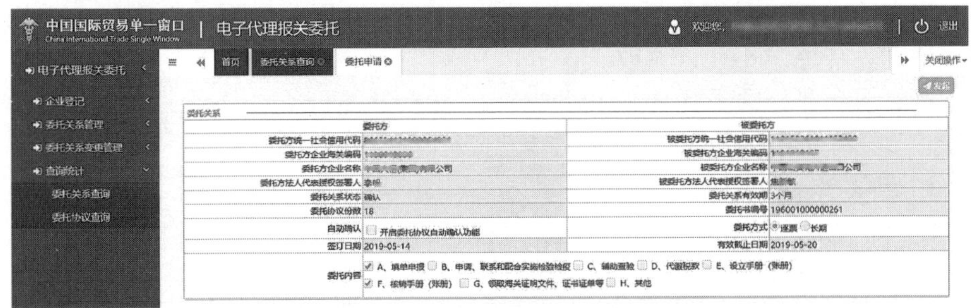

图 4-30　查看委托关系详情界面

2. 签订委托协议

勾选委托关系查询界面列表中状态为“确认”的记录，点击白色“签订委托协议”按钮，界面跳转至签订（新增）委托协议界面（如图 4-31 所示）。

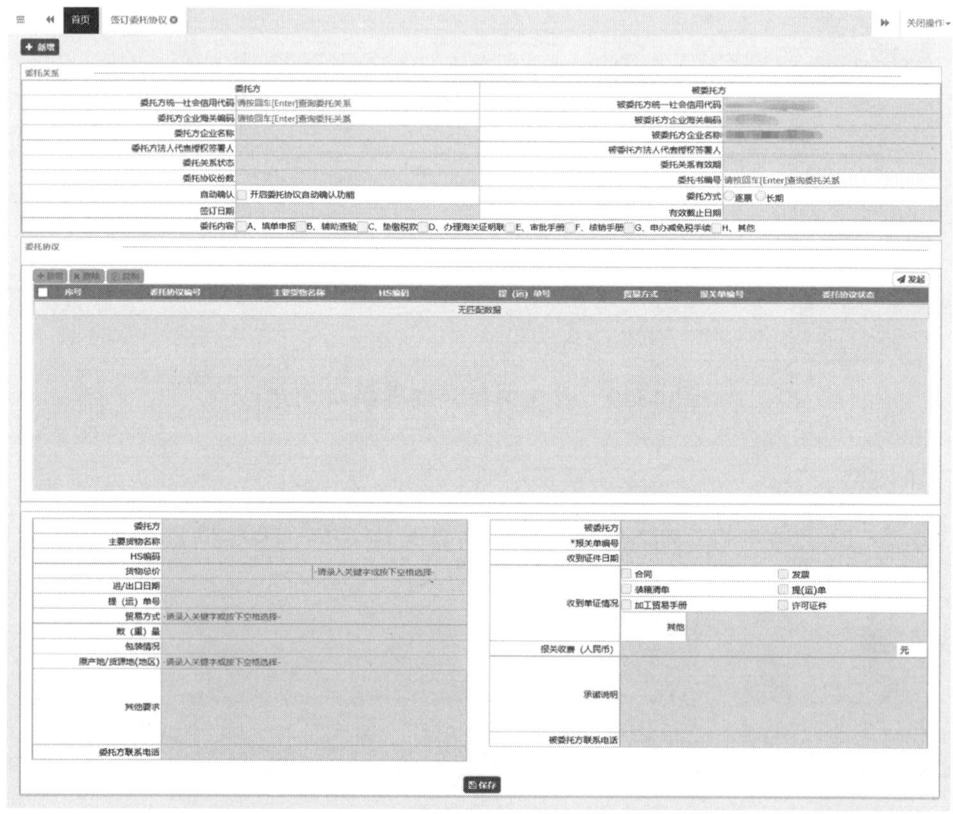

图 4-31　签订委托协议界面（报关企业）

签订委托协议界面分为委托关系与委托协议两部分。因上一步是由“确认”状态的委托关系（委托书）进入的当前界面，因此界面上半部分（委托关系）全部为灰色，不允许修改。

界面下半部分的委托协议相关操作，可参考签订委托协议的“委托协议”部分。

3. 打印

任何状态的代理报关委托书，都可以进行打印操作。

勾选一条或多条记录，点击白色“打印”按钮，界面弹出打印预览界面（如图 4-32 所示）。

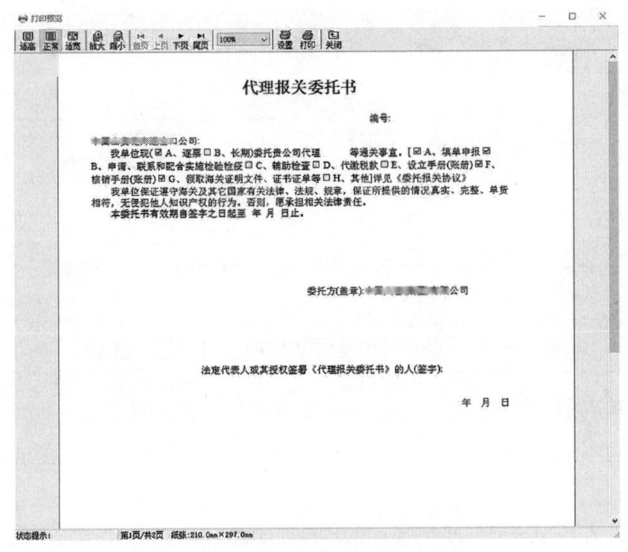

图 4-32　委托书打印预览界面

如果勾选了多条记录，在委托书打印预览界面中可点击“下页”“尾页”“首页”“上页”按钮进行切换查看；还可以点击“适高”“正常”“适宽”“放大”“缩小”按钮调整预览效果。点击“设置”按钮，调整打印机设置。预览无误，点击“打印”按钮进行打印操作。

4. 导出委托关系

任何状态的代理报关委托书，都可以进行导出委托关系操作。

勾选一条或多条记录，点击白色“导出委托关系”按钮，系统自动以 Excel 格式进行导出，并保存在浏览器默认的文件夹中。

小提示

在多数浏览器中，都可以通过快捷键“Ctrl+J”，调出下载详情。

（二）委托协议查询

点击左侧菜单栏“查询统计”→“委托协议查询”，右侧显示界面如图 4-33所示。

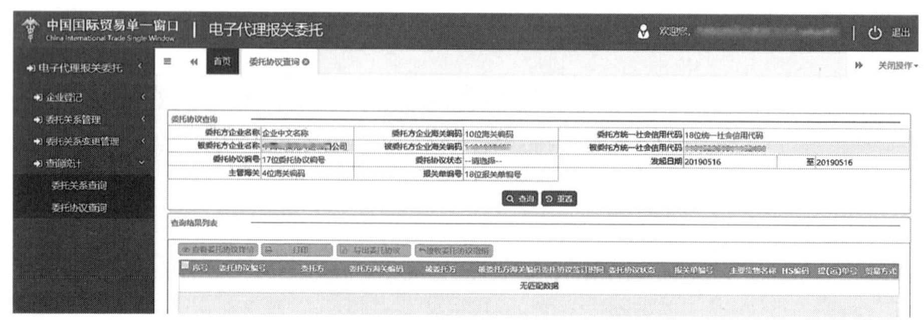

图 4–33　委托协议查询界面（报关企业）

委托协议查询界面中，被委托方企业名称、被委托方企业海关编码、被委托方统一社会信用代码字段为灰色，不可修改，由系统自动读取并返填当前用户的注册信息。

可以任意输入或选择委托方企业名称、委托方企业海关编码、委托方统一社会信用代码、委托协议编号、委托协议状态、发起日期、主管海关、报关单编号等条件，点击“查询”按钮，进行精准查询。

小提示

输入的发起日期时间范围，不能超过 7 天。

如果没有查询到委托协议，可尝试删除界面内所有白色字段内容，只保留发起日期，进行查询。

勾选列表中的记录，白色“查看委托协议详情”“打印”“导出委托协议”“接收委托协议撤销”按钮被点亮。

“查看委托协议详情”“打印”“导出委托协议”按钮的更多操作，可参考“委托关系查询”部分，此处不再赘述。

勾选列表中状态为“委托撤销待确认”的记录，点击白色“接收委托协议撤销”按钮，同意经营单位发起的撤销。

发起撤销操作，参考“发起委托协议撤销”部分，此处不再赘述。

第五章　预约通关

第一节　业务简介

为营造良好营商环境，提供更为便捷的通关服务，海关将推行“预约通关”互联网模式。

一、适用情形

进出口收发货人或其代理人（失信企业除外），遇下列情形之一，需在海关正常办公时间以外办理通关手续的，可以向海关提出预约通关申请：

1. 国家紧急救灾救援物资、危险货物；
2. 鲜活、冷冻、易变质腐烂的需紧急通关的货物；
3. 其他经海关认可确有需要紧急验放的货物。

海关在正常办公时间内受理预约通关申请，企业需提前 24 小时提出申请，高级认证企业提前 8 小时。

二、操作方式

申请人统一登录“单一窗口”系统或者“互联网+海关”一体化网上办事平台使用“货物通关”模块的“预约通关”功能，在线填写并提交预约通关申请。海关在线反馈受理结果。

特殊情形下，申请人在现场递交加盖企业印章的纸质《预约通关申请单》，由海关按应急处置方式协调办理。

三、取消预约

海关同意预约通关申请后，企业因故取消预约的，需及时联系海关，并于事后 5 日内提交情况说明。

第二节　基本操作

预约通关

此模块主要实现企业预约通关申请、申请单状态查询、预约申请取消、违约情况说明上传、口岸工作时间查询等功能。

小提示

使用预约通关，当前登录的账号必须已经绑定了 IC 卡或 iKey，或直接使用卡介质登录。

（一）预约申请

点击左侧菜单栏“预约申请”进入录入界面。录入界面（如图 5-1 所示）由预约申请基本信息、商品名称及 HS 编码、预约通关报关单号反馈三部分组成。

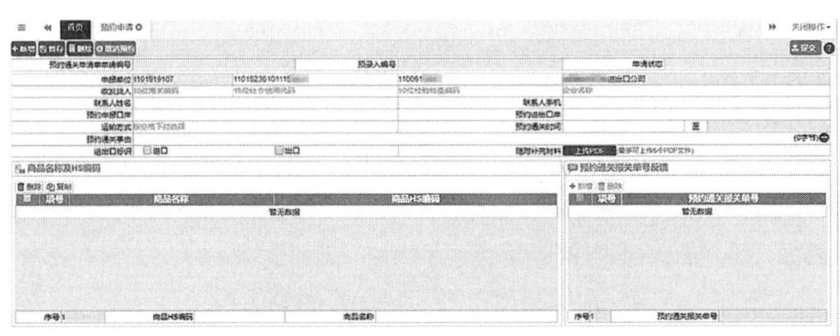

图 5-1　预约申请界面

系统自动判断预约申请界面中的“申报单位”与“收发货人”两个主体的资质，申报时系统取较低的等级资质。企业信用等级按高级认证企业为高级企业、注册登记和备案企业为一般企业划分。

失信企业禁止申请预约通关。如果当前登录的卡介质属于失信企业，系统将弹出“失信企业不允许操作”的提示。如果当前登录的卡介质属于非失信企业，但是在预约申请界面“收发货人”录入了失信企业的 10 位海关编码，系统也会弹出“失信企业不允许操作”的提示。

将预约申请表头、商品名称及 HS 编码信息录入完成后，点击右上角蓝色“提交”按钮向海关申报。海关审批通过后，用户需在所预约的时间后 5 天内反馈预约通关报关单号，在预约通关报关单号反馈部分录入相关预约通关报关单号（必须保证预约通关的进出口标记与预约通关申请单数据，申报单位、收发货人、预约申请申报口岸、进出口岸与报关单数据一致，报关单号申报日期要晚于预约申请单提交日期）。点击蓝色“提交”按钮，向海关反馈预约通关报关单号。

小提示

本系统仅适用于非海关工作时间内的通关申请，无法预约法定工作时间。

1. 预约申请基本信息

预约申请基本信息界面（如图 5-2 所示）中录入的基本信息如下。

图 5-2　预约申请基本信息界面

（1）预约通关申请单申请编号：企业收到“审批通过”回执后，由系统自动生成并返填，不可编辑。

（2）申报单位（10 位海关编码、18 位社会信用代码、10 位检验检疫编码、企业名称）：系统读取登录卡介质内的 10 位海关编码，自动返填其余三项信息。

（3）预录入编号、申请状态：字段灰色，不可编辑，暂存后由系统自动生成。

（4）收发货人（10 位海关编码、18 位社会信用代码、10 位检验检疫编码、企业名称）：用户手工录入收发货人的 10 位海关编码，系统自动返填其余三项信息。

（5）联系人、联系人手机：如实填写相关信息。

（6）预约申报口岸、预约进出口岸：录入预约申报的口岸。输入中文名称或 4 位口岸数字代码，支持模糊搜索。

（7）运输方式：录入运输方式的名称，或点击空格键在下拉菜单中选择。

（8）预约通关时间：只需填写开始时间，截止时间由系统自动生成（预约通关时间开始时间+两小时）。

（9）预约通关事由、进出口标识：根据实际业务需求填写或勾选。

（10）随附补充材料：点击蓝色“上传 PDF”按钮，在随附单据编辑界面中点击“添加文件”按钮，系统弹出选择文件界面，选中文件，点击“打开”按钮后，再点击“上传/保存”即可。随附补充材料最多上传 5 个附件。

2. 商品名称及 HS 编码

商品名称及 HS 编码信息需要根据实际业务需求填写，商品名称所有字符长度相加不得超过 4000 字符。商品名称及 HS 编码界面（如图 5-3 所示）中录入的基本信息如下。

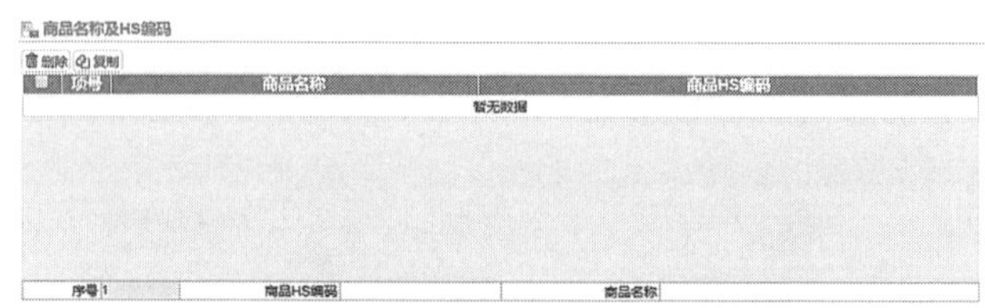

图 5-3　商品名称及 HS 编码界面

（1）序号：由系统返填，不可修改。

（2）商品 HS 编码：手工录入至少 4 位数字的商品 HS 编码，点击回车键，弹出商品列表，如图 5-4 所示。

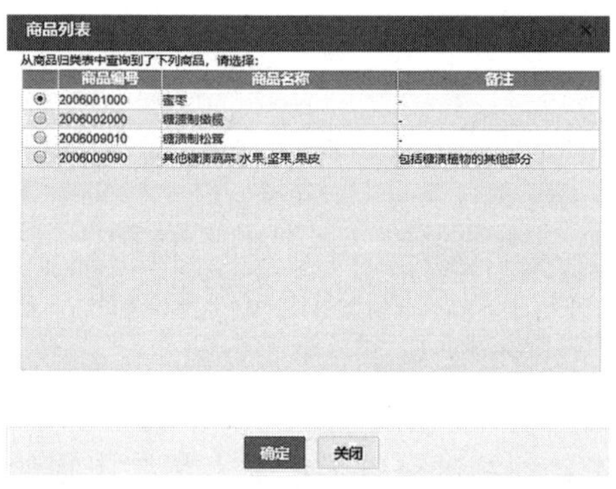

图 5-4　商品名称及 HS 编码界面

（3）商品名称：根据选择的商品 HS 编码进行返填，可手工修改。录入商品名称后，点击回车键，将录入的商品信息返填到上方列表中，如图 5-5 所示。

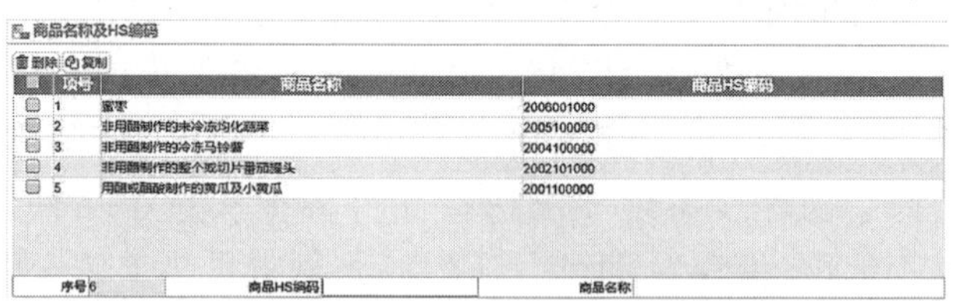

图 5-5　保存商品界面

3. 预约通关注意事项

如有以下情况，将禁止企业进行新增预约操作：申报企业或收发货人企业无报关资质；申报企业或收发货人企业为失信企业；申报企业或收发货人企业存在“I-通关完成未反馈”状态。

预约通关时间需注意必须是海关非工作时间；申报地海关与进出口海关不同的，应最迟在预约通关时间前的最后一个海关工作日结束前 24 小时提出预约申请，高级认证企业可放宽至前 8 小时；申报地海关与进出口海关相同的，应最迟在预约通关时间前的最后一个海关工作日结束前 8 小时提出预约申请，高级认证企业可放宽至前 4 小时。

4. 预约通关报关单号反馈

预约通关申请审批通过后，在预约通关报关单号字段填写相关预约通关报关单号，点击“新增”按钮可录入多票报关单号（报关单票数不得超过 50 票）。

预约通关报关单号反馈界面（如图 5-6 所示）操作方式与商品名称相同，录入报关单号后点击回车键，将预约通关报关单号返填至上方列表。

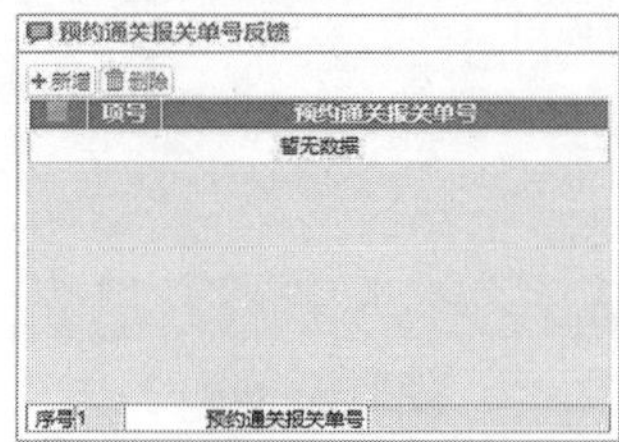

图 5-6　预约通关报关单号反馈界面

小提示

预约通关报关单号的长度为 18 位，系统根据所填写的预约通关报关单号，自动校验报关单信息与预约通关申请填写的信息。如果比对不一致，申报时系统可能会弹出相应提示。

5. 预约通关取消

在企业预约约定时间前，企业可以随时取消预约通关。预约通关申请申报后，当数据为“已受理”“预约成功”状态时，可在预约申请界面上方点击蓝色“取消预约”按钮以申请取消预约。“未受理”“退单”“超过预约时间”状态的预约申请单不可取消。

6. 情况说明

首次进入预约申请界面时，没有情况说明模块。预约通关申请的数据审批通过之后，预约申请界面才会出现“情况说明”录入框。

海关审批通过后，企业需在所预约的时间后 5 天内反馈预约通关报关单号。没有通过“单一窗口”反馈预约通关报关单号的，可在情况说明模块（如图 5-7 所示），输入需要向海关说明的申报信息，也可按照海关要求上传 PDF 资料。

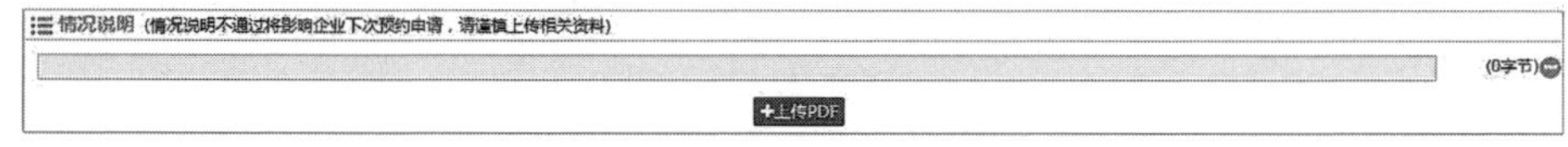

图 5-7　情况说明界面

点击蓝色“上传PDF”按钮，在弹出的情况说明编辑界面（如图5-8所示）中点击“添加文件”按钮，系统弹出选择文件界面。选中文件，点击“打开”按钮，进行上传/保存。确认无误后点击“提交”按钮向海关申报。

情况说明模块只允许上传1个附件。

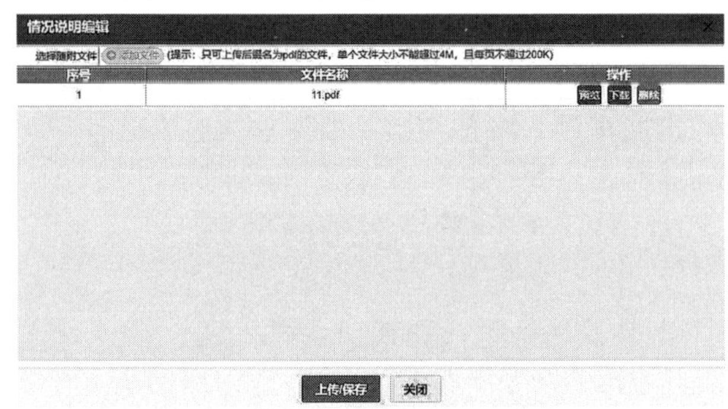

图5-8 情况说明编辑界面

小提示

预约通关申请审批后未反馈预约通关报关单号的，只能在此向海关发送一次情况说明，请务必谨慎操作。

（二）预约通关查询

此模块可通过选择企业类别、申请时间等条件检索企业通过“预约申请”提交的申请信息。选择企业类别后，录入申请时间段即可快速查询相关信息；也可以通过选择收发货人、状态、预约时间检索条件进行精准查询。

点击左侧菜单栏“预约查询”→“预约通关查询”，进入预约通关查询界面。在企业类别字段，点击空格键调出下拉菜单，选择“A-申请单位”或“B-收发货人”。申请单位字段，由系统自动获取当前登录卡介质内的10位海关编码。当企业类别选择了“B-收发货人”时，收发货人字段必须填写预约申请数据中的收发货人代码。在状态字段，点击空格键调出下拉菜单，可选择相应状态。申请时间、预约时间字段，可选择开始时间和结束时间，时间区间不得超过15天，选择后点击“查询”按钮，进行查询；或者录入预约申请的“预录入编号”，进行查询，查询结果如图5-9所示。

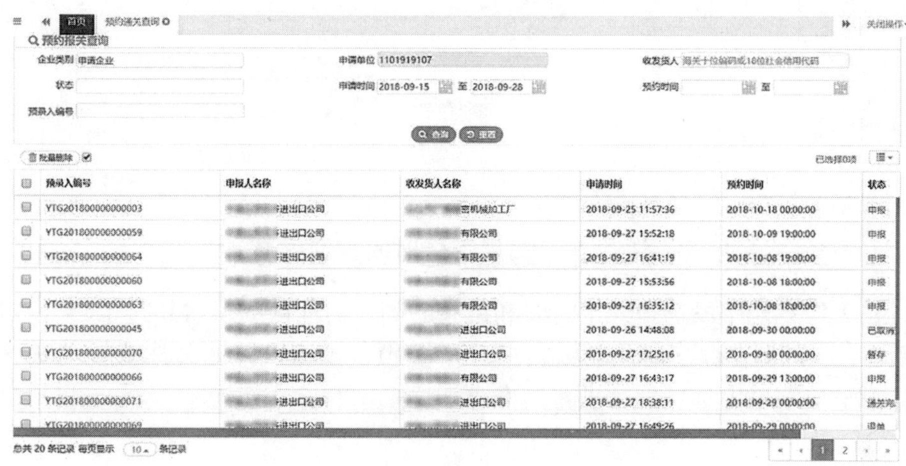

图 5-9　预约通关查询结果界面

小提示

企业类别字段为必填项，企业类别选择为“B-收发货人”时，需输入收发货人代码。申请时间及预约时间的查询跨度不超过 15 天。

1. 查看回执

点击预约通关查询结果界面列表中状态栏的蓝色字样，界面下方显示回执列表。可将鼠标移至界面下方滚动鼠标滑轮查看详细回执；点击“刷新”按钮可获取最新回执；点击“关闭”按钮可关闭回执列表。

2. 修改和继续申报

点击预录入编号的某条蓝色字样，界面跳转至预约申请详情界面，可以修改“暂存”状态的信息后重新申报；也可以针对所选数据不同的状态，通过界面的预约通关报关单号反馈、情况说明模块分别进行预约通关报关单号申报、情况说明申报。

3. 批量删除

可勾选一条或者多条“暂存”状态的信息，点击“批量删除”按钮删除预约申报信息。

（三）口岸工作查询

通过此模块可以查询各口岸海关工作时间。

点击左侧菜单栏“预约查询”→“口岸工作时间查询”，进入查询界面（如图 5-10 所示）。

图 5-10　口岸工作时间查询界面

在工作日期字段选择开始时间和结束时间，时间区间不得超过 15 天，点击“查询”按钮，进行查询；也可以在口岸编码字段输入关区名称或 4 位关区代码，在下拉菜单中选择后，进行精准查询。

小提示

查询内容不显示海关口岸非工作时间，如表内未查到口岸工作时间，请联系口岸或海关更新工作日历。

第六章　减免税申报

第一节　业务简介

减免税是对某些纳税人或课税对象的鼓励或照顾措施。减税是减征部分应纳税款；免税是免征全部应纳税款。减税、免税规定是为了解决按税制规定的税率征税时所不能解决的具体问题而采取的一种措施，是在一定时期内给予纳税人的一种税收优惠，同时也是税收的统一性和灵活性相结合的具体体现。

一、减免税的分类

（一）法定减免

由各种税的基本法规定的减税、免税都称为法定减免。它体现了该种税减免的基本原则规定，具有长期的适用性。法定减免必须在基本法规中明确列举减免税项目、减免税的范围和时间。例如，现行《中华人民共和国增值税暂行条例》明确规定：农业生产者销售的自产农业产品、避孕用品等免税。

（二）临时减免

临时减免又称“困难减免”，是指除法定减免和特定减免以外的其他临时性减税、免税，主要是为了照顾纳税人的某些特殊的、暂时的困难，而临时批准的一些减税免税。它通常是定期的减免税或一次性的减免税。如纳税人遇有风、火、水等自然灾害或其他特殊原因，纳税有困难的，经税务机关批准后，可给予定期的或一次性的减税、免税照顾。

（三）特定减免

特定减免是根据社会经济情况发展变化和发挥税收调节作用的需要而规定的减税、免税。特定减免主要有两种情况：一是在税收的基本法确定以后，随着国家政治经济情况的发展变化所作的新的减免税补充规定；二是在税收基本法，不能或不宜一一列举，而采用补充规定的减免税形式。以上两种特定减免，通常是由国务院或作为国家业务主管部门的财政部、国家税务总局、海关总署作出的规定。特定减免可分为无限期的和有限期的两种。大多特定减免都是有限期的，减免税到了规定的期限，就应该按规定恢复征税。

二、减免税的形式

（一）税基式减免

税基式减免是通过缩小计税依据方式来实现税收减免。具体应用形式有设起征点、免征额和允许跨期结转等。

（二）税率式减免

税率式减免是指通过降低税率的方式来实现税收的减免。

（三）税额式减免

税额式减免是指通过直接减免税收的方式来实现税收减免，具体包括全额免征、减半征收、核定减征率和核定减征额等。

三、减免税申请所需要的资料

（一）纳税人申请

纳税人申请减免税必须向主管税务机关提供以下书面资料：

1. 减免税申请报告，包括减免税的依据、范围、年限、金额，企业的基本情况等。

2. 填写《政策性减免税申请表》等相关减免税申请表。

3. 纳税人的财务会计报表。

4. 工商执照和税务登记证件的复印件。

5. 根据不同减免税项目，税务机关要求提供的其他材料。

（二）企业纳税人

如企业所得税政策性减免税申请，各具体减免税项目还应分别提供下列资料：

1. 高新技术企业：高新技术企业认定证书；开办后最早获利年度及最早获利前一年度的财务会计报表。

2. 在“老、少、边、穷”地区新办企业：国务院或省政府批复认定“老、少、边、穷”地区文件。

3. 受灾企业：受灾证明材料。

4. 劳服企业：劳服企业认定证书；劳服企业年检合格证；待业证、失业证、富余证等有关待业人员证明；企业职工工资表等可以说明企业在职职工人数的凭证；安置比例计算及附加说明。

5. 国有企业兴办第三产业安置富余职工：有关人员下岗正式文件；富余证、待业证等证明件；企业职工工资表等可说明企业在职职工人数的凭证；安置比例计算及附加说明。

6. 校办企业：校办企业认定证书；企业非承包性质的证明材料；企业上缴主管部门或学校利润的财务凭证。

7. 福利企业：福利企业认定证书；福利企业年检合格证；“四残”人员证明件；企业基本情况表，包括残疾职工工种安排表、企业职工工资表、利润分配使用表、残疾职工名册。

纳税人按上述规定报送资料不全的，税务机关应限期要求其补报；逾期不补或补报不全的，视为不符合享受减免税条件，有权审批税务机关不予审批。

税务机关应随时受理纳税人的减免税申请，但企业所得税减免税受理的截止日期为年度终了后的两个月内。逾期减免税申请不再受理，视同自行放弃享受减免税优惠。

进出口货物税收减免又分为鼓励项目、海关特殊监管区域物品、国批减免物品、科教用品等，具体情况可参考各直属海关门户网站的办事流程。

第二节　基本操作

一、减免税申请

享受减免税优惠政策的企业通过“单一窗口”录入减免税申请数据向海关申报，海关接收申报数据后进行审核，并将审核结果反馈至“单一窗口”，企业可在“单一窗口”查看审核回执。

使用企业操作员 IC 卡或 iKey 登录系统，点击左侧菜单栏“减免税申报”→“减免税申请”，展开业务菜单（如图 6-1 所示）。

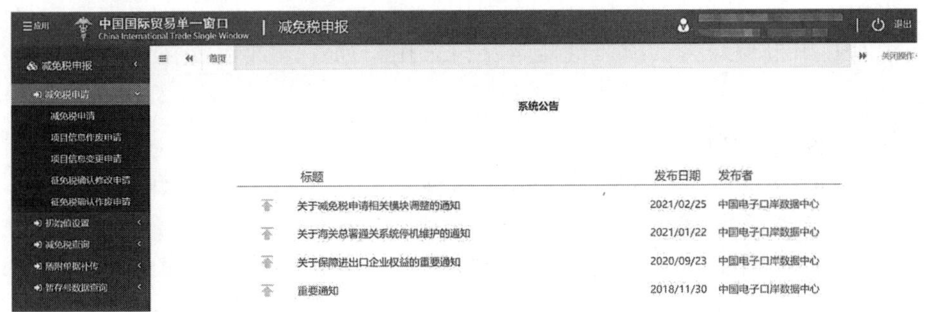

图 6-1　减免税申请主界面

（一）减免税申请

企业操作员可以在此模块录入减免税申请各项内容，实现减免税表和项目的一次录入、一次申报，录完后点击“申报”按钮，等待海关审核。

点击左侧菜单栏中“减免税申请”→“减免税申请”，右侧显示界面（如图 6-2 所示）。

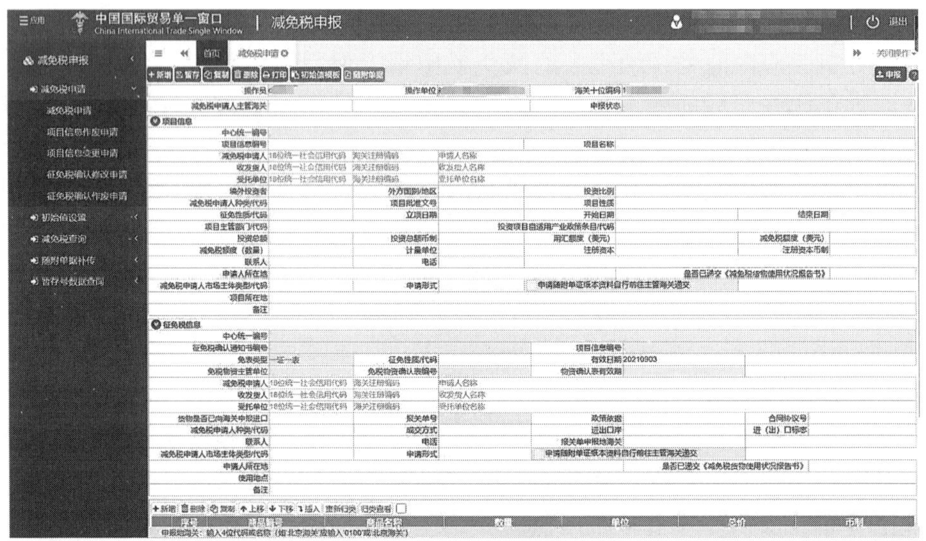

图 6-2　减免税申请界面

界面中，灰色字段为返填项，无须用户录入；黄色字段为必填项，用户需如实填写；申报地海关、项目性质等字段，用户通过录入代码在下拉参数表中选择。

1. 项目信息特殊字段说明

（1）操作单位、操作员、海关十位编码：只读项，系统根据 iKey 自动生成。

（2）减免税申请人主管海关：4 位数字，系统根据 iKey 默认返填，但可以更改；或者根据《关区代码表》输入。

（3）减免税申请人海关注册编码：对于具有进出口资格的货主单位，输入货主单位在海关备案的 10 位编码；对于没有进出口资格的货主单位，则不需录入。

（4）中心统一编号：18 位数字，暂存时由系统自动生成。

（5）项目信息编号：企业可自行录入，如数据库中已有项目信息，则返填投资项目信息（返填信息是否可修改依据项目状态判断）；若为空，暂存时由系统自动生成；若征免性质为“789：鼓励项目”，则项目信息编号字段不能为空。

（6）项目名称：项目的立项名称，最长 127 个汉字（255 字符）。

（7）收发货人、受托单位：非必填项，填写企业统一社会信用代码，18 位字符。

（8）境外投资者：输入境外投资者的单位名称，最长 30 个字符。

（9）外方国别/地区：输入汉字、英文或3位数字的国别地区代码；也可参照《国别（地区）代码表》输入。若录入汉字则必须校验其是否为合法国别代码。

（10）投资比例：输入分数，即中方/外方，格式如14/86，49/51，最多可输入5个字符。

（11）减免税申请人种类/代码：输入1位企业种类代码（1位数字），或点击空格键调出企业种类代码参数选择。

（12）项目批准文号：项目主管部门批准该项目立项的文件编号，最长255个字符。

（13）项目性质：输入项目性质代码（1个字母）或点击空格键，调出《项目性质代码表》选择。

（14）征免性质/代码：必填项，输入1位数字，或点击空格键调出《征免性质代码表》选择。

（15）立项日期：必填项，8位数字，格式如20010101。项目立项日期早于或等于开始日期。

（16）开始日期：必填项，8位数字，格式如20010101。项目开始日期早于或等于结束日期。

（17）结束日期：必填项，8位数字，格式如20010101。

（18）项目主管部门/代码：4位字符，格式是“大写字母（1位）+数字（3位）”。其中，大写字母可选项有A、B、C、D、E、F、G，也可输入首位大写字母调出《部门代码》选择。

（19）投资项目自适用产业政策条目/代码：对于有项目确认书的项目备案，必须填写此项；对于其他项目备案，则无须填写。填写5位字符，格式是“大写字母/数字（1位）+数字（4位）”，可输入首位大写字母，或点击空格键调出参数选择。

（20）投资总额：必填项，最长15位数字。

（21）投资总额币制：必填项。本字段应根据实际成交情况按海关规定的《货币代码表》选择填报相应的货币名称或代码。输入3位货币代码（3位数字），或点击空格键调出《货币代码表》选择。如果《货币代码表》中无实际成交币种，应根据外汇管理局的规定，转换后填报。

（22）用汇额度（美元）：最长15位数字。

（23）减免税额度（美元）、减免税额度（数量）：最长15位数字。要注意减免税额度小于等于用汇额度。

（24）计量单位：输入3位计量单位代码（3位数字），或点击空格键调出《计量单位代码表》选择。

（25）注册资本：最长15位数字。

（26）注册资本币制：输入3位货币代码（3位数字），或点击空格键调出《货币代码表》选择。

（27）联系人：必填项，输入联络人姓名，最长30个字符。

（28）电话：手机号码，最长11位数字。

（29）申请人所在地：必填项，最长255个字符。

（30）是否已递交《减免税货物使用状况报告书》：必填项，通过下拉在参数表中选择。

（31）减免税申请人市场主体类型/代码：通过下拉在参数表中选择。

（32）申请形式：通过下拉在参数表中选择（0-无纸，1-有纸）。选择“0-无纸”，“随附单据”按钮被点亮；选择“1-有纸”，自动勾选“申请随附单证纸本资料自行前往主管海关递交”按钮。

（33）项目所在地：必填项，最长512个字符（256个汉字）。

（34）备注：非必填项，最长255个字符。根据主管海关的要求输入有关内容，可以根据具体情况灵活运用，以便充分利用现有程序中有限的空间。

输入完表头中的备注字段，点击回车键即暂存表头数据，进入表体的输入界面。

2. 征免税信息特殊字段说明

（1）中心统一编号：18位数字，暂存时由系统自动生成。

（2）征免税确认通知书编号：默认置灰，海关返回时自动返填。

（3）免表类型：默认置灰，由系统自动生成。项目信息编号填有数值时，免表类型则为“有备案无清单”；项目信息编号为空时，免表类型则为“一证一表”。

（4）征免性质/代码：该字段与免表类型相关联，返填投资项目信息模块中的“征免性质/代码”，企业不可修改，由系统依据项目信息内容更新；仅填写免表类型，无项目信息时，企业自行录入，可修改。

（5）有效日期：必填项，填报项目结束日期，8位数字，格式如20010101。

（6）免税物资主管单位：默认置灰。如征免性质/代码字段为“606-海洋石油”，此字段提供下拉参数表供选择。

（7）免税物资确认表编号：默认置灰。如免税物资主管单位字段有值且为“1-中国海洋石油集团有限公司”，此字段可供企业录入。

（8）报关单号：默认置灰。如货物是否已向海关申报进口字段为“是”时，此字段为必填项。

（9）合同协议号：最长20个字符。

（10）政策依据：输入相应的审核依据文件号，如署税（1997）1062号文。最长255个字符。

（11）成交方式、是否已递交《减免税货物使用状况报告书》：在下拉参数表中选择。

3. 表体各项信息具体填制规范

（1）商品名称：应输入中文。若输入的商品名称在“商品归类表”中有对应项，则点击回车键时系统可检索出所有对应的商品税号供录入员选择。

（2）商品编号：按海关规定的《商品分类编码规则》确定的进出口货物的商品税号。在输入商品名称并确定商品税则归类后，计算机可自行调入或直接输入 8 位商品税号。

（3）商品规格型号：最长 30 位字符。

（4）申报数量：输入进出口货物的成交数量。最长 15 位数字。

（5）申报计量单位：输入 1 位数字，从弹出的《计量单位代码表》中选择；输入 3 位数字可直接填写计量单位。

（6）法定数量：输入商品税号后，如申报计量单位与法定计量单位相同，系统自动复制申报数量并填入；如申报计量单位与法定计量单位不同，则需手工录入相应数量。

（7）法定计量单位、第二计量单位：默认置灰，输入商品税号后，由系统自动返填。

（8）第二数量：商品的第二数量选定某些商品时是可填的，如 2201；其他非特殊情况下默认置灰，不用填写。

（9）成交总价：最长 15 位数字。

（10）币制：本字段应根据实际成交情况按海关规定的《货币代码表》选择填报相应的货币名称或代码。输入 3 位数字，或点击空格键调出《货币代码表》选择。如果《货币代码表》中无实际成交币种，应根据外汇管理局的规定，转换后填报。

（11）原产国（地区）：输入 3 位数字，可直接读取国别/地区名称，如中国应输入“142”或“中国”；或输入 1 位数字，从弹出的《国别代码表》中选择。

4. 操作按钮说明

（1）新增：点击“新增”按钮，可创建新的减免税申请。

（2）暂存：点击“暂存”按钮，对当前录入的信息进行暂存，其中，申报地海关和征免性质为必填项。在暂存时，如有必填项未录入，会有相关提示。

（3）随附单据：申报方式为“0-无纸”时，需要上传随附单据。点击减免税申请界面上方蓝色“随附单据”按钮，系统弹出提示框（如图 6-3 所示），用户根据实际情况选择。点击“备案随附单据上传”按钮，界面如图 6-4 所示。

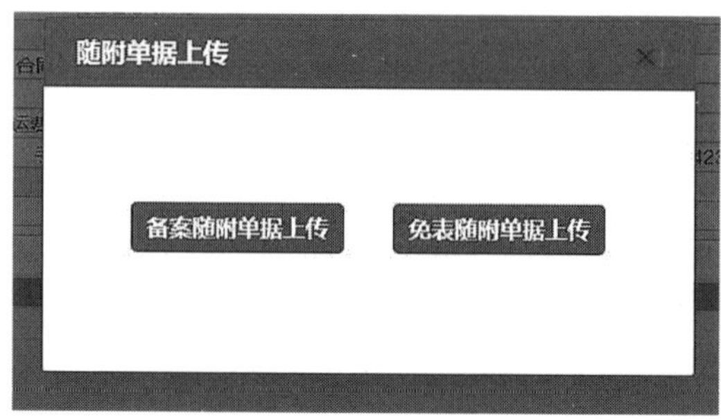

图 6-3　随附单据上传类型选择界面

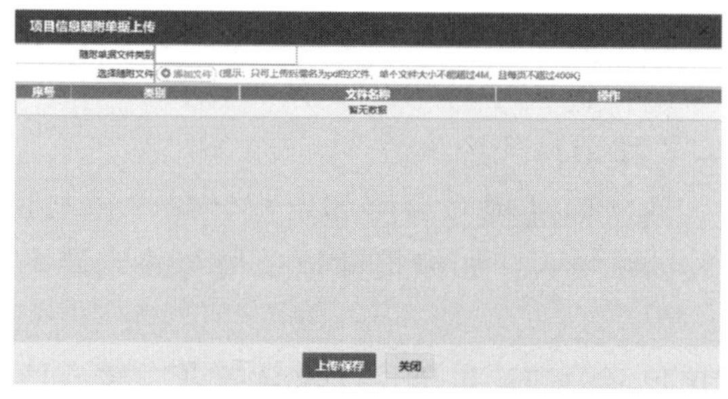

图 6-4　备案随附单据上传界面

（4）申报：填写完毕并暂存后，点击“申报”按钮，界面弹出“申报成功”的提示，代表申报成功。

（5）删除：用户可对“暂存”状态的减免税申请数据进行删除操作。点击减免税申请界面上方蓝色“删除”按钮，系统将提示用户是否删除当前数据。

（6）初始值模板：用户可调用已保存的初始值模板，点击减免税申请界面上方蓝色“初始值模板”按钮，系统弹出初始值模板选择界面（如图 6-5 所示）。

图 6-5　初始值模板选择界面

勾选对应数据后，点击蓝色“确定”按钮，该模板内的数据将会自动返填至减免税申请界面对应的字段中。新建初始值模板的相关操作，请参考“初始值设置”部分。

（7）打印：用户可对当前“暂存”状态的减免税申请进行打印操作，点击减免税申请界面上方蓝色“打印”按钮，系统弹出减免税打印界面（如图6-6所示），可在此进行打印预览或直接打印操作。

打印预览　直接打印　取消

图 6-6　减免税打印界面

在打印之前，用户可对填写的信息进行预览。点击蓝色“打印预览”按钮，将会跳转至预览界面（如图6-7所示）。

000000000020804989.pdf　1 / 1　99%

进出口货物征免税申请表

征免税申请预录入编号：00000000020804

减免税申请人 1		减免税申请人种类		减免税申请人市场主体类型		减免税申请人市场主体代码	
收发货人		受委托人		减免税申请人所在地			
是否已递交《减免税货物使用状况报告书》	勾选一项 □已递交报告 □未递交报告 □无需报告			征免性质/代码	无偿援助/201		
项目信息编号	01032021201	注册资本		注册资本币制		项目名称	
项目主管部门/代码		项目性质/代码		项目批文号		产业政策条目/代码	
境外投资者		外方国别		投资比例		项目所在地	
立项日期		开始日期		结束日期		减免税额度(数量)	
投资总额		币制		用汇额度(美元)		减免税额度(美元)	
项目信息备注							
申报地海关/代码		进(出)口岸		合同协议号		政策依据	
成交方式		免税物资确认表		确认表有效日期		免税物资主管单位	
是否已申报进口	□是 □否	报关单编号：	（已申报进口货物填写）				
使用地点							
联系人		电话					
商品信息备注							

项号	商品编号	商品名称	规格型号	申报数量	申报计量单位	总价	币制	原产国(地区)

一审意见：

二审意见：

三审意见：

第 1 页 / 共 1 页

打印时间：2021/03/04　14:55:10

图 6-7　打印预览界面

（二）项目信息作废申请

此模块实现企业适用减免税项目信息的作废暂存、申报功能，提供减免税项目信息作废的录入界面，由用户查询到待作废的减免税备案表，录入作废理由后选择暂存或向海关申报。

点击左侧菜单栏“减免税申请”→“项目信息作废申请”，右侧显示项目信息作废申请查询界面。输入对应的查询条件，点击蓝色“查询”按钮，可查询到符合条件的数据。其中，项目信息编号和中心统一编号为勾选项，选中字段后，用户必须填写对应编号，查询列表如图 6-8 所示。

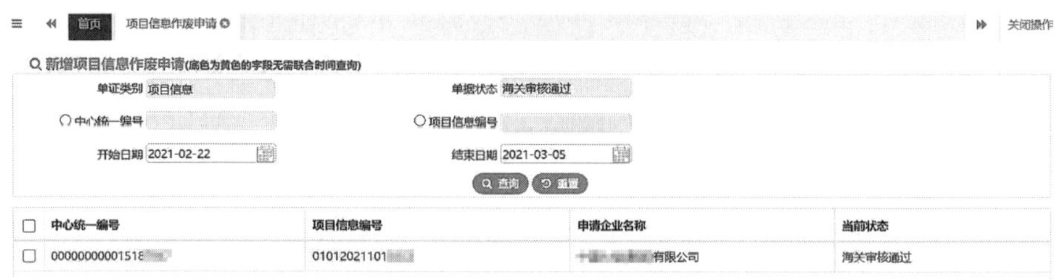

图 6-8　查询结果显示界面（项目信息作废申请）

点击查询结果显示界面中的中心统一编号栏的蓝色字样，界面将跳转至详情界面（如图 6-9 所示）。确认信息无误后，点击蓝色“申报”按钮，即可申报作废申请。

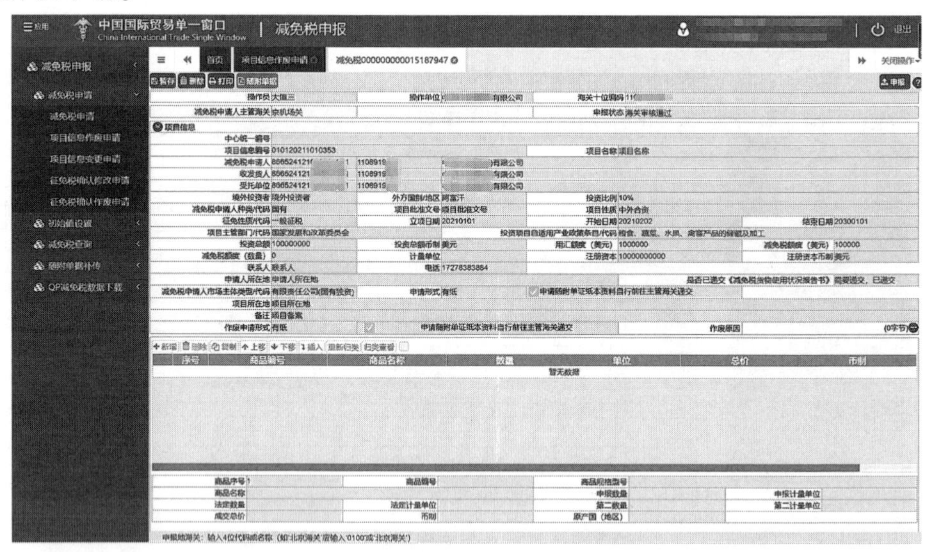

图 6-9　备案作废申请详情界面

（三）项目信息变更申请

此模块实现企业适用减免税项目信息的变更暂存、申报功能，提供减免税项目信息变更录入界面，由用户查询到待变更的减免税项目信息，录入变更内容后选择暂存或向海关申报。

点击左侧菜单栏“减免税申请”→“项目信息变更申请”，右侧显示项目信息变更申请查询界面。输入对应的查询条件，点击蓝色“查询”按钮，可查询到符合条件的数据。其中，项目信息编号和中心统一编号为勾选项，选中字段后，用户必须填写对应编号，查询列表如图 6-10 所示。

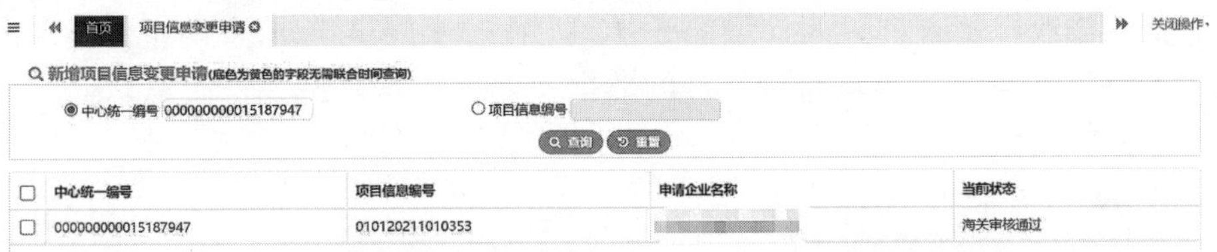

图 6-10　查询结果显示界面（项目信息变更申请）

点击查询结果显示界面中的中心统一编号栏的蓝色字样，界面将跳转至详情界面（如图 6-11 所示）。界面中，黄色或白色字段可以进行修改，确认信息无误后，点击蓝色“申报”按钮，即可申报变更申请。

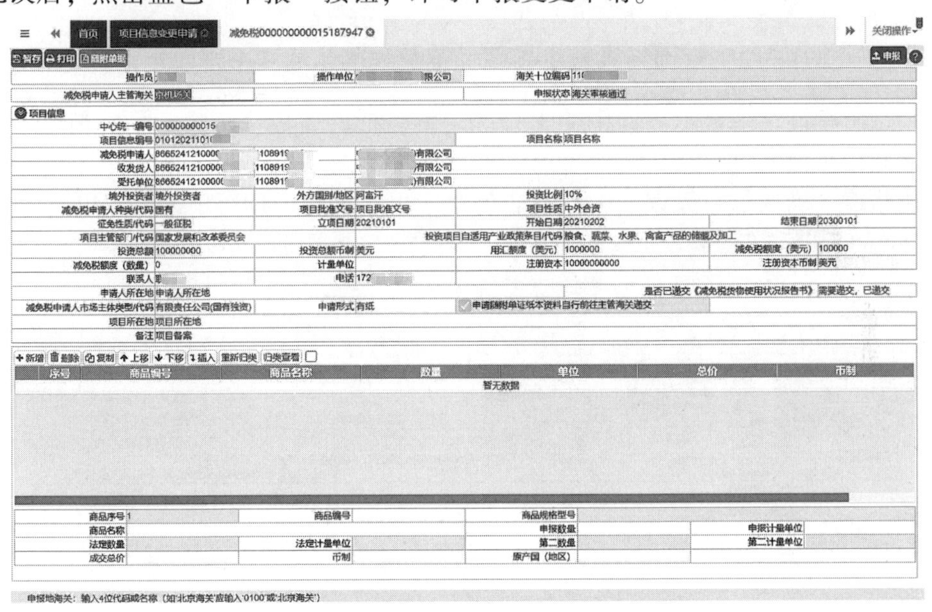

图 6-11　备案变更申请详情界面

小提示

点击“申报”按钮，即代表向海关申报。数据申报后，未收到海关“审批通过”的回执时，数据不能再修改。

（四）征免税确认修改申请

此模块实现企业适用征免税确认通知书的变更暂存、申报功能，提供征免税确认修改录入界面，由用户查询到待变更的征免税确认通知书，录入变更内容后选择暂存或向海关申报。

点击左侧菜单栏“减免税申请”→“征免税确认通知书修改申请”，右侧显示证明修改申请查询界面（如图 6-12 所示）。输入对应的查询条件，点击蓝色“查询”按钮，可查询符合条件的数据，如仅输入日期，系统默认显示所有符合条件的数据。

图 6-12　查询结果显示界面（征免税确认通知书修改申请）

点击查询结果显示界面中的中心统一编号栏的蓝色字样，界面将跳转至详情界面（如图 6-13 所示）。界面中，黄色或白色字段可以进行修改，灰色字段不能修改，确认信息无误后，点击蓝色“申报”按钮，即可申报修改申请。

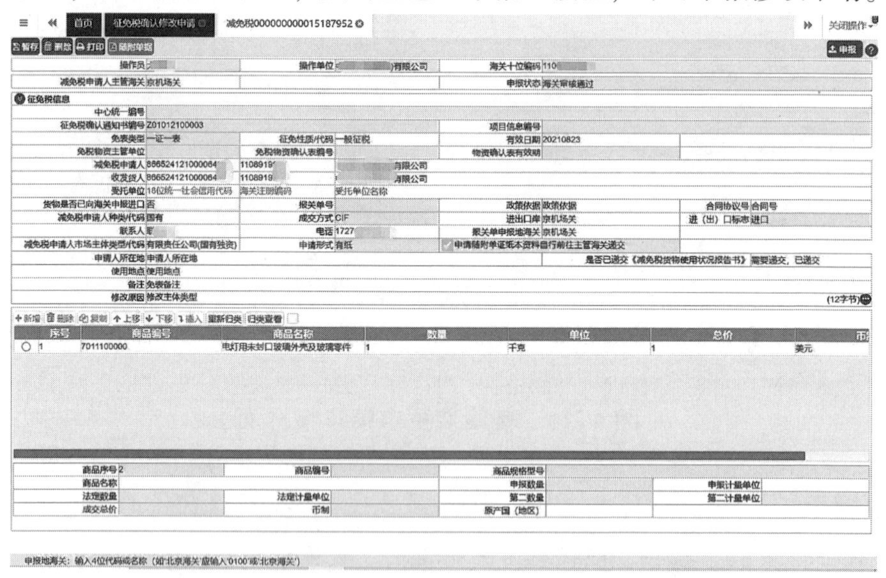

图 6-13　征免税确认通知书修改申请详情界面

小提示

对已申报而海关还未审批的数据，用户不能进行修改。

（五）征免税确认作废申请

此模块实现企业适用征免税确认通知书的作废暂存、申报功能，提供征免税作废录入界面，由用户查询到待作废的征免税确认通知书，录入作废理由后选择暂存或向海关申报。

点击左侧菜单栏“减免税申请”→“征免税确认通知书作废申请”，右侧显示证明作废申请查询界面。输入对应的查询条件，点击“查询”按钮，可查询符合条件的数据。若仅输入日期，系统默认显示所有符合条件的数据（如图6-14所示）。

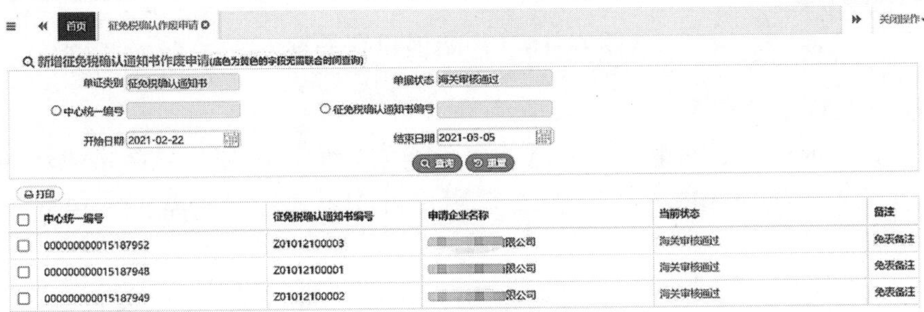

图 6-14　查询结果显示界面（征免税确认通知书作废申请）

点击查询结果显示界面中的中心统一编号栏的蓝色字样，界面将跳转至详情界面（如图6-15所示）。界面中，黄色字段信息可以进行修改，确认信息无误后，点击蓝色“申报”按钮，即可申报作废申请。

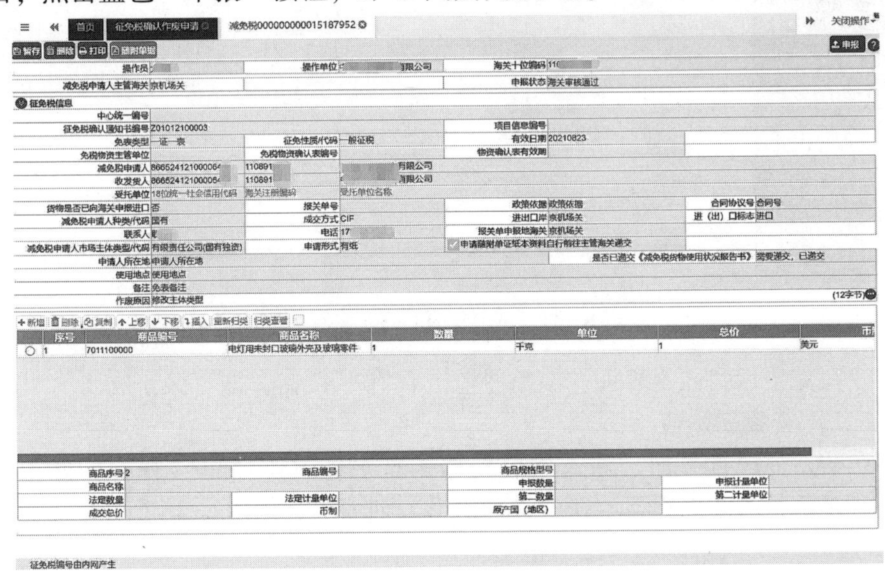

图 6-15　征免税确认通知书作废申请详情界面

二、初始值设置

此模块提供初始值录入功能，可减少用户后续业务量。在左侧菜单栏中，点击“初始值设置”，右侧显示界面如图 6-16 所示。

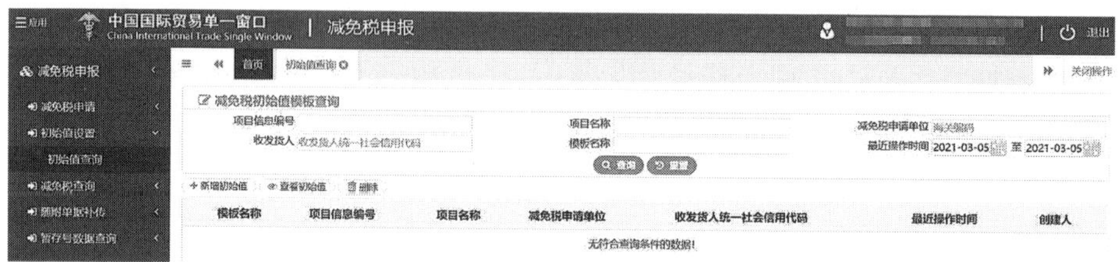

图 6-16　初始值设置界面

（一）新增初始值

在初始值设置界面中，点击白色“新增初始值”按钮，界面将跳转到初始值设置录入界面（如图 6-17 所示）。用户可在界面中设置常用数值并进行保存，方便后续录入。

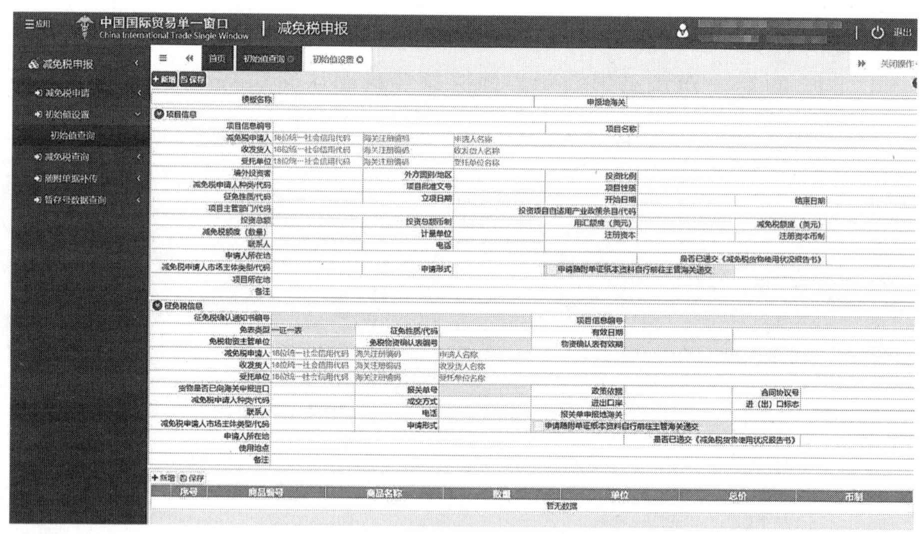

图 6-17　初始值设置录入界面

填写完毕后，点击界面左上角蓝色“保存”按钮，即可保存成功。

（二）查看初始值

在初始值设置界面，输入相应查询条件后，点击白色“查看初始值”按钮，符合条件的数据将显示在查询界面下方列表中，如图 6-18 所示。

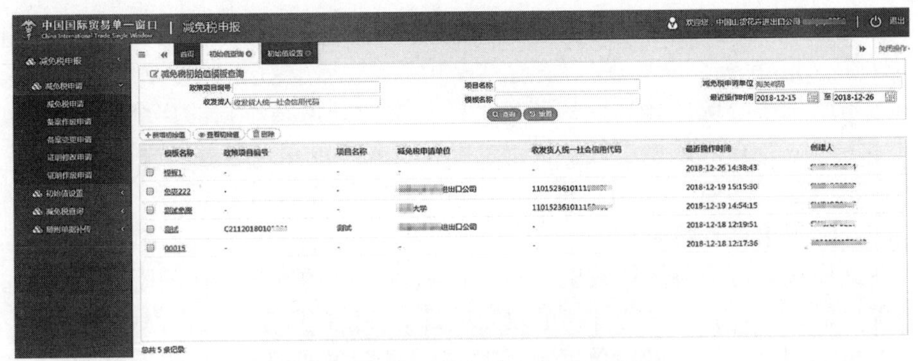

图 6–18　初始值设置查询界面

勾选对应模板后，点击界面左上方白色“查看初始值”按钮，或直接点击模板名称栏的蓝色字样，界面将跳转至初始值详情界面，用户可对该条数据再次进行编辑或查看。

（三）删除

在初始值设置界面中，输入相应查询条件后，点击白色“查看初始值”按钮，符合条件的数据将显示在查询界面下方列表中，如图 6–18 所示。勾选对应模板后点击界面左上方白色“删除”按钮，用户可对该条数据进行删除。删除后的数据不能恢复，请用户谨慎操作。

三、减免税查询

在此模块，可进行减免税申请、项目信息变更申请、项目信息作废申请、征免税确认通知书申请、征免税确认通知书修改申请、征免税确认通知书作废申请数据的状态查询、查看明细、打印等操作。

点击左侧菜单栏“减免税查询”→“减免税数据查询”，右侧显示减免税数据查询界面。输入对应的查询条件，点击蓝色“查询”按钮，可查询符合条件的数据。若仅输入日期，系统默认显示所有符合条件的数据在下方列表中如图 6–19 所示。

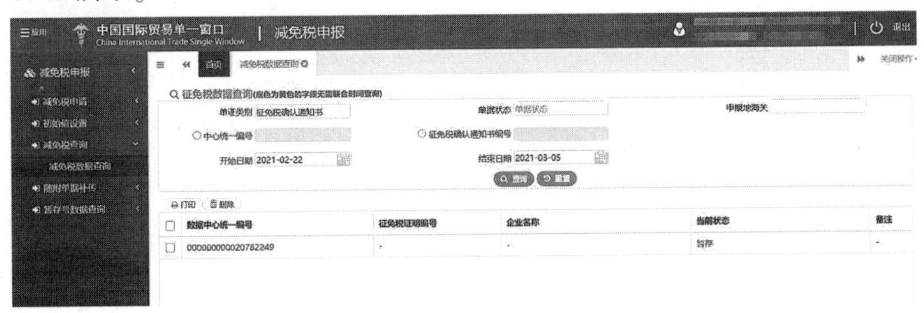

图 6–19　减免税查询结果界面

勾选对应数据后，用户可点击界面左上角白色“打印”按钮，对数据进行打印操作。

点击数据中心统一编号栏的蓝色字样，跳转到该票单据的详细界面，用户可对已退单或暂存的数据进行申报，也可查看入库或审核通过的数据。

点击蓝色“重置”按钮，将清空已输入的查询条件。

四、随附单据补传查询

在此模块，可进行企业政策项目补传随附单据的操作。在随附单据补传查询结果界面，用户查询到待补传的政策项目，补传随附单据后向海关申报。

点击左侧菜单栏“随附单据补传”→“随附单据补传查询”，右侧显示随附单据补传查询界面。输入对应的查询条件，点击蓝色“查询”按钮，可查询符合条件的数据。若仅输入日期，系统默认显示所有符合条件的数据在下方列表中，如图 6-20 所示。

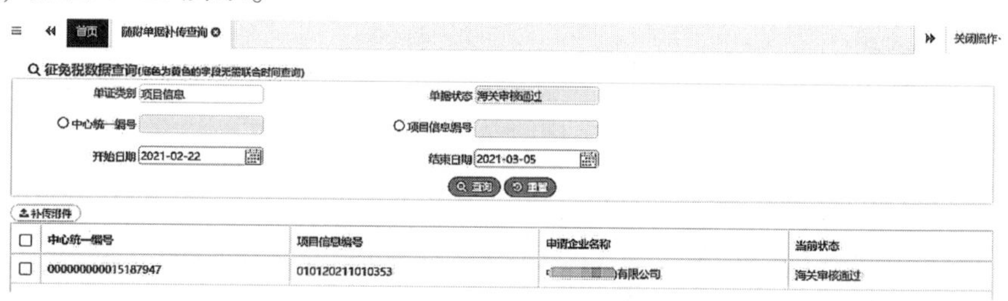

图 6-20　随附单据补传查询结果界面

在随附单据补传查询结果界面中，勾选对应的一条数据，点击白色“补传附件”按钮，弹出界面如图 6-21 所示。

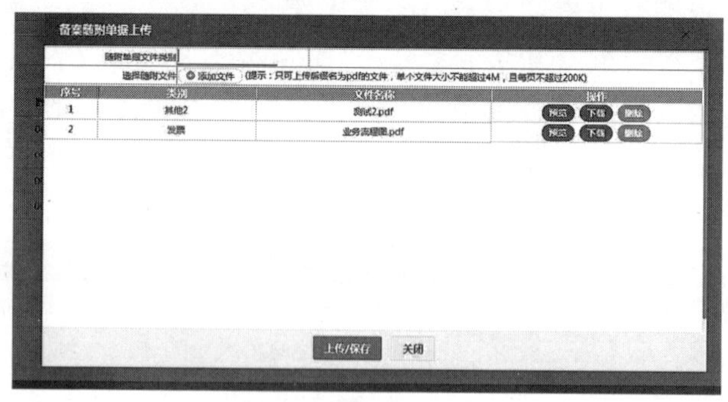

图 6-21　备案随附单据上传界面

点击随附单据文件类别字段，从下拉菜单中选择对应文件类别，选择后，点击白色“添加文件”按钮，从文件夹中选择符合条件的文件。选中的文件将会显示在界面下方列表中，如图 6-22 所示。

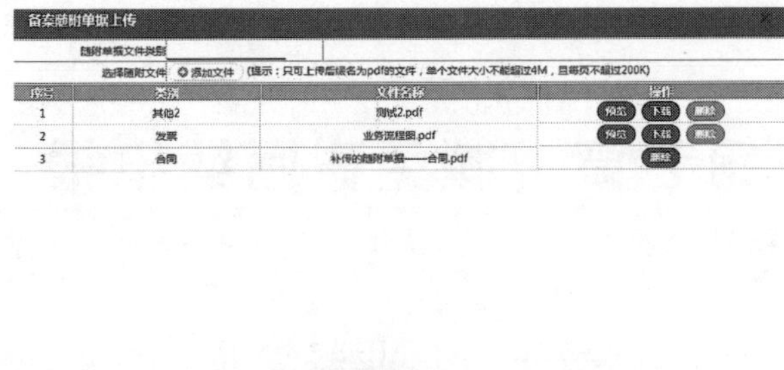

图 6-22　备案随附单据上传界面（选中文件）

选择完需要上传的文件后，点击蓝色“上传/保存”按钮，上传数据至系统中，显示“上传完成”即可。

第七章　减免税后续申报

第一节　业务简介

为规范进口减免税货物在后续管理环节中的进出口申报行为，保证企业顺利办理已进口减免税货物的有关通关手续，根据海关通关作业规范化需要和海关减免税后续管理业务计算机管理系统在报关单填制方面的要求［《关于公布减免税货物后续管理的报关单填制要求》（海关总署公告 2007 年第 24 号）］，现对减免税货物后续管理的报关单填制要求公告如下：

——减免税货物退运出口，报关单的“备案号”栏目应填写《减免税进口货物同意退运证明》的编号；“监管方式”栏目应填写“4561”（退运货物）。

《减免税进口货物同意退运证明》编号规则为“RT+4 位现场海关代码+2 位年份代码+4 位顺序号”。“RT”为“减免税进口货物同意退运证明代码”。

——减免税货物补税进口，报关单的“备案号”栏目应填写《减免税货物补税通知书》的编号；“监管方式”栏目应填写“9700”（后续补税）。

《减免税货物补税通知书》编号规则为“RB+4 位现场海关代码+2 位年份代码+4 位顺序号”。“RB”为“减免税货物补税通知书代码”。

——减免税货物结转进口（转入），报关单“备案号”栏目应填写《征免税证明》的编号；“监管方式”栏目按现行规范填写；“关联备案号”栏目应填写本次减免税货物结转所申请的《减免税进口货物结转联系函》的编号。

相应的结转出口（转出），报关单“备案号”栏目应填写《减免税进口货物结转联系函》的编号；“监管方式”栏目应填写“0500”（减免设备结转）；“关联备案号”栏目应填写与该出口（转出）报关单相对应的进口（转入）报关单；“备案号”栏目所填写的《征免税证明》编号；“关联报关单”栏目应填写对应的进口（转入）报关单号。

《减免税进口货物结转联系函》编号规则为“RZ+4 位现场海关代码+2 位年份代码+4 位顺序号”。“RZ”为“减免税进口货物结转联系函代码”。

——上述报关单其他栏目的填制要求，按照《关于修订〈中华人民共和国海关进出口货物报关单填制规范〉的公告》（海关总署公告 2019 年第 18 号）的规定填制。

——本次对减免税货物后续管理报关单填制的规范要求，自海关减免税货物后续管理业务纳入海关减免税后续管理系统管理之日起实施。按照有关工作安排，海关减免税后续管理系统将分批次、陆续在各直属海关投入使用，具体的实施日期将由各直属海关提前对外公布。尚未将减免税货物后续管理业务纳入减免税后续管理系统管理的海关，其关区范围所涉及的有关报关单填制仍按现行规定办理。

“减免税后续申报”模块是对减免税后续业务进行管理的子系统，实现了对海关减免税后续管理中的贷款抵押、税款担保、解除监管、货物结转、货物退运、年报管理、主体变更、货物补税和异地监管等业务的电子化申报和管理。

一、贷款抵押申请

货主单位将在监管期内的减免税货物作为抵押向金融机构办理贷款的，应事先向海关申请，得到批准后才可办理相关手续。

二、异地监管申请

企业将监管期内的减免税货物移放到企业主管海关关区以外的下属机构使用的，应事先向主管地海关申请。主管地海关同意后，将委托监管地海关继续对货物进行监管。

三、解除监管申请

企业将监管期内的减免税货物申请解除海关监管的，应事先向海关提出申请。

四、货物结转申请

在减免税货物监管年限内，进口减免税货物的法人单位因故将其进口的减免税货物转让给其他享有减免税优惠待遇的法人单位的行为。

五、货物退运申请

减免税申请人因故需将尚在海关监管期内的减免税进口货物退运出境。

六、年报管理申请

企业每年将此前进口的监管期内的减免税货物向海关申报使用情况。

七、主体变更申请

减免税申请人在减免税货物监管期间，因分立、合并、股东变更、改制或其他资产重组活动而导致其法人主体变更或消失的，承担原减免税申请人债权债务关系的新法人主体应当向原减免税申请人所在地海关报告。按照规定需要补征税款的，新法人主体应当向原减免税申请人所在地海关办理补税手续；按照现行规定可以继续享受减免税待遇的，新法人主体应当办理减免税货物结转手续。

八、货物补税申请

因提前解除监管等原因需要补税的，海关办理补征税款的手续。

九、税款担保申请

减免税申请人已经向海关申请办理减免税备案、审批手续，在主管海关规定受理期间（包括经批准延长的期限）货物到达进境口岸的，减免税申请人可向海关申请暂时交保证金办理货物验放手续。

第二节　基本操作

减免税后续申请包括减免税后续管理工作中的贷款抵押、异地监管、解除监管、货物结转、货物退运、年报管理、主体变更、货物补税和税款担保等模块的录入、申报、打印等操作。

一、减免税后续申请

点击左侧菜单栏“减免税后续申请”，展开业务菜单（如图 7-1 所示）。

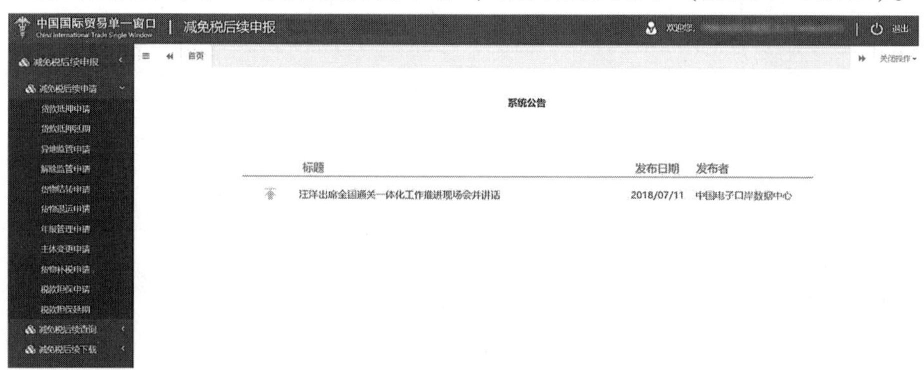

图 7-1　减免税后续申请主界面

（一）贷款抵押申请

在此模块，可进行贷款抵押申请数据的录入、暂存、打印、申报等操作。

点击左侧菜单栏“减免税后续申请”→“贷款抵押申请”，右侧显示界面（如图 7-2 所示）。

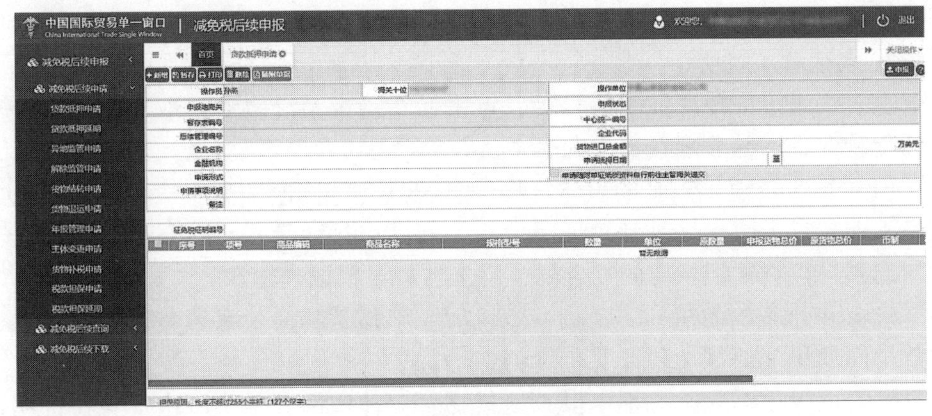

图 7–2　贷款抵押申请界面

1. 表头字段说明

（1）操作员、海关十位、操作单位：不可录入，由系统自动读取用户注册信息进行返填。

（2）申报地海关（必填项）：输入关区代码或名称调出参数选择。

（3）申报状态：不可录入，由系统自动生成。

（4）暂存表编号：录入暂存后由系统自动生成。

（5）中心统一编号：不可录入，申报且申报状态为“数据中心入库成功”的，系统自动生成。

（6）后续管理编号：不可录入，数据入海关库后，系统自动返填。

（7）企业代码（非必填项）、企业名称（必填项）：系统根据征免税证明编号自动返填，可修改。

（8）货物进口总金额：不可录入，海关审核后系统返填。

（9）金融机构（必填项）：手工录入。

（10）申请抵押日期（必填项）：手工录入，格式为“YY-MM-DD”。开始日期必须大于等于当前日期、小于等于结束日期。

（11）申请形式：点击空格键调出下拉菜单选择参数（0-无纸、1-有纸）。当选择“1-有纸”时，“申请随附单证纸质资料自行前往主管海关递交”前面的复选框被自动勾选，不可修改；当选择“0-无纸”时，界面上方蓝色“随附单据”按钮被激活。

（12）申请事项说明（必填项）、备注（非必填项）：手工录入，长度不超过 255 个字符（约 127 汉字）。

（13）征免税证明编号：手工录入已经审批通过的征免税证明编号（需到减免税系统中查询本企业的数据）。录入后点击回车键，系统自动读取征免税证明内的表体，返填在下方表中。

2. 表体录入说明

在表头录入征免税证明编号后，点击回车键，系统自动读取该征免税表项下的货物信息，并显示在下方列表中。

（1）数量：返填出来的表体货物信息，只允许修改数量字段，但所输入的数量不能超过原数量（征免税证明中相关商品申报数量）。用户根据申报需要，可勾选某一行货物记录前的复选框，手工在数量字段内输入。

（2）申报货物总价：手工输入数量后，申报货物总价字段将自动随着输入的数量而变化（原征免税证明单价×数量）。

不勾选表示不选择（不申报）该货物。表体中的其他字段由征免税证明返填，不允许修改。

小提示

点击“申报”按钮后，将向海关发送被选中的货物表体。

勾选表体最上方的复选框，所有表体都会被选中。已勾选部分表体货物并修改数量的界面如图 7-3 所示。

图 7-3　贷款抵押申请表体界面

3. 操作按钮说明

（1）新增：此按钮始终为激活状态。点击“新增”按钮，界面字段将全部被清空，可重新录入一票新数据。

（2）暂存：点击“暂存”按钮后，申报状态变为“暂存”。若系统对录入的内容逻辑检查未通过，界面会提示相应错误信息。申报状态为“数据中心入库成功”等时，“暂存”按钮为灰色，不允许操作。

（3）打印：勾选任意一条记录，点击“打印”按钮，系统弹出提示（如图

7-4 所示）。

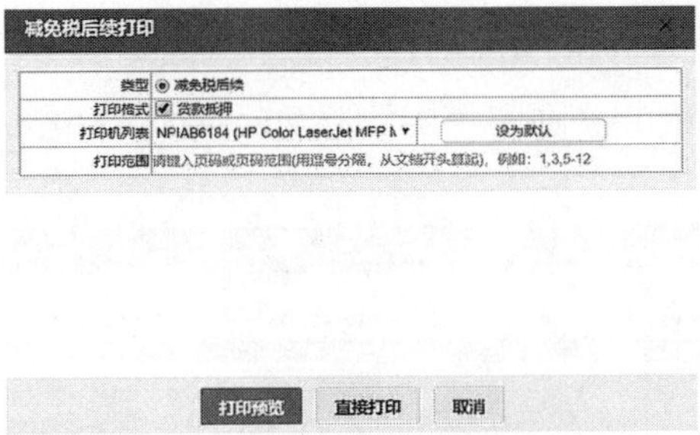

图 7-4 减免税后续打印界面

类型、打印格式为系统默认，不可修改。用户根据本地打印机设置，在打印机列表中进行选择打印机。如果想将列表中的某个打印机设置为默认，选择后点击“设置默认”按钮即可。打印范围字段无须录入。

点击蓝色“打印预览”按钮，系统展示打印预览界面（如图 7-5 所示）。点击“直接打印”按钮，根据本地打印机的连接或设置直接进行打印。

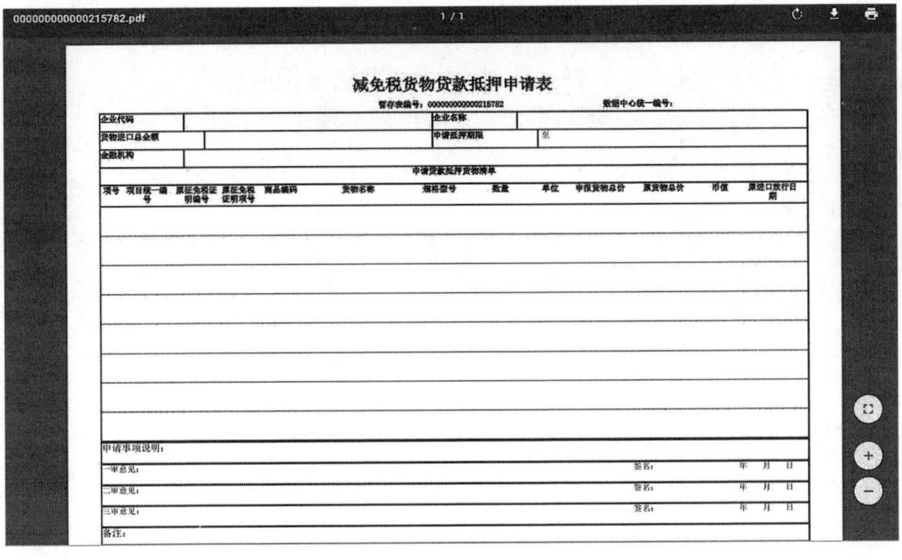

图 7-5 打印预览界面

（4）删除：点击“删除”按钮，系统弹出“是否确认删除该数据?”的提示，确认后系统将删除相应的数据，界面字段全部清空，便于重新录入一票数据。

小提示

申报状态为“数据中心入库成功”“海关审批通过”等时，“删除”按钮为灰色，不允许操作。“暂存”状态的数据，删除后不可恢复，只能重新录入，请谨慎操作。

（5）随附单据：点击“随附单据”按钮，系统弹出上传界面（如图 7-6 所示）。

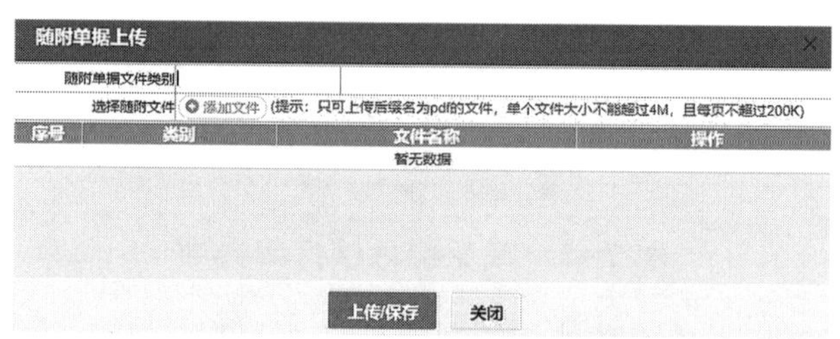

图 7-6　随附单据上传界面

随附单据文件类别字段可输入代码或点击空格键调出参数选择。选择后，点击“添加文件”按钮，在本地电脑中选择相应的 PDF 文件。

上传完毕后，点击蓝色“上传/保存”按钮，等待系统将 PDF 文件与贷款抵押申请数据进行关联与保存。在随附单据上传成功界面（如图 7-7 所示），点击右侧“预览”“下载”“删除”按钮，可以进行相应操作。

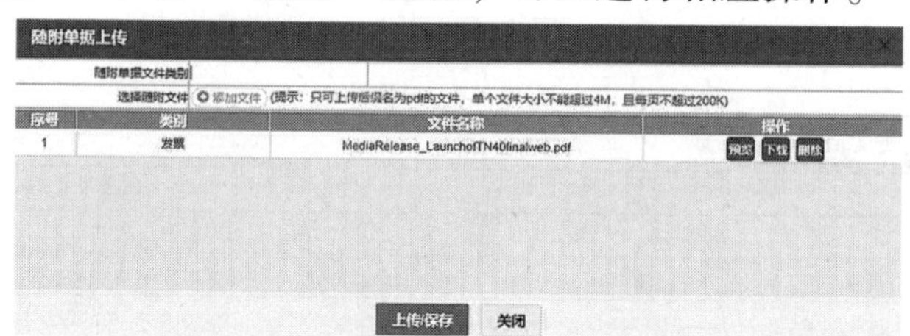

图 7-7　随附单据上传成功界面

小提示

只有申请形式字段选择了“0-无纸”时，蓝色“随附单据”按钮才能被激活。上传随附单据时，必须保证 IC 卡或 iKey 正确连接在电脑上。

（6）申报：表体内必须至少选中一条记录才能进行申报，否则将弹出“货物清单至少要有一项被选中!”的提示。点击“申报”按钮，系统弹出“是否确认申报该数据?”的提示。

若录入的数据符合填写规范，则系统弹出“申报成功!”的提示。申报状态变为“申报”，此时数据不允许再修改。若系统对录入的内容逻辑检查未通过，界面会提示相应错误信息。

小提示

如果使用“用户名+口令”方式登录，必须保证登录账户内绑定的IC卡或iKey连接到电脑中，并按照系统提示输入卡密码，否则系统将弹出“当前卡号××××与用户注册信息卡号××××不一致，无法进行申报”的提示。申报时，必须保证IC卡或iKey正确连接在电脑上。

（二）贷款抵押延期

在此模块，可进行贷款抵押延期数据的录入、暂存、打印、申报等操作。

点击左侧菜单栏“减免税后续申请”→“贷款抵押延期”，右侧显示界面（如图7-8所示）。

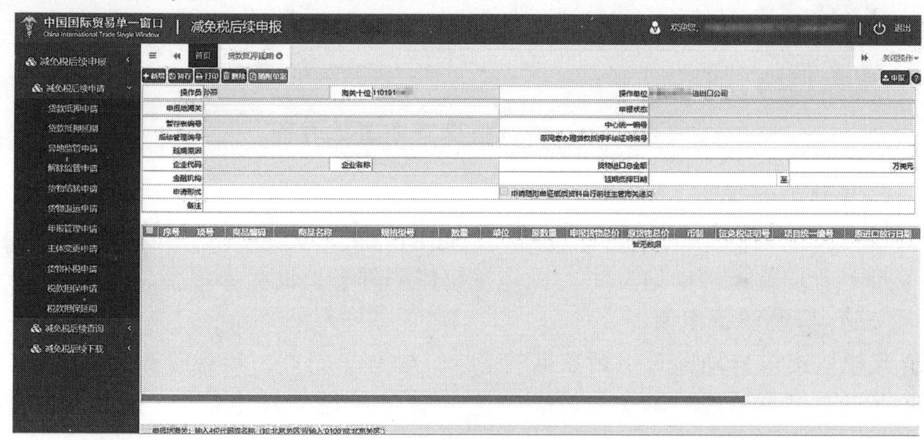

图7-8 贷款抵押延期界面

1. 表头字段说明

操作员、海关十位、操作单位、申报地海关、申报状态、暂存表编号、中心统一编号、后续管理编号、申请形式、备注字段的录入与前文“贷款抵押申请”中的表头字段说明一致，此处不再赘述。其他字段说明如下。

（1）原同意办理贷款抵押手续证明编号（必填项）：手工录入审批通过的贷款抵押申请的“后续管理编号”后，点击回车键，企业代码、名称等字段系统自动返填。

（2）延期原因（必填项）：手工录入，长度不超过255个字符（约127汉字）。

（3）企业代码、企业名称、货物进口总金额、金融机构：录入原同意办理贷款抵押手续证明编号后，点击回车键，系统自动调出。

（4）延期抵押日期（必填项）：手工录入，格式为“YY-MM-DD”。

2. 表体录入说明

在表头录入审批通过的原同意办理贷款抵押手续证明编号后，点击回车键，系统自动读取货物信息，并显示在下方列表中。

表体的货物信息取自原同意办理贷款抵押手续证明，不允许修改。返填后表体货物的界面如图 7-9 所示。

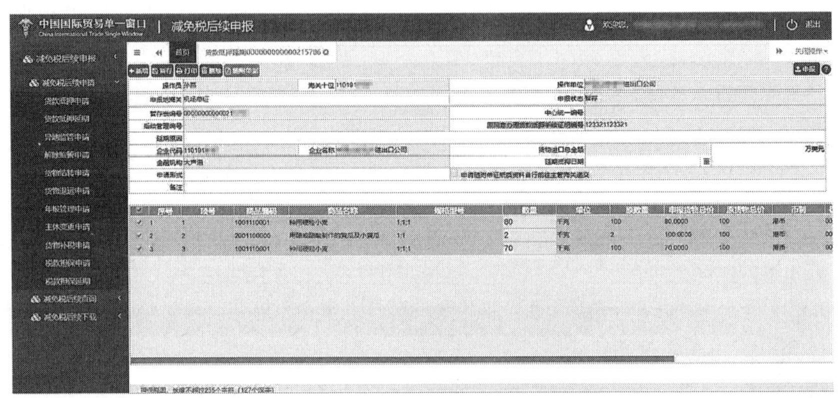

图 7-9　贷款抵押延期表体界面

3. 操作按钮说明

“新增”“暂存”“打印”“删除”“随附单据”与“申报”按钮的操作，请参考前文“贷款抵押申请”中的操作按钮说明部分，此处不再赘述。

（三）异地监管申请

此模块提供异地监管申请数据的录入、暂存、打印、申报等操作。

点击左侧菜单栏“减免税后续申请”→“异地监管申请”，右侧显示界面（如图 7-10 所示）。

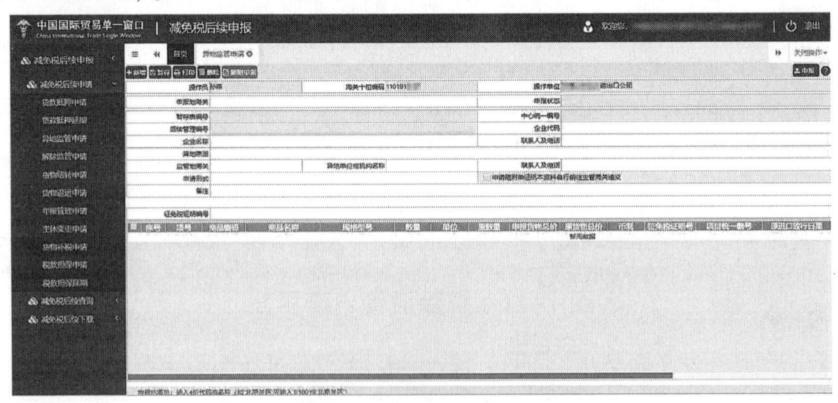

图 7-10　异地监管申请界面

1. 表头字段说明

操作员、海关十位编码、操作单位、申报地海关、申报状态、暂存表编号、中心统一编号、后续管理编号、企业代码、企业名称、申请形式、备注、征免税证明编号字段的录入与前文“贷款抵押申请”中的表头字段说明一致，此处不再赘述。其他字段说明如下。

（1）监管地海关（非必填项）：输入关区代码或名称调出参数表进行选择。

（2）联系人及电话（必填项）、异地（使用）原因（必填项）：手工录入，长度不超过255个字符。

（3）异地单位或机构名称（非必填项）、联系人及电话（非必填项）：手工录入，长度不超过255个字符。

2. 表体录入说明

异地监管申请界面表体部分的录入与“贷款抵押申请”部分的表体录入说明一致，此处不再赘述。

3. 操作按钮说明

“新增”“暂存”“打印”“删除”“随附单据”“申报”按钮的操作，请参考前文“贷款抵押申请”中的操作按钮说明部分，此处不再赘述。

（四）解除监管申请

在此模块，可进行解除监管申请数据的录入、暂存、打印、申报等操作。

点击左侧菜单栏“减免税后续申请”→“解除监管申请”，右侧显示界面（如图7-11所示）。

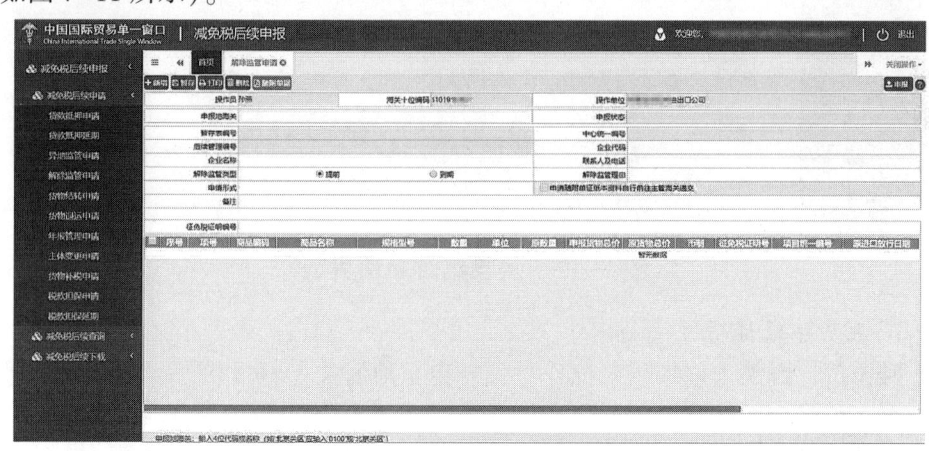

图7-11　解除监管申请界面

1. 表头字段说明

操作员、海关十位编码、操作单位、申报地海关、申报状态、暂存表编号、中心统一编号、后续管理编号、企业代码、企业名称、申请形式、备注、征免税证明编号字段的录入与前文“贷款抵押申请”中的表头字段说明一致，此处不再赘述。其他字段说明如下。

（1）联系人及电话（必填项）：手工录入，长度不超过255个字符。

（2）解除监管类型：根据实际情况勾选“提前”或“到期”。

（3）解除监管理由（必填项）：手工录入，长度不超过 255 个字符。

2. 表体录入说明

解除监管申请界面表体部分的录入与“贷款抵押申请”部分的表体录入说明一致，此处不再赘述。

3. 操作按钮说明

“新增”“暂存”“打印”“删除”“随附单据”“申报”按钮的操作，请参考前文“贷款抵押申请”中的操作按钮说明部分，此处不再赘述。

（五）货物结转申请

此模块提供货物结转申请数据的录入、暂存、打印、申报等操作。

点击左侧菜单栏“减免税后续申请”→“货物结转申请”，右侧显示界面（如图 7-12 所示）。

图 7-12　货物结转申请界面

1. 表头字段说明

操作员、海关十位编码、操作单位、申报地海关、申报状态、暂存表编号、中心统一编号、后续管理编号、申请形式、备注、征免税证明编号字段的录入与前文“贷款抵押申请”中的表头字段说明一致，此处不再赘述。其他字段说明如下。

（1）转入地海关（必填项）：输入关区代码或名称调出参数选择。

（2）转出单位代码（必填项）、转出单位名称（必填项）：系统根据征免税证明编号自动返填，可修改。

（3）转入单位代码（必填项）：手工录入后点击回车键，系统自动带出转入单位名称。

（4）转入单位名称（必填项）：根据输入的转入单位代码，自动返填，可修改。

（5）转出单位联系人及电话（必填项）、转入单位联系人及电话（必填项）、结转理由及基本情况（必填项）：手工录入，长度不超过 255 个字符。

（6）转入单位项目统一编号（非必填项）：手工录入（需到减免税系统中查询本企业的数据），长度不超过 18 位字符。

2. 表体录入说明

货物结转申请界面表体部分的录入与“贷款抵押申请”部分的表体录入说明一致，此处不再赘述。

3. 操作说明按钮

“新增”“暂存”“打印”“删除”“随附单据”“申报”按钮的操作，请参考前文“贷款抵押申请”中的操作按钮说明部分，此处不再赘述。

（六）货物退运申请

在此模块，可进行货物退运申请数据的录入、暂存、打印、申报等操作。

点击左侧菜单栏“减免税后续申请”→“货物退运申请”，右侧显示界面（如图 7-13 所示）。

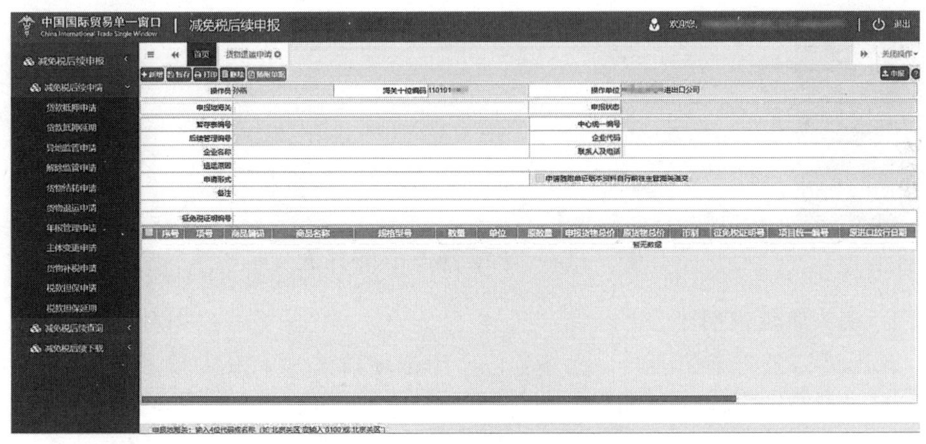

图 7-13　货物退运申请界面

1. 表头字段说明

操作员、海关十位编码、操作单位、申报地海关、申报状态、暂存表编号、中心统一编号、后续管理编号、企业代码、企业名称、申请形式、备注、征免税证明编号字段的录入与前文“贷款抵押申请”中的表头字段说明一致，此处不再赘述。其他字段说明如下。

（1）联系人及电话（必填项）：手工录入，长度不超过 255 个字符。

（2）退运原因（必填项）：手工录入，长度不超过 255 个字符（约 127 汉字）。

2. 表体录入说明

货物退运申请界面表体部分的录入与“贷款抵押申请”部分的表体录入说明一致，此处不再赘述。

3. 操作按钮

“新增”“暂存”“打印”“删除”“随附单据”“申报”按钮的操作，请参考前文“贷款抵押申请”中的操作按钮说明部分，此处不再赘述。

（七）年报管理申请

在此模块，可进行年报管理申请数据的录入、暂存、打印、申报等操作。

点击左侧菜单栏“减免税后续申请”→“年报管理申请”，右侧显示界面如图 7-14 所示。

图 7-14　年报管理申请界面

1. 表头字段说明

操作员、海关十位编码、操作单位、申报地海关、申报状态、暂存表编号、中心统一编号、后续管理编号、申请形式字段的录入与前文“贷款抵押申请”中的表头字段说明一致，此处不再赘述。其他字段说明如下。

（1）企业代码（非必填项）：手工录入企业海关 10 位编码。

（2）企业名称（必填项）：系统根据企业代码自动返填，可修改。

（3）年报年度（必填项）：手工录入，长度不超过 4 个字符。

2. 表体录入说明

企业自查内容与自查情况部分，根据左侧提示的自查内容，如实填写企业自查情况。

减免税货物安装地点、使用情况，减免税进口货物的调换、抵押、质押、留置、转让、出售、移作他用、退运境外或进行其他处置的情况，减免税进口货物超立项条目范围或未能完全按立项条目要求使用的情况，实际进口的减免税货物的规格、型号和技术参数是否与申报时相同，企业改制、转型、股权转让或合并、分立及其他资产重组情况，减免税设备是否已入本单位固定资产账，其他需向海关说明的情况均为必填项，需要手工录入，长度不超过 255 个字符（约 127 汉字）；备注为非必填项，手工填写未尽事宜，长度不超过 255 个字符（约 127 汉字）。

3. 操作按钮说明

“新增”“暂存”“打印”“删除”“随附单据”“申报”按钮的操作，请参考前文“贷款抵押申请”中的操作按钮说明部分，此处不再赘述。

（八）主体变更申请

在此模块，可进行主体变更申请数据的录入、暂存、打印、申报等操作。

点击左侧菜单栏“减免税后续申请”→“主体变更申请”，右侧显示界面（如图 7-15 所示）。

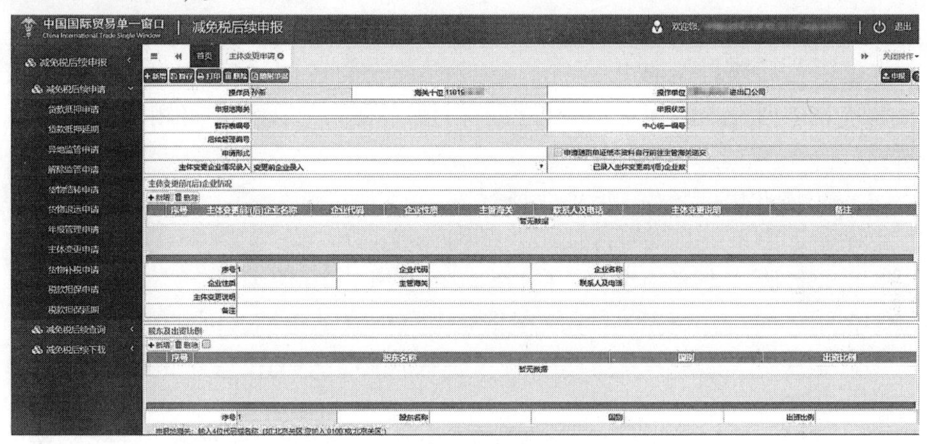

图 7-15　主体变更申请界面

1. 表头字段说明

操作员、海关十位、操作单位、申报地海关、申报状态、暂存表编号、中心统一编号、后续管理编号、申请形式字段的录入与前文“贷款抵押申请”中的表头字段说明一致，此处不再赘述。其他字段说明如下。

（1）主体变更企业情况录入：点击空格键调出下拉菜单选择参数（变更前企业录入、变更后企业录入）。

（2）已录入主体变更前/（后）企业数（非必填项）：手工录入。

2. 表体录入说明

在表体部分的录入框内输入或选择内容后，点击回车键进行跳转，并且在每段表体的最后一个字段内点击回车键，将所录入的内容返填至表体的列表内，如图 7-16 所示。

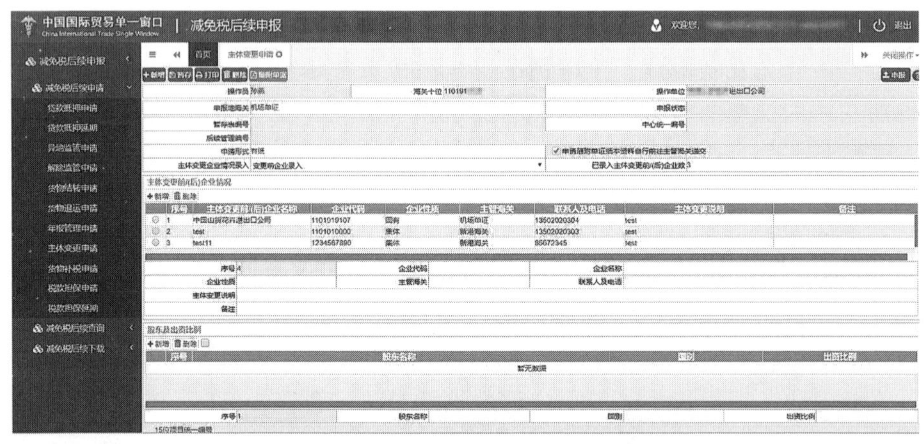

图 7-16　主体变更录入表体界面

表体部分的白色“新增”“删除”按钮，仅对表体起作用。

点击白色“新增”按钮，将清空当前录入的表体内容，便于重新录入数据。勾选表体列表内的任意记录，点击白色“删除”按钮，将删除所选择的表体内容。

（1）主体变更前/（后）企业情况。

①序号：由系统自动顺序生成，不可修改。

②企业代码（非必填项）：手工录入企业海关 10 位编码。

③企业名称（必填项）：系统根据企业代码自动返填，可修改。

④企业性质（必填项）：直接输入参数代码、中文，或点击空格键调出下拉菜单，选择参数。

⑤主管海关（必填项）：输入关区代码或名称调出下拉菜单，选择参数。

⑥联系人及电话（必填项）：手工录入，长度不超过 255 个字符。

⑦主体变更说明（必填项）、备注（非必填项）：手工录入，长度不超过 255 个字符（约 127 个汉字）。

（2）股东及出资比例。

录入、保存股东及出资比例数据前，必须先录入并保存主体变更前/后企业情况的数据，并选择任意一条企业记录，否则系统将弹出“请选中要添加的企业！”的提示。

①序号：由系统自动顺序生成，不可修改。

②股东名称（必填项）：手工录入，长度不超过 255 个字符。

③国别（必填项）：直接输入参数代码、中文，或点击空格键调出下拉菜单，选择参数。

④出资比例（必填项）：手工录入，格式为“数字+百分号”，可精确到小

数点后一位。

（3）项目详细情况。

录入、保存项目详细情况数据前，必须先录入并保存主体变更前/后企业情况的数据，并选择任意一条企业记录，否则系统将弹出“请选中要添加的企业！”的提示。

①序号：由系统自动顺序生成，不可修改。

②项目统一编号（必填项）：手工录入（需要到减免税系统中查询本企业的数据），长度不超过18位字符。

③项目名称：录入项目统一编号，点击回车键，系统自动根据项目统一编号调取。

④用汇额度（美元）、减免税额度（美元）、项目性质、投资总额、投资总额币制、产业条目：录入项目统一编号，点击回车键，系统自动根据项目统一编号调取。

3. 操作按钮说明

界面顶端的蓝色“新增”“暂存”“打印”“删除”“随附单据”“申报”按钮的操作，请参考前文“贷款抵押申请”中的操作按钮说明部分，此处不再赘述。表体部分的白色按钮说明如下：

（1）新增：点击“新增”按钮，系统将清空表体中显示的所有内容，可重新录入数据。

（2）删除：勾选任意表体记录，点击“删除”按钮，系统将删除所选中的数据。

（九）货物补税申请

在此模块，可进行货物补税申请数据的录入、暂存、打印、申报等操作。

点击左侧菜单栏“减免税后续申请”→“货物补税申请”，右侧显示界面（如图7-17所示）。

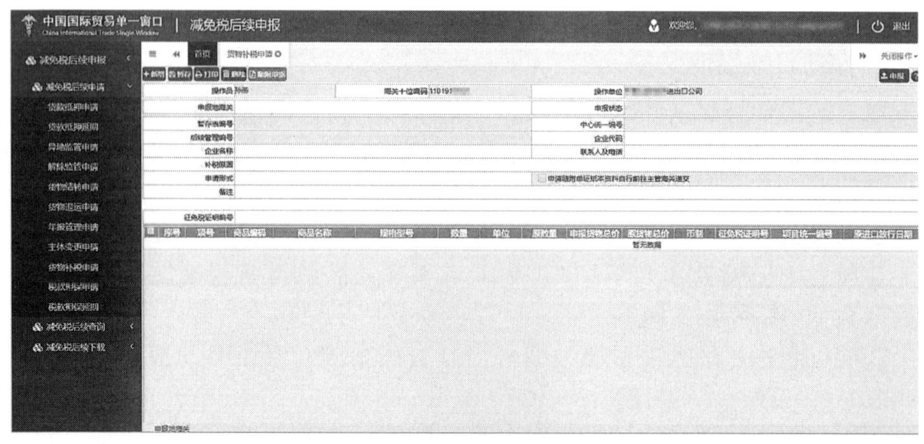

图 7-17　货物补税申请界面

1. 表头字段说明

操作员、海关十位编码、操作单位、申报地海关、申报状态、暂存表编号、中心统一编号、后续管理编号、企业代码、企业名称、申请形式、备注、征免税证明编号字段的录入与前文“贷款抵押申请”中的表头字段说明一致，此处不再赘述。其他字段说明如下。

（1）联系人及电话（必填项）：手工录入，长度不超过 255 个字符。

（2）补税原因（必填项）：手工录入，长度不超过 255 个字符（约 127 个汉字）。

2. 表体录入说明

货物补税申请界面表体部分的录入与“贷款抵押申请”部分的表体录入说明一致，此处不再赘述。

3. 操作按钮说明

“新增”“暂存”“打印”“删除”“随附单据”“申报”按钮的操作，请参考前文“贷款抵押申请”中的操作按钮说明部分，此处不再赘述。

（十）税款担保申请

在此模块，可进行税款担保申请数据的录入、暂存、打印、申报等操作。

点击左侧菜单栏“减免税后续申请”→“税款担保申请”，右侧显示界面（如图 7-18 所示）。

图 7-18　税款担保申请界面

1. 表头字段说明

操作员、海关十位、操作单位、申报地海关、申报状态、暂存表编号、中心统一编号、后续管理编号、申请形式、备注字段的录入与前文“贷款抵押申请”中的表头字段说明一致，此处不再赘述。其他字段说明如下。

（1）主送海关（必填项）、进口口岸（必填项）：输入关区代码或名称调出下拉菜单，选择参数。

（2）企业代码（非必填项）：手工录入企业海关 10 位编码。

（3）企业名称（必填项）：系统根据企业代码自动返填，可修改。

（4）担保原因（必填项）：手工录入，长度不超过 255 个字符（约 127 个汉字）。

（5）减免税依据、审批文件、担保起始时间、担保终止时间：海关审核后系统返填。

2. 表体录入说明

在表体录入框内输入或选择内容后，点击回车键进行跳转，并且在每段表体的最后一个字段内使用回车键，将所录入的内容返填至表体的列表内，如图 7-19 所示。

图 7-19　税款担保申请表体界面

表体部分的白色"新增""删除"按钮，仅对表体起作用。

点击白色"新增"按钮，将清空当前录入的表体内容，便于重新录入数据。勾选表体列表内的任意记录，点击白色"删除"按钮，将删除所选择的表体内容。点击白色"复制"按钮，系统自动复制一条选中的表体，生成一条新表体。

（1）商品序号：由系统自动顺序生成，不可修改。

（2）商品编码（必填项）：手工录入至少 4 位数字的商品编码后点击回车键，弹出商品列表，进行选择，如图 7-20 所示。

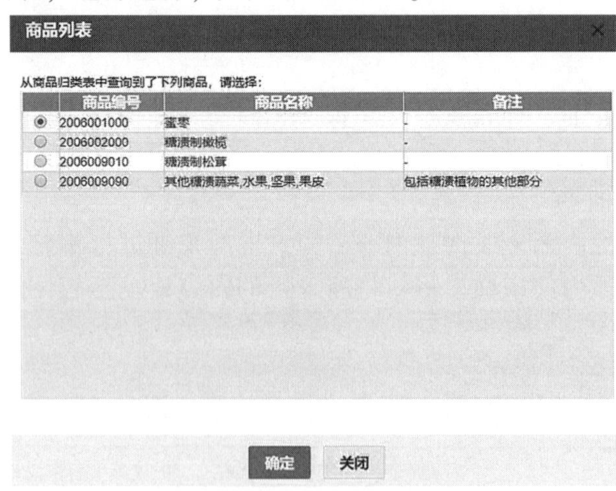

图 7-20　商品列表界面

（3）商品规格型号（非必填项）：根据录入或选择的商品编码，系统弹出商品规范申报（申报要素）界面（如图 7-21 所示）。如实录入规格型号后，点击“确定”按钮即可。

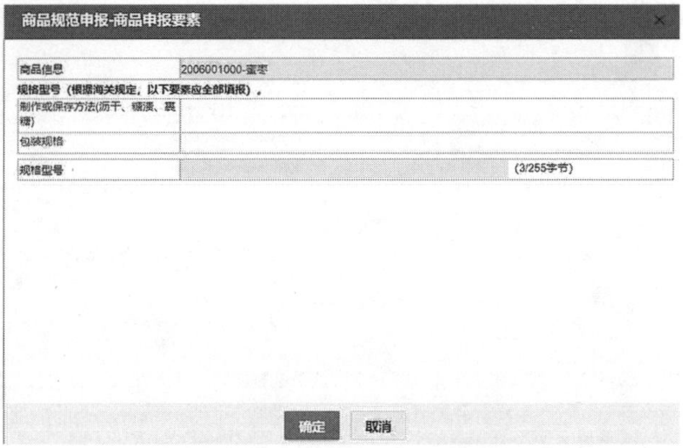

图 7-21　商品规范申报（申报要素）界面

（4）商品名称（必填项）：系统根据录入或选择的商品编码返填，可修改。

（5）商品数量（必填项）、金额（必填项）：手工录入。小数点前可录入 15 位数字，小数点后可录入 3 位数字。

（6）计量单位（必填项）、币制（必填项）：直接输入参数代码、中文或点击空格键调出下拉菜单，选择参数。

（7）合同号（非必填项）：手工录入，长度不超过 255 个字符。

3. 操作按钮说明

界面顶端的蓝色“新增”“暂存”“打印”“删除”“随附单据”“申报”按钮的操作，请参考前文“贷款抵押申请”中的操作按钮说明部分，此处不再赘述。表体部分的白色按钮说明如下。

（1）新增：点击“新增”按钮，系统将清空表体中显示的所有内容，可重新录入数据。

（2）删除：勾选一条表体记录，点击“删除”按钮，系统将删除所选中的数据。删除的表体数据不可恢复，需要重新录入，请谨慎操作。

（3）复制：勾选一条表体记录，点击“复制”按钮，系统将以选中的数据为基础，复制出一条新的表体，自动返填在表体列表中。

（十一）税款担保延期

2021 年 3 月 1 日前申请的税款担保可在此模块办理延期。自 2021 年 3 月 1 日起，已生效的《中华人民共和国海关准予办理减免税货物税款担保通知书》失效后由海关自动延期，无须企业提交。

在此模块，可进行税款担保延期数据的录入、暂存、打印、申报等操作。

点击左侧菜单栏“减免税后续申请”→“税款担保延期”，右侧显示界面

（如图 7–22 所示）。

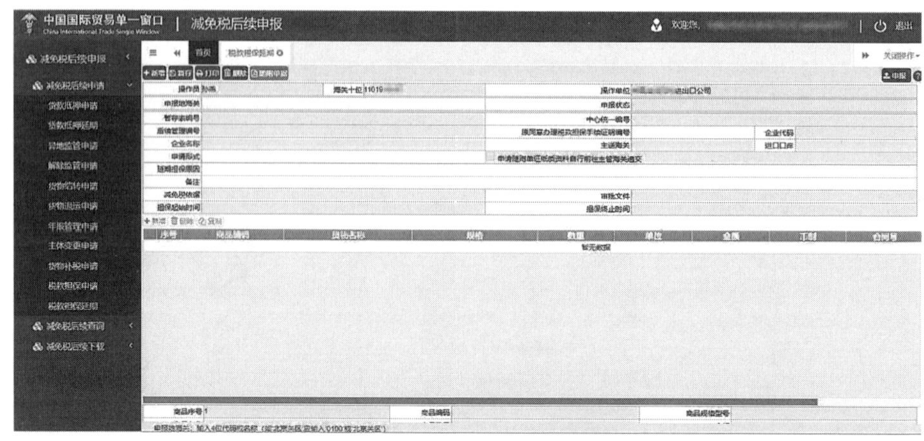

图 7–22　税款担保延期界面

1. 表头字段说明

操作员、海关十位、操作单位、申报地海关、申报状态、暂存表编号、中心统一编号、后续管理编号、申请形式、备注字段的录入与前文“贷款抵押申请”中的表头字段说明一致，此处不再赘述。其他字段说明如下。

（1）原同意办理税款担保手续证明编号（必填项）：手工录入审批通过的税款担保申请的“后续管理编号”后，点击回车键，企业代码、名称等字段由系统返填。

（2）企业代码、企业名称：系统根据原同意办理税款担保手续证明编号返填。

（3）主送海关（必填项）、进口口岸（必填项）：录入原同意办理税款担保手续证明编号后，点击回车键，系统提取并返填。

（4）担保延期原因（必填项）：手工录入，长度不超过 255 个字符（约 127 个汉字）。

（5）减免税依据、审批文件、担保起始时间、担保终止时间：录入原同意办理税款担保手续证明编号后，点击回车键，系统提取并返填。

2. 表体录入说明

在表头录入审批通过的原同意办理税款担保手续证明编号后，点击回车键，系统自动读取货物信息，并显示在下方列表中。

表体货物信息取自原同意办理税款担保手续证明，不允许修改。返填表体货物的界面如图 7–23 所示。

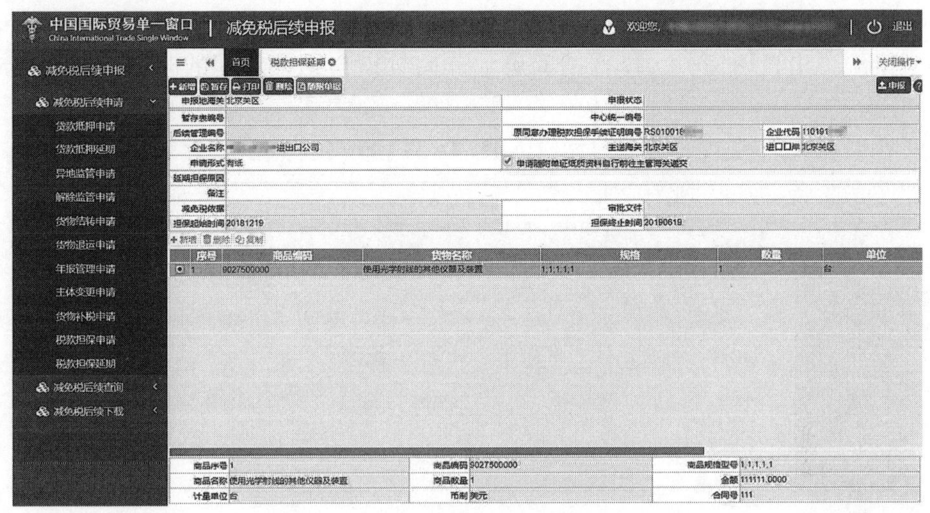

图 7-23　税款担保延期表体界面

3. 操作按钮说明

“新增”“暂存”“打印”“删除”“随附单据”“申报”按钮的操作，请参考前文“贷款抵押申请”中的操作按钮说明部分，此处不再赘述。

二、减免税后续查询

在此模块，可查询减免税后续管理的贷款抵押、贷款抵押延期、异地监管、解除监管、货物结转、货物退运、年报管理、主体变更、货物补税和税款担保、税款担保延期等数据。

点击左侧菜单栏“减免税后续查询”，右侧显示界面（如图 7-24 所示）。

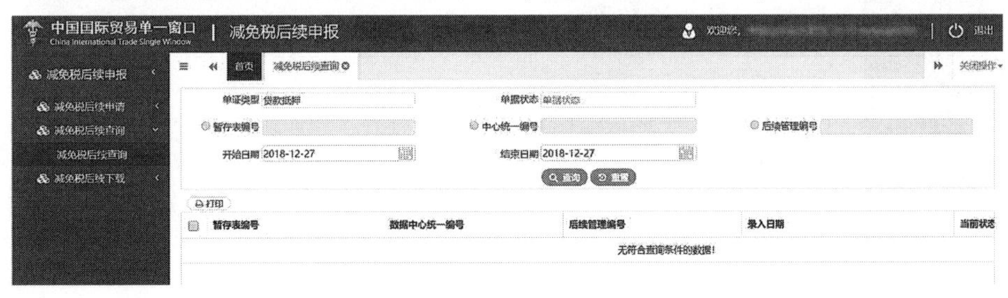

图 7-24　减免税后续查询界面

1. 界面字段说明

（1）单证类型（必填项）、单据状态（选填项）：输入参数代码、中文或点击空格键调出下拉菜单，选择参数。

（2）暂存表编号、中心统一编号、后续管理编号：勾选字段前的复选框后，手工输入。

（3）开始日期、结束日期：不勾选上述三种编号时必填，将鼠标置于字段内，系统弹出日历框，选择日期即可。开始日期与结束日期的时间区间不能超过 30 天。

在减免税后续查询结果界面（如图 7-25 所示），点击暂存表编号栏的蓝色字样，系统自动跳转到相应业务数据的界面。

图 7-25　减免税后续查询结果界面

点击当前状态栏的蓝色字样，界面下方显示相应的回执内容，如图 7-26 所示。

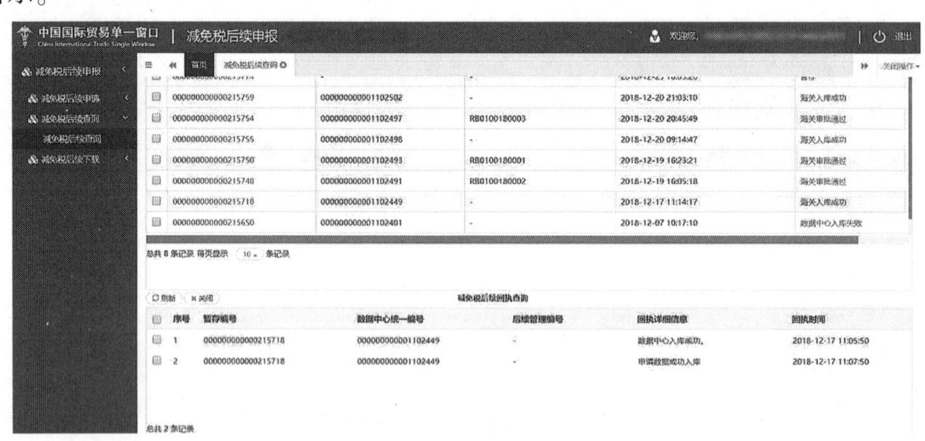

图 7-26　减免税后续查询回执界面

2. 操作按钮说明

（1）打印：新增税款担保的准予担保通知书和不准予担保通知书，在查询界面勾选“准予担保回执”，点击“打印”按钮，即可直接打印该通知书。其余打印操作与前文“贷款抵押申请”中的打印操作一致，此处不再赘述。

（2）刷新：在减免税后续查询回执界面下方列表中，点击白色“刷新”按钮，可对回执信息进行刷新操作，查看最新的回执记录。

（3）关闭：在减免税后续查询回执界面下方列表中，点击白色“关闭”按钮，系统自动关闭界面下方的“减免税后续查询回执”列表。

三、减免税后续下载

在此模块，可将减免税后续管理的贷款抵押、贷款抵押延期、异地监管、解除监管、货物结转、货物退运、年报管理、主体变更、货物补税和税款担保、税款担保延期等数据下载到“单一窗口”系统内。

小提示

仅可下载“单一窗口”与原预录入系统（QP）内申报过的减免税后续管理数据。

点击左侧菜单栏中“减免税后续下载”，右侧显示界面（如图 7-27 所示）。

图 7-27　减免税后续下载界面

（1）单证类型（必填项）：直接输入参数代码、中文或点击空格键调出下拉菜单，选择参数。

（2）中心统一编号（必填项）、后续管理编号（必填项）：勾选字段前的复选框后，手工录入所列各业务界面中的中心统一编号。

录入上述字段后，点击蓝色“开始下载”按钮，系统查找并下载数据后，弹出“数据下载成功”的提示。

下载完毕的系统界面如图 7-28 所示，用户可进入减免税后续查询菜单内进行查询、进入详细界面等操作。

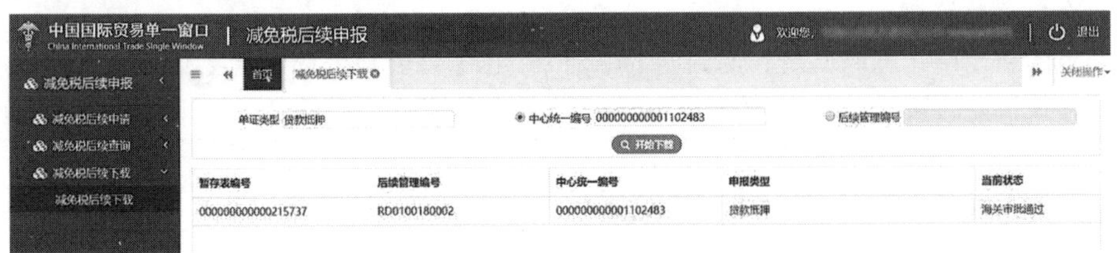

图 7-28　减免税后续下载成功界面

第八章 转关单

第一节 业务简介

一、转关的含义

转关报关是指报关单位需要在出口货物所在地海关，办理一次报关，并且办理转关运输手续，然后在口岸海关办理放行手续。转关有以下三种。

（一）进口转关

进口转关是指从进境地入境到指运地海关办理海关手续（进境地—指运地）。

（二）出口转关

出口转关是指货物在启运地办理出口海关手续运往出境地，由出境地海关放行（启运地—出境地）。

（三）境内转关

境内转关是指海关监管货物从境内一个设关地点运往境内另外一个设关地点（启运地—指运地）。

二、转关的条件

转关的条件如表 8-1 所示。

表 8-1 转关的条件

转关应符合的条件	不得申请转关的货物
1. 转关的指运地和启运地必须设有海关； 2. 转关的指运地和启运地应当设有经海关批准的监管场所； 3. 转关承运人应当在海关注册登记，承运车辆符合海关监管要求，并承诺按海关对转关路线范围和途中运输时间所作的限定要求将货物运往指定的场所	1. 进口的废物（废纸除外）； 2. 进口易制毒化学品、监控化学品、消耗臭氧层物质； 3. 进口汽车整车，包括成套散件和二类底盘； 4. 国家检验检疫部门规定必须在口岸检验检疫的商品

三、转关的方式

（一）提前报关转关

1. 进口提前报关转关

进口提前报关转关是指货物先在指运地申报，再到进境地办理转关手续。

2. 出口提前报关转关

出口提前报关转关是指货物未运抵启运地监管场所前先申报，货物运抵监管场所后再办理转关手续。

（二）直转方式

1. 进口直转

进口直转是指货物先在进境地办理转关手续，到指运地后再办理进口报关手续。

2. 出口直转

出口直转是指出境货物在运抵启运地海关监管场所报关后，再向出境地海关办理转关手续。

（三）中转方式

1. 进口中转

进口中转是指具有全程提运单需换装境内运输工具的进口中转货物，由收货人或其代理人先向指运地海关办理进口申报手续，再由境内承运人或其代理人批量向进境地海关办理转关手续。

2. 出口中转

出口中转是指具有全程提运单需换装境内运输工具的出口中转货物，由发货人或其代理人先向启运地海关办理出口申报手续，再由境内承运人或其代理人按出境运输工具分列舱单向启运地海关批量办理转关手续，并到出境地海关办理出境转关手续。

四、转关的管理

各种转关方式的期限如表 8–2 所示。

表 8–2 转关的期限

直转方式转关的期限	提前报关方式转关的期限
1. 进口货物在运输工具申报进境之日起 14 日内，向进境地海关办理转关运输； 2. 进口货物在海关规定的期限内运抵指运地之日起 14 日内，向指运地海关办理报关	1. 进口报关货物应在电子数据申报之日起的 5 日内，向进境地海关办理转关手续，超过期限仍未到进境地海关办理转关手续的，指运地海关撤销提前报关的电子数据； 2. 出口转关货物应于电子数据申报之日起 5 日内，运抵启运地海关监管场所，办理转关和验放等手续，超过期限的，启运地海关撤销提前报关的电子数据

五、转关运输的货物

转关运输的货物属于海关监管货物，具体有以下几种：一是由进境地入境后，向海关申请转关运输，运往另一设关地点，办理进口海关手续的货物；二是在启运地已办理出口手续运往出境地，由出境地海关监管放行的货物；三是由关境内一设关地点转运到另一设关地点，应受海关监管的货物。

六、报关手续

（一）从事转关运输货物的境内承运人，应向海关办理下列注册登记手续并承担有关责任

1. 向所在地或主管海关办理企业、运输工具以及驾驶人员的注册登记手续，海关认为必要时，承运人应向海关提供经济担保、银行担保或海关认可的其他方式的担保。

2. 承运人办理注册登记手续时应提交下列证件：

（1）工商行政管理部门签发的企业营业执照副本或影印件；

（2）交通管理部门签发的运输工具的行驶证的影印件；

（3）驾驶人员执照影印件（船舶可免交验）；

（4）承运转关运输货物申请表。经海关审核同意后，颁发有关批准注册登记证书。

（二）在办理转关运输手续时，申请人应按照海关规定，向海关如实申报，并递交下列单证

1. 进口转关，向进境地海关填报《中华人民共和国海关进口转运货物申报单》一式三份（国际铁路联运货物为货车装载清单三份），并交验有关证件和货运单证。

申请办理属于申领进口许可证的转关运输货物，应事先向指运地海关交验进口许可证，经审核后由指运地海关核发进口转关运输货物联系单并封交申请人带交进境地海关。

空运转关运输货物的指运地与国际运单的目的地相同的，可免填《中华人民共和国海关进口转运货物申报单》，由海关在运单上加盖“海关监管货物”印章。

2. 出口转关，应向启运地海关填报《中华人民共和国海关出口货物报关单》办理货物报关纳税手续，出境地海关在货物出口后按规定向启运地海关退寄回执。

3. 进口转关运输货物，自运输工具申报进境之日起 14 日内向进境地海关申报转关运输手续，有关货物自运抵指运地之日起 14 日内向海关办理进口手续，超过上述期限的，由海关按规定征收滞报金。进口转关货物，自运输工具进境之日起超过三个月未向指运地海关申报的，由海关依照《海关法》的规定处理。

4. 保税仓库间的货物转关，除应办理正常的货物进出口保税仓库手续外，比照上述“进口转关”有关规定填写《中华人民共和国海关进口转运货物申报单》，并在“指运地”栏内注明货物将要存入的保税仓库名称，不再填写进出口货物报关单。

第二节　基本操作

一、转关单

在此模块，可进行进/出口转关单数据的录入、复制、申报、打印等操作。

点击左侧菜单栏“转关单”，展开业务菜单，界面如图 8-1 所示。

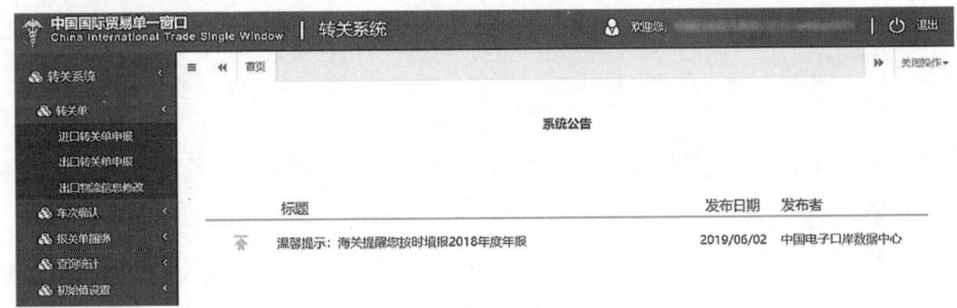

图 8-1　转关单主界面

（一）进口转关单申报

在此模块，可进行进口转关单数据的录入、暂存、复制、打印、申报等操作。

点击左侧菜单栏“转关单”→“进口转关单申报”，右侧显示界面（如图 8-2 所示）。

图 8-2　进口转关单界面（区域说明）

1. 界面录入说明

界面中各字段的录入要求，总体说明如下：灰色字段（例如，申报状态、数据中心统一编号等）表示不允许录入，系统将根据相应操作或步骤后自动返填；境内运输工具名称、备注等字段，需要用户手工录入；部分字段（例如，进出口岸、境内运输方式等）点击空格键在下拉菜单中选择参数，也可输入已知的相应数字、字母或汉字，迅速调出参数，选择后点击回车键确认录入；日期类字段，可输入“YYYY-MM-DD”格式的日期，或点击录入框，在系统弹出的日历中进行选择。

（1）表头。

①申报地海关、进出口岸：必填项，输入关区代码或名称调出参数，进行选择。

②申报状态：不可录入，系统自动根据当前数据状态进行显示。

③数据中心统一编号：不可录入，暂存后由系统自动生成。

④转关单预录入编号：

A. 当进出口岸字段选择了广东地区的关区时（广东模式），转关单预录入编号字段必填，录入 13 位的载货清单号。

B. 当进出口岸字段录入非广东关区时（非广东模式），该字段置灰，无须填写，海关接收成功后由系统返填。

⑤是否启用电子关锁：点击空格键或直接输入“Y”或“N”调出参数，选择“是”或“否”即可，系统默认为“否”。

A. 选择“是”时，下方集装箱信息部分中的关锁号、关锁个数字段置灰，不允许填写。

B. 选择“否”时，下方集装箱信息部分中的电子关锁号字段置灰，不允许填写。

⑥申报单位编码：必填项，录入申报单位海关 10 位注册编码，系统自动读取并返填 18 位统一社会信用代码。

⑦申报单位名称：系统根据输入的海关 10 位注册编码返填，可手工修改。

⑧转关方式：必填项，在参数下拉表中选择，也可录入代码、名称。

⑨境内运输方式：在参数下拉表中选择，也可录入代码、名称。

⑩境内运输工具编号：根据运输方式字段所录入的内容，系统自动将该字段置灰，不允许录入；或根据实际情况录入境内运输工具的编号。

⑪境内运输工具名称：根据实际情况录入境内运输工具名称。

⑫境内运输工具航次：根据运输方式字段所录入的内容，系统自动将该字段置灰，不允许录入；或根据实际情况录入境内运输工具航次。

⑬承运单位编号：根据运输方式字段所录入的内容，系统自动将该字段置

灰，不允许录入；或手工录入承运单位编号。

⑭承运单位名称：手工录入，长度不超过60个字符（约30个汉字）。

⑮集装箱总数：根据下方集装箱信息内录入的数据，由系统自动计算，不允许修改。有集装箱的返填实际自然箱数，无集装箱的为“0”。

⑯标箱数：系统根据集装箱信息内录入的数量、规格等自动计算并返填，不允许修改。

⑰空箱数：手工录入空箱个数。

⑱总件数、总重量：根据下方商品信息内录入的数据，系统自动返填，不允许修改。

⑲转关单申报类型：系统自动返填“无纸申报”，不允许修改。

⑳预计抵运指运地日期：系统默认显示当前电脑的的系统日期。手工录入的，必须大于等于当前日期，格式为“YYYY-MM-DD”。

㉑备注：录入未尽事宜，长度不超过60个字符（约30个汉字）。

（2）提运单信息。

①提运单序号：系统自动按顺序生成，不允许修改。

②进出境运输方式：在参数下拉表中选择，也可录入代码、名称。

③运输工具编号：根据进出境运输方式字段所录入的内容，系统自动将该字段置灰，不允许录入，或直接显示船舶编号、车牌号、飞机编号等信息。请根据实际情况录入运输工具的编号。

④运输工具英文名：根据进出境运输方式字段所录入的内容，系统自动将该字段置灰，不允许录入，或直接显示船舶英文名称等信息。请根据实际情况录入运输工具英文名称。

⑤航次/车次/班次：根据进出境运输方式字段所录入的内容，系统自动将该字段置灰，不允许录入，或直接显示航次号、车次号、航班号等信息。请根据实际情况录入。

⑥提单号：进出境运输方式为海运时录入正本提单号，铁路录入运单号，空运录入分运单号。

⑦进出境日期：录入格式为“YYYY-MM-DD”。

⑧件数：手工如实录入，最大长度为9位字符。

⑨重量：手工如实录入，最大长度为19位字符（14位整数+4位小数）。

⑩报关单号、集装箱数、收货人：手工如实录入。

提示单信息录入完毕后，在最后一个字段（收货人）处点击回车键，即将所录入的提运单信息，保存到表体列表中。

（3）集装箱信息。

①提运单序号：必填项，录入提运单信息部分已录入完毕、对应的序号。

②集装箱序号：系统自动按顺序生成，不允许修改。

③电子关锁号、关锁号、关锁个数：根据表头的是否启用电子关锁字段所选择的内容，系统自动置灰；或手工录入电子关锁号、关锁号、关锁个数。

小提示

启用电子关锁时，必须录入电子关锁号才能对转关单数据进行暂存。

④集装箱号：必填项，手工录入11位集装箱号。

⑤规格：录入集装箱规格，长度为1位字符。

⑥境内运输工具名称：录入运输工具名称。

⑦运输工具实际重量（车重）：手工如实录入。

⑧备注：录入未尽事宜，长度不超过32个字符（约16个汉字）。

集装箱信息录入完毕后，在最后一个字段（备注）点击回车键，将所录入的集装箱信息保存到表体列表中。

（4）商品信息。

①提运单序号：录入提运单信息部分已录入完毕、对应的序号。

②商品序号：系统自动按顺序生成，不允许修改。

③商品编码：录入至少4位数字的商品编码，系统可弹出商品列表进行具体选择。

④品名及规格：根据系统弹出的商品规范申报（申报要素）对话框，如实录入当前商品的规格型号，点击对话框中的蓝色“确定”按钮即可。

⑤包装：在参数下拉表中选择，也可录入代码、名称。

⑥件数：录入商品的件数。

⑦单位：在参数下拉表中选择，也可录入代码、名称。

⑧重量：手工如实录入。

⑨价格：手工如实录入，最大长度为19位字符（14位整数+4位小数）。

⑩币制：在参数下拉表中选择，也可录入代码、名称。

商品信息录入完毕后，在最后一个字段（币制）点击回车键，将所录入的商品信息保存到表体列表中。

（5）集装箱商品关联信息。

①提运单序号：录入提运单信息部分已录入完毕、对应的序号。

②集装箱序号：录入集装箱信息部分已录入完毕、对应的序号。

③商品序号：录入商品信息部分已录入完毕、对应的序号。

④集装箱号：系统根据集装箱序号进行返填。

⑤商品件数：手工如实录入。

⑥商品毛重（KG）：手工如实录入。

集装箱商品关联信息录入完毕后，在最后一个字段（商品毛重 KG）点击回车键，将所录入的信息，保存到表体列表中。

2. 操作按钮说明

对进口转关单申报界面上方蓝色“新增”“暂存”“复制”“打印”“删除”“初始值模板”按钮的操作，将影响整票转关单数据。进口转关单申报界面中部的白色按钮，所影响的仅为某一局部的数据，并非整票转关单数据。

（1）新增：界面顶端的蓝色“新增”按钮始终为激活状态。点击界面蓝色“新增”按钮，界面字段全部清空，可重新录入一票数据。

点击界面中间的白色“新增”按钮，对应的局部信息全部清空，可重新录入新的提运单、集装箱等数据。

（2）暂存：点击界面顶端蓝色“暂存”按钮后，申报状态变为“暂存”。若系统对录入的内容逻辑检查未通过，界面会提示相应错误信息。

小提示

状态为“申报”“海关接收”等时，“暂存”按钮置灰，不允许操作。

（3）复制：点击界面顶端蓝色“复制”按钮后，系统自动根据当前数据复制出一票新的转关单数据，并展示在界面中，继续录入或修改即可。

小提示

当前数据暂存后，才能进行复制操作。否则系统弹出“没有可复制的数据”提示。

（4）打印：点击界面顶端蓝色“打印”按钮，系统弹出提示（如图 8-3 所示）。

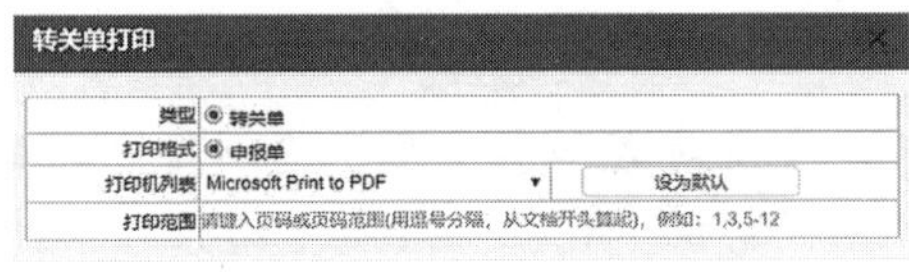

图 8-3　转关单打印界面

类型、打印格式字段为系统默认，不可修改。用户根据本地打印机设置，在打印机列表中选择打印机。如果想将列表中的某个打印机设置为默认，选择后点击“设为默认”按钮即可。打印范围字段无须录入。

点击蓝色“打印预览”按钮，系统展示预览界面（如图 8-4 所示）。点击“直接打印”按钮，根据本地打印机的连接或设置直接进行打印。

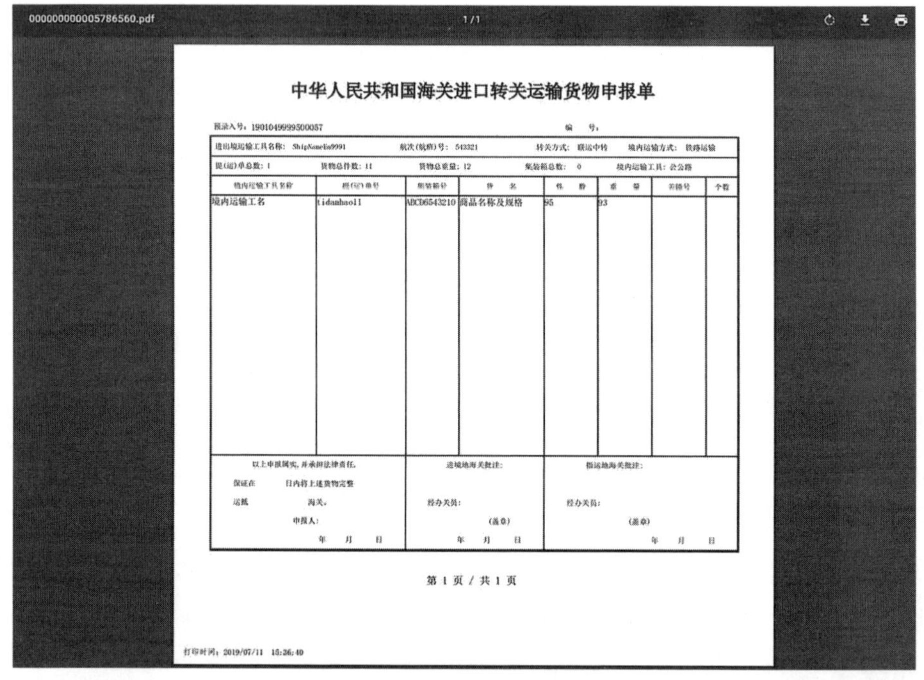
000000000005786560.pdf　1/1

中华人民共和国海关进口转关运输货物申报单

预录入号：1901049999500057　　编　号：

进出境运输工具名称：ShipNameEn9991		航次(航班)号：543321		转关方式：联运中转		境内运输方式：铁路运输	
提(运)单总数：1	货物总件数：11		货物总重量：12		集装箱总数：0	境内运输工具：公公路	
境内运输工具名称	提(运)单号	集装箱号	货　名	件　数	重　量	关锁号	个数
境内运输工名	tidanhao11	ABCD6543210	商品名称及规格	95	93		

以上申报属实，并承担法律责任。 保证在　　日内将上述货物完整 运抵　　海关。 申报人： 年　月　日	进境地海关批注： 经办关员： （盖章） 年　月　日	指运地海关批注： 经办关员： （盖章） 年　月　日

第 1 页 / 共 1 页

打印时间：2019/07/11　15:36:40

图 8-4　转关单打印预览界面

（5）删除：点击界面顶端蓝色“删除”按钮，系统弹出“是否要删除该票单据”的提示，点击“确定”按钮，系统删除相应的数据，同时界面字段全部清空，可重新录入一票数据。

小提示

状态为“申报”“海关接收通知”等时，“删除”按钮置灰，不允许操作。“暂存”状态的数据，删除后不可恢复，只能重新录入，请谨慎操作。

在提运单、集装箱等信息列表中进行勾选，点击界面中间的白色“删除”按钮，列表中所勾选的数据被删除。

（6）初始值模板：录入一票新数据时，点击蓝色“初始值模板”按钮，系统弹出“初始值模板选择”的对话框（如图 8-5 所示）。选中后点击蓝色“确定”按钮，将模板中的内容返填至转关单申报界面中，可以减少重复录入。

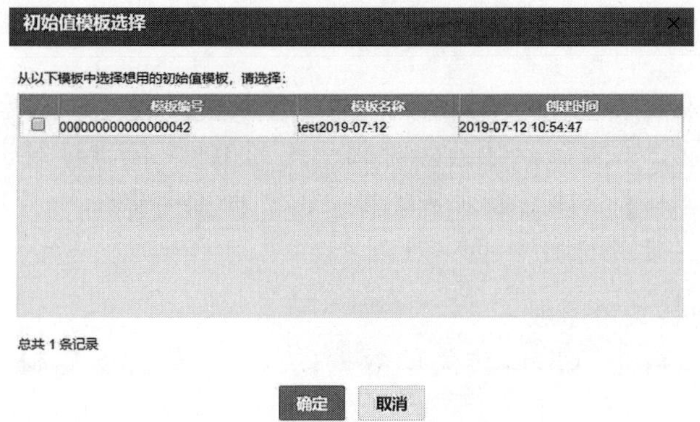

图 8-5　初始值模板选择界面

初始值模板的录入与保存，请参考上文“初始值设置”部分，此处不再赘述。

小提示

如果对已暂存的数据进行初始值调用，系统将提示“请先点击新增，开始一票新单据，再引用初始值模板”。

（7）申报：点击蓝色“申报”按钮，系统弹出界面（如图 8-6 所示）。请留意红色字体的提示信息，若对此有疑问，请向相关业务主管部门咨询。

图 8-6　限制转关商品信息界面

确认无误后继续申报，保证卡介质正确连接在电脑中。若录入的数据符合填写规范，则系统弹出“申报成功”的提示，此时数据不允许再修改。

小提示

申报时，必须保证IC卡或iKey正确连接在电脑中。如果使用“用户名+口令”的方式登录，必须保证登录账户内绑定的IC卡或iKey连接到电脑中，并按照系统提示输入卡密码。否则系统将弹出“当前卡号××××与用户注册信息卡号××××不一致，无法进行申报”的提示。

（二）出口转关单申报

在此模块，可进行出口转关单数据的录入、暂存、复制、打印、申报等操作。

点击左侧菜单栏“转关单”→“出口转关单申报”，右侧显示界面（如图8-7所示）。

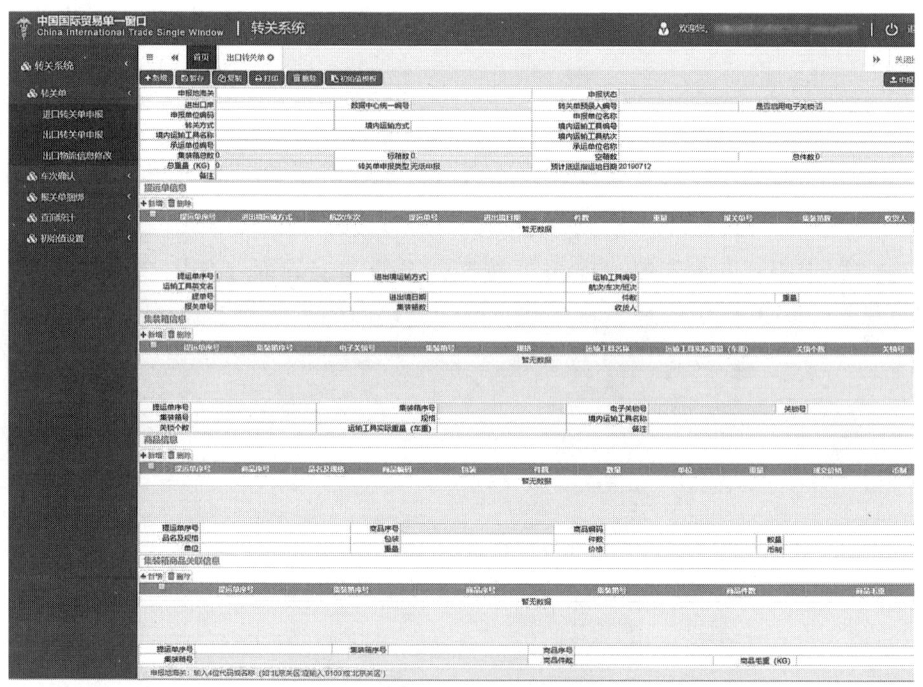

图8-7 出口转关单申报界面

录入、新增、暂存、打印、删除、初始值模板与申报等操作，可参考上文“进出口转关单申报”，此处不再赘述。

（三）出口物流信息修改

在此模块，可修改出口转关单的提运单信息。“审核通过”“放行通过”“审批通过（提运单待修改）”等状态的出口转关单，在此对其进行修改与提交操作。

点击左侧菜单栏“转关单”→“出口物流信息修改”，右侧显示界面（如图8-8所示）。

图 8-8　出口物流信息修改界面

1. 界面录入说明

转关单预录入号：手工录入出口转关单预录入号后，点击回车键，系统自动校验并返填转关单内容，如图 8-9 所示。若录入的单号不符合状态或类型等要求，系统会弹出相应的提示信息。

图 8-9　出口转关单提运单信息界面

在提运单信息列表中勾选数据，界面下方自动返填该转关单提运单信息。

申报状态、数据中心统一编号、报关单号等字段不允许修改，界面中白色字段的内容允许修改。录入的操作方式可参考上文“进口转关单申报”中界面录入说明的提运单信息部分，此处不再赘述。

修改（录入）完毕后一直点击回车键，界面中间列表中的数据，自动显示为修改后的内容。

确认录入完毕的数据无误，点击界面右上角蓝色“提交”按钮，系统弹出提示“请确认是否修改以上列表中的数据”的提示，点击“是”按钮，即向业务主管部门进行申报。

2. 操作按钮说明

录入、新增、暂存、打印、删除、初始值模板与申报等操作，可参考上文“进口转关单申报”部分，此处不再赘述。

二、快件转运中心

（一）出口多程多式转关申请

在此模块，可进行出口多程多式转关申请数据的录入、暂存、复制、打印、申报等操作。

点击左侧菜单栏“快件转运中心”→“出口多程多式转关申请”，右侧显示界面（如图 8-10 所示）。

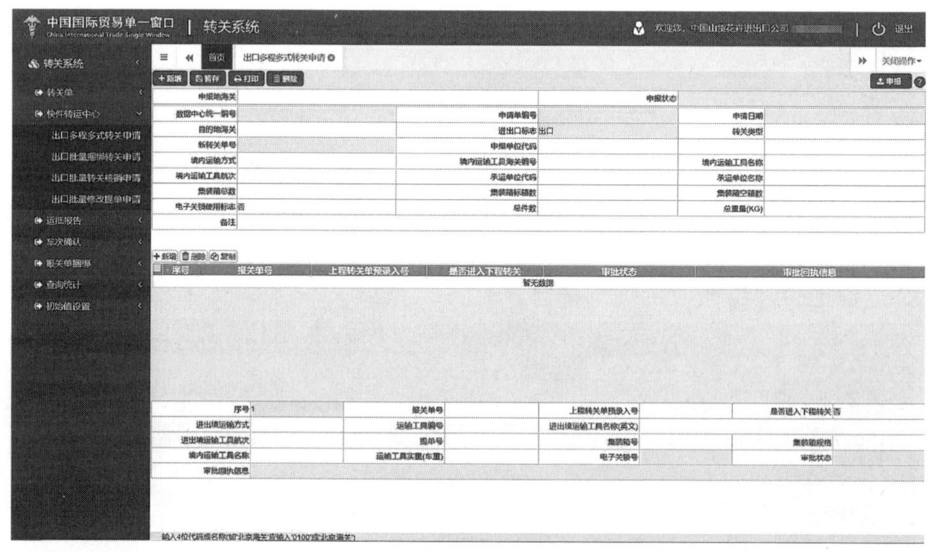

图 8-10　出口多程多式转关申请界面

1. 界面录入说明

界面中各个字段的录入要求，总体说明如下：灰色字段（例如，申报状态、数据中心统一编号等）表示不允许录入，系统将根据相应操作或步骤后自动返填；境内运输工具名称、备注等字段，需要用户手工录入；部分字段（例如，目的地海关、转关类型等）可点击空格键在参数下拉表中选择，也可输入已知的相应数字、字母或汉字，迅速调出参数，选择后点击回车键确认录入；日期类字段，可输入“YYYY-MM-DD”格式的日期，或点击录入框，在系统弹出的日历中进行选择。

2. 操作按钮说明

录入、新增、暂存、打印、删除与申报等操作，可参考上文“进口转关单申报”部分，此处不再赘述。

（二）出口批量捆绑转关申请

在此模块，可进行出口批量捆绑转关申请数据的录入、暂存、复制、打印、申报等操作。

点击左侧菜单栏“快件转运中心”→“出口批量捆绑转关申请”，右侧显示界面（如图 8–11 所示）。

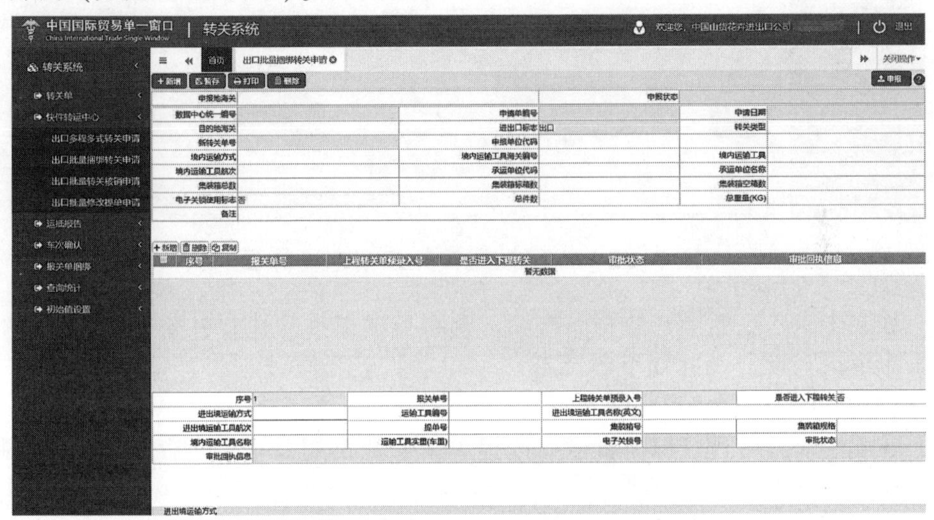

图 8–11　出口批量捆绑转关申请界面

界面中录入、新增、暂存、打印、删除与申报等操作，可参考上文“进口转关单申报”部分，此处不再赘述。

（三）出口批量转关核销申请

在此模块，可进行出口批量转关核销申请数据的录入、暂存、复制、打印、申报等操作。

点击左侧菜单栏“快件转运中心”→“出口批量转关核销申请”，右侧显示界面（如图 8–12 所示）。

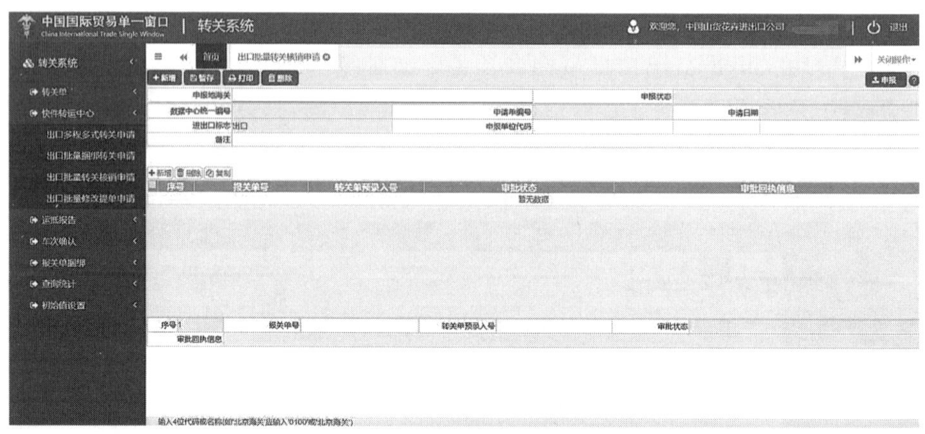

图 8-12 出口批量转关核销申请界面

界面中录入、新增、暂存、打印、删除与申报等操作，可参考上文“进口转关单申报”部分，此处不再赘述。

（四）出口批量修改提单申请

在此模块，可进行出口批量修改提单申请数据的录入、暂存、打印、申报等操作。

点击左侧菜单栏“快件转运中心”→“出口批量修改提单申请”，右侧显示界面（如图 8-13 所示）。

图 8-13 出口批量修改提单申请界面

界面中录入、新增、暂存、打印、删除与申报等操作，可参考上文“进口转关单申报”部分，此处不再赘述。

三、运抵报告

(一) 进口转关运抵报告

在此模块，可进行进口转关运抵报告数据的录入、暂存、申报等操作。

点击左侧菜单栏“运抵报告”→“进口转关运抵报告”，右侧显示界面(如图 8-14 所示)。

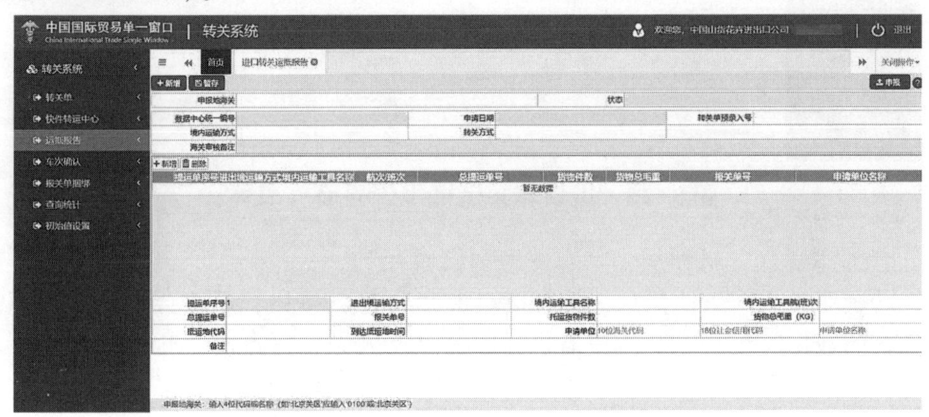

图 8-14 进口转关运抵报告界面

1. 界面录入说明

界面中各个字段的录入要求，总体说明如下：灰色字段（例如，状态、数据中心统一编号等）表示不允许录入，系统将根据相应操作或步骤后自动返填；境内运输工具名称、备注等字段，需要用户手工录入；部分字段（例如，申报地海关、境内运输方式等），可点击空格键在参数下拉表中选择，也可以输入已知的相应数字、字母或汉字，迅速调出参数，选择后点击回车键确认录入。

2. 操作按钮说明

对界面上方蓝色“新增”“暂存”按钮的操作，将影响整票转关单数据。界面中部的白色“新增”“删除”按钮的操作，所影响的仅为某一局部的数据，并非整票转关单数据。

(1) 新增：界面上方蓝色“新增”按钮始终为激活状态。点击蓝色“新增”按钮，界面字段将全部清空，可重新录入一票数据。

点击界面中部白色“新增”按钮，对应的局部信息将全部清空，可重新录入新的提运单、集装箱等数据。

(2) 暂存：表体信息录入完毕后，点击回车键，录入数据将被保存表体列表中，如图 8-15 所示。

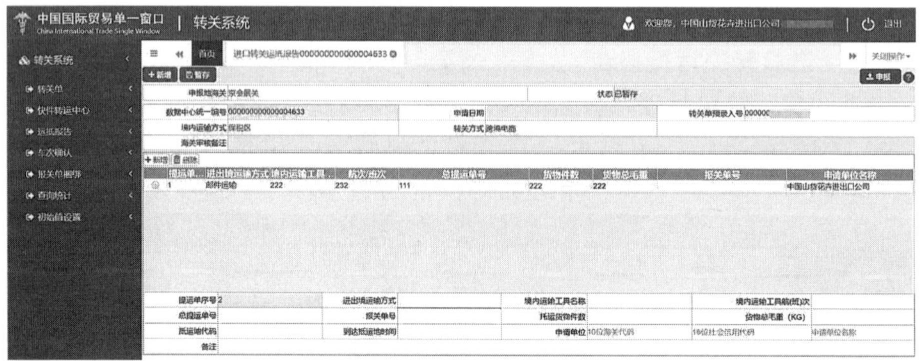

图 8-15　进口转关运抵报告界面（表体）

点击“暂存”按钮后，状态变为“已暂存”。

若企业未录入表体信息，就直接点击“暂存”按钮，系统会弹出“没有需要暂存的数据”的提示。用户需将界面信息录入完整再点击“暂存”按钮。若系统对录入的内容逻辑检查未通过，也会提示相应的错误信息。

小提示

“申报”“海关接收”等状态时，“暂存”按钮置灰，不允许操作。进口转关运抵报告中，每条表体的申请单位都要和 IC 卡关联的企业一致才可以进行申报。

（二）出口转关运抵报告

在此模块，可进行出口转关运抵报告数据的录入、暂存、复制、打印、申报等操作。

点击左侧菜单栏“运抵报告”→“出口转关运抵报告”，右侧显示界面（如图 8-16 所示）。

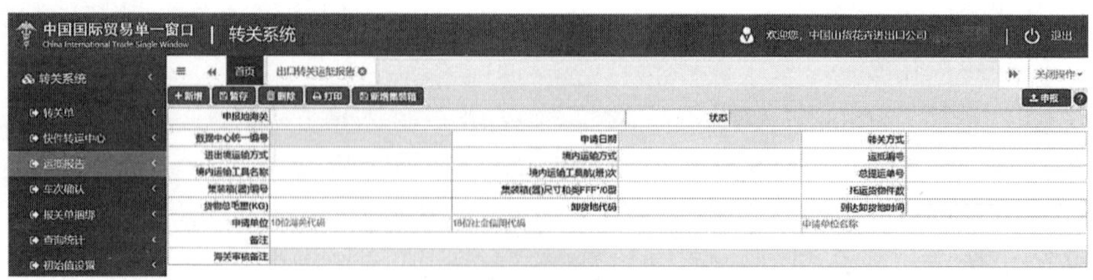

图 8-16　出口转关运抵报告界面

小提示

出口转关运抵报告中，IC 卡关联的企业要和界面中的申请单位一致才可以进行申报。

1. 界面录入说明

界面中各个字段的录入操作，可参考上文“进口转关运抵报告”部分，此处不再赘述。

特殊字段境内运输工具名称需要用户手工录入境内运输工具名称：转关方式为北方模式时选填，转关方式为南方模式时选填“@ +13 位载货清单号”，转关方式为水运中转模式时必填；境内运输方式为水路运输时填报驳船名，境内运输方式为铁路运输时填报车名（主管海关 4 位关别代码+TRAIN），境内运输方式为公路运输时填报车名（主管海关 4 位关别代码+TRUCK）。

2. 操作按钮说明

界面上方蓝色“新增”“暂存”“删除”“打印”“新增集装箱”按钮的操作，将影响整票转关单数据。

（1）新增：界面上方蓝色“新增”按钮始终为激活状态。点击蓝色“新增”按钮，界面字段将全部清空，可重新录入一票数据。

（2）暂存：点击界面上方蓝色“暂存”按钮，状态将为“已暂存”。

（3）新增集装箱：“新增集装箱”按钮的功能与“新增”按钮的功能基本一致，点击“新增集装箱”按钮，界面弹出提示（如图 8-17 所示）。

图 8-17　新增集装箱按钮提示界面

此时点击“否”，状态变为已暂存；点击“是”，申报该票出口转关运抵报告。在申报成功的提示框中点击“确定”按钮，界面将新增一票新的出口转关运抵报告。新增数据中，集装箱（器）编号、集装箱（器）尺寸和类 FFF＊/0 型、到达卸货地时间 三个字段的数据会被清空，其他字段数据则保留。

（4）删除：在左侧菜单栏“查询统计”→“出口转关运抵报告查询”中查询出对应数据，如图 8-18 所示。

图 8-18　出口转关运抵报告查询界面

在查询到的数据中，点击统一编号栏的蓝色字样，将跳转至详情界面。在详情界面，点击上方蓝色“删除”按钮，将弹出提示（如图 8-19 所示），点击“是”，将执行删除操作。

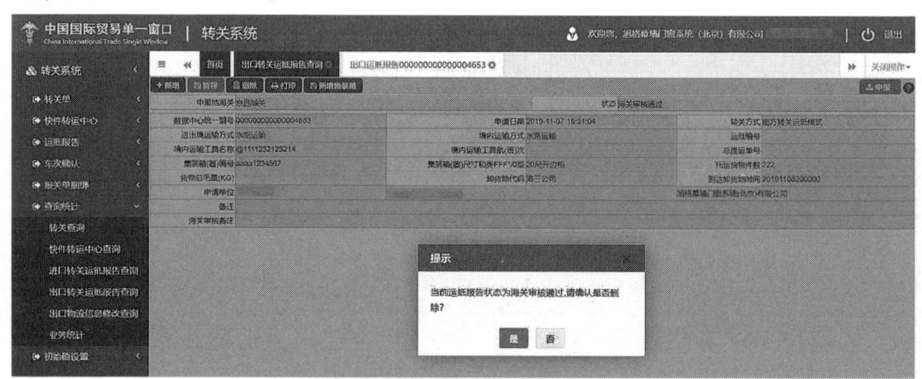

图 8-19　删除提示界面

小提示

查询到的状态为“G-海关审核通过”“B-删除申请失败”“F-删除申请海关审核不通过”的出口转关运抵报告可以进行删除操作。“删除”操作需发往海关，由海关业务部门进行审批。

四、车次确认

转关运输车辆进入海关监管场所前，在此模块进行本车次所对应运载的载货清单信息等内容的确认、删除与数据查询等操作。

小提示

需先对提前转关单进行报关单捆绑操作成功，才能在此进行车次确认操作。直转的报关单不需要捆绑，只要状态满足条件就可以直接进行车次确认。

（一）车次确认

点击左侧菜单栏“车次确认”→“车次确认”，右侧显示界面（如图 8-20 所示）。

图 8-20　车次确认界面

1. 界面录入说明

在车次确认界面上方输入黄色字段内的查询条件，查找到相应的记录。

（1）报关模式：必填项，直接输入代码、中文或点击空格键在下拉菜单中选择参数（1-提前报关、2-货到报关）。

（2）申报地海关：必填项，输入关区代码或名称调出参数，进行选择。

（3）进出口标志：必填项，在参数下拉表中选择，也可录入代码（I-进口、E-出口）选择。

（4）车辆海关编号：必填项，直接录入车辆海关编号。

（5）转关单号：非必填项，录入转关单预录入编号。

录入完毕后点击蓝色“查询”按钮，系统自动查找符合条件的记录，显示在中间列表中，如图 8-21 所示。

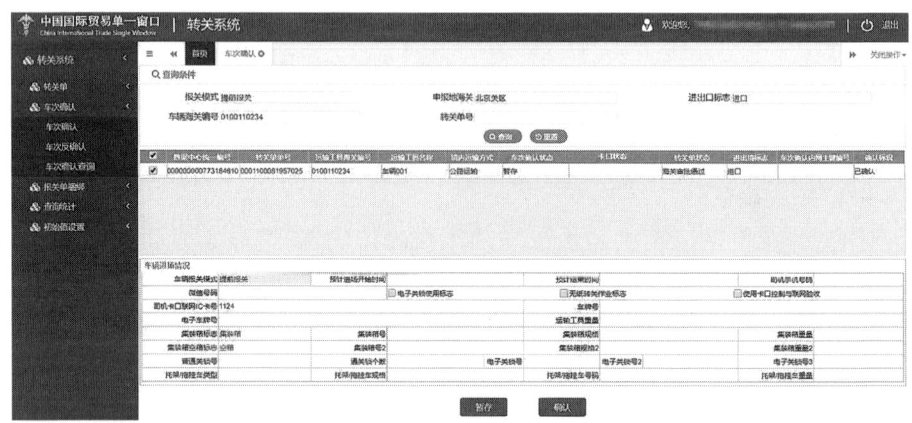

图 8-21　车次确认查询结果界面

在车次确认查询结果界面，选中列表中的记录，下方的字段录入说明如下。

（1）车辆报关模式：根据上方查询条件中报关模式字段所选择的内容，由系统自动返填。

（2）预计进场开始时间、预计结束时间：录入格式为“YYYY-MM-DD”。

（3）司机手机号码、微信号码：非必填项，录入手机号码、微信号码。

（4）电子关锁使用标志、无纸转关作业标志、使用卡口控制与联网验收：根据实际情况进行勾选，可多选。

（5）司机卡口联网 IC 卡号、车牌号、电子车牌号：根据实际情况录入。

（6）运输工具重量：手工如实录入。

（7）集装箱标志：必填项，在参数下拉表中选择，也可直接录入代码（0-非集装箱、1-集装箱）。

（8）集装箱号：手工录入 11 位集装箱号。

（9）集装箱规格：录入集装箱规格，长度为 1 位字符。

（10）集装箱重量：手工如实录入。

（11）集装箱空箱标志：必填项，在参数下拉表中选择，也可直接录入代码（0-非空箱、1-空箱）。

（12）集装箱号 2：手工录入 11 位集装箱号。

（13）集装箱规格 2：录入集装箱规格，长度 1 为位字符。

（14）集装箱重量 2、普通关锁号、通关锁个数：手工如实录入。

（15）电子关锁号、电子关锁号 2、电子关锁号 3：如有需要，手工录入。

（16）托架/拖挂车类型：根据上方查询条件中报关模式字段所选择的内容，系统自动返填。

（17）托架/拖挂车规格、托架/拖挂车号码、托架/拖挂车重量：如有需要，手工录入。

2. 操作按钮说明

（1）暂存：在车次确认查询结果界面的列表中勾选记录，并在下方录入数据后，点击蓝色“暂存”按钮，将当前录入的车次确认信息进行保存，防止已录入完毕的数据丢失。

（2）确认：对于录入完毕的数据，勾选后点击蓝色“确认”按钮，将向业务主管部门申报车次确认的数据。

（二）车次反确认

点击左侧菜单栏“车次确认”→“车次反确认”，右侧显示界面（如图8-22所示）。

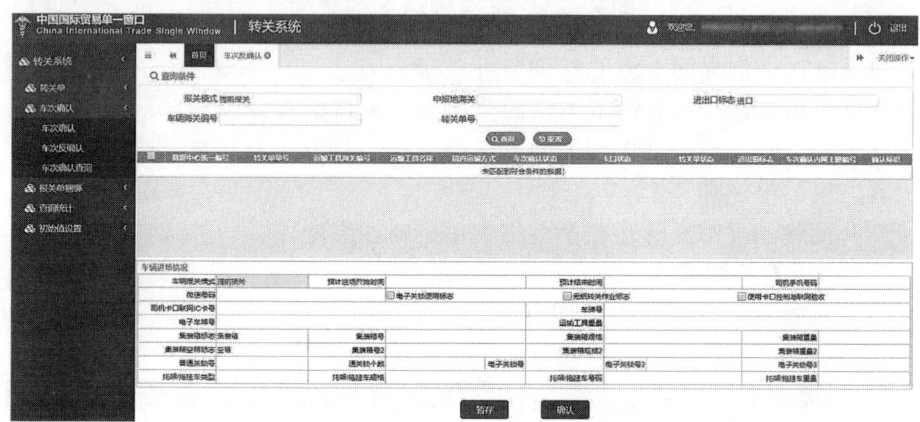

图8-22　车次反确认界面

在此，可对确认标识为“已确认”“反确认失败”的数据，进行反确认操作。

录入（修改）完毕的数据，可勾选后点击蓝色“暂存”按钮，保存当前数据。点击蓝色“确认”按钮，将向业务主管部门申报反确认的数据。

查询、录入等操作，可参考上文“车次确认”部分，此处不再赘述。

（三）车次确认查询

点击左侧菜单栏“车次确认”→“车次确认查询”，右侧显示界面（如图8-23所示）。

图 8-23　车次确认查询界面

车次确认查询界面上方的查询条件，录入方法与“车次确认”部分描述一致，此处不再赘述。该界面下方字段全部置灰，仅供查看。

在界面中间的查询结果列表中，选中记录后，可在下方查看具体内容。

五、报关单捆绑

在此模块，可对提前转关单与报关单进行捆绑操作。

（一）报关单捆绑

点击左侧菜单栏“报关单捆绑”→“报关单捆绑”，右侧显示界面（如图 8-24 所示）。

图 8-24　报关单捆绑界面

在报关单捆绑界面上方输入查询条件，查找到相应的记录。

（1）车辆海关编号：直接输入车辆海关编号。

（2）转关单号（载货清单号）：非广东模式的转关单输入转关单预录入号，广东模式的转关单输入载货清单号。

小提示

广东模式、非广东模式请参考上文“进口转关单申报”的界面录入说明部分。

输入条件后，点击蓝色“查询”按钮。在查询结果列表中，点击转关单单号栏的蓝色字样，可进入报关单捆绑界面。

勾选需要进行捆绑的报关单，点击底部“暂存”按钮，当前数据在列表中的底色变为红色，捆绑标志字段变为“数据中心已捆绑”，如图 8-25 所示。

图 8-25　数据中心已捆绑显示界面

点击“申报”按钮，将向业务主管部门发送捆绑数据，等待业务部门的审批。

已经进行过捆绑与申报的数据，界面底部“暂存”“申报”按钮为灰色，不允许再次操作。

（二）报关单捆绑修改

点击左侧菜单栏“报关单捆绑”→“报关单捆绑修改”，右侧显示界面（如图 8-26 所示）。

图 8-26　报关单捆绑修改界面

在界面上方输入查询条件，查找到相应的记录。

（1）车辆海关编号：直接输入车辆海关编号。

（2）转关单号（载货清单号）：非广东模式的转关单输入转关单预录入号，广东模式的转关单输入载货清单号。

小提示

广东模式、非广东模式请参考上文“进口转关单申报”的界面录入说明部分。

输入条件后，点击蓝色“查询”按钮，显示查询结果界面。在查询结果界面列表中，点击转关单单号栏的蓝色字样，进入报关单捆绑修改界面。在此可对捆绑暂存未申报或捆绑失败被海关退单的数据进行修改（解除捆绑）操作。操作完成后，点击“申报”按钮，将向业务主管部门发送捆绑修改的数据，等待业务主管部门的审批。

（三）报关单捆绑查询

点击左侧菜单栏“报关单捆绑”→“报关单捆绑查询”，右侧显示界面（如图 8-27 所示）。

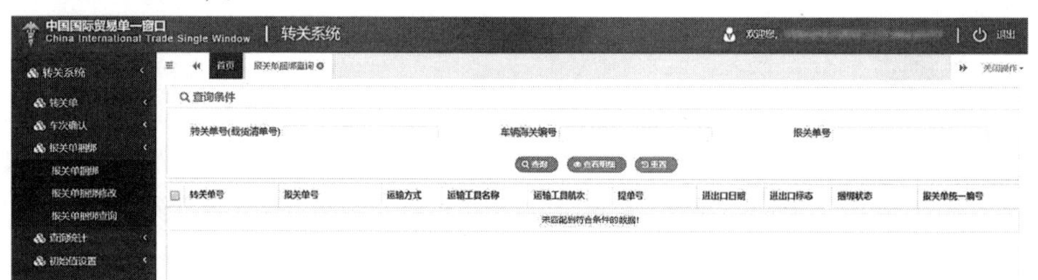

图 8-27　报关单捆绑查询界面

（1）转关单号（载货清单号）：非广东模式的转关单输入转关单预录入号，广东模式的转关单输入载货清单号。

（2）车辆海关编号：输入车辆海关编号。

（3）报关单号：输入 18 位报关单号。

输入相关条件后，点击蓝色“查询”按钮，查询结果显示在列表中。在查询结果列表中选中数据，点击蓝色“查看明细”按钮，或直接点击报关单号栏的蓝色字样，系统自动跳转并展示报关单详情界面。

六、查询统计

在此模块，可进行转关单数据、出口物流信息修改数据的查询、打印与业务数据统计等操作。

（一）转关查询

点击左侧菜单栏“查询统计”→“转关查询”，右侧显示界面（如图 8-28 所示）。

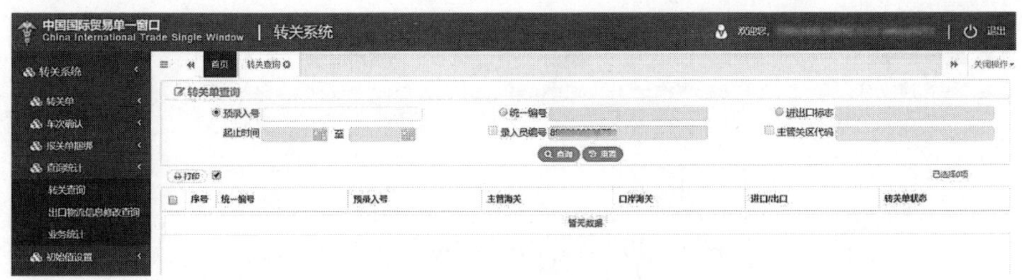

图 8-28　转关查询界面

（1）预录入号：选中该条件时，必须输入转关单预录入编号。

（2）统一编号：选中该条件时，必须输入转关单数据中心统一编号。

（3）进出口标志：选中该条件时，可在下拉菜单中选择参数（I-进口、E-出口）。

（4）起止时间：选中“进出口标志”时，该字段可选。起止时间所选择的范围，不能超过 30 天。

（5）录入员编号：非必填项，系统默认读取当前登录的企业操作员所绑定的卡介质编号。勾选后，执行查询时只查询该企业操作员操作的数据。

（6）主管关区代码：选中该条件时，必须输入关区代码或输入名称调出参数选择。

输入条件，点击蓝色“查询”按钮，查询结果显示在下方列表中，如图 8-29 所示。点击蓝色“重置”按钮将清空查询条件，可重新填写后查询。

序号	统一编号	预录入号	主管海关	口岸海关	进口/出口	转关单状态
1	00000000005788535	-	北京关区	京机场关	进口	暂存
2	00000000005788534	-	北京关区	天津关区	进口	暂存
3	00000000005787535	-	京西城关	烟台海关	进口	暂存
4	00000000005787534	-	郴州海关	友谊关	进口	暂存
5	00000000005786500	1901049999500057	京西城关	京会展关	进口	海关审批通过

总共 5 条记录

图 8-29　转关数据查询结果界面

点击界面中统一编号栏的蓝色字样，系统自动跳转至该转关单数据的详情界面。点击界面中转关单状态栏的蓝色字样，界面下方显示相应的回执（如图 8-30 所示）。在转关单回执查询界面，点击白色“刷新”按钮，将刷新回执；点击白色“关闭”按钮，将关闭正在查看的回执列表。

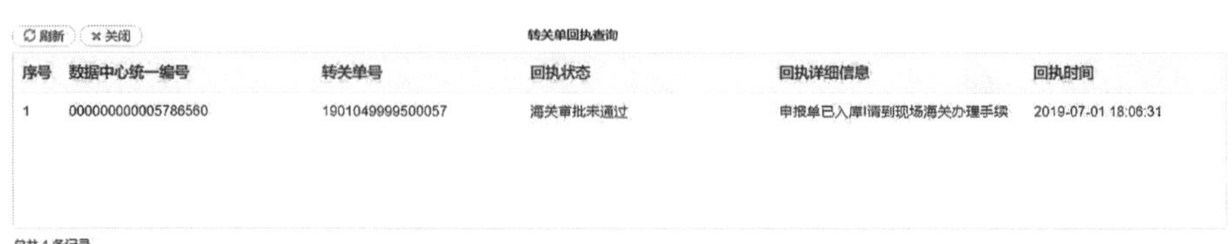

刷新 关闭　　转关单回执查询

序号	数据中心统一编号	转关单号	回执状态	回执详细信息	回执时间
1	000000000005786560	1901049999500057	海关审批未通过	申报单已入库!请到现场海关办理手续	2019-07-01 18:06:31

总共 1 条记录

图 8-30　转关单回执查询界面

（二）出口物流信息修改查询

点击左侧菜单栏“查询统计”→“出口物流信息修改查询”，右侧显示界面（如图 8-31 所示）。

图 8-31　出口物流信息修改查询界面

（1）统一编号：选中该条件时，必须输入转关单数据中心统一编号。

（2）预录入号：选中该条件时，必须输入转关单预录入编号。

（3）录入日期：选中时，该字段可选。录入日期所选择的范围，不能超过 30 天。

输入条件，点击蓝色“查询”按钮，查询结果显示在下方列表中。点击状态栏的蓝色字样，显示相应的回执。在回执界面，点击白色“刷新”按钮，将刷新回执；点击白色“关闭”按钮，将关闭正在查看的回执列表。

点击蓝色“重置”按钮将清空查询条件，可重新填写后进行查询。

（三）业务统计

点击左侧菜单栏“查询统计”→“业务统计”，右侧显示界面（如图 8-32 所示）。

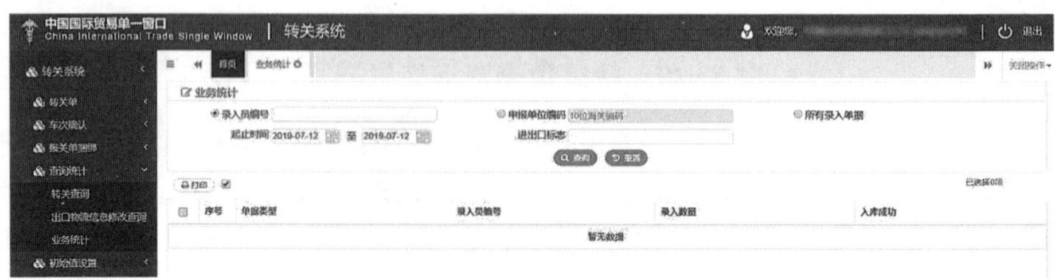

图 8-32　业务统计界面

（1）录入员编号：选中该条件时，必须输入录入员编号（例如，IC 卡号）。

（2）申报单位编码：选中该条件时，必须输入申报单位海关 10 位编码。

（3）所有录入单据：选中该条件时，系统仅依据所选择的起止时间进行查询统计。

（4）起止时间：必填项，在弹出的日历框中选择统计的开始、结束时间。

（5）进出口标志：在下拉菜单中选择参数（I-进口、E-出口）。

输入条件，点击蓝色“查询”按钮，查询结果显示在下方列表中。勾选白色“打印”按钮右侧的复选框，可同时勾选下方列表中的多条记录；去掉勾选，列表中的记录变为单选。

勾选查询结果列表中的一条或多条记录，点击白色“打印”按钮，系统弹出转关单打印界面。具体操作与前文“进口转关单申报”中的打印操作一致，此处不再赘述。

七、初始值设置

为了减少用户在部分常用字段中反复录入相同的内容，在此模块对转关单的字段进行默认设置。设置保存成功后，进入进/出口转关单录入界面时，点击蓝色“初始值模板”按钮，可以调用在此保存过的默认值。

点击左侧菜单栏“初始值设置”→“初始值查询”，右侧显示界面（如图 8-33 所示）。

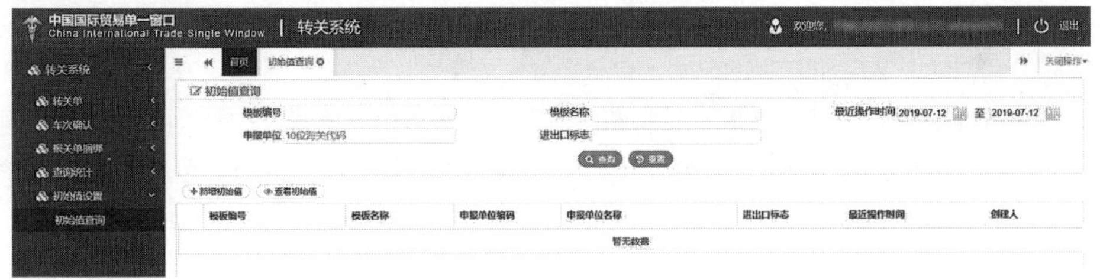

图 8-33　初始值查询界面

如已保存过初始值，输入条件后进行查询。可在下方查询结果列表中勾选任意记录，点击白色“查看初始值”按钮，或直接点击模板编号栏的蓝色字样，查看详情。查看某票初始值数据时，可以根据实际需要进行修改、保存。

如果想新增设置一份数据，可点击白色“新增初始值”按钮，跳转至录入界面（如图 8-34 所示）。

图 8-34　初始值新增界面

（1）模板名称：必填项，根据实际情况，为当前的模板定义、录入一个名称，以便后续使用模板时进行查找。

（2）模板编号：暂存模板成功后，由系统自动返填。

（3）进出口标志：必填项，在下拉菜单中选择参数（I-进口、E-出口）。此处如果选择“I-进口”，则只能在录入进口转单时调用；如果选择“E-出口”，则只能在录入出口转关单时调用。

继续录入所需要的字段默认值，各字段说明与操作方法请参考“进口转关单申报”界面录入说明部分。

点击界面顶端蓝色“新增”按钮，界面中所有已录入的内容将被清空，可以重新录入数据。点击界面顶端蓝色“暂存”按钮，将当前所录入的内容进行保存。

第九章　通关无纸化协议

第一节　业务简介

企业经报关所在地直属海关同意，在与报关所在地直属海关、第三方认证机构（中国电子口岸数据中心）签订电子数据应用协议后，可在该海关范围内适用“通关作业无纸化”通关方式。

经海关同意准予适用“通关作业无纸化”通关方式的进出口企业需要委托报关企业代理报关的，应当委托经海关准予适用“通关作业无纸化”通关方式的报关企业。

通关作业无纸化经营单位或申报单位使用法人卡登录“单一窗口”，可在线上签署或解除该企业、中国电子口岸数据中心与海关的三方协议。

通关无纸化协议签约系统按功能划分为三方协议签约、三方协议解约和三方协议查询三部分。

第二节　基本操作

一、三方协议签约

进入通关无纸化协议签约系统，点击左侧菜单栏“三方协议签约”，右侧显示界面（如图 9-1 所示）。

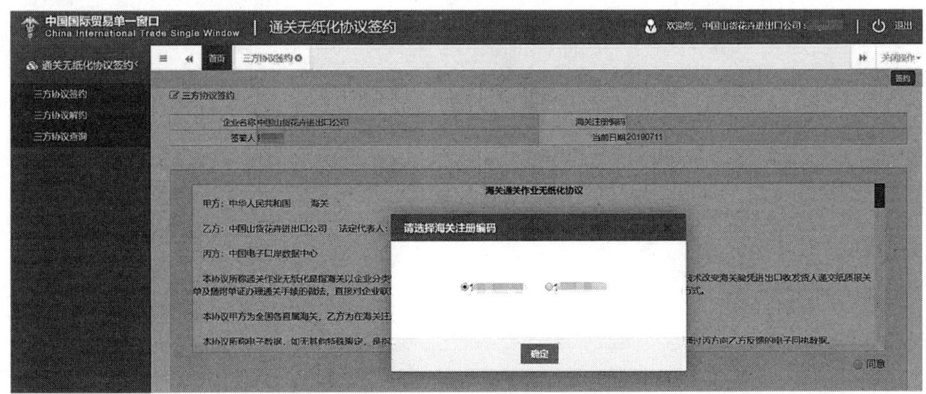

图 9-1　三方协议签约界面

签约时系统是按海关十位编码识别的，如企业是双海关十位企业，进菜单后需先选择对应的海关十位。

根据《关于扩大通关作业无纸化适用范围的公告》（海关总署公告 2017 年第 8 号），签约一次即可在全国开展通关无纸化业务。用户选择对应海关十位后，阅读协议内容，勾选界面右下角红色"同意"按钮，并点击右上角"签约"按钮，即可完成三方协议签约。

如果用户已经签约，界面会弹出相应提示，表示之前已经进行过无纸化签约，无须重复签约，如图 9-2 所示。

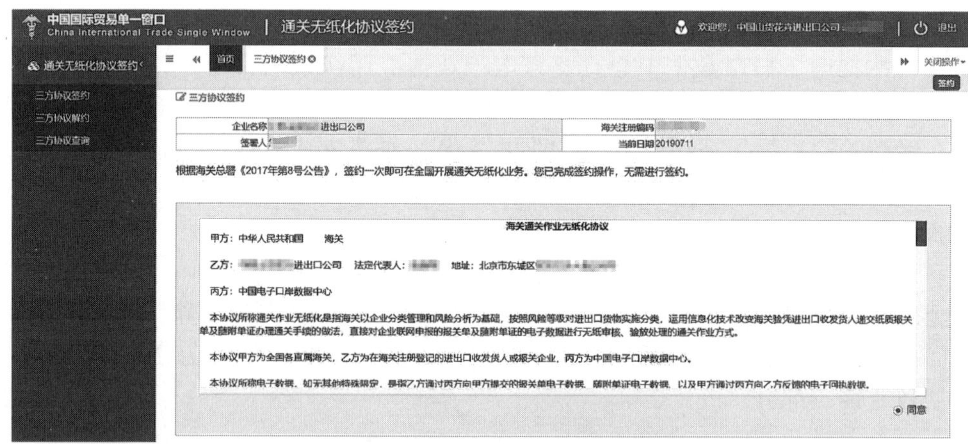

图 9-2　三方协议签约提示界面

签约成功后，通过"三方协议查询"模块可进行状态查询。操作步骤详见"三方协议查询"部分。

申报单位和经营单位都要分别进行三方协议签约操作。

二、三方协议解约

企业三方签约成功后，如需解除签约关系，进入此模块可进行解约操作。只有完成三方协议签约的企业才可以进行解约操作。

点击左侧菜单栏"三方协议解约"，右侧显示界面（如图 9-3 所示）。

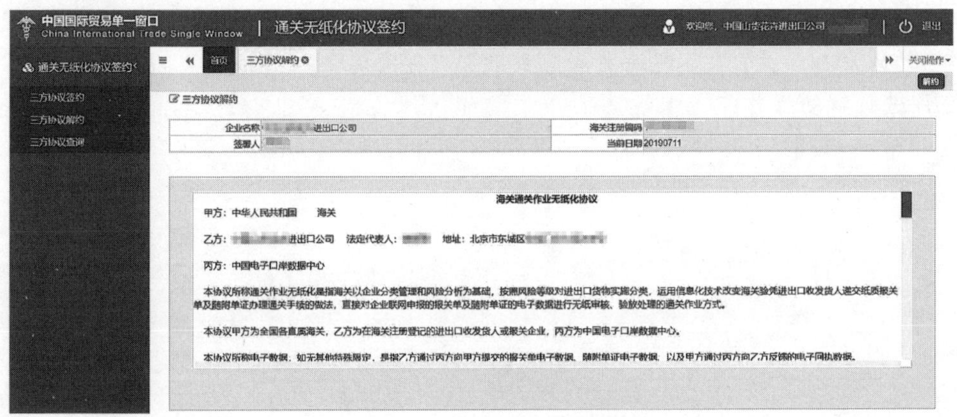

图 9-3　三方协议解约界面

阅读协议内容后，点击右上角蓝色“解约”按钮，系统弹出“您是否确定解约?”的提示，点击“确定”按钮，即可进行解约。

解约成功后，通过“三方协议查询”模块可进行状态查询。操作步骤详见“三方协议查询”部分。

小提示

进行签约、解约操作时，需要插入法人卡，如果未插卡或插入企业操作员卡，系统会弹出“只有法人卡可以操作!”的提示。

三、三方协议查询

三方协议签约或解约后，进入此模块可查询是否签约或解约成功。

点击左侧菜单“三方协议查询”，右侧显示界面（如图 9-4 所示）。其中，签约关区字段默认读取企业法人卡中的注册地海关，显示某一关区，但全国有效。

图 9-4　三方协议查询界面

小提示

签约需要海关审批，解约无须海关审批。三方协议签约的最终状态为“签约海关审批”“签约海关退单”；三方协议解约的最终状态为“解约成功”。

三方协议签约状态为“签约海关审批”的协议方可进行解约，“签约申报”“签约已发往海关”“签约海关入库失败”“签约海关入库成功”状态的，则不允许进行解约操作。

第十章　海关事务联系系统

第一节　业务简介

一、待办

在待办模块，主要对海关发送至企业的待办事项进行相关操作，包含待办事项查询、待办事项确认、接收待办事项通知报文和发送企业确认数据等操作。企业可以通过“单一窗口”查询海关向企业发送的待办事项，主要包括汇总征税取消告知书、海关责令直退单、归类（化验）补充通知书、质疑通知书、磋商通知书、磋商记录表、估价告知、质疑通知书（保税内销）、磋商通知书（保税内销）和磋商记录表（保税内销）。企业通过查询列表进入详情，并通过“单一窗口”详情界面向海关进行待办反馈。

二、其他联系单

其他联系单模块实现各类海关事务其他联系单的申请录入到海关接受申报，进行内部处理的全过程的电子化。在此模块，可进行滞报金减免申请、船舶吨税退还申请、非政策性退税申请、税款滞纳金减免申请、直接退运申请、进出境修理物品延期申请、进出境租赁物品延期申请、凭保放行申请、担保延期申请、担保销案申请等操作。

三、报关单证档案查询

报关单证档案查询模块是全国性的应用系统，企业单位可在此向海关递交相关的电子申请数据，办理审批手续，包括新增、录入、删除、申报与数据查询等操作。

四、商品归类

商品归类模块实现从商品归类申请单录入到海关接受申报，进行内部处理的全过程的电子化。在此模块，可进行归类行政裁定申请、海关归类（化验）补充说明、归类预裁定、文书查询、决定书查询、进口商品样品预先归类咨询申请等操作。

五、公式定价货物备案

公式定价货物备案模块实现公式定价备案申请、公式定价备案变更、公式定价备案作废三大功能。其中，公式定价备案申请中，可进行公式定价备案申请新增、删除、修改、打印、数据查询、回执查询、发送公式定价备案申请报文、接收海关处理回执等操作；公式定价备案变更中，可进行公式定价备案变更新增、修改、打印、数据查询、回执查询、发送公式定价备案作废申请报文、接收海关处理回执等操作；公式定价备案作废中，可进行公式定价备案作废新增、修改、打印、数据查询、回执查询、发送公式定价备案作废报文、接收海关处理回执等操作。

六、审价作业文书

审价作业文书模块实现海关事务联系系统审价作业文书的申请录入到海关接受申报，进行内部处理的全过程的电子化。在此模块，可进行简易审价申请、接受审价文书的操作。

七、价格预裁定

价格预裁定模块实现价格预裁定申请、文书查询、决定书查询三大功能。其中，价格预裁定申请中，可进行价格预裁定申请新增录入、暂存、申报、删除、修改、撤回、打印、数据查询、回执查询、价格预裁定补正、补充、发送价格预裁定申请报文、接收海关处理回执等操作；文书查询中，可进行价格预裁定文书查询、打印操作；决定书查询提供价格预裁定决定书查询、打印操作。

八、原产地预裁定

原产地预裁定模块实现原产地预裁定申请、文书查询、决定书查询三大功能。其中，原产地预裁定申请中，可进行原产地预裁定申请新增录入、暂存、申报、删除、修改、撤回、打印、数据查询、回执查询、原产地预裁定补正、补充、发送原产地预裁定申请报文、接收海关处理回执等操作；文书查询中，可进行原产地预裁定文书查询、打印操作；决定书查询中，可进行原产地预裁定决定书查询、打印操作。

九、查验/复验

查验/复验模块实现从查验/复验录入到海关接受申报，进行内部处理的全过程的电子化。在此模块，可进行监管区外查验（报关单）申请、监管区外查验（非报关单）申请、复验（报关单）申请、复验（非报关单）申请、优先查验（报关单）申请、优先查验（非报关单）申请等操作。

第二节 基本操作

一、待办

在待办模块，主要对于海关发送至企业的待办事项进行相关操作。用户通过“单一窗口”查询海关向企业发送的待办事项，通过查询列表进入详情，并向海关进行待办反馈。进入海关事务联系单系统，点击左侧菜单栏“待办”→“我的待办”，右侧显示界面（如图 10-1 所示）。

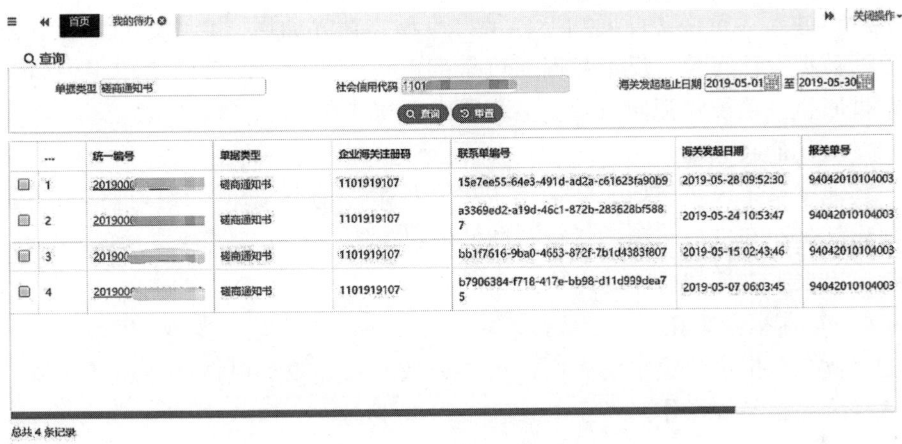

图 10-1　我的待办界面

在查询条件中输入对应的查询条件，点击“查询”按钮，系统将会显示符合条件的数据；点击统一编号栏的蓝色字样，即可查看详细信息。

（1）社会信用代码：系统返填，无须企业录入。

（2）单据类型：必填项，点击空格键调出下拉菜单进行选择。

（3）海关发起起止日期：必填项，企业通过日期选择器进行选择，无须手动录入。

以《价格磋商通知书》为例，用户查询到相应的待办事项后，点击统一编号栏的蓝色字样，跳转至《价格磋商通知书》待办事项详情界面（如图 10-2 所示）。

首页　我的待办　价格磋商通知书2019000　关闭操作

中华人民共和国

广州海关 海关价格磋商通知书

广州海关　　关锁号:

进出口公司　　公司/单位:

经审核,海关不接受你公司/单位于 2010年08月16日 向海关申报的 棉短绒 (报关单号940　　) 的申报价格,拟重新估价。为保障进出口货物纳税义务人的合法权益, 根据<<中华人民共和国进出口关税条例>>第二十一条、第二十七条规定,海关依法与你公司/单位进行价格磋商,请自收到本通知书之日起5个工作日内至 与海关进行磋商,磋商内容将成为海关的估价依据,如在规定期限内不与海关进行磋商的,海关将依据海关掌握的资料审查确定进出口货物的完税价格。

海关反馈附件:

广州海关　　海关

受送达人(签字):

2019 年 05 月 28 日

签收　打印

图 10-2　《价格磋商通知书》待办事项详情界面

用户进入《价格磋商通知书》待办事项详情界面后，企业进行反馈，系统将反馈数据发往海关。反馈数据通过全部审批作业后，海关向“单一窗口”反馈审批回执，系统收到回执后，更新待办事项状态。

二、其他联系单

其他联系单模块包括非政策性退税、税款滞纳金减免、直接退运、进出境修理物品延期和进出境租赁货物延期的申报功能，主要涵盖录入、暂存、修改、删除、申报、查询和打印等操作。

（一）滞报金减免

企业在滞报金减免申请界面，可以完成滞报金减免申请单数据的录入、保存、修改、删除等操作。

1. 新增

进入海关事务联系单系统，点击左侧菜单栏“其他联系单”→“滞报金减免”，右侧显示界面（如图 10-3 所示）。

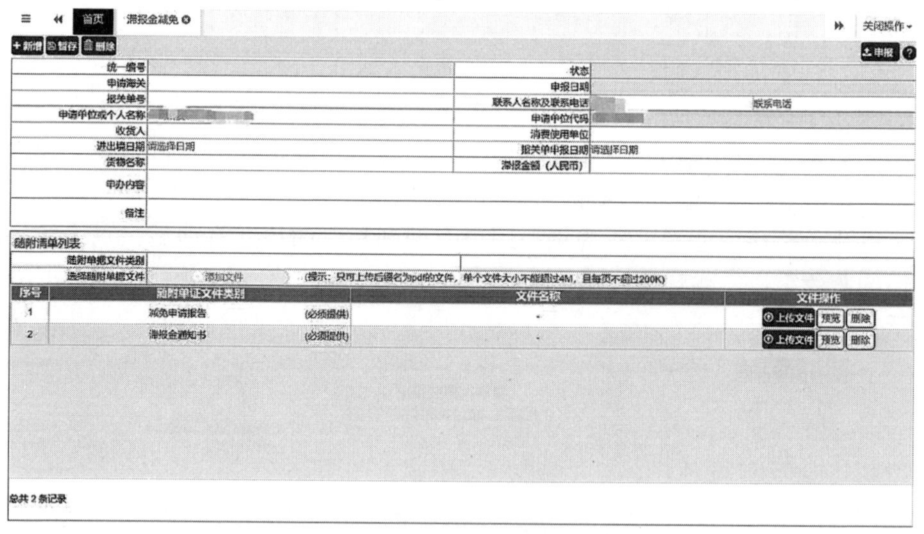

图 10-3　滞报金减免申请界面

滞报金减免申请界面由上至下分为两部分，上部分为滞报金减免申请详细信息，下部分为随附清单列表。

滞报金减免申请详细信息中，灰色字段为系统生成，不允许修改；黄色字段为必填项；白色字段为非必填项。其中，申请单位代码（企业海关十位编码）、申请单位或个人名称、联系人名称及联系电话四个字段的信息从用户信息中获取。

在随附清单列表部分上传所需要的随附单据，其中《减免申请报告》《滞报金通知书》为必须提供的随附单据。企业可以在随附单据文件类别字段中选择文件类别后，点击“添加文件”按钮进行上传，或在文件操作栏点击“上传文件”按钮直接上传文件，如图 10-4 所示。

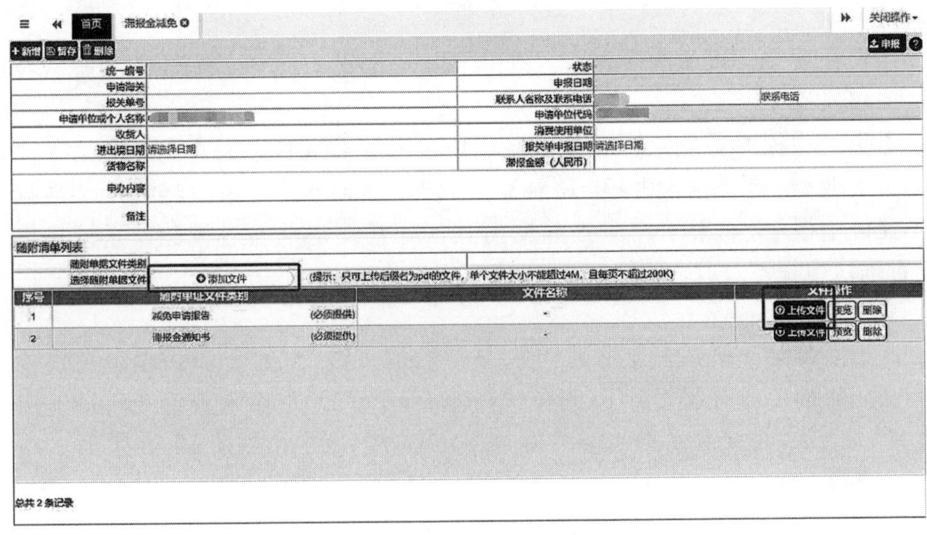

图 10-4　随附单据上传界面

如果用户除《减免申请报告》《滞报金通知书》外，还需要上传其他随附单据，可以在随附单据文件类别字段选择其他文件后，点击“添加文件”按钮上传其他随附单据，如图 10-5 所示。

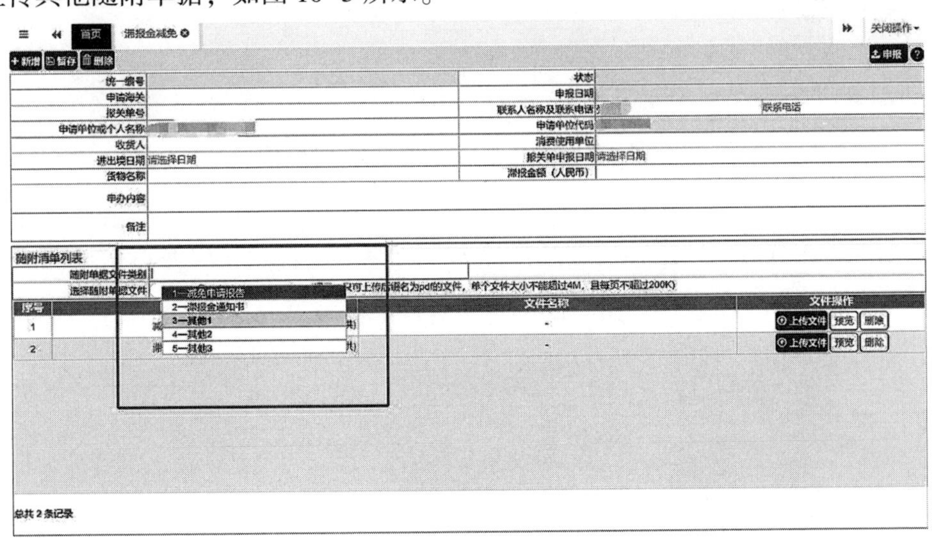

图 10-5　其他随附单据选择界面

录入数据后，点击“暂存”按钮对已录入的数据进行保存。暂存后，系统生成统一编号并进行返填。除新增数据外，只有状态为“暂存”“发往海关失败”“海关接收失败”“补充资料”的，才可以进行暂存操作。

2. 申报

用户在滞报金减免申请界面，点击上方“申报”按钮，完成滞报金减免申请的申报操作。

点击“申报”按钮后，系统判断用户录入的数据状态是否为“暂存”“发往海关失败”“海关接收失败”“补充资料”。如果不是，系统将提示“数据状态不允许申报”；如果用户申报数据无其他异常，正常通过校验，系统将提示“是否确认申报?”，用户确定后即完成申报操作。

3. 查询

点击左侧菜单栏“其他联系单”→“数据查询”，显示滞报金减免申请查询界面。界面中业务类型字段选择“滞报金减免”，并输入查询条件后，点击“查询”按钮，系统显示符合条件的数据在下方列表中，如图 10-6 所示。

首页　数据查询　关闭操作

数据查询

业务类型：滞报金减免　统一编号：　最近操作时间：2019-08-01 到 2019-08-30

申报状态：全部　报关单号：

查询　重置

序号	统一编号	业务类型名称	申报状态	最近操作时间
1	CAC201	滞报金减免	海关接收失败	2019-07-31 17:11:47
2	CAC201	滞报金减免	暂存	-
3	CAC201	滞报金减免	暂存	-

总共 3 条记录

图 10-6　滞报金减免申请查询界面

查询到符合条件的数据后，点击统一编号栏的蓝色字样查看数据的详细信息，用户在此可以进行申报、删除等操作；点击申报状态栏的蓝色字样，可以在界面下方查看回执详细信息，如图 10-7 所示。

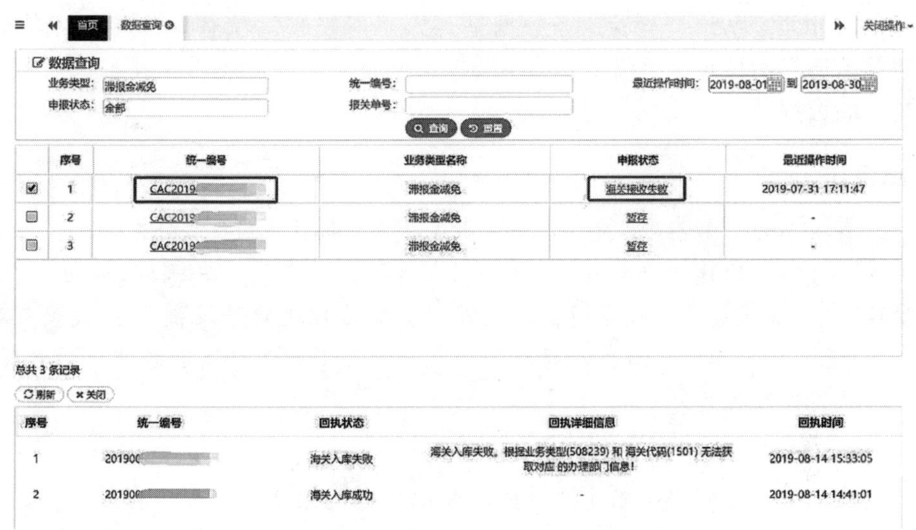

图 10–7　滞报金减免申请回执界面

小提示

查询时需注意，用户仅可查看本企业数据（申请单位代码与用户一致）；在录入查询条件时，业务类型、操作日期、申报状态字段为必填项。

4. 删除

用户如果认为某票已暂存或在该状态之后的数据已失去保留的必要，则可在滞报金减免申请界面，点击蓝色“删除”按钮执行删除操作，抹除保留的数据记录。

小提示

申报数据只有在“暂存”“发往海关失败”“海关接收失败”“补充资料”状态时才可进行删除操作。若数据状态为“申报”“发往海关成功，海关接收成功，海关受理”“不同意”（直接退运，不同意时，需办理进口手续）、“海关处置确认”“同意”“挂起”“海关入库成功，需验真”“原件审核不通过，请联系海关”等时，“删除”按钮置灰，不允许操作。若未保存数据，点击“删除”按钮时会弹出“没有可删除数据”的提示。

5. 修改

当滞报金减免申请的数据状态允许时，用户可通过数据查询模块，查看明细来调出相应的数据，调整录入的信息，并执行其他相关操作。

在查询界面，选中一条数据，点击统一编号栏的蓝色字样，系统进入该条数据申请界面。系统会检验这条数据是否为“可修改”状态，如果可以修改，在数据申请界面核对相关信息并给予调整，调整后点击“暂存”按钮即可保存修改后的数据。

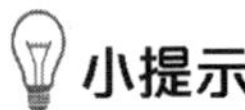

小提示

只有状态为“暂存”“发往海关失败”“海关接收失败”“补充资料”的数据才可进行修改操作；状态为“申报”“发往海关成功”“海关接收成功”“海关受理”“不同意”（直接退运，不同意时，需办理进口手续）、“海关处置确认”“同意”“挂起”“海关入库成功，需验真”“原件审核不通过”的数据，不允许执行修改操作。

（二）船舶吨税退还

在此模块，可完成船舶吨税退还申请单数据的录入、保存、修改、删除等操作。

1. 新增

点击左侧菜单栏“其他联系单”→“船舶吨税退还”，右侧显示界面（如图 10-8 所示）。

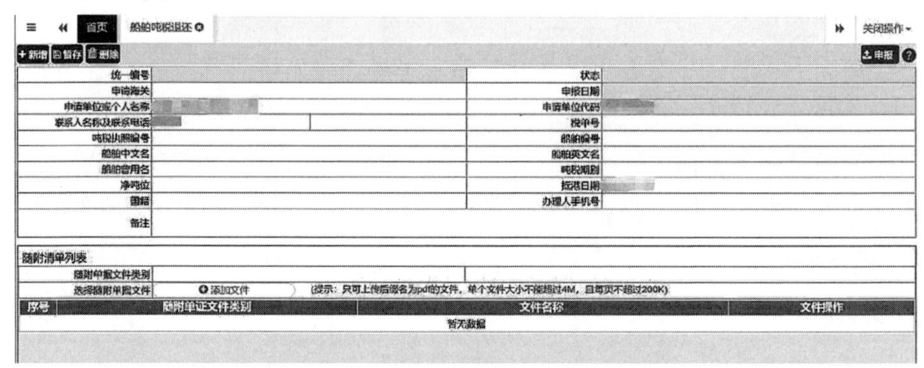

图 10-8　船舶吨税退还申请界面

船舶吨税退还申请界面由上至下分为两部分，上部分为船舶吨税退还申请详细信息，下部分为随附清单列表。

船舶吨税退还申请详细信息中，灰色字段由系统生成，不允许编辑；黄色字段为必填项；白色字段为非必填项。其中，申请单位代码（企业海关十位编码）、申请单位或个人名称、联系人名称及联系电话四个字段的信息从用户信息中获取。吨税期别字段，只能在下拉菜单中选择“30 日”“90 日”或“一年”。

在随附清单列表部分，根据需要选择随附单据文件类别并点击“添加文件”按钮上传业务相关的随附单据。企业在上传随附单据时，需要注意以下几点：

（1）随附单据文件类别下拉选择框，选择随附单据文件字段均为可点击状态；

（2）随附单据文件类别下拉选择框选项包含退税申请书、税单原件及复印件、海关认为必要的其他证明材料。

（3）点击“随附单据文件类型”选择非必须提供的随附单据类型，上传文件后，该条随附单据记录会添加到随附清单列表区域。此时文件操作栏包含的“预览”“删除”按钮，均为可点击状态。

（4）选择一条随附单据信息，点击“删除”按钮，该条随附单据信息会被删除。

2. 申报、查询、删除、修改

申报、查询、删除与修改的操作与前文“滞报金减免”部分一致，此处不再赘述。

（三）非政策性退税申请

在此模块，可进行非政策性退税申请单数据的录入、暂存、修改、删除等操作。

1. 新增

点击左侧菜单栏“其他联系单”→“非政策性退税申请”，右侧显示界面（如图 10-9 所示）。

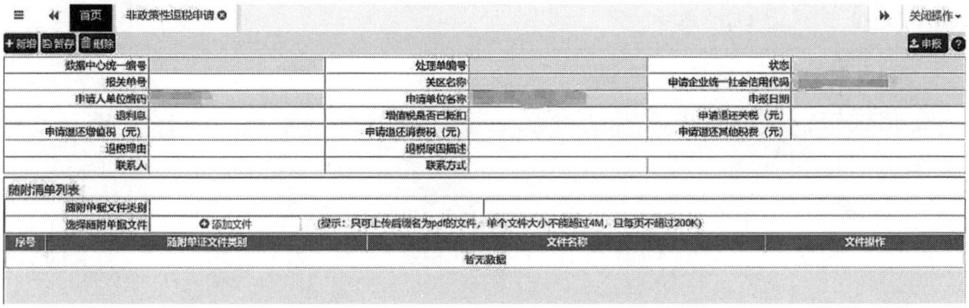

图 10-9　非政策性退税申请界面

非政策性退税申请界面由上至下分为两部分，上部分为非政策性退税申请详细信息，下部分为随附清单列表。

非政策性退税申请详细信息中，灰色字段为系统返填，不允许编辑；黄色字段为必填项；白色字段为非必填项。其中，申请退还关税（元）、申请退还增值税（元）、申请退还消费税（元）、申请退还其他税费（元）四个字段最长录入 19 位字符（小数点前 15 位，小数点后 4 位）。报关单号字段必须录入本企业的报关单号。

根据需要选择随附单据类别，并点击“添加文件”按钮上传业务相关的随附单据。企业在上传随附单据时，需要注意以下几点：

（1）非政策性退税申请随附单据不是必填项目，如无需要，不上传附件也可上报。

（2）上传附件时，需先选择随附单据文件类别，再上传 PDF 文件。

2. 申报、查询、删除、修改

申报、查询、删除与修改的操作与前文“滞报金减免”部分一致，此处不再赘述。

小提示

大部分状态下的报关单均可以进行进出口货物非政策性退税的申请，进行过进出口货物非政策性退税申请的报关单还可以再次申请，审批状态中的非政策性退税申请不能再次提交。

“暂存”“发往海关失败”“海关入库失败”“退单”状态的进出口货物非政策性退税申请数据均可以进行删除操作。删除时，企业所插 IC 卡中的组织机构代码必须与录入单位的组织机构代码保持一致。

只有数据状态为“暂存”“海关退回”“补充资料”“发往海关失败”和“海关入库失败”的进出口货物非政策性退税申请数据才可以进行修改操作。修改时，除进出口货物非政策性退税申请书申请数据流水号和报关单号字段外，其余字段均可以进行修改。

（四）税款滞纳金减免申请

在此模块，可进行税款滞纳金减免申请单数据的录入、暂存、修改、删除等操作。

1. 新增

点击左侧菜单栏“其他联系单”→“税款滞纳金减免申请”，右侧显示界面（如图 10-10 所示）。

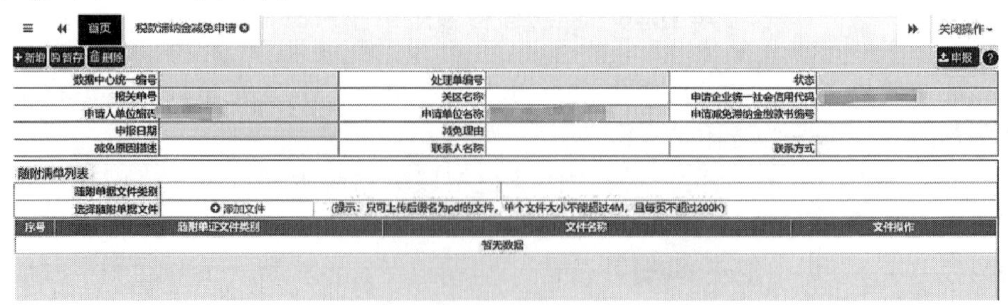

图 10-10　税款滞纳金减免申请界面

税款滞纳金减免申请界面由上至下分为两部分，上部分为税款滞纳金减免申请详细信息，下部分为随附清单列表。

税款滞纳金减免申请详细信息中，灰色字段为系统返填，不允许编辑；黄色字段为必填项；白色字段为非必填项。其中，申请减免滞纳金缴款书编号字段需要企业录入，长度为22个字符，包含数字、横杠及英文字母，例如，371120151115999-A01；报关单号字段，根据申请减免滞纳金缴款书编号字段取编号前18位，返填到报关单号字段中。

用户上传随附单据时的注意事项与前文“非政策性退税申请”一致。

2. 申报、查询、删除、修改

申报、查询、删除与修改的操作与前文“滞报金减免”部分一致，此处不再赘述。

小提示

大部分状态下的报关单都可以申请税款滞纳金减免，申请过的报关单还可以再次申请。审批状态中的报关单不允许申请，操作时，系统会弹出“该报关单号存在审批中的税款滞纳金减免申请，不允许再次进行税款滞纳金减免申请。”的提示。

“暂存”“发往海关失败”“海关入库失败”状态的税款滞纳金减免申请均可进行删除操作。删除时，企业所插IC卡中的组织机构代码必须与录入单位的组织机构代码保持一致。

“暂存”“海关退回”“补充资料”“发往海关失败”“海关入库失败”状态的税款滞纳金减免申请都可以进行修改操作。

“暂存”“海关入库失败”状态下的税款滞纳金减免申请，除税款滞纳金减免统一编号和报关单号字段外，其余字段的内容均可以进行修改。

（五）直接退运申请

在此模块，可进行直接退运申请单数据的录入、暂存、修改、删除等操作。

1. 新增

点击左侧菜单栏“其他联系单”→“直接退运申请”，右侧显示界面（如图10-11所示）。

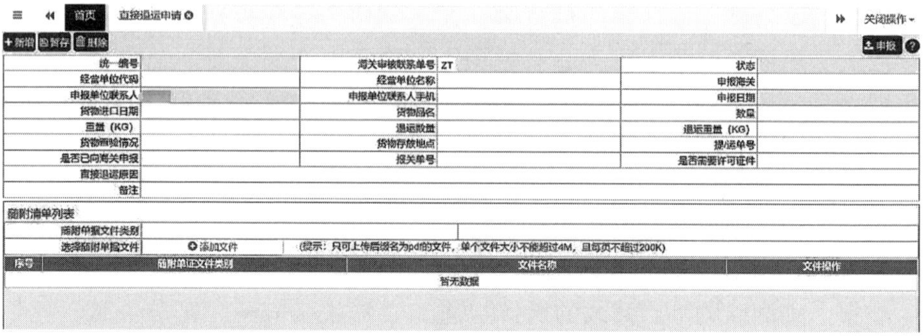

图 10-11　直接退运申请界面

直接退运申请界面由上至下分为两部分，上部分为直接退运申请详细信息，下部分为随附清单列表。

直接退运申请详细信息中，灰色字段为系统返填，不允许编辑；黄色字段为必填项；白色字段为非必填项。其中，申报海关、货物进口日期、货物查验情况、货物存放地点和是否已向海关申报字段，企业可以通过下拉框选择。如果在是否已向海关申报字段选择了“已申报”，则报关单号字段为必填项。

用户上传随附单据时的注意事项与前文“非政策性退税申请”一致。

2. 申报、查询、删除、修改

申报、查询、删除与修改的操作与前文“滞报金减免”部分一致，此处不再赘述。

小提示

申报状态为“不同意，请补充资料”的直接退运申请，企业可以根据海关要求修改申请单内容后，重新向海关申报。其他状态下不能修改，重新申报。重新申报的直接退运申请，将生成新的电子口岸统一编号。

查询权限：企业操作员所属单位应属于申请单的经营单位、申报单位之一。查询单据的申报状态包含“海关入库成功”“同意”“不同意，请补充资料”“不同意，请办理进口手续”等四种状态。其中，“不同意，请办理进口手续”状态的报关单，回执内容显示为“不符合海关总署令第 217 号规定”。

只有数据状态为“不同意，请补充资料”的直接退运申请数据才可进行删除操作。

“不同意”“暂存”“海关退回，补充资料”“发往海关失败”“海关入库失败”状态的直接退运申请可以进行修改操作。

（六）进出境修理物品延期申请

在此模块，可进行进出境修理物品延期申请数据的录入、暂存、修改、删除等操作。

1. 新增

点击左侧菜单栏“其他联系单”→“进出境修理物品延期申请”，右侧显示界面（如图 10-12 所示）。

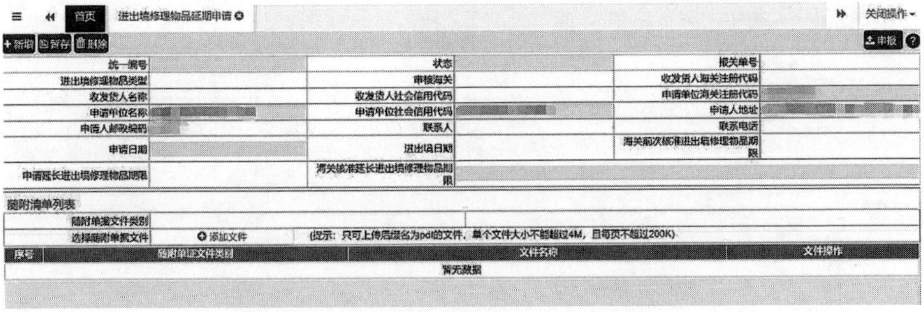

图 10-12　进境修理物品延期申请界面

进出境修理物品延期申请界面由上至下分为两部分，上部分为进出境修理物品延期申请详细信息，下部分为随附清单列表。

进出境修理物品延期申请详细信息中，灰色字段为系统返填，不允许编辑；黄色字段为必填项；白色字段为非必填项。

用户上传随附单据时的注意事项与前文“非政策性退税申请”一致。

2. 申报、查询、删除、修改

申报、查询、删除与修改的操作与前文“滞报金减免”部分一致，此处不再赘述。

小提示

若进出境修理物品延期申请状态为“已同意”或“不同意”，点击“申报”按钮，系统会弹出“该票报关单的进出境修理物品延期申请正处于海关审核中，暂不能再次提出申请”的提示。如果用户想要再次提交申请，需新增申请后再次申报。

查询、删除、修改时，用户所插 IC 卡中海关十位代码必须与录入单位的海关十位代码保持一致。“暂存”“发往海关失败”“海关入库失败”状态的进出境修理物品延期申请数据，都可以进行删除操作。

“暂存”“发往海关失败”“海关入库失败”状态的进出境修理物品延期申请，除进出境修理物品延期申请单统一编号和报关单号字段外，其余字段内容均可以进行修改。

（七）进出境租赁物品延期申请

在此模块，可进行进出境租赁货品延期申请数据的录入、暂存、修改、删除等操作。

1. 新增

点击左侧菜单栏“其他联系单”→“进出境租赁物品延期申请”，右侧显示界面（如图 10-13 所示）。

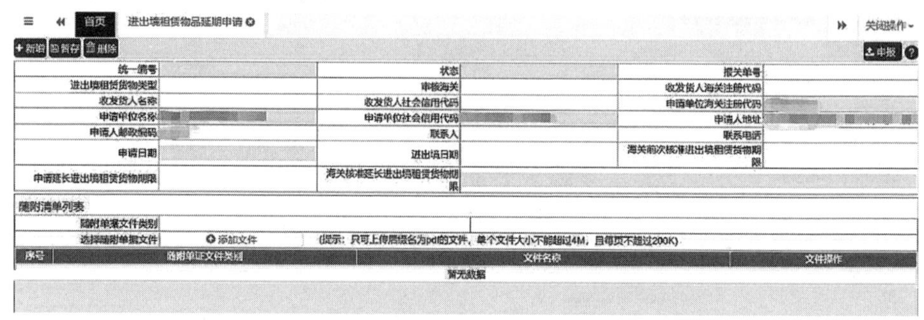

图 10-13　进境租赁物品延期申请界面

进出境租赁物品延期申请界面由上至下分为两部分，上部分为进出境租赁物品延期申请详细信息，下部分为随附清单列表。

进出境租赁物品延期申请详细信息中，灰色字段为系统返填，不允许编辑；黄色字段为必填项；白色字段为非必填项。

用户上传随附单据时的注意事项与前文“非政策性退税申请”一致。

2. 申报、查询、删除、修改

申报、查询、删除和修改的操作与前文“滞报金减免”部分一致，此处不再赘述。

小提示

用户所插 IC 卡中的海关编码需要与申请所涉报关单中的收发货人或申报单位的海关编码一致，如果不是，将提示“非该票报关单的收发货人或申报单位，不能提出进出境租赁物品延期申请”，且不予进行后续操作。

若报关单已有进出境租赁物品延期申请并处于“申报”“发往海关成功”“海关入库成功”“同意”状态的，将提示“该票报关单的进出境租赁物品延期申请正处于海关审核中，暂不能再次提出申请”。

查询、删除、修改时，用户所插 IC 卡中海关十位代码必须与录入单位的海关十位代码相同。“暂存”“发往海关失败”“海关入库失败”状态的进出境租赁物品延期申请可以进行删除操作。

“暂存”“发往海关失败”“海关入库失败”状态的进出境租赁物品延期申请，除进出境租赁物品延期申请单统一编号和报关单号字段外，其余字段的内容均可以进行修改。

（八）凭保放行

在此模块，可进行凭保放行申请数据的录入、暂存、修改、删除及打印等操作。

1. 新增

点击左侧菜单栏“其他联系单”→“凭保放行”，右侧显示界面（如图 10-14 所示）。

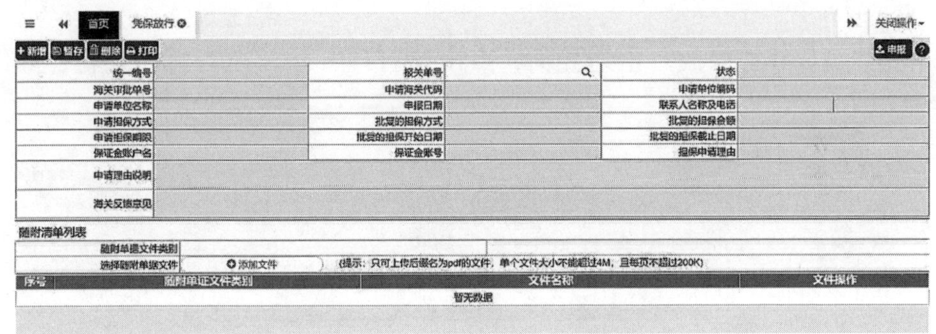

图 10-14 凭保放行申请界面

凭保放行申请界面由上至下分为两部分，上部分为凭保放行申请详细信息，下部分为随附清单列表。

凭保放行申请详细信息中，灰色字段为系统返填，不允许编辑；黄色字段为必填项；白色字段为非必填项。用户在录入凭保放行申请信息时，需要先录入报关单号字段，录入报关单号后，联系人及电话、申请担保方式、申请担保期限、担保申请理由和申请理由说明字段才会由灰色变为黄色，允许用户录入上述字段的信息。

用户上传随附单据时的注意事项与前文“非政策性退税申请”一致。

小提示

用户在录入报关单号时，系统会对其进行校验。满足报关单号上面的三家单位之一都可提出担保申请，即收发货人、消费使用单位和申报单位。

2. 申报、查询、删除、修改

申报、查询、删除和修改的操作与前文“滞报金减免”部分一致，此处不再赘述。

小提示

凭保放行申请时，不对报关单号进行状态控制。“审批通过”“不同意”的凭保放行可再次申请，在途数据不能再次提交申请。

查询、删除时，用户所插 IC 卡中组织机构代码必须与录入单位的组织机构代码保持一致。“暂存”“发往海关失败”“海关入库失败”“海关退回，补充资料”状态下的凭保放行申请方可以进行删除操作，其他状态下“删除”按钮隐藏。

“暂存”“发往海关失败”“海关入库失败”“海关退回，补充资料”状态下的凭保放行申请，除数据中心统一编号字段外，其余字段的内容都可以修改。

3. 打印

用户可以在凭保放行申请界面，点击“打印”按钮执行打印操作，如图 10-15 所示。

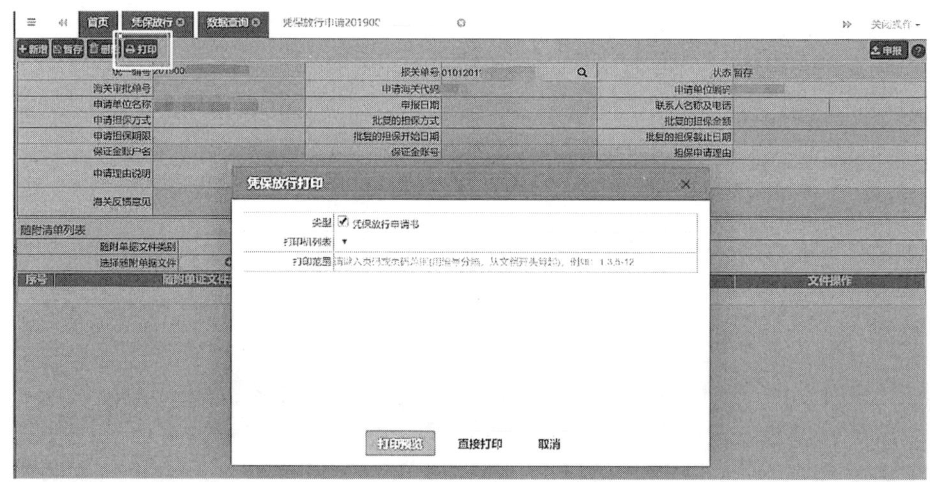

图 10-15　凭保放行打印界面

用户点击“直接打印”按钮可以直接进行打印，或点击“打印预览”按钮，预览凭保放行申请。

小提示

凭保放行申请所有状态下的数据都可以打印。打印时，用户所插 IC 卡中的组织机构代码必须与录入单位的组织机构代码保持一致。

（九）担保延期

在此模块，可进行担保延期申请数据的录入、暂存、修改、删除及打印等操作。

1. 新增

点击左侧菜单栏“其他联系单”→“担保延期申请”，右侧显示界面（如图 10-16 所示）。

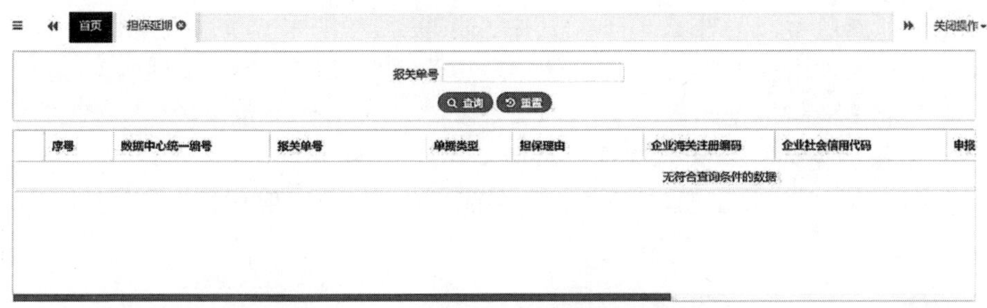

图 10-16　担保延期申请查询界面

在界面中录入相关的报关单号，点击“查询”按钮后调取需要做担保延期申请的相关报关单信息，如图 10-17 所示。

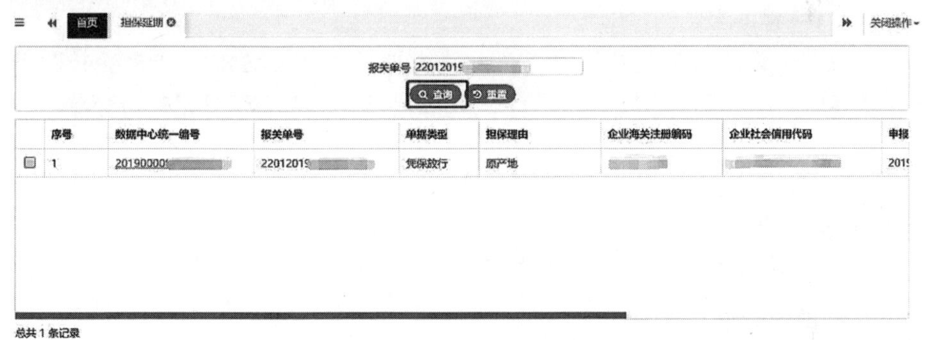

图 10-17　调取报关单信息界面

点击数据中心统一编号栏的蓝色字样，界面自动跳转到担保延期申请界面（如图 10-18 所示）。

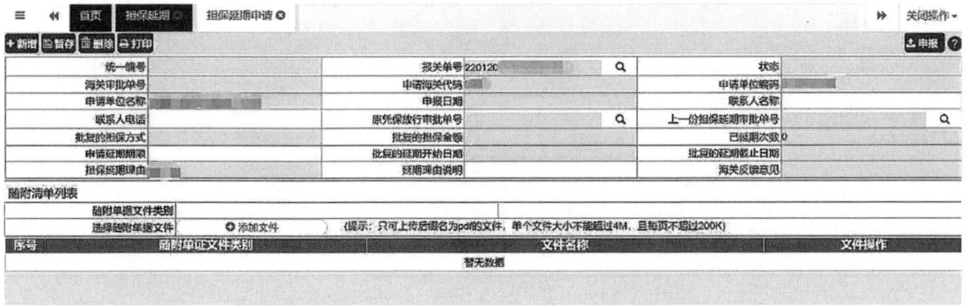

图 10-18　担保延期申请界面

担保延期申请界面由上至下分为两部分，上部分为担保延期申请详细信息，下部分为随附清单列表。

担保延期申请详细信息中，灰色字段为系统返填，不允许编辑；黄色字段为必填项；白色字段为非必填项。其中，除联系人名称、联系人电话、申请延期期限和延期理由说明字段外，其他字段皆为系统返填，用户无法自行录入。

用户上传随附单据时的注意事项与前文“非政策性退税申请”一致。

2. 申报、查询、删除、修改、打印

申报、查询、删除、修改和打印的操作与前文“凭保放行”部分一致，此处不再赘述。

小提示

收到海关审批通过的“凭保放行申请书”或“担保延期申请书”的报关单，可以再次进行延期操作。

查询、删除、打印时，用户所插IC卡中组织机构代码必须与录入单位的组织机构代码保持一致。

“暂存”“发往海关失败”“海关入库失败”“海关退回，补充资料”状态下的担保延期申请可以进行删除操作，其他状态下“删除”按钮被隐藏。

“暂存”“发往海关失败”“海关入库失败”“海关退回，补充资料”状态下的担保延期申请书数据，除数据中心统一编号和报关单号字段外，其余字段的内容都可以修改。

担保延期申请所有状态下的数据都可以打印。

（十）担保销案

在此模块，可进行担保销案申请单数据的录入、暂存、修改、删除及打印等操作。相关操作、小提示与前文“担保延期”一致，此处不再赘述。

（十一）数据查询

点击左侧菜单栏“其他联系单”→“数据查询”，右侧显示界面（如图10-19所示）。

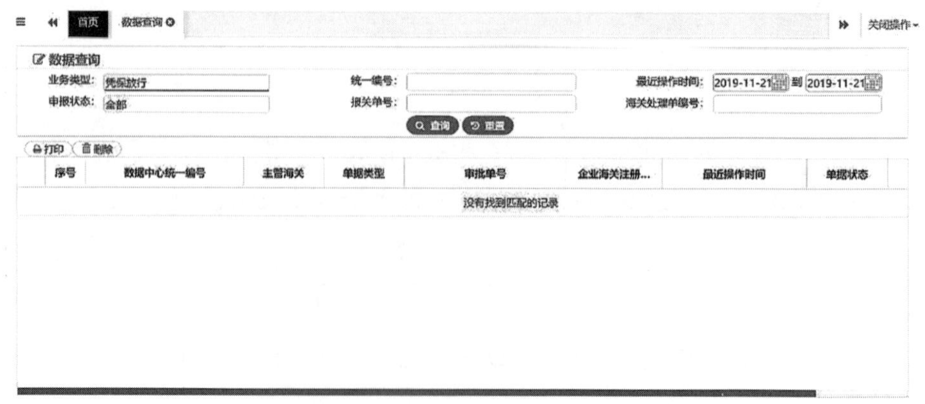

图10-19　数据查询界面

用户在数据查询界面中需要录入业务类型、操作日期和申报状态来进行查询。具体请参考“其他联系单”中各业务操作说明中的查询模块，此处不再赘述。

（十二）海关通知查询

1. 汇总征税资格备案取消告知书查询

用户可以在此模块查询海关主动发起的《汇总征税备案取消告知书》。系统接收海关主动发起的《汇总征税备案取消告知书》后，用户点击左侧菜单栏“其他联系单”→“海关通知查询”，在右侧查询界面的单据类型字段选择“汇总征税备案取消告知书”，并录入其他查询条件后，点击“查询”按钮即可查询到海关的通知数据，如图 10-20 所示。

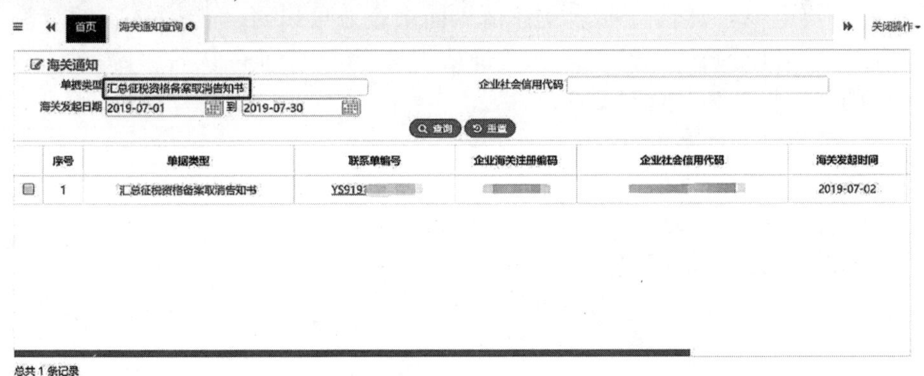

图 10-20　汇总征税备案取消告知书查询界面

查询到《汇总征税备案取消告知书》后，点击联系单编号栏的蓝色字样，进入到《汇总征税备案取消告知书》详情界面。在详情界面中，企业可以对“待确认”的《汇总征税备案取消告知书》进行确认操作（点击“确认”按钮）。企业确认后，《汇总征税备案取消告知书》的状态将变为“已确认”。

2. 海关责令直退单查询

用户可以在此模块查询海关主动发起的《海关责令直退单》。系统接收海关主动发起的《海关责令直退单》后，用户点击左侧菜单栏“其他联系单”→“海关通知查询”，在右侧查询段的单据类型字段选择“海关责令直退单”，并录入其他查询条件后，点击“查询”按钮，即可查询到海关的通知数据，如图 10-21 所示。

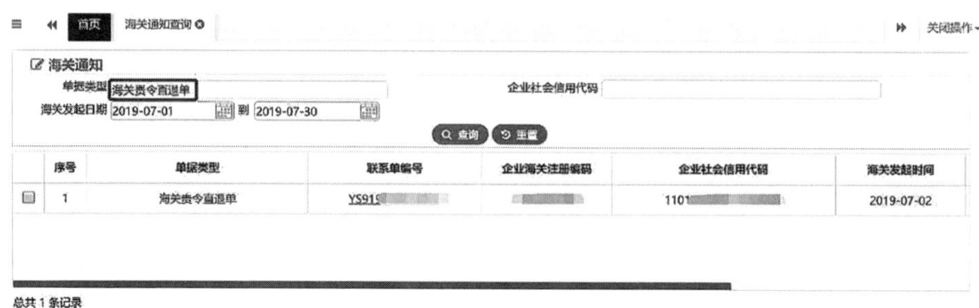

图 10-21　海关责令直退单查询界面

查询到《海关责令直退单》后，点击联系单编号栏的蓝色字样，进入到《海关责令直退单》详情界面。在详情界面中企业可以对“待确认”的《海关责令直退单》进行确认操作（点击“确认”按钮）。企业确认后，《海关责令直退单》的状态将变为“已确认”。

三、报关单证档案查询

报关单证档案查询模块主要包括当事人查询报关单证档案申请和数据查询两部分内容，可在此进行录入、暂存、修改、删除、申报、查询等操作。

当事人查询报关单证档案

在此模块，可进行当事人查询报关单证档案数据的录入、保存、修改、删除等操作。

1. 新增

点击左侧菜单栏“报关单证档案查询”→“当事人查询报关单证档案”，右侧显示界面（如图 10-22 所示）。

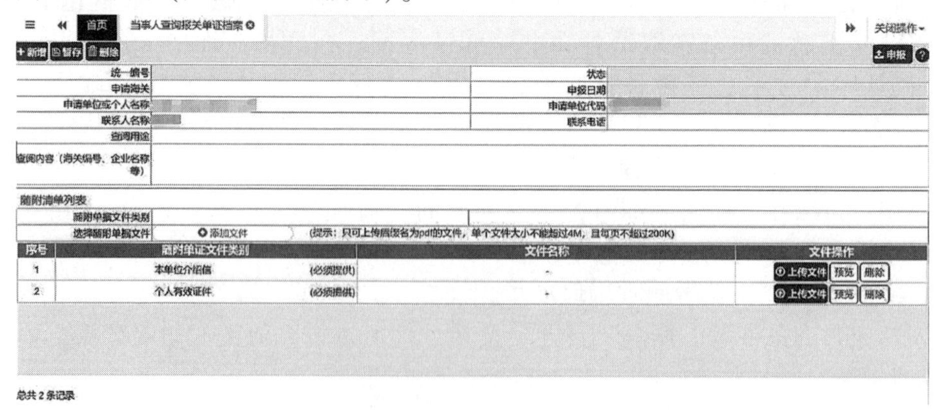

图 10-22　当事人查询报关单证档案申请界面

当事人查询报关单证档案申请界面由上至下分为两部分，上部分为当事人查询报关单证档案申请详细信息，下部分为随附清单列表。

当事人查询报关单证档案申请详细信息中，灰色字段为系统返填，不允许编辑；黄色字段为必填项；白色字段为非必填项。

通过随附清单列表部分上传所需要的随附单据，其中“本单位介绍信”和“个人有效证件”为必须提供的随附单据。企业可以在随附单据文件类别字段中选择文件类别后，点击“添加文件”按钮上传文件，或在文件操作栏点击“上传文件”按钮直接上传文件，如图 10-23 所示。

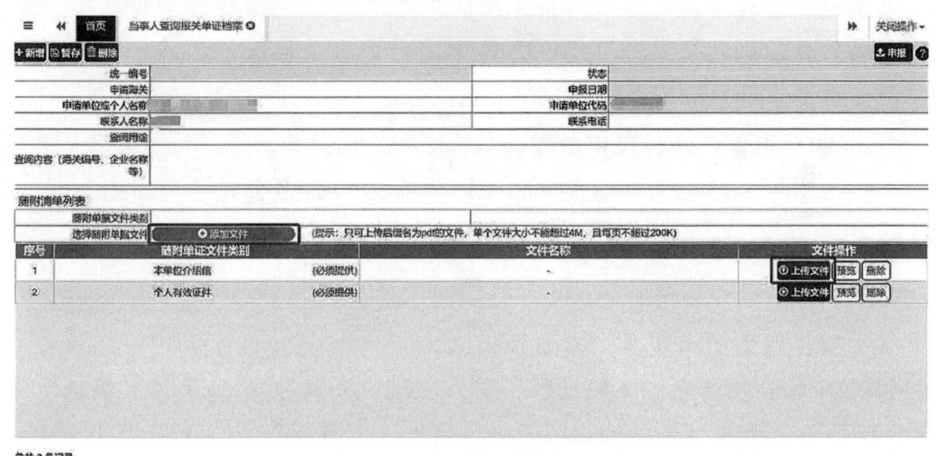

图 10-23 随附单据上传界面

如果除“本单位介绍信”和“个人有效证件”外，还需要上传“报关企业还应出具被代理人的授权委托书”，则可以在随附单据文件类别选择相应类别后，点击“添加文件”按钮上传其他随附单据，如图 10-24 所示。

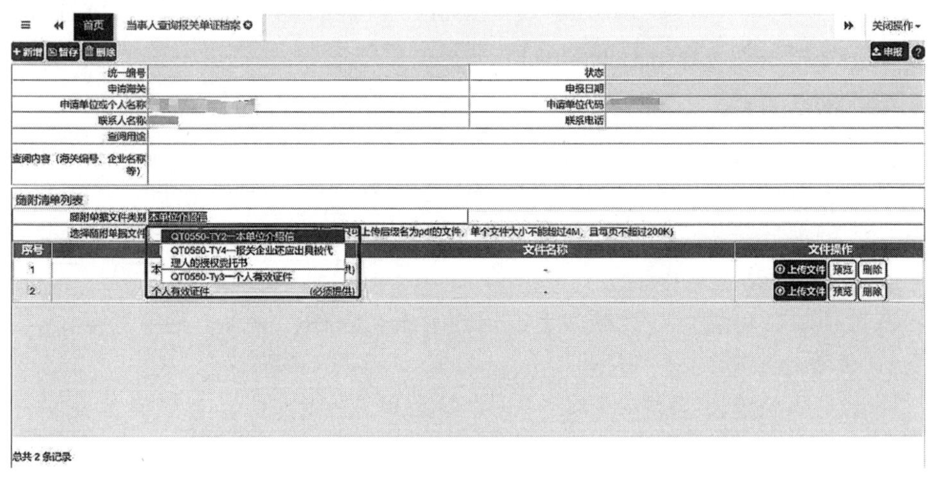

图 10-24 其他随附单据上传界面

录入数据后，点击“暂存”按钮对已录入的数据进行保存。暂存后，系统自动生成统一编号并返填到该字段中。

小提示

用户在录入、保存数据的过程中，必须确保 IC 卡或 iKey 一直插在电脑上，以便系统在用户录入、暂存时，读取卡内信息。

本系统暂无权限控制需求，系统默认凡经过“单一窗口”身份认证、具有基本权限的企业操作员卡都可以在系统中进行申请单的全部操作，但只能操作属于本企业单位的数据。

2. 申报、删除、修改、申请查询

申报、删除、修改和申请查询的操作与前文“滞报金减免”部分一致，此处不再赘述。

小提示

若数据状态为“申报”“发往海关成功”“海关接收成功”“海关受理”“不同意”（对直接退运，不同意的，需办理进口手续）、“海关处置确认”“同意”“挂起”“海关入库成功，需验真”“原件审核不通过”的，请联系海关，“删除”按钮置灰，处于不可编辑状态；只有数据状态为“暂存”“发往海关失败”“海关接收失败，补充资料”的，可以进行删除操作。

只有状态为“暂存”“发往海关失败”“海关接收失败，补充资料”的数据，才可以进行修改操作；状态为“申报”“发往海关成功”“海关接收成功”“海关受理”“不同意”（对直接退运，不同意的，需办理进口手续）、“海关处置确认”“同意”“挂起”“海关入库成功，需验真”“原件审核不通过”的，需要联系海关，不允许进行修改操作。

四、商品归类

商品归类模块主要包括归类行政裁定申请、海关归类（化验）补充说明、归类预裁定申请、数据查询、归类预裁定文书查询和归类预裁定决定书查询六个部分，可进行录入、暂存、修改、删除、申报、查询等操作。

（一）归类预裁定申请

在此模块，可进行归类预裁定数据的录入、保存、修改、删除等操作。

1. 新增

点击左侧菜单栏“商品归类”→“归类预裁定申请”，右侧显示界面（如图 10-25 所示）。

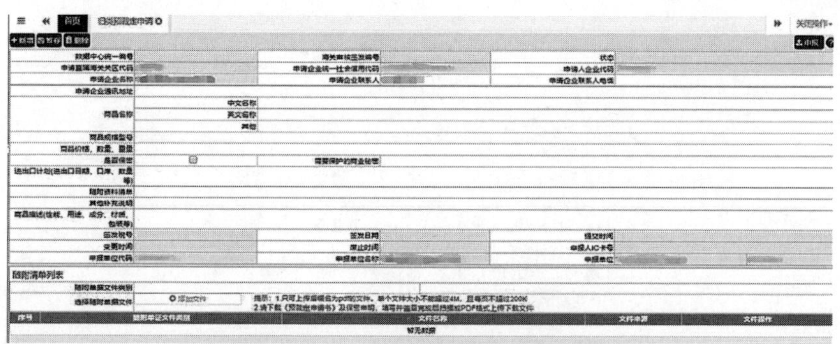

图 10-25　归类预裁定申请界面

归类预裁定申请界面由上至下分为两部分，上部分为归类预裁定申请详细信息，下部分为随附清单列表。

归类预裁定申请详细信息中，灰色字段为系统返填，不允许编辑；黄色字段为必填项；白色字段为非必填项；是否保密字段为勾选框，选中即变为必填项。

根据需要选择随附单据文件类别，并点击“添加文件”按钮上传业务相关的随附单据。用户在上传随附单据时，先选择随附单据文件类别，再上传 PDF 文件。

用户点击提示信息中的“下载文件”按钮，下载《预裁定申请书》（如图 10-26 所示）及《保密声明》（如图 10-27 所示），填写并盖章完成后，扫描成 PDF 格式上传。

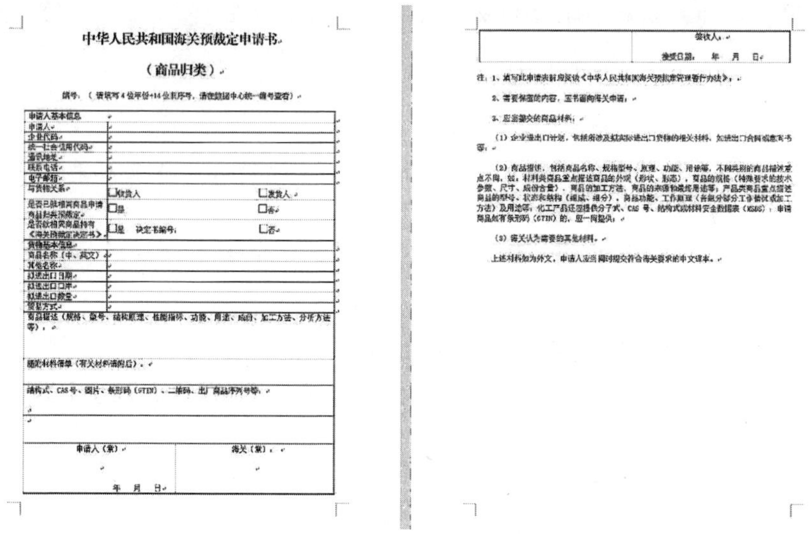

中华人民共和国海关预裁定申请书

（商品归类）

编号：（请填写 4 位年份+14 位顺序号，请在数据中心统一编号查看）

申请人基本信息		
申请人		
企业代码		
统一社会信用代码		
通讯地址		
联系电话		
电子邮箱		
与货物关系	□收货人	□发货人
是否已就相同商品申请商品归类预裁定	□是	□否
是否就相同商品持有《海关预裁定决定书》	□是　决定书编号：	□否
货物基本信息		
商品名称（中、英文）		
其他名称		
拟进出口日期		
拟进出口口岸		
拟进出口数量		
贸易方式		
商品描述（规格、型号、结构原理、性能指标、功能、用途、成份、加工方法、分析方法等）：		
随附材料清单（有关材料请附后）：		
结构式、CAS 号、图片、条形码（GTIN）、二维码、出厂商品序列号等：		
申请人（章） 年　月　日	海关（章）：	

	签收人： 接受日期：　年　月　日

注：1、填写此申请表前应阅读《中华人民共和国海关预裁定管理暂行办法》；

2、需要保密的内容，应书面向海关申请；

3、应当提交的商品材料：

（1）企业进出口计划，包括所涉及拟实际进出口货物的相关材料，如进出口合同或意向书等；

（2）商品描述，包括商品名称、规格型号、原理、功能、用途等，不同类别的商品描述重点不同，如：材料类商品重点描述商品的外观（形状、形态）、商品的成份（特殊要求的技术参数、尺寸、成份含量）、商品的加工方法、商品的来源和最终用途等；产品类商品重点描述商品的型号、状态和结构（组成、组分）、商品功能、工作原理（各组分部分工作情况或加工方法）及用途等；化工产品还应提供分子式、CAS 号、结构式或材料安全数据表（MSDS）；申请商品如有条形码（GTIN）的，应一同提供；

（3）海关认为需要的其他材料。

上述材料如为外文，申请人应当同时提交符合海关要求的中文译本。

图 10-26　预裁定申请书

保密声明

1、□商品名称（中、英文）

2、□其他名称

3、□商品描述（规格、型号、结构原理、性能指标、功能、用途、成份、加工方法、分析方法等）

4、□进出口计划（进出口日期、口岸、数量等）

5、□随附材料清单

6、□结构式、CAS号、图片、条形码（GTIN）、二维码、出厂商品序列号等

7、□其他：________________________。

需要保密的理由：____________________。

需要保密的期限：____________________。

备注：如需要海关保密，请在该表中"□"内划"☑"，并说明详细理由。

图 10-27　保密声明

2. 申报、查询、删除、修改

申报、查询、删除和修改的操作与前文"滞报金减免"部分一致，此处不再赘述。

小提示

查询、删除时，企业所插IC卡中的组织机构代码必须与录入单位的组织机构代码保持一致。

"暂存"状态下的预裁定申请数据，除预裁定申请书申请数据流水号字段外，其余字段的内容都可以进行修改。

（二）进口商品样品预先归类咨询申请

在此模块，可进行进口商品样品预先归类咨询申请数据的录入、保存、修改、删除、查看结果等操作。

1. 新增

点击左侧菜单栏"商品归类"→"进口商品样品预先归类咨询申请"，右侧显示界面（如图10-28所示）。

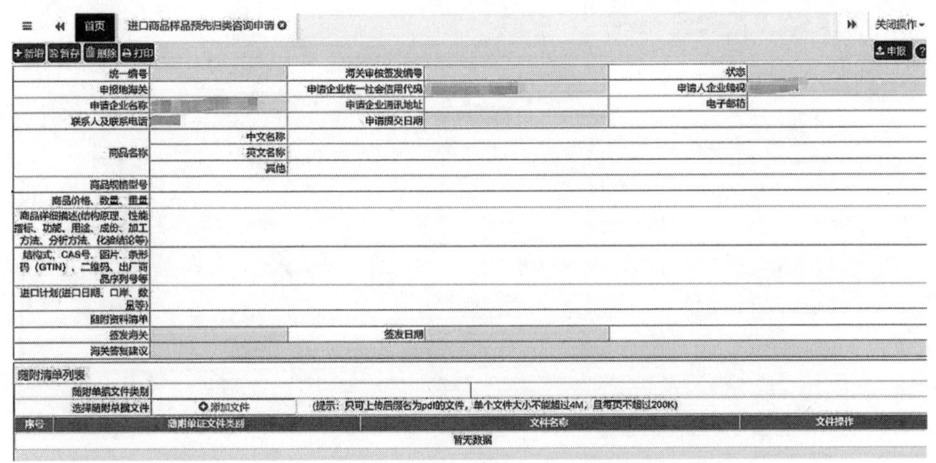

图 10-28　进口商品样品预先归类咨询申请界面

进口商品样品预先归类咨询申请界面由上至下分为两部分，上部分为进口商品样品预先归类咨询申请详细信息，下部分为随附清单列表。

进口商品样品预先归类咨询申请详细信息中，灰色字段为系统返填，不允许编辑；黄色字段为必填项；白色字段为非必填项。

根据需要选择随附单据文件类别，并点击“添加文件”按钮上传相关随附单据及资料。企业在上传随附单据时，需先选择随附单据文件类别，再上传 PDF 文件。文件上传成功后可通过“预览”进行查看。

2. 申报

用户在进口商品样品预先归类咨询申请界面，完成申请单填写后，点击右上方的“申报”按钮完成申请数据的申报操作。

3. 查询及结果查阅打印

点击左侧菜单栏“商品归类”→“数据查询”，在右侧查询界面中录入单据类型、最近操作日期和单据状态三个字段信息来进行查询操作（上述三项查询条件为必填项）。

在右侧查询界面的单据类型字段中选择“进口商品样品预先归类咨询申请”，输入相应的查询条件，点击“查询”按钮，系统查询出符合条件的数据，如图 10-29 所示。

≡ ◂◂ 首页 | 进口商品样品预先归类咨询申请 | 数据查询 ▸▸ 关闭操作▾

数据查询

单据类型 进口商品样品预先归类咨询申请　单据状态 全部　统一编号

商品中文名称　商品英文名称　最近操作时间 2019-11-01 到 2019-11-30

查询　重置

打印　删除

序号	统一编号	商品中文名称	海关审核签发编号	单据状态
1	2019000	0106-大兴机场-附件	-	海关入库成功
2	2019000	0108-京综合处-附件	F010820190002	审核通过
3	2019000	0204-东港海关	F020420190001	审核通过
4	201900	0116-大兴旅检	-	海关入库成功
5	2019000	0102-京监管处-附件	F010220190004	审核通过
6	2019000	0106-大兴机场	F010620190003	已受理
7	2019000	0106-大兴机场	-	海关入库成功
8	2019000	0106-大兴机场-附件	-	海关入库成功

总共 93 条记录 每页显示 10 条记录

图 10-29　进口商品样品预先归类咨询申请查询界面

查询到符合条件的数据后，选择数据条可以进行已签发数据的打印，如图 10-30 所示，也可以进行暂存数据的删除操作。点击统一编号栏的蓝色字样，可以查看数据的详细信息，在此可以进行申报、删除等操作，如图 10-31 所示。

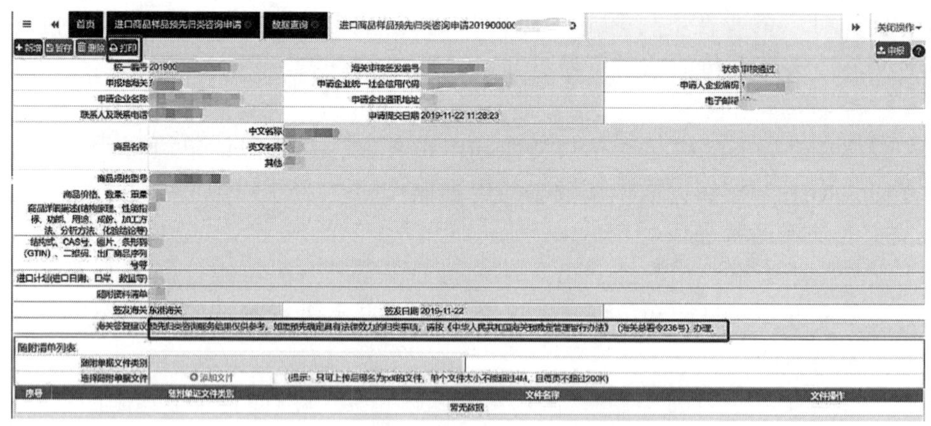

图 10-30　已答复进口商品样品预先归类咨询申请打印界面

图 10-31　已答复进口商品样品预先归类咨询申请查看回执界面

单据状态共有以下几种：暂存（录入数据暂时保存）、申报（录入数据已申报提交）、发往海关成功（企业端将数据提交给海关系统成功）、发往海关失败（企业端将数据提交给海关系统失败）、海关入库成功（海关系统接收数据成功）、海关入库失败（海关系统接收数据失败）、审核通过（数据已签发）、已变更（已签发数据有变更）。

小提示

查询及结果查阅打印时，用户所插 IC 卡中的组织机构代码必须与录入单位的组织机构代码一致。

4. 修改

当进口商品样品预先归类咨询申请的数据状态允许时，用户通过数据查询模块的查看明细调出相应的数据后，调整录入的信息，并执行其他相关操作。

在查询界面，选中一条数据，点击统一编号栏的蓝色字样，系统进入该条数据申请界面。系统会检验该条数据是否为“可修改”状态，如果可以修改，在数据申请界面核对相关信息并给予调整，调整后，点击“暂存”按钮即可保存修改后的数据。

小提示

“暂存”状态的进口商品样品预先归类咨询申请数据，除进口商品样品预先归类咨询申请数据流水号字段外，其余字段的内容都可以进行修改。

5. 删除

用户在进口商品样品预先归类咨询申请界面，点击“删除”按钮执行删除操作，抹除保留的数据记录。

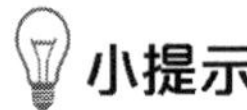

小提示

删除时，用户所插IC卡中的组织机构代码必须与录入单位的组织机构代码一致。

（三）归类行政裁定申请

在此模块，可进行归类行政裁定申请数据的录入、保存、修改、删除等操作。

1. 新增

点击左侧菜单栏“商品归类”→“归类行政裁定申请”，右侧显示界面（如图10-32所示）。

图10-32 归类行政裁定申请界面

归类行政裁定申请界面由上至下分为两部分，上部分为归类行政裁定申请详细信息，下部分为随附清单列表。

归类行政裁定申请详细信息中，灰色字段为系统返填，不允许编辑；黄色字段为必填项；白色字段为非必填项。

根据需要选择随附单据文件类别，并点击“添加文件”按钮上传业务相关的随附单据。

2. 申报、查询、删除、修改

申报、查询、删除和修改的操作与前文“滞报金减免”部分一致，此处不再赘述。

小提示

申报操作前必须插卡或登录账户已经做过绑卡操作。本系统暂无权限控制需求，系统默认凡经过“单一窗口”身份认证、具有基本权限的企业操作员卡或已绑卡用户都可以在系统中进行申请单的全部操作，但只能操作属于本企业单位的数据。

删除时，用户所插IC卡中的组织机构代码必须与录入单位的组织机构代码保持一致。只有数据状态为“暂存”“发往海关失败”“退单”和“入库失败”的数据才可以进行删除操作。

状态为“暂存”“发往海关失败”“退单”或“入库失败”的数据，除统一编号、海关审核签发编号、状态字段外，其余字段的内容都可以进行修改。

（四）海关归类（化验）补充说明

在此模块可以完成海关归类（化验）补充说明数据的查询，申报和修改等操作。

1. 申报

点击左侧菜单栏“商品归类”→“海关归类（化验）补充说明”，右侧显示界面（如图10-33所示）。

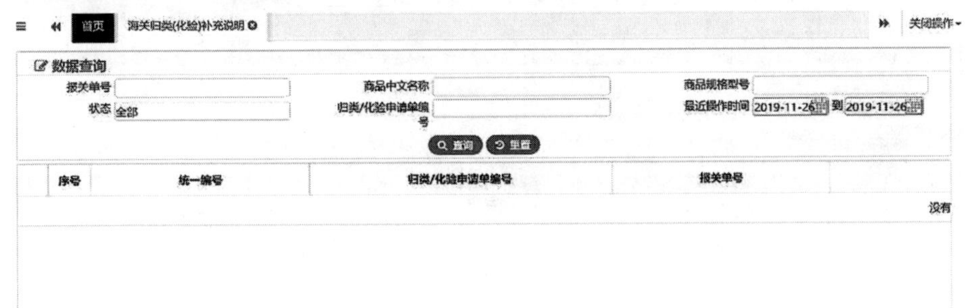

图10-33　海关归类（化验）补充说明界面

用户需要在界面中录入相关的报关单号或商品中文名称，以及选择最近操作时间后，点击“查询”按钮调取海关下发的归类（化验）补充说明通知书数据，如图10-34所示。

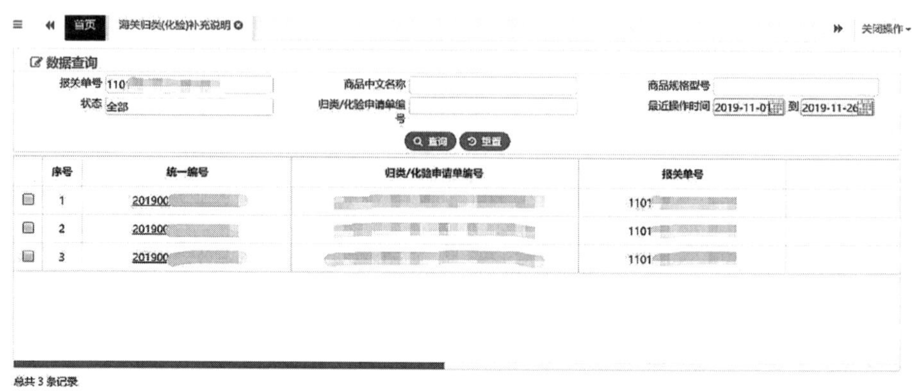

图 10-34　海关归类（化验）补充说明信息调取界面

点击统一编号栏的蓝色字样，界面自动跳转到归类（化验）补充说明界面（如图 10-35 所示）。

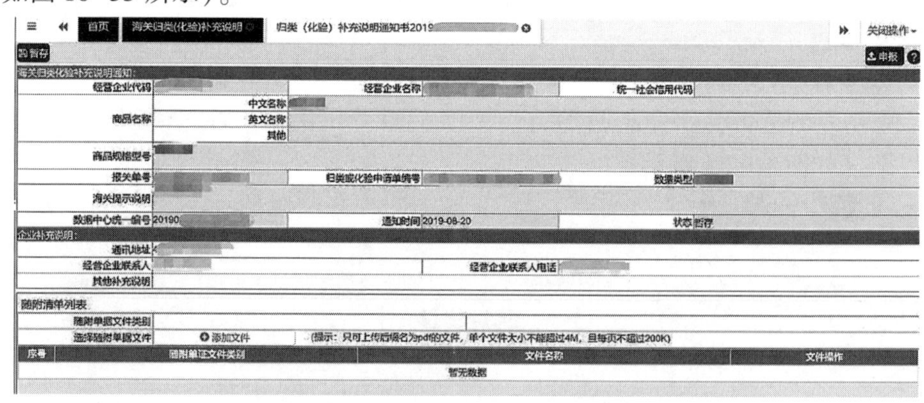

图 10-35　归类（化验）补充说明界面

归类（化验）补充说明界面由上至下分为海关归类化验补充说明通知、企业补充说明和随附清单列表三部分。

海关归类化验补充说明通知中，所有字段为灰色，企业无法自行修改；企业补充说明中黄色字段为必填项，白色字段为非必填项，企业均可自行录入。

用户上传随附单据时的注意事项与前文"非政策性退税申请"一致。

2. 修改

修改的操作与前文"滞报金减免"部分一致，此处不再赘述。

小提示

"暂存""未接受需要重新申报"状态的归类（化验）补充说明通知书可以进行修改，但只允许修改企业补充字段的内容。

（五）数据查询

点击左侧菜单栏“商品归类”→“数据查询”，右侧显示界面（如图 10-36 所示）。

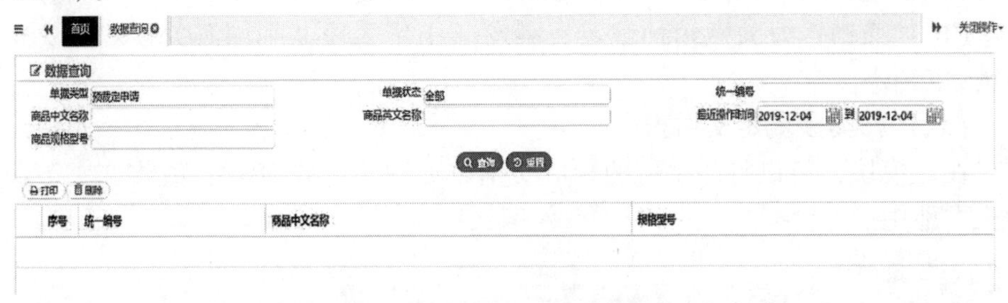

图 10-36　数据查询界面

用户在数据查询界面中需要录入单据类型、最近操作日期和单据状态三个字段来进行查询操作（上述三项查询条件为必填项）。具体参考商品归类中各业务操作说明中的数据查询模块。数据查询的状态主要包括以下几种：

（1）暂存：用户暂时保存录入数据；

（2）申报：用户将录入数据进行申报；

（3）发往海关成功：用户录入数据已发往海关数据库；

（4）发往海关失败：用户录入数据未能发往海关数据库；

（5）海关入库成功：海关数据库已收到用户发送的数据；

（6）退单或入库失败：海关数据库未收到用户发送的数据；

（7）海关受理：海关经审核决定受理接到的《预裁定申请书》以及相关材料，制发《中华人民共和国海关预裁定申请受理决定书》；

（8）海关不予受理：海关经审核决定不予受理接到的《预裁定申请书》以及相关材料，制发《中华人民共和国海关预裁定申请不予受理决定书》；

（9）终止：海关终止预裁定，制发《中华人民共和国海关终止预裁定决定书》；

（10）补正：经审核，海关认定用户申请材料不符合有关规定，制发《中华人民共和国海关预裁定申请补正通知书》；

（11）补正结束：用户收到海关补正决定后，超过五个自然日未进行补正的，自动变为补正结束；

（12）审核通过：海关作出预裁定决定，制发《中华人民共和国海关预裁定决定书》；

（13）补充：海关要求用户提交与申请海关事务有关的材料，制发《中华人民共和国海关预裁定申请补充材料通知书》；

（14）补充结束：用户收到海关补充决定后，超过五个自然日未进行补充的，自动变为补充结束；

（15）失效：预裁定决定所依据的法律、行政法规、海关规章以及海关总署公告相关规定发生变化，影响其效力的，预裁定决定自动失效。

（16）撤销：海关撤销预裁定，制发《中华人民共和国海关预裁定决定书撤销通知书》。

（六）归类预裁定文书查询

在此模块，可以打印生成的相应文书，如图 10-37 所示，或将文书下载保存至本地中。

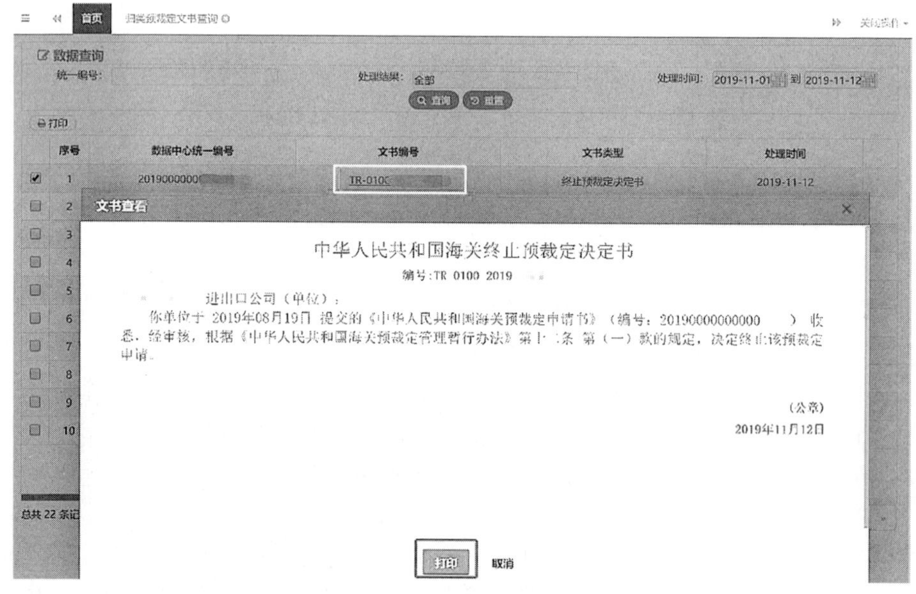

图 10-37　文书查看和打印界面

（七）归类预裁定决定书查询

在此模块，可以打印生成的相应决定书，如图 10-38 所示，或将决定书下载保存至本地中，如图 10-39 所示。

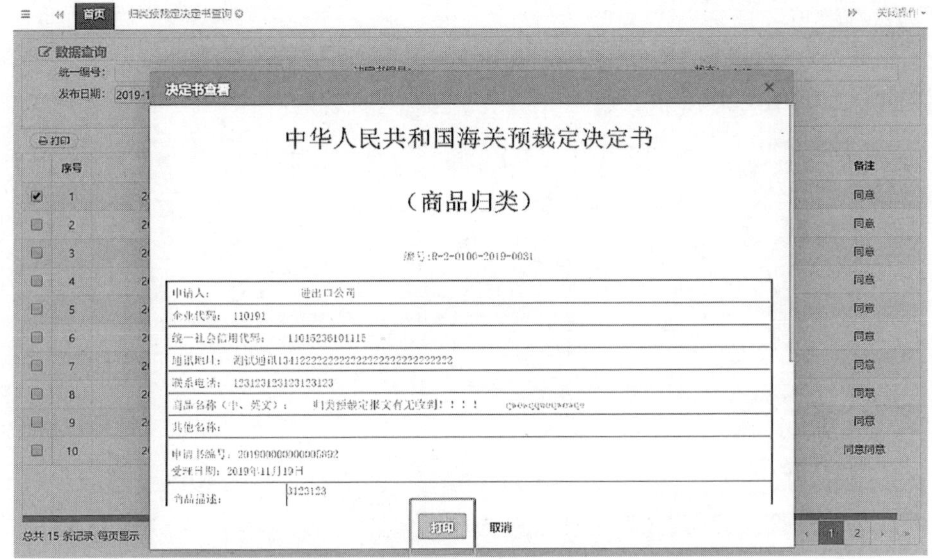

图 10-38　决定书查看和打印界面

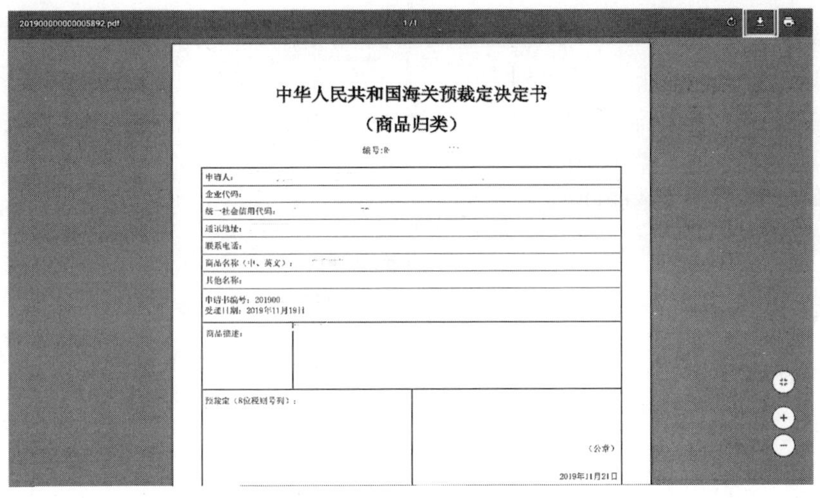

图 10-39　决定书下载界面

五、公式定价货物备案

公式定价货物备案模块包括公式定价备案申请、公式定价备案变更，公式定价备案作废和数据查询四个部分，可在此进行录入、暂存、修改、删除、申报、查询等操作。

（一）公式定价备案申请

在此模块，可进行公式定价备案申请数据的录入、保存、修改、删除等操作。

1. 新增

点击左侧菜单栏“公式定价货物备案”→“公式定价备案申请”，右侧显示界面（如图 10-40 所示）。

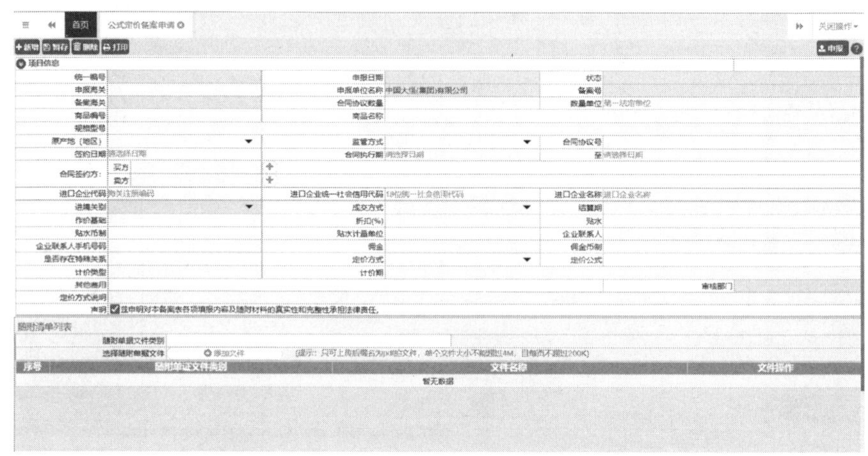

图 10-40　公式定价备案申请界面

公式定价备案申请界面由上至下分为两部分，上部分为公式定价备案申请详细信息，下部分为随附清单列表。

公式定价备案申请详细信息中，灰色字段为系统返填，不允许编辑；黄色字段为必填项；白色字段为非必填项。

根据需要选择随附单据文件类型，并点击“添加文件”按钮，上传业务相关的随附单据。

小提示

录入、保存数据的过程中，必须保证卡介质一直插在电脑上，以便系统在用户录入、暂存时，读取卡内信息。

2. 申报、删除、修改、打印

申报、删除、修改和打印的操作与前文“凭保放行”部分一致，此处不再赘述。

小提示

只可以打印海关审核通过的公式定价备案申请。

（二）公式定价备案变更

在此模块，可进行公式定价备案变更申请数据的录入、保存、修改、删除等操作。

1. 新增

点击左侧菜单栏“公式定价货物备案”→“公式定价备案变更”，右侧显示界面（如图 10-41 所示）。

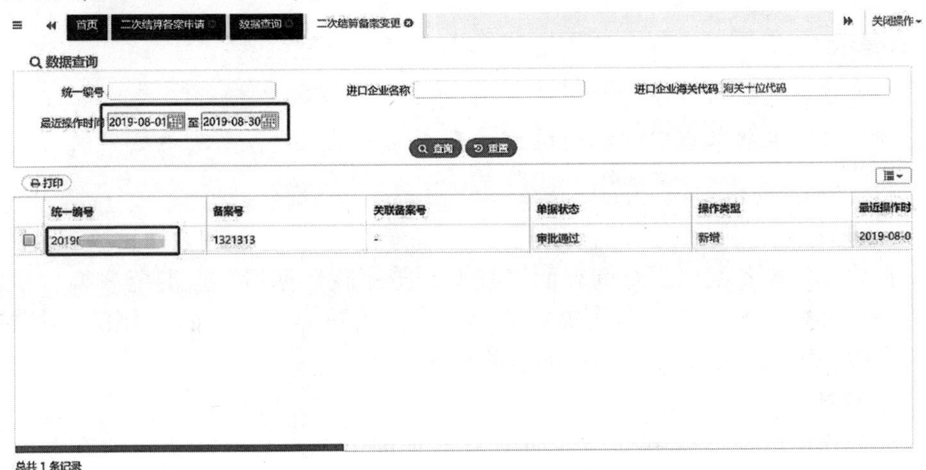

图 10-41　公式定价备案变更查询界面

在数据查询中录入或选择相应的查询条件（“最近操作时间”为必填项），点击“查询”按钮，系统显示所有符合查询条件且状态为“审批通过”（操作类型为“新增”或“变更”）的公式定价备案变更申请数据。

在此，点击统一编号栏的蓝色字样，即可进入到公式定价备案变更申请界面（同公式定价备案申请界面），如图 10-42 所示。

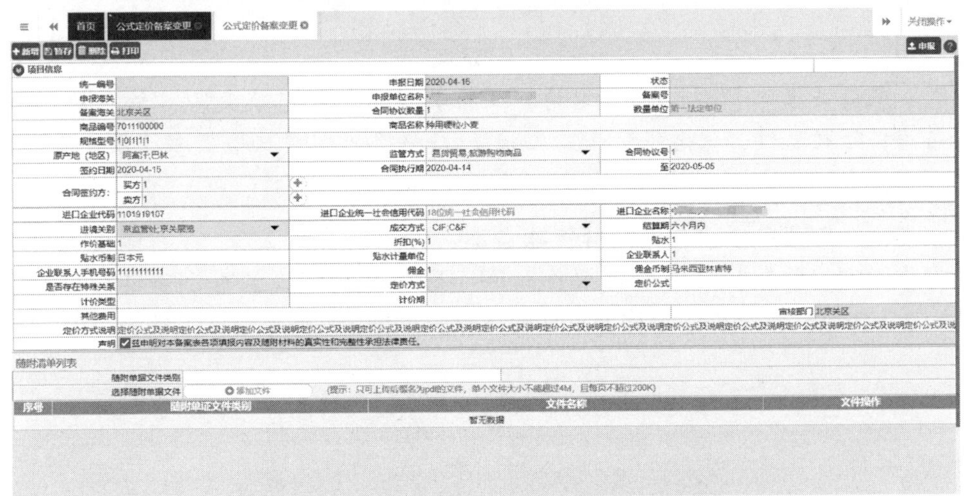

图 10-42　公式定价备案变更申请界面

2. 申报

用户在公式定价备案申请界面变更完相应信息后，点击上方的“申报”按钮完成公式定价备案变更申请数据的申报操作。

小提示

企业在公式定价备案申请界面完成变更后，点击“暂存”或“申报”按钮，即可生成新的数据中心统一编号；海关审核通过后，系统返填新的公式定价备案号。

3. 删除

在公式定价备案变更查询界面，查询到拟删除数据后，点击统一编号栏的蓝色字样进入公式定价备案变更申请界面。点击该界面上方的“删除”按钮，即可完成公式定价备案变更申请的删除操作。

4. 修改

在公式定价备案变更查询界面的数据查询中录入或选择相应的查询条件（“最近操作时间”为必填项），点击“查询”按钮后，系统将显示所有符合查询条件的数据。企业可选择状态为“已暂存”或“海关退单”且操作类型为“变更”的公式定价备案申请数据，点击统一编号栏的蓝色字样，进入公式定价备案变更申请界面进行修改操作。

（三）公式定价备案作废

在此模块，可进行公式定价备案作废申请数据的录入、保存、修改、删除等操作。相关操作与“公式定价备案变更”一致，此处不再赘述。

小提示

如果海关未审核通过作废申请，并将其退回，状态将变为“海关退单”；如果海关审核通过，状态将变为“已作废”，原备案申请状态变为“被作废”。

（四）数据查询

点击左侧菜单栏“公式定价货物备案”→“数据查询”，在右侧查询界面的操作类型、单据状态及最近操作时间字段中选择相应的查询条件后，点击“查询”按钮，系统查询出符合条件的数据，如图 10-43 所示。

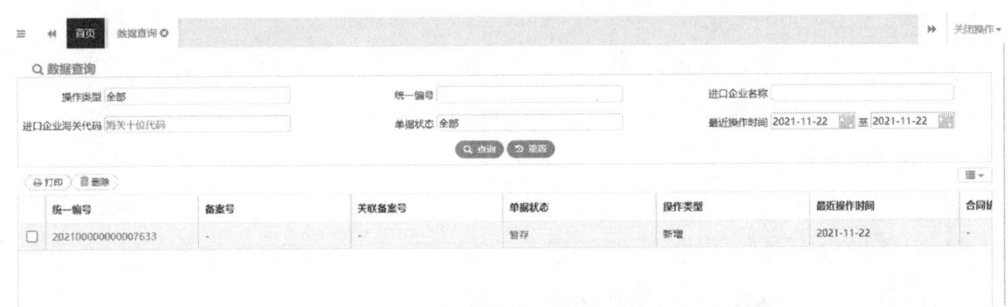

图 10-43　公式定价货物备案数据查询界面

查询到符合条件的数据后，点击统一编号栏的蓝色字样可以查看数据的详细信息（用户可以在此进行申报、删除等操作）。

小提示

当前登录卡为录入单位的卡，则查询结果显示该卡录入的数据；如果登录卡为进口企业的卡，则查询结果仅显示该进口企业的数据，即查询数据的权限控制为录入单位可查询自己录入的数据；进口企业可查询本企业的数据。

六、审价作业文书

（一）简易审价申请

在此模块，可进行简易审价申请数据的录入、保存、修改、删除等操作。

1. 新增

点击左侧菜单栏“审价作业文书”→“简易审价申请”，右侧显示界面（如图 10-44 所示）。

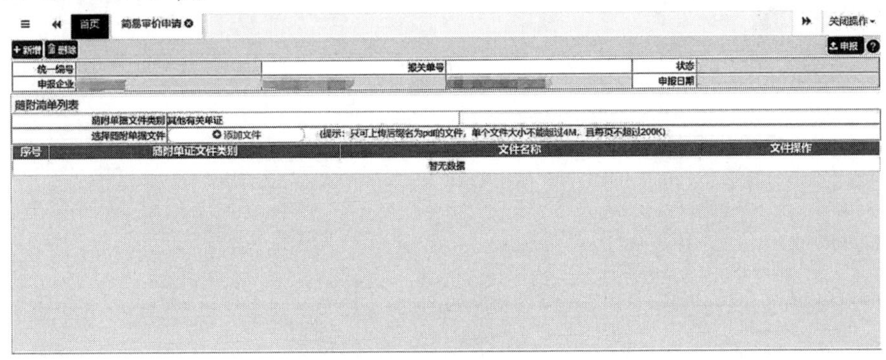

图 10-44　简易审价申请界面

简易审价申请界面由上至下分为两部分，上部分为简易审价申请详细信息，下部分为随附清单列表。

简易审价申请详细信息中，灰色字段为系统返填，不允许编辑；黄色字段为必填项。

根据需要选择随附单据文件类型，并点击“添加文件”按钮，上传业务相关的随附单证。

2. 查询

点击左侧菜单栏“审价作业文书”→“数据查询”，在右侧查询界面输入相应查询条件（状态、申报日期字段为必填项）后，点击“查询”按钮，系统查询出符合条件的数据，如图 10-45 所示。

首页 | 简易审价申请 | 数据查询 | 关闭操作

数据查询

报关单号 报关单号　　状态 全部　　最近操作时间 2019-08-01 至 2019-08-30

查询　重置

	序号	统一编号	报关单号	状态	最近操作时间
	1	201900	111111111111111111	发往海关成功	2019-08-01 09:46:43
	2	201900	111111111111111111	发往海关成功	2019-08-07 10:14:19
	3	201900	010620171000000070	发往海关成功	2019-08-08 00:00:00
	4	201900	111111111111111111	发往海关成功	2019-08-08 16:52:52

总共 4 条记录

图 10-45　简易审价申请数据查询界面

查询到符合条件的数据后，点击统一编号栏的蓝色字样查看数据的详细信息（用户在此可以进行申报、删除等操作）；点击状态栏的蓝色字样，可以在界面下方查看回执详细信息，如图 10-46 所示。

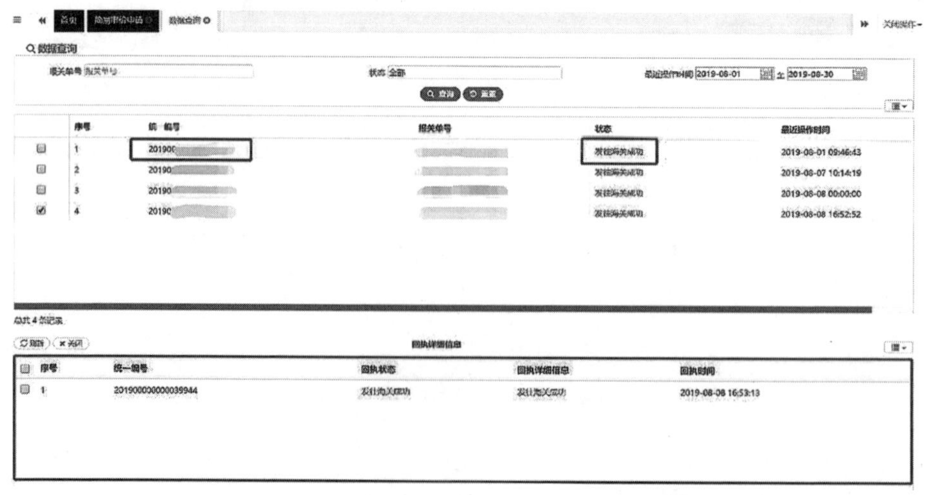

图 10-46　简易审价申请查看回执界面

小提示

只要插卡企业信息符合经营单位、收货单位或者企业申请人三者之一的，就可以直接查询。

3. 删除

用户在简易审价申请界面，点击上方的“删除”按钮执行删除操作，即可抹除保留的数据记录。

（二）接收审价文书

点击左侧菜单栏“审价作业文书”→“接收审价文书”，右侧显示界面（如图 10–47 所示）。

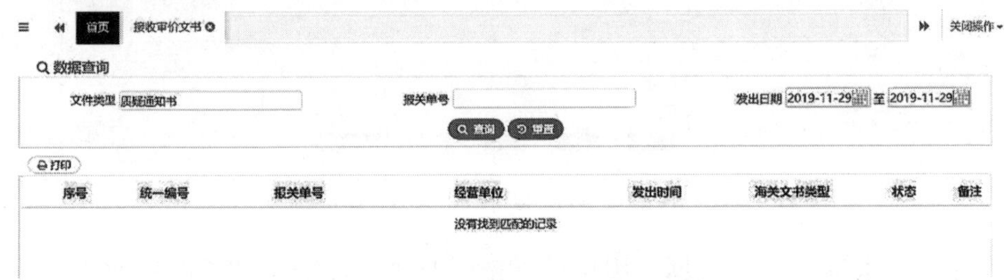

图 10–47　审价文书查询界面

录入查询条件（文件类型、发出日期字段为必填项）可以调取“单一窗口”已经接收到的海关审价文书，如图 10–48 所示。

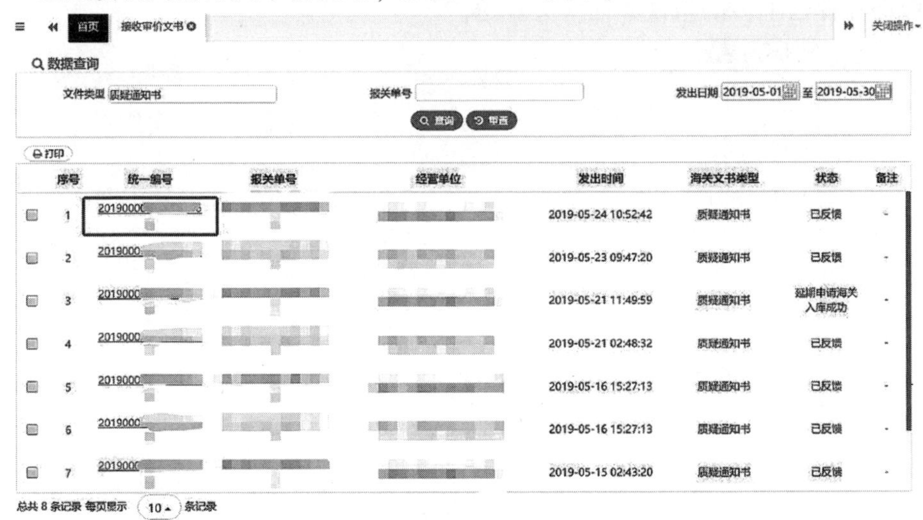

图 10–48　审价文书查询结果界面

点击统一编号栏的蓝色字样，界面会自动跳转至审价文书详情界面，如图

10-49 所示（以价格质疑通知书为例）。

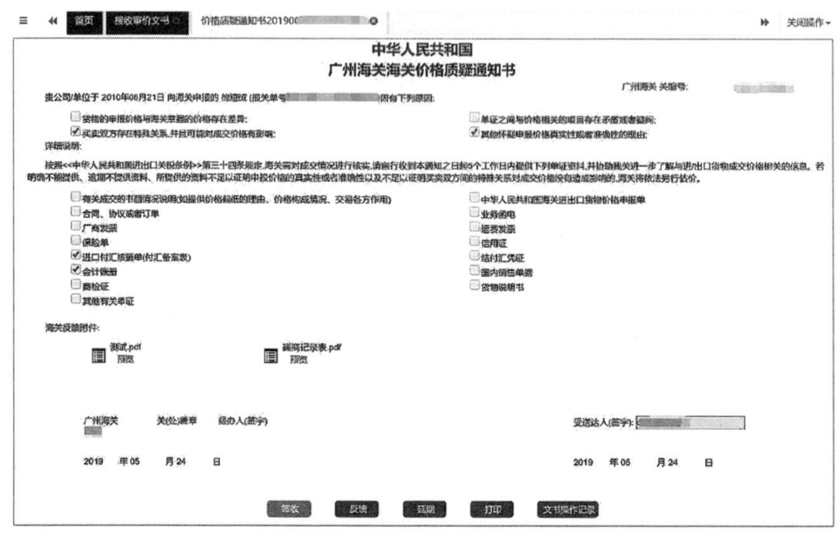

图 10-49　审价文书详情界面（价格质疑通知书）

针对“未签收”的数据，用户需要先点击“签收”按钮进行签收操作；签收完成后，点击“反馈”按钮上传随附单据，如图 10-50 所示。用户选择随附单据文件类型后，点击“添加文件”按钮即可进行操作（附件需加盖电子印章）。反馈时，上传随附单据需使用卡介质登录。点击“确认”完成附件上传，系统即保存已上传的附件并向海关发送。

图 10-50　上传随附单据界面

审价文书反馈成功后，如果用户需要延期，点击审价文书详情界面的“延期”按钮，录入延期理由和延期时间两项内容，并上传所需要的附件后，点击“确认延期”按钮，即可完成延期操作，如图 10-51 所示。

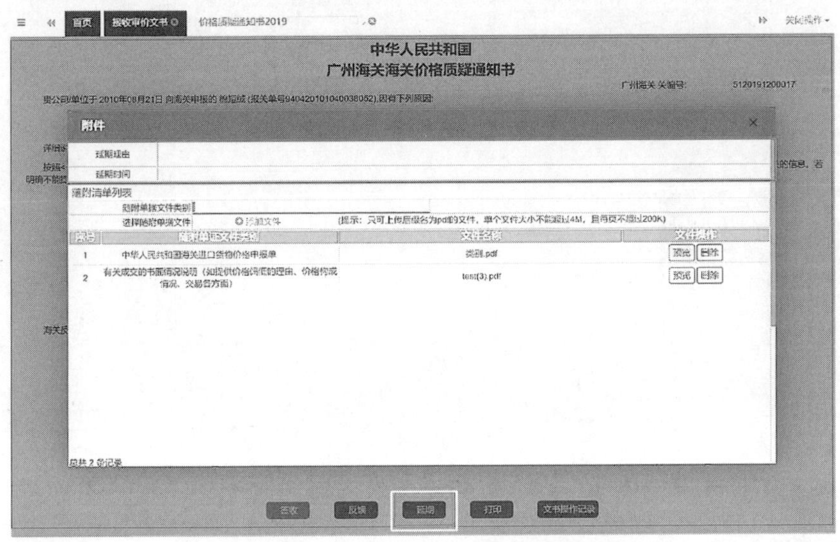

图 10-51 审价文书延期申请界面

接收审价文书模块提供审价文书的打印功能，用户可以在审价文书查询结果界面或审价文书详情界面，点击“打印”按钮进行打印操作，如图 10-52、10-53 所示。

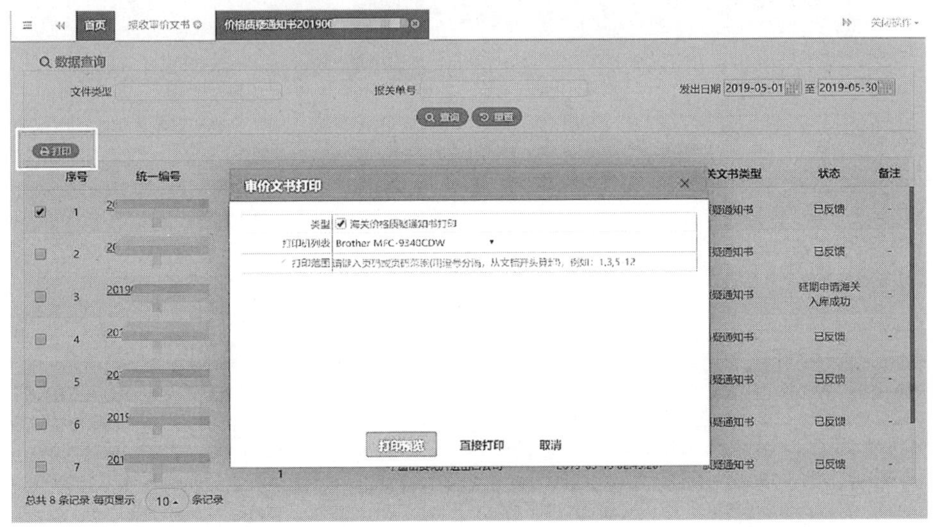

图 10-52 审价文书打印界面（一）

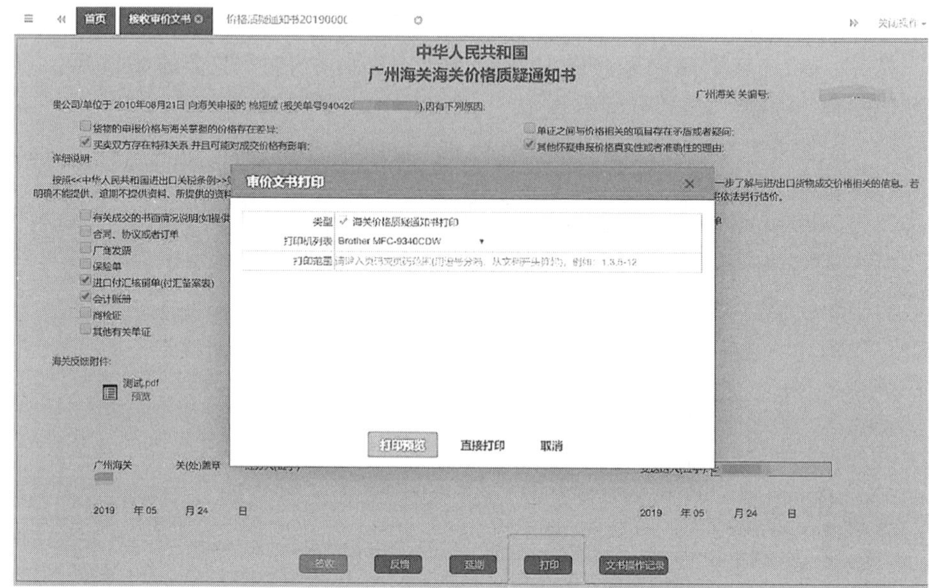

图 10-53　审价文书打印界面（二）

在审价文书详情界面，可点击“文书操作记录”按钮，查看文书的操作记录，如图 10-54 所示。

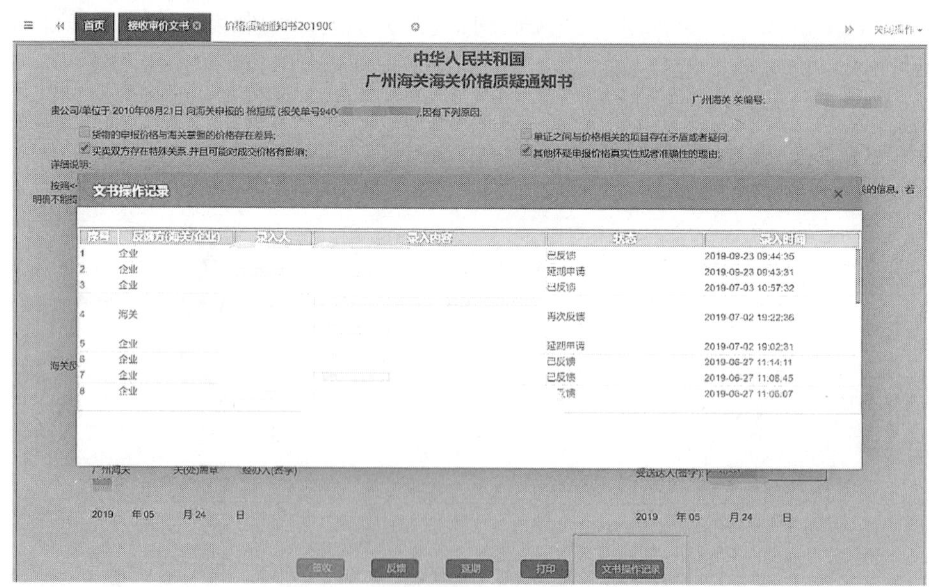

图 10-54　文书操作记录查看界面

小提示

当前插卡企业只能查看本企业接收的审价文书。

审价文书的状态有“未签收”（可以进行签收操作）、“已签收”（可以上传附件或者进行延期）、“已反馈”（可以上传附件或者进行延期）、“反馈成功”（可以上传附件或者进行延期）、“再次反馈”（可以再次上传附件或者再次进行延期）、“延期申请”（可以上传附件或者进行延期）、“延期申请发往海关成功”（可以上传附件或者进行延期）、“延期申请发往海关失败”（可以上传附件或者进行延期）、“延期不通过”（可以上传附件）、“延期通过”（可以上传附件或者进行延期）、“延期申请海关入库成功”（可以上传附件或者进行延期）、“延期申请海关入库不成功”（可以上传附件或者进行延期）等12种。

（三）数据查询

具体操作请参考“简易审价申请”中的查询部分，此处不再赘述。

七、价格预裁定

（一）价格预裁定申请

在此模块，可进行价格预裁定申请数据的录入、保存、修改、删除等操作。

1. 新增

点击左侧菜单栏“价格预裁定”→“价格预裁定申请”，右侧显示界面（如图10–55所示）。

首页　价格预裁定申请　关闭操作
+新增　暂存　删除　打印　申报

统一编号		申请书编号		申请时间		状态	
备案海关		申请企业					
申请人	张学军	联系电话		通讯地址			
电子邮箱		是否就相同合同正在申请海关预裁定		与货物关系	☑收货人 □消费使用单位 □申报单位		
商品名称	中文名称						
	英文名称						
	其他						
拟进出口口岸		拟进出口数量(第一法定单位)		贸易方式			
品牌		规格型号		税则号列			
原产地		合同协议号		拟进出口日期			
完税价格相关要素是否应计入进口货物的完税价格	□1.佣金和经纪费	□2.容器费用	□3.包装材料费用和包装劳务费用	□4.协助费用	□5.特许权使用费	□6.转售收益	
	□7.建设、安装、装配、维修或者技术援助费用		□8.进口关税、进口环节海关代征税及其他国内税	□9.复制费	□10.技术培训及境外考察费用	□11.利息费用	□12.运保费
特殊关系	□13.是否存在特殊关系	□14.是否影响成交价格	估价方法	□15.进口货物价格是否符合成交价格条件			
随附材料清单							
补充材料清单							
补充说明							
保密声明	是否同意海关对外公布预裁定决定？ ◉同意 ○因保密原因不同意						
声明	本申请所涉相同商品/合同未处于复议或诉讼阶段，所附材料真实、准确。☑						

随附清单列表

随附单据文件类别

选择随附单据文件　添加文件　（提示：只可上传后缀名为pdf的文件，单个文件大小不能超过4M，且每页不超过200K）

序号	随附单证文件类别	文件名称	文件操作
暂无数据			

图10–55　价格预裁定申请界面

价格预裁定申请界面由上至下分为两部分，上部分为价格预裁定申请详细信息，下部分为随附清单列表。

价格预裁定申请详细信息中，灰色字段为系统返填，不允许编辑；黄色字段为必填项；白色字段为非必填项。

根据需要选择随附单据文件类型，并点击“添加文件”按钮上传业务相关的随附单据。用户完成录入后，点击“暂存”按钮进行暂存，或直接点击“申报”按钮完成价格预裁定申请的申报。

小提示

申报操作前必须插卡或进行账户绑卡校验。

凡经过“单一窗口”身份认证、具有基本权限的企业操作员卡或已绑卡用户都可以在本系统进行申请单的全部操作，但只能操作属于本企业单位的数据。

2. 查询

点击左侧菜单栏“价格预裁定”→“数据查询”，在右侧查询界面录入相应的查询条件（申请类型、单据状态、最近操作时间三个字段为必填项）后，点击“查询”按钮，系统查询出符合条件的数据，如图 10-56 所示。

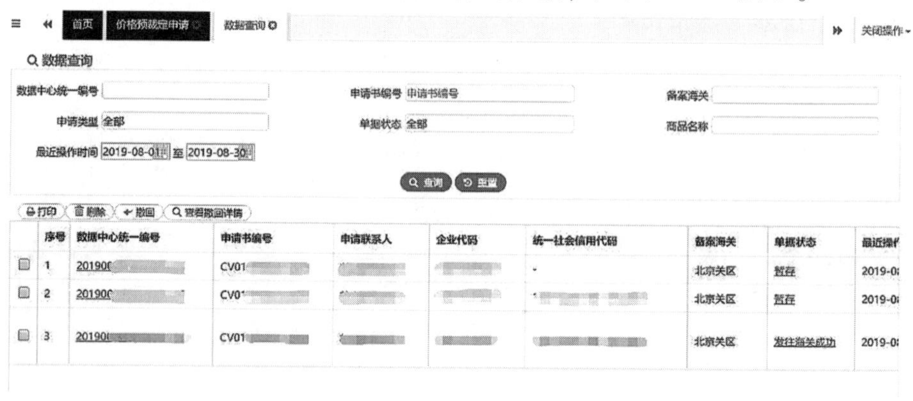

图 10-56　价格预裁定申请查询界面

查询到符合条件的数据后，点击统一编号栏的蓝色字样，可以查看数据的详细信息（用户在此可以进行申报、删除等操作）；点击单据状态的蓝色字样，可以在界面下方查看回执详细信息，如图 10-57 所示。

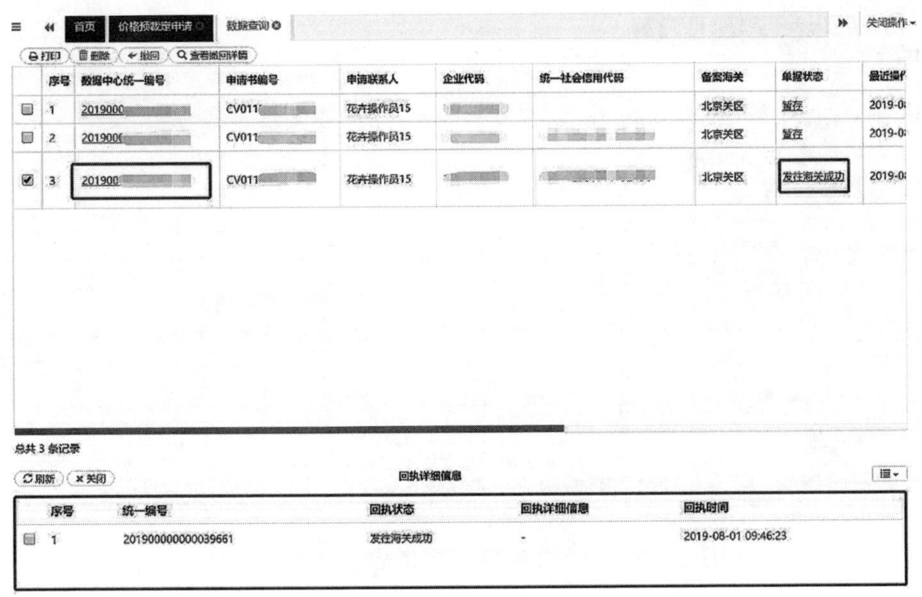

图 10-57　价格预裁定申请查看回执界面

3. 修改

当价格预裁定申请的数据状态允许时，用户通过数据查询模块的查看明细调出相应的数据后，调整录入的信息，并执行其他相关操作。

在查询界面，选中一条数据，点击统一编号蓝色字样，系统进入该条数据申请界面。系统会检验该条数据是否为“可修改”状态，如果可以修改，用户可在数据申请界面核对相关信息并给予调整，调整后，点击“暂存”按钮即可保存修改后的数据。

小提示

状态为“暂存”“发往海关失败”“补正”的数据可以进行修改操作。

4. 删除

用户在价格预裁定申请界面，点击“删除”按钮执行删除操作，抹除保留的数据记录，如图 10-58 所示；或直接在数据查询界面选择需要删除的，点击列表上方“删除”按钮完成删除操作，如图 10-59 所示。

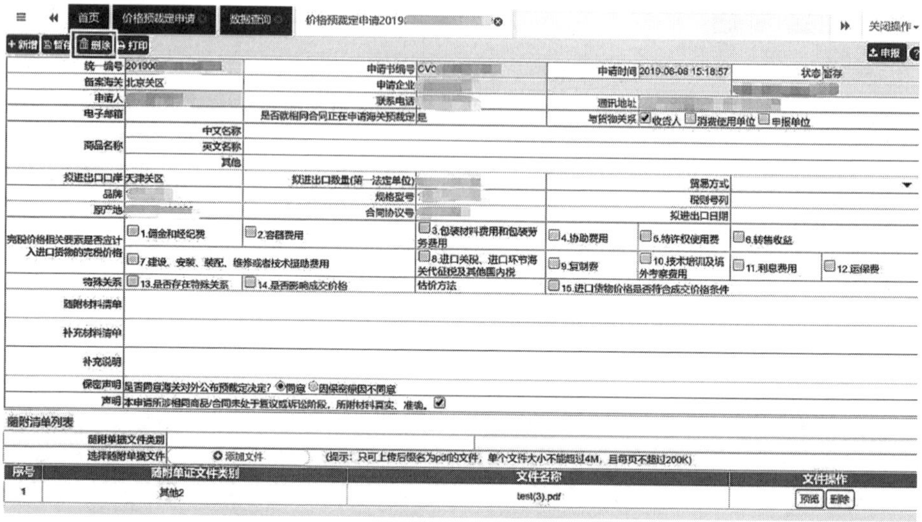

图 10-58　价格预裁定申请删除界面（一）

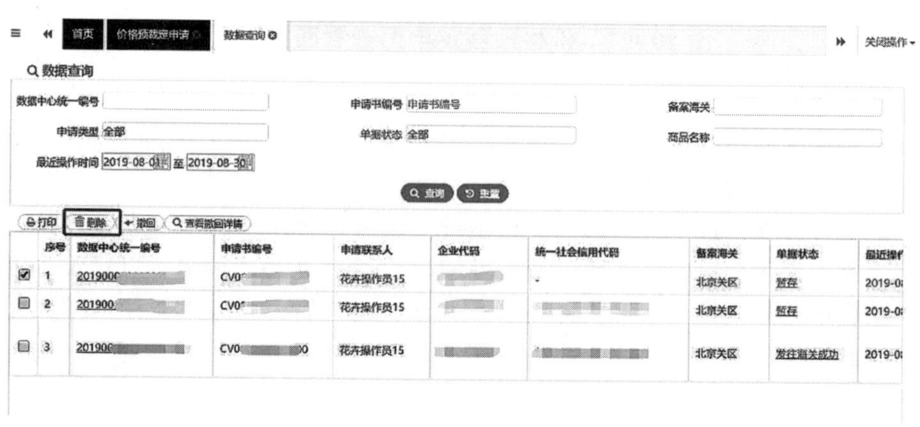

图 10-59　价格预裁定申请删除界面（二）

小提示

只有状态为“暂存”“发往海关失败”的数据，方可进行删除操作。删除时，企业所插IC卡中的组织机构代码必须与录入单位的组织机构代码一致。

5. 打印

用户在价格预裁定申请界面，点击“打印”按钮执行打印操作，如图 10-60 所示；或直接在数据查询界面选择需要打印的数据，点击列表上方“打印”按钮完成打印操作，如图 10-61 所示。

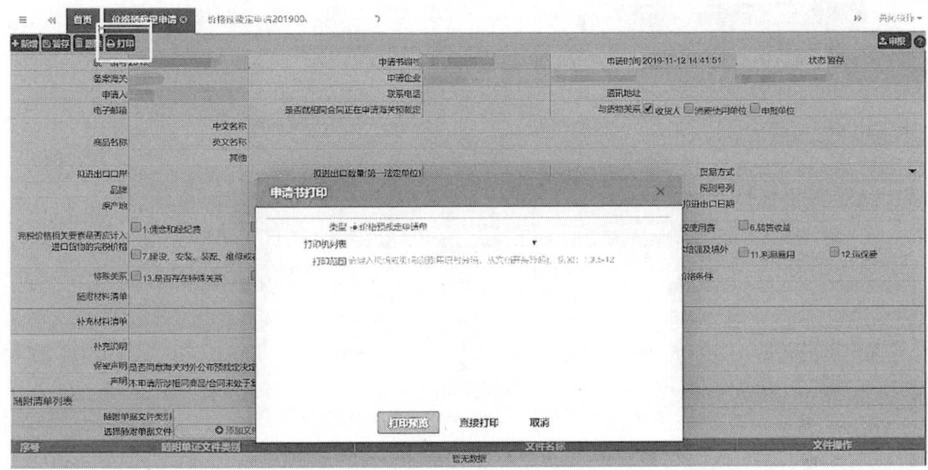

图 10-60　价格预裁定申请打印界面（一）

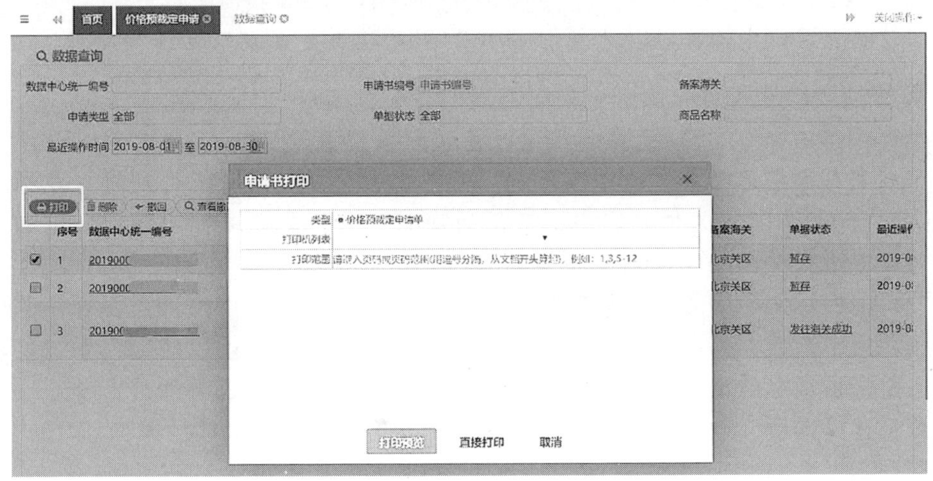

图 10-61　价格预裁定申请打印界面（二）

小提示

所有状态下的价格预裁定申请的数据，用户都可以执行打印操作。

6. 撤回

用户在查询结果列表区域选择一条数据，点击列表上方“撤回”按钮，录入撤回原因后，点击“确认”按钮完成撤回操作，如图 10-62 所示。

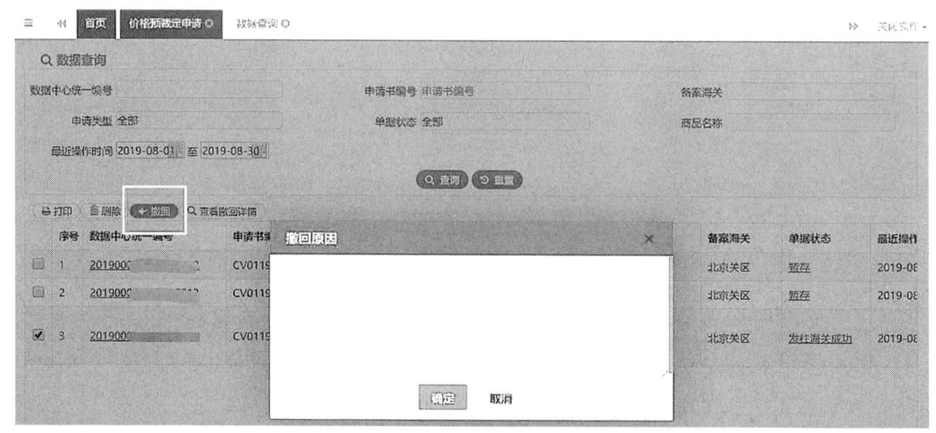

图 10-62　价格预裁定申请撤回界面

小提示

价格预裁定申请数据状态为“申报”“发往海关成功”“海关接收成功”“受理”“补充”“补正”时，可以进行撤回操作。

7. 补正

点击左侧菜单栏中“价格预裁定”→“数据查询”，系统收到海关发送的《中华人民共和国海关预裁定申请补正通知书》后，会自动弹出窗口，提示客户对文书进行补正。

点击提示信息中的“确认”按钮后，录入相应查询条件查询需要补正的价格预裁定申请数据并进行勾选，点击数据列表上方的“补正”按钮，系统自动进入价格预裁定申请界面。用户在该界面可以对价格预裁定申请进行补正。在完成上述操作后，点击“申报”按钮重新提交价格预裁定申请数据。

小提示

补正状态下，可以进行暂存、申报、撤回、打印等操作。

8. 补充

点击左侧菜单栏中“价格预裁定”→“数据查询”，系统收到海关发送的《中华人民共和国海关预裁定申请补充材料通知书》后，会自动弹出窗口，提示客户对文书进行补充。

点击提示信息中的“确认”按钮后，录入相应查询条件查询需要补充材料的价格预裁定申请数据并进行勾选，点击数据列表上方的“补充”按钮，系统自动进入价格预裁定申请界面。用户在该页面可以对价格预裁定申请进行材料补充。在完成上述操作后，点击“申报”按钮重新提交价格预裁定申请数据。

小提示

补充状态下，可以进行暂存、申报、撤回、打印等操作。

（二）数据查询

具体操作请见“价格预裁定申请”部分中的查询操作，此处不再赘述。

（三）文书查询

1. 查看

点击左侧菜单栏“价格预裁定”→“文书查询”，在右侧查询界面录入相应的查询条件（文书类型、处理结果和处理时间三个字段为必填项）后，点击“查询”按钮，系统查询出符合条件的数据，如图 10-63 所示。

图 10-63　文书查询结果界面

点击文书查询结果界面中文书编号的蓝色字样，可以查看文书详情，如图 10-64 所示。

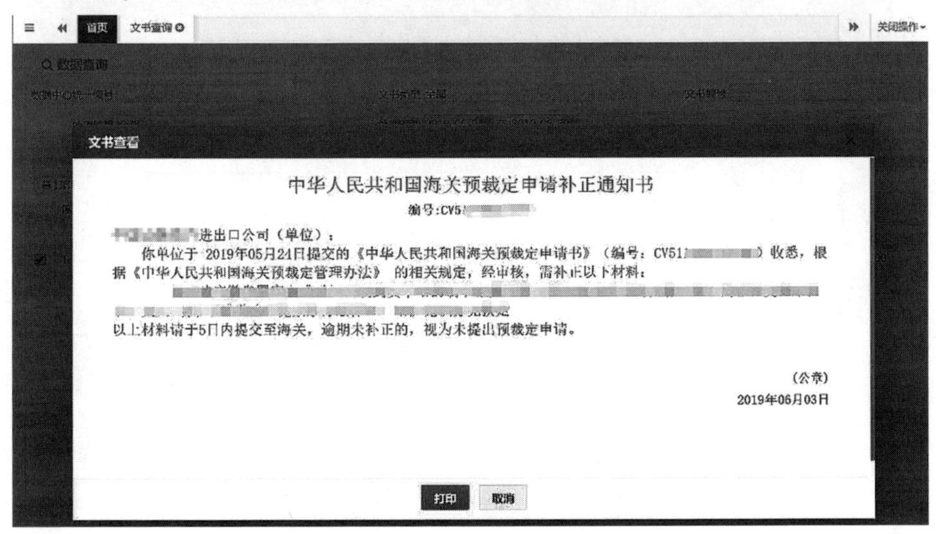

图 10-64　文书详情查看界面

2. 打印

在文书查询结果界面，勾选数据列表中的某条数据后，点击数据列表上方的“打印”按钮，即可完成文书的打印操作。

（四）决定书查询

1. 查看

点击左侧菜单栏“价格预裁定”→“决定书查询”，在右侧查询界面录入相应的查询条件（状态和发布时间字段为必填项）后，点击“查询”按钮，系统查询出符合条件的数据，如图 10-65 所示。

图 10-65　决定书查询结果界面

点击决定书查询结果界面中决定书编号栏的蓝色字样，可以查看决定书详情，如图 10-66 所示。

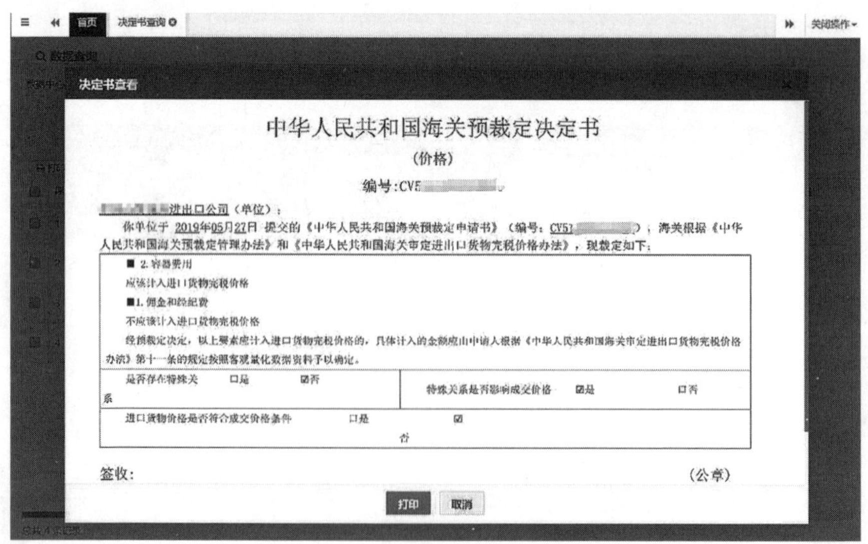

图 10-66　决定书详情查看界面

2. 打印

在决定书查询结果界面，勾选数据列表中的任意一条数据，点击数据列表上方的“打印”按钮，即可完成文书的打印操作。

八、原产地预裁定

（一）原产地预裁定申请

在此模块，可进行价格预裁定申请单数据的录入、保存、修改、删除等操作。

1. 新增

点击左侧菜单栏中“原产地预裁定”→“原产地预裁定申请”，右侧显示界面（如图 10-67 所示）。

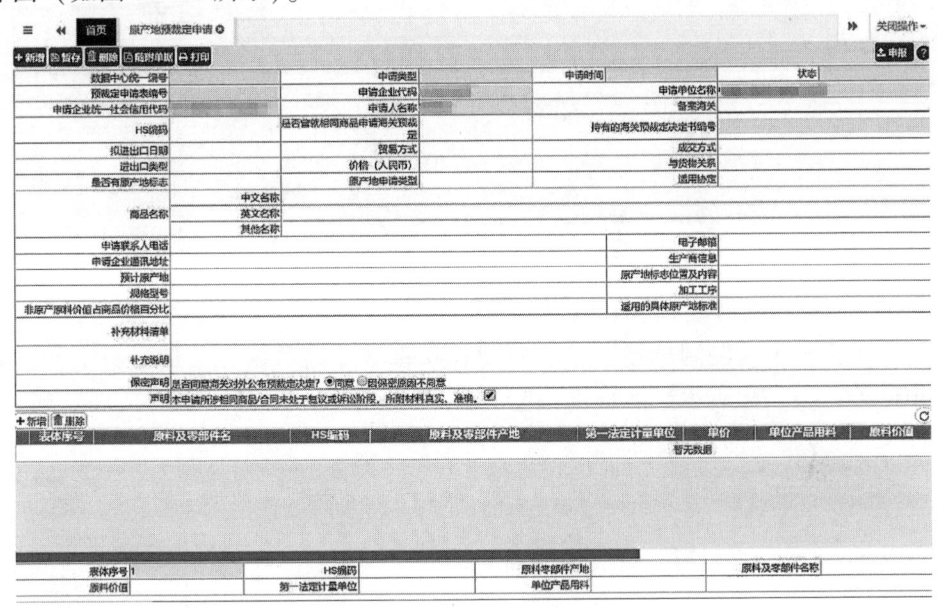

图 10-67　原产地预裁定申请界面

原产地预裁定申请界面由上至下分为两部分，上部分为原产地预裁定申请表头信息，下部分为原产地预裁定申请表体信息。

原产地预裁定申请表头信息中，灰色字段为系统返填，不允许编辑；黄色字段为必填项；白色字段为非必填项。

用户录入原产地预裁定申请表体信息时，需要在表体下方录入相应的信息（图 10-68 中画框部分）。信息录入完成后，点击回车键，信息将自动添加至上方的数据列表中。如果企业需要新增表体，继续在表体下方录入即可；如需删除表体，勾选表体序号前的方框，点击“删除”按钮。

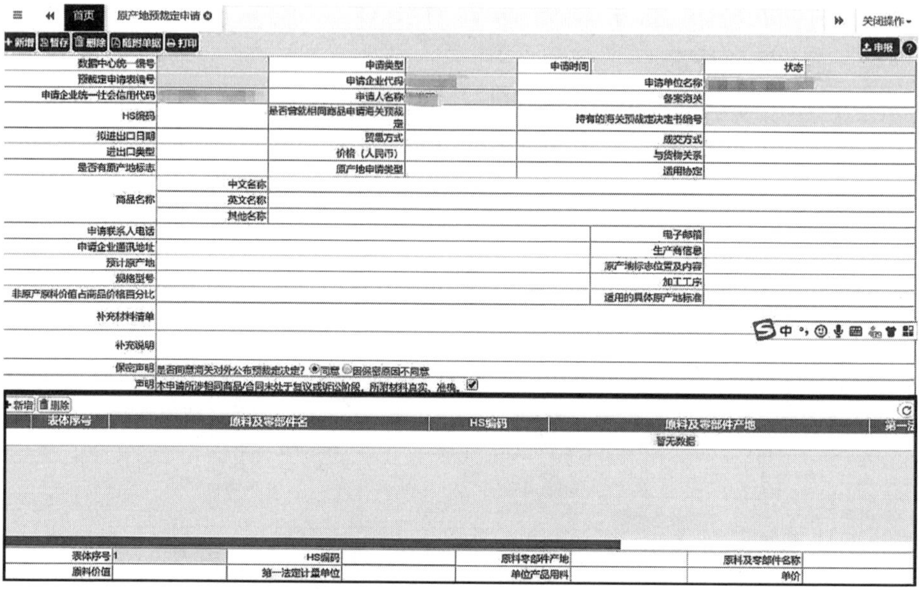

图 10-68　表体信息录入界面

如果需要上传随附单据，点击表头上方的“随附单据”按钮进行上传，如图 10-69、10-70 所示。选择随附单据文件类别后，点击“添加文件”按钮，上传文件。

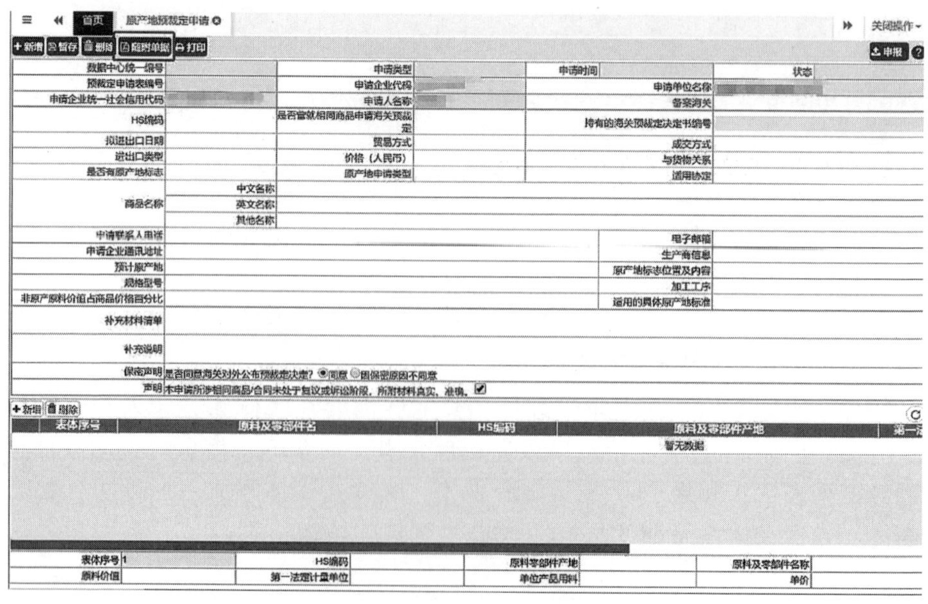

图 10-69　随附单据上传界面（一）

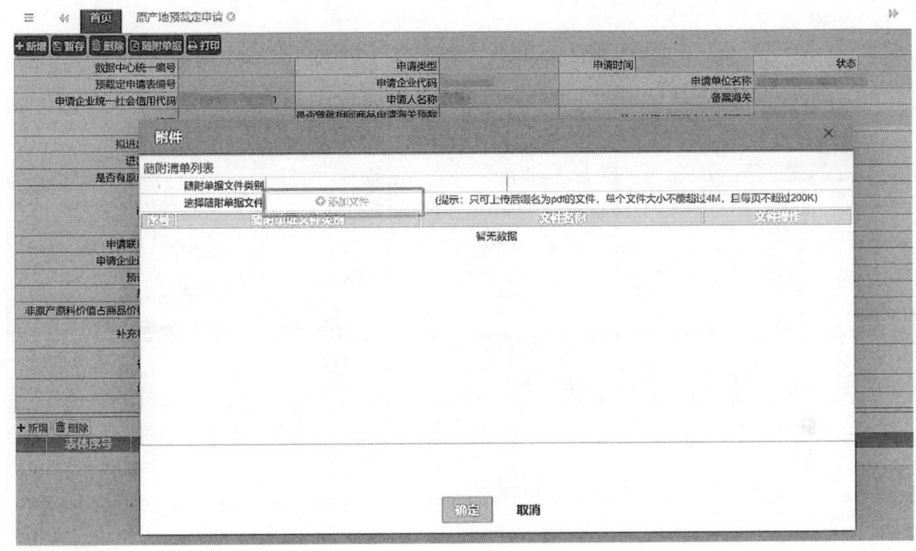

图 10-70 随附单据上传界面（二）

小提示

申报操作前必须插卡或进行账户绑卡校验。

凡经过“单一窗口”身份认证、具有基本权限的企业操作员卡或已绑卡用户都可以在系统中进行申请单的全部操作，但只能操作属于本企业单位的数据。

2. 查询、修改、删除、打印、撤回、补正、补充

查询、修改、删除、打印、撤回、补正和补充的操作、小提示与前文“价格预裁定申请”部分一致，此处不再赘述。

（二）数据查询

具体操作请见“原产地预裁定申请”中的查询部分，此处不再赘述。

（三）文书查询

文书查询中的查看和打印操作与前文“价格预裁定申请”中的查看、打印操作一致，此处不再赘述。

（四）决定书查询

决定书查询中的查看和打印操作与前文“价格预裁定申请”中的查看、打印操作一致，此处不再赘述。

九、查验/复验

（一）监管区外查验（报关单）

在此模块，可进行监管区外查验（报关单）申请数据的录入、暂存、修改、删除等操作。

1. 新增

点击左侧菜单栏“查验/复验”→“监管区外查验（报关单）”，右侧显示界面（如图 10-71 所示）。

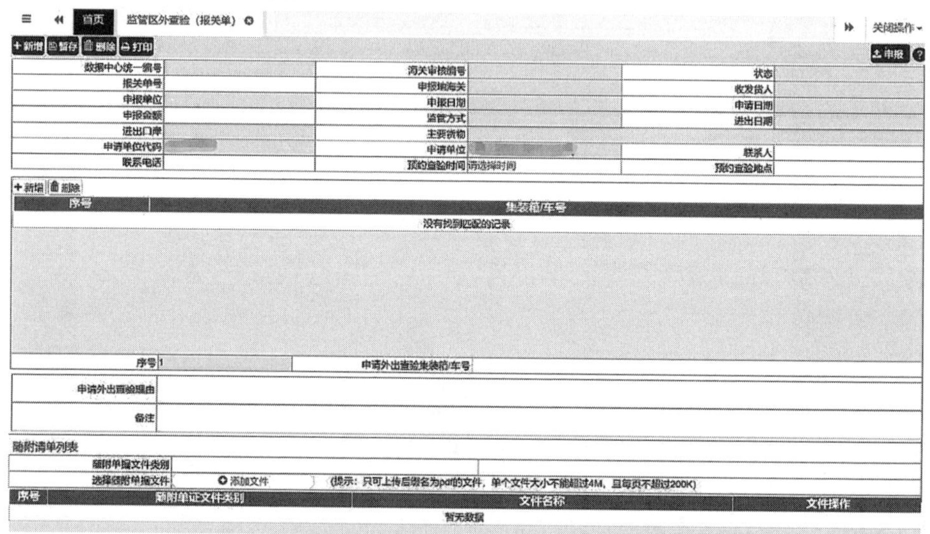

图 10-71　监管区外查验（报关单）申请界面

监管区外查验（报关单）申请界面由上至下分为三部分，上面部分为监管区外查验（报关单）申请表头信息，中间部分为监管区外查验（报关单）申请表体信息，下面部分为随附清单列表。

监管区外查验（报关单）申请表头信息中，灰色字段为系统返填，不允许编辑；黄色字段为必填项。

用户录入监管区外查验（报关单）申请表体信息时，需要在表体下方录入相应的信息（图 10-72 画框部分）。其中，灰色字段为系统返填，不允许编辑；黄色字段为必填项；白色字段为非必填项。申请外出查验集装箱/车号字段录入完成后，点击回车键，信息将自动添加到上方的列表中。如果需要新增表体，继续在表体下方录入即可；如需删除表体，勾选表体序号前的方框，点击“删除”按钮。

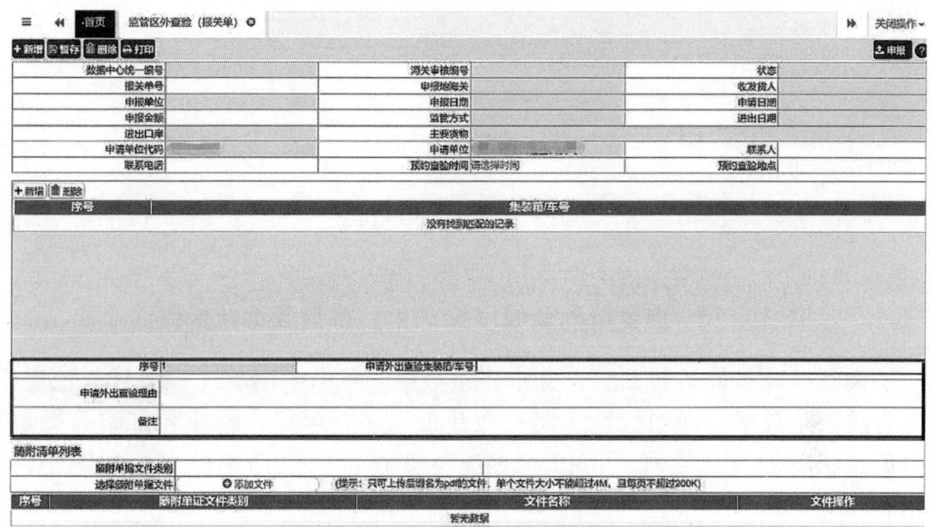

图 10-72　表体信息录入界面

如果需要上传需附单据，在随附清单列表上方选择相应的随附单据文件类别后，点击“添加文件”按钮即可上传随附单据。

小提示

在监管区外查验（报关单）申请界面中，收发货人、申报单位、进出口岸、进出日期、申报日期、监管方式和提运单号字段由系统调取报关单相关信息进行返填。

系统将检测用户所插 IC 卡中的代码是否与该报关单中的收发货人或申报单位的代码一致。如果不是，则提示“非该票报关单的收发货人或申报单位，不能提出海关监管区外查验申请”，且不予进行后续操作。

2. 查询

点击左侧菜单栏“查验/复验”→“数据查询”，在右侧查询界面录入相应的查询条件（单据类型、单据状态和最近操作时间字段为必填项）后，点击“查询”按钮，系统查询出符合条件的数据，如图 10-73 所示。

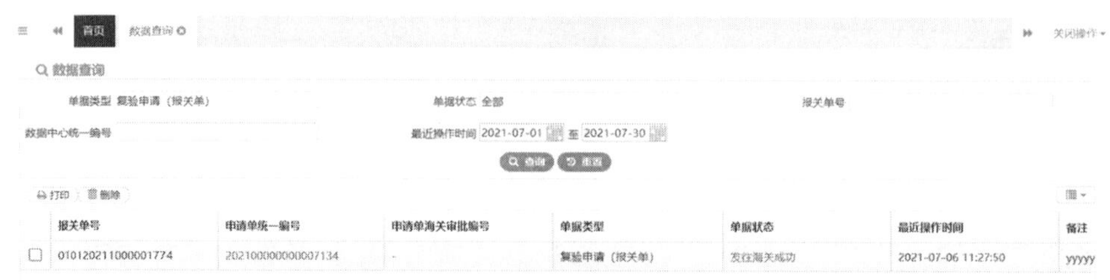

图 10-73　监管区外查验（报关单）申请查询结果界面

查询到符合条件的数据后，选中一条数据，点击申请单统一编号蓝色字样，可以查看该条数据的详细信息（用户在此可以进行申报、删除和打印等操作）；点击单据状态的蓝色字样，可以在界面下方查看回执详细信息，如图 10-74 所示。

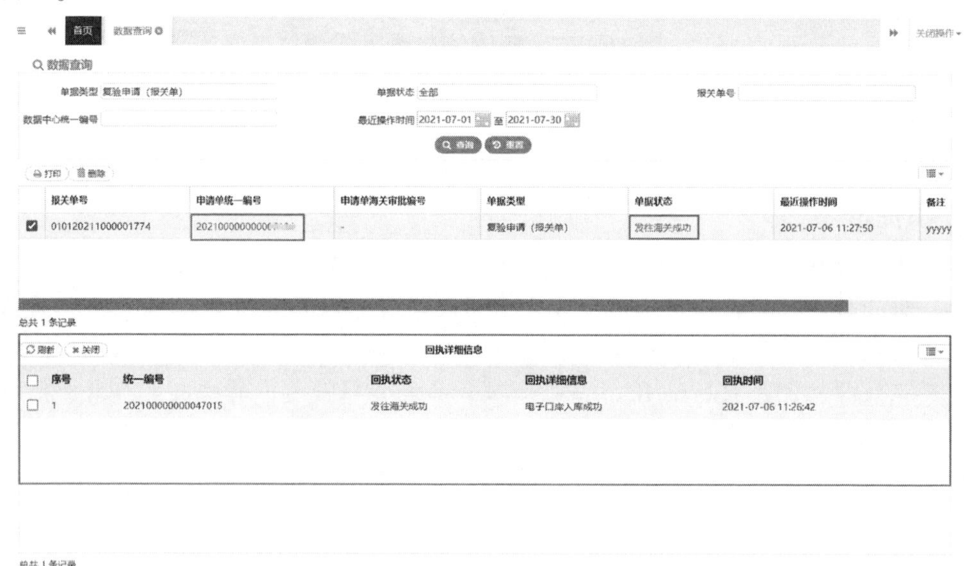

图 10-74　监管区外查验（报关单）申请查看回执界面

小提示

查询时，用户所插 IC 卡中的组织机构代码必须与录入单位的组织机构代码一致。

3. 修改

当监管区外查验（报关单）申请的数据状态允许时，用户通过数据查询模块的查看明细调出相应的数据后，调整录入的信息，并执行其他相关操作。

在查询界面，选中一条数据点击统一编号蓝色字样，系统进入该条数据申请界面。系统会检验该条数据是否为“可修改”状态，如果可以修改，在数据申请界面核对相关信息并给予调整后，点击“暂存”按钮即可保存修改后的数据。

小提示

“暂存”“发往海关失败”“海关入库失败状态”“海关退回”状态的监管区外查验（报关单）申请数据可以进行修改；修改界面除数据中心统一编号、海关审核编号字段外，其余字段均允许修改。

4. 删除

用户在监管区外查验（报关单）申请界面，点击“删除”按钮进行删除操作，抹除保留的数据记录；或直接在数据查询界面选择需要删除的数据，点击列表上方“删除”按钮。

小提示

“暂存”“发往海关失败”“海关入库失败”状态的监管区外查验（报关单）申请数据可以进行删除操作。删除时，用户所插IC卡中的组织机构代码必须与录入单位的组织机构代码一致。

5. 打印

用户在监管区外查验（报关单）申请界面，点击“打印”按钮进行打印操作；或直接在数据查询界面选择需要打印的数据，点击列表上方“打印”按钮。

小提示

所有状态下的监管区外查验（报关单）申请书都可以进行打印。打印时，用户所插IC卡中的组织机构代码必须与录入单位的组织机构代码一致。

（二）监管区外查验（非报关单）

点击左侧菜单栏“查验/复验”→“监管区外查验（非报关单）”，右侧显示界面（如图10-75所示）。

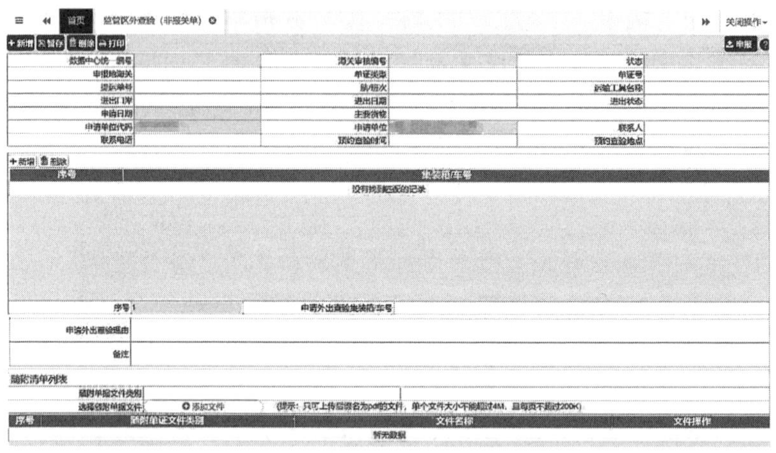

图 10-75　监管区外查验（非报关单）申请界面

“监管区外查验（非报关单）申请”与“监管区外查验（报关单）申请”相比，除表头中需要录入的字段有所区别外，其余一致。“监管区外查验（非报关单）”的操作请参考“监管区外查验（报关单）”的操作说明。

（三）复验（报关单）

在此模块，可进行复验（报关单）申请数据的录入、暂存、修改、删除等操作。

1. 新增

点击左侧菜单栏“查验/复验”→“复验（报关单）”，右侧显示界面（如图 10-76 所示）。

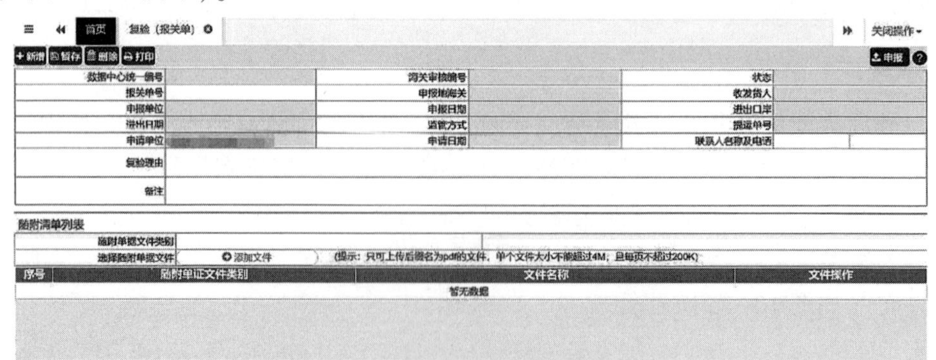

图 10-76　复验（报关单）申请界面

复验（报关单）申请界面由上至下分为两部分，上面部分为复验（报关单）申请详细信息，下面部分为随附清单列表。

复验（报关单）申请详细信息中，灰色字段为系统返填，不允许编辑；黄色字段为必填项；白色字段为非必填项。

用户根据需要选择随附单据文件类别，并点击“添加文件”按钮上传业务相关的随附单据。

用户完成录入后，点击“暂存”按钮进行暂存，或直接点击“申报”按钮完成复验（报关单）申请的申报操作。

2. 查询、修改、删除、打印

查询、修改、删除和打印的操作、小提示与上文“监管区外查验（报关单）”部分一致，此处不再赘述。

（四）复验（非报关单）

点击左侧菜单栏“查验/复验”→“复验（非报关单）”，右侧显示界面（如图 10-77 所示）。

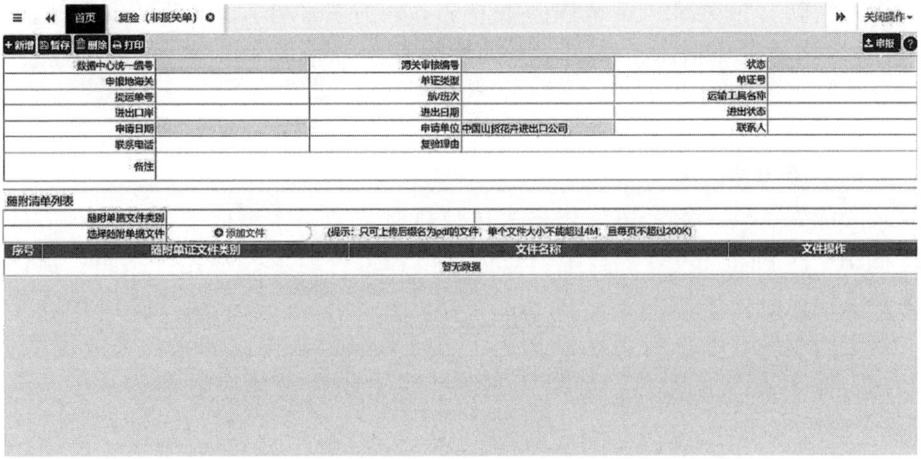

图 10-77　复验（非报关单）申请界面

“复验（非报关单）申请”与“复验（报关单）申请”相比，除在表头中需要录入的字段有所区别外，其余一致。故“复验（非报关单）”的操作请参考“复验（报关单）”的操作说明。

（五）优先查验（报关单）

在此模块，可进行优先查验（报关单）申请数据的录入、暂存、修改、删除等操作。

1. 新增

点击左侧菜单栏“查验/复验”→“优先查验（报关单）”，右侧显示界面（如图 10-78 所示）。

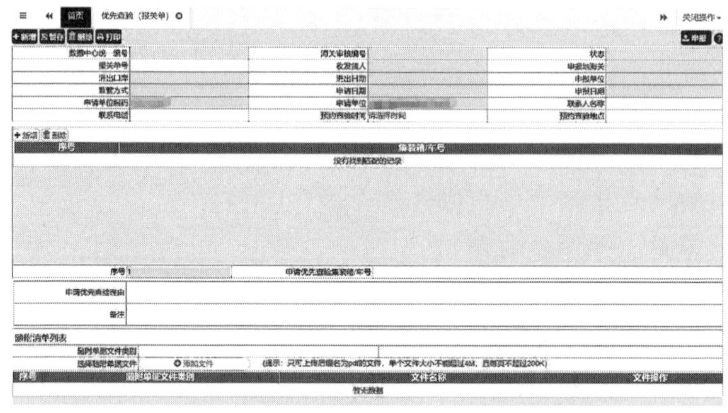

图 10-78　优先查验（报关单）申请界面

优先查验（报关单）申请界面由上至下分为三部分，上面部分为优先查验（报关单）申请表头信息，中间部分为优先查验（报关单）申请表体信息，下面部分为随附清单列表。

优先查验（报关单）申请表头信息中，灰色字段为系统返填，不允许编辑；黄色字段为必填项。

录入优先查验（报关单）申请表体信息时，需要在表体下方录入相应的信息（图 10-79 画框部分）。其中，灰色字段为系统返填，不允许编辑；黄色字段为必填项；白色字段为非必填项。申请优先查验集装箱/车号字段录入完成后，点击回车键，数据将自动添加到上方的数据列表中。如果需要新增表体，继续在表体下方录入即可；如果需删除表体，勾选表体序号前的方框，点击"删除"按钮。

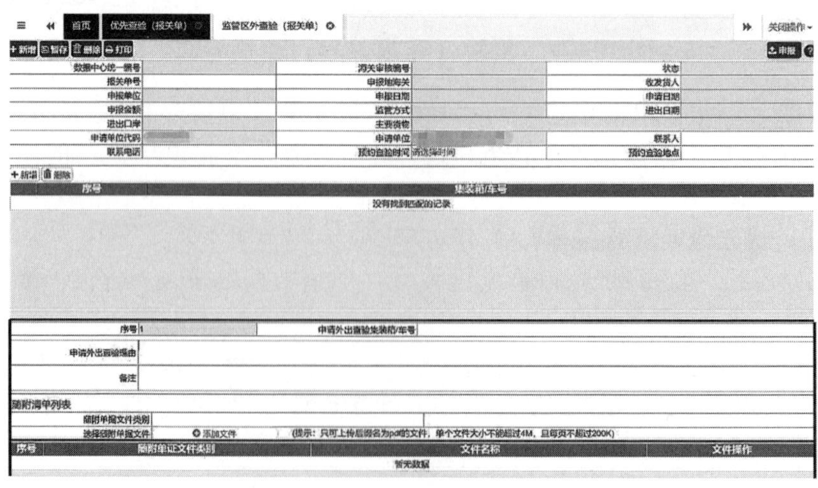

图 10-79　表体信息录入界面

小提示

优先查验（报关单）申请界面中的收发货人、申报单位、进出口岸、进出日期、申报日期、监管方式和提运单号字段由系统调取报关单相关信息进行返填。

系统将检测用户所插IC卡中的代码是否与该报关单中的收发货人或申报单位的代码一致。如果不是，则提示“非该票报关单的收发货人或申报单位，不能提出优先查验申请”，且不予进行后续操作。

优先查验（报关单）申请对报关单号无状态限制，一个报关单号只能提交一次审批通过的优先查验（报关单）申请。

2. 查询、修改、删除、打印

查询、修改、删除和打印的操作、小提示与上文“监管区外查验（报关单）”部分一致，此处不再赘述。

（六）优先查验（非报关单）

点击左侧菜单栏“查验/复验”→“优先查验（非报关单）”，右侧显示界面（如图10-80所示）。

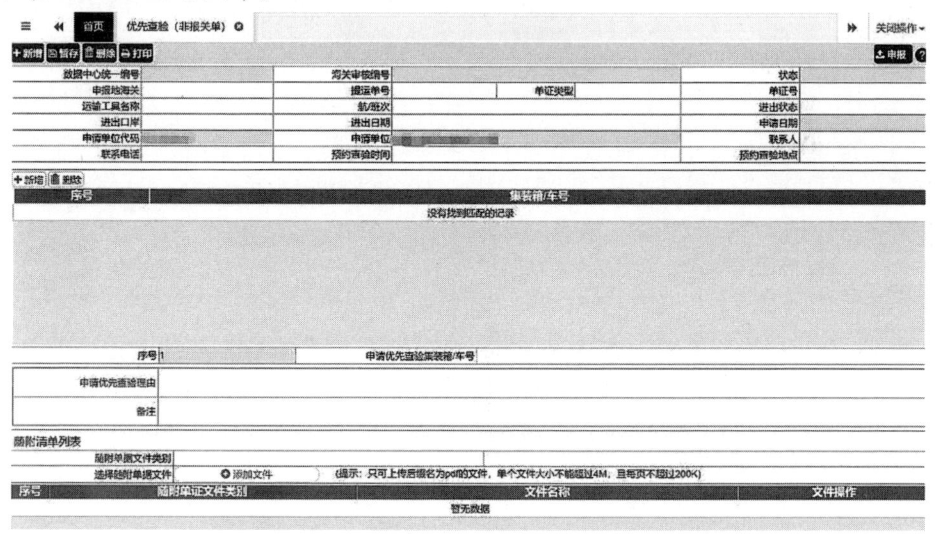

图10-80　优先查验（非报关单）申请界面

“优先查验（非报关单）申请”与“优先查验（报关单）申请”相比，除在表头中需要录入的字段有所区别外，其余一致。故“优先查验（非报关单）”的操作请参考“优先查验（报关单）”的操作说明。

（七）数据查询

点击左侧菜单栏“查验/复验”→“数据查询”，右侧显示界面（如图10-

81 所示）。

图 10-81 数据查询界面

在数据查询界面中需要录入单据类型、单据状态和最近操作时间等查询条件来进行查询操作。具体各项业务如何查询，请参考“查验/复验”中各业务操作说明中的“查询”部分。